남북한 UN 동시가입

한국외교사 구술회의 03

남북한 UN 동시가입

초판 1쇄 인쇄	2021년 8월 25일
초판 1쇄 발행	2021년 9월 10일

편 자	국립외교원 외교안보연구소 외교사연구센터
구 술	강근택·김장환·김학준·노재봉·문동석·박양천 박철언·오 준·유종하·이규형·임동원·정달호
발행인	윤관백
발행처	국립외교원 외교안보연구소 외교사연구센터 도서출판 선인
영 업	김현주
등 록	제5-77호(1998.11.4)
주 소	서울시 마포구 마포동 324-1곳마루 B/D 1층
전 화	02)718-6252/6257
팩 스	02)718-6253
E-mail	sunin72@chol.com

정 가 35,000원
ISBN 979-11-6068-611-1 93340

·잘못된 책은 바꿔 드립니다.

한국외교사 구술회의

03

남북한 UN 동시가입

국립외교원 외교안보연구소 외교사연구센터 편

강근택·김장환·김학준·노재봉·문동석·박양천
박철언·오 준·유종하·이규형·임동원·정달호 구술

국립외교원 외교안보연구소
외 교 사 연 구 센 터   도서출판 선인

발간사

　국립외교원 외교안보연구소는 2011년 외교사연구센터를 설립하여 한국외교사의 체계적 연구를 진행 중이며, 과거 우리 외교사에 대한 고찰이 미래 한국외교의 방향설정에 중요한 지적 토대가 될 수 있도록 다양한 활동을 전개 중입니다.

　외교사연구센터는 공식외교문서의 연구와 병행하여 외교문서에 상세히 기록되지 못한 외교 현장의 생생한 설명과 분석을 '한국외교 구술기록 총서' 시리즈로 발간하고 있습니다. 이 시리즈는 특정 외교정책의 입안 및 실행에 관여한 외교관들의 교차 구술을 통해 해당 외교정책을 객관적·입체적으로 규명하는 데 주안점을 두고 있으며, 향후 국립외교원의 다양한 한국외교사 교육과정에서 주요한 교육 자료로도 활용될 예정입니다.

　2019년 '한중수교'와 2020년 '북방정책과 7·7선언'에 이어, 2021년 UN가입 30주년을 기념하여 세 번째 구술기록으로 '남북한 UN 동시가입'을 출간하게 되었습니다. 1991년 남북한 UN 동시가입은 남북한 관계, 한반도 정세 및 한국외교에 전환기적 변화를 견인한 역사적 사건이었습니다. UN 가입이후 지난 30여 년 간 우리 정부는 세계 평화와 번영에 기여하는 국제사회의 책임 있는 구성원으로서의 역할을 적극 추진하였고, 한국의 UN외교는 국제사회 내 우리의 위상을 제고하고 국제적 입지를 공고히 하는 데 중요한 기여를 해 온 바 있습니다. 이번 출간은 당시 정책결정 및 실행에 관여한 외교부·국정원·청와대의 정책결정자들의 구술을 통해 우리의 UN 가입과정을 상세히 보여주는 귀중한 기록입니다.

　이 기회를 빌려 구술회의에 참여하여 주신 임동원 · 유종하 · 박철언 전 장관님과 노재봉 전 총리님을 비롯한 열 두 분의 구술자분들께 감사의 말씀을 드리며, 여섯 분의 면담자분들께도 고마운 마음을 전하고자 합니다.

　외교사연구센터가 진행 중인 '한국외교 구술기록총서' 작업이 한국 외교사 연구와 교육에 기여할 수 있기를 기대하면서, 앞으로도 외교사연구센터의 활동과 발간물에 대한 지속적인 관심을 부탁드립니다.

2021년 8월
국립외교원 외교안보연구소장 오영주

서문

국립외교원 외교안보연구소 외교사연구센터는 대한민국 외교사의 주요 사건들의 경위를 규명하고, 그 현장에서 활동한 외교관들의 회고와 증언을 남기고자 매년 구술사 (oral history) 작업을 진행하고 이를 『한국외교 구술기록총서』로 발간하고 있다. 금년은 우리나라가 UN에 가입한 지 30주년을 맞이하는 해로서, 이를 기념하고 그 외교적 성과를 재조명하려는 취지에서 "남북한 UN 동시가입"이라는 주제를 선정하였다.

1991년의 남북한 UN 동시가입은 1948년 대한민국 정부 수립 이후 반세기에 걸친 우리 외교의 비원(悲願)을 해소하였을 뿐 아니라, 남북한 관계에도 획기적인 변화를 가져온 사건이었다. 또한 이는 냉전 구도가 해체되는 국제환경의 변화에 적절히 대응하여 소련과 중국의 외교적 지지를 획득함으로써 이루어낸 대한민국 외교의 쾌거였다. 따라서 남북한 UN 동시가입을 성사시킬 수 있었던 요인과 그 외교적 성과를 올바로 평가하기 위해선 미국·소련·중국 등 주변 열강을 상대로 이뤄진 구체적인 외교교섭의 경위와 함께 북방정책과 남북관계의 거시적 로드맵 속에서 그것이 가진 의미를 규명할 필요가 있다.

이를 위해 본 센터는 이규형 전(前) 주중대사(1991년 당시 외무부 국제기구조약국 국제연합과장), 오준 전 주유엔 대사(외무부 유엔1과 서기관), 강근택 전 주우크라이나 대사(외무부 외교정책기획실 정책심의관), 문동석 전 주스위스대사(외무부 국제조약국장), 박양천 전 주벨기에·구주연합 대표부 대사(외무부 아주국 심의관), 임동원 전 통일부장관(외교안보연구원장), 유종하 전 외무부장관(외무부차관), 김학준 단국대 석좌교수(청와대 대변인), 노재봉 전 국무총리, 김장환 전 주광저우총영사(주홍콩영사), 정달호 전 주이집트대사(외무부 유엔2과장), 박철언 전 체육청소년부장관 등 주요 정책결정자와 외무당국자들을 초청하여 각각 2시간 내외에 걸쳐 심도 있는 질의와 응답을 진행하고 그 회고담을 녹취하였다. 또한 구술자들의 기억상의 오류를 최소화하기 위해 30년간의 문서보존 기간이 경과하여 금년 초에 공개된 1990년 외교문서 중 UN 동시가입과 관계된 주요 문건을 선별하여 인터뷰에 활용하였으며, 학계 전문가로 구성된 질문자(interviewer)들은 남북관계, 한미관계, 한소관계, 한중관계 등 분야별로 총 30여 개의 항목으로 이뤄진 질문지를 작성해서 구술자가 주요 질문에 대해 사전에 충분히 검토할 수 있게 하였다.

1991년 남북한 UN 동시가입이 대한민국 다자외교의 발전과 남북관계의 진전에서 가지는 역사적 의미에도 불구하고, 아직까지 학계에서도 이에 관한 연구는 그다지 많지 않다. 따라서 이 책은 향후 남북한 UN 가입의 본격적 연구를 위한 필수적인 1차 사료가 될 뿐 아니라, 현직 외교관들에게는 일종의 교재이자 참고자료로 활용될 것으로 기대된다. 아울러 이 책의 발간이 UN 가입 뿐 아니라 대한민국 외교의 발전상에 대한 국민의 관심을 제고하고, 외교 사료의 보존과 관리의 필요성을 환기하는 데 기여하기를 깊이 바란다.

이 책의 모든 성과는, 코로나 사태로 인한 여러 불편함에도 불구하고 남북한 UN 동시가입의 일화(逸話)와 그 역사적 의미에 관해 상세하고도 귀중한 증언과 회고를 남겨주신 구술자들의 열정 덕분에 가능하였다. 대한민국 외교의 한 획을 그은 구술자들의 생생한 육성은 앞으로 대한민국 외교의 흔들리지 않는 지남(指南)이 될 것으로 믿어 의심치 않는다. 또한 연구와 교육에 분망한 가운데서도 이 작업에 헌신적으로 참여해주신 신종대(북한대학원대), 엄구호(한양대), 이동률(동덕여대), 이정철(서울대), 전재성(서울대), 조동준(서울대) 교수께도 깊은 감사의 말씀을 드린다. 곽성웅 박사와 장성일 박사는 비밀 해제된 문서철에서 UN 가입과 관련된 중요 문건을 선별하는 어려운 작업을 맡아주었다. 금년도 작업이 원활히 진행될 수 있도록 외교문서 정리와 구술자 섭외 등 실무를 담당한 외교사연구센터의 이상숙 연구교수와 정종혁, 이민진 연구원의 노고에 대해서도 감사드린다.

2021년 8월
외교사연구센터 책임교수 김종학

차례

차례

차례

차례

구술자 약력_(가나다순)

강근택_{姜根鐸}

외무부 미주국 안보과장(1985)
청와대 비서실 정책담당비서관(1988)
駐 피지 대사(1993~1996)
駐 우크라이나 대사(1998~2000)

김장환_{金長煥}

청와대 정책보좌관실 북방정책담당 행정관(1988~1989)
駐 홍콩영사(1990~1993)
駐 홍콩부총영사(2005~2007)
駐 중국공사(2007~2008)
駐 광저우총영사(2009~2012)

김학준金學俊

학교법인 단국대학교 이사장(1993~1996)
인천대학교 총장(1996~2000)
한국교원단체총연합회(한국교총) 회장(1999~2001)
한국정치학회 회장(2000.1~12)
동아일보사 사장·회장(2001~2011)

노재봉盧在鳳

서울대 외교학과 교수(1967~1988)
대통령비서실장(1990.3~12)
제22대 국무총리(1991.1~5)
제14대 국회의원(1992~1996)
서울대 사회과학대 명예교수(2012~)

구술자 약력

문동석 文東錫

외무부 의전과(1966)
駐 스웨덴 대사관 근무. 이후 미국, 이집트 등 근무(1970)
대통령 비서실 파견(1988~1990)
외무부 국제기구조약국장, 의전장(1990~2004)
터키, 호주, 스위스 대사

박양천 朴楊千

駐 휴스턴 총영사(1993~1996)
駐 루마니아 대사(1998~1999)
외교통상부 기획관리실장(2000~2001)
駐 벨기에·구주연합(EU)대표부 대사(2001~2003)
대한올림픽위원회 및 대한체육회 총무 및 국제위원장(2003~2011)

박철언 朴哲彦

청와대 정책보좌관(1988~1989)
제10대 정무 제1장관(1989~1990)
제1대 체육청소년부 장관(1990~1991)
제13대, 제14·15대 국회의원(1988~2000)
한반도복지통일재단 이사장, 변호사박철언법률사무소 변호사(2001~)

오준 吳俊

외무부 유엔1과 서기관(1988~1990)
駐 싱가포르 대사(2010~2013)
駐 유엔 대사(2013~2016)
유엔 경제사회이사회 의장(2015~2016)
경희대 교수/ 세이브더칠드런 이사장(2017~)

구술자 약력

유종하柳宗夏

외무부 차관(1989~1992)
駐 유엔 대사(1992)
대통령 외교안보수석 비서관(1994~1996)
외무부 장관(1996~1998)
대한적십자사 제26대 총재(2008~2011)

이규형李揆亨

외무부 국제기구조약국 국제연합과장(1989~1992)
駐 방글라데시 대사(2002~2004)
외교통상부 제 2차관(2005~2006)
駐 러시아 대사(2007~2010)
駐 중국 대사(2011~2013)

임동원 林東源

외교안보연구원 원장(1988~1992)
남북고위급회담 대표(1990~1993)
통일부 장관(1999.5~12)
국가정보원 원장(1999~2001)
대통령 외교안보통일 특보(2001~2003)

정달호 鄭達鎬

외무부 국제연합2과장(경제. 인권. 사회)(1991)
駐 오스트리아/비엔나대표부 공사(1997~2000)
유엔국장(국제기구정책관)(2001.1~12)
駐 파나마 대사(2002~2004)
駐 이집트 대사(2006~2009)

I
이규형 대사 구술

일　시 : 2020. 7. 31. 10:30-12:00
장　소 : 국립외교원 4층 세미나실
질문자 : 신종대(북한대학원대), 엄구호(한양대)
　　　　 이동률(동덕여대), 이정철(서울대)
　　　　 전재성(서울대), 조동준(서울대)
　　　　 곽성웅(한양대)

6·23 선언과 UN 가입정책

김종학: 오늘 귀한 걸음해주신 이규형 대사님께 깊이 감사를 드립니다. 저희가 사전 질문을 교수님들께 받아서 대사님께 전달해드렸고요. 오늘 질문은 인터뷰지 위주로 할 텐데 중간에 다른 질문이 나올 수도 있습니다. 전체 다섯 개 정도 주제가 되는데 담당하시는 교수님들께서 인터뷰를 나눠서 진행하도록 하겠습니다. 먼저 한국의 UN 가입정책에 대한 것입니다. 질문은 먼저 서울대학교 조동준 교수님께서 주시겠습니다.

조동준: 제가 궁금한 사항은 한국의 UN 정책과 관련된 역사적 배경입니다. 6·23 선언 전에는 남북한이 단독가입을 추진하다가 6·23 선언에서 한국이 드디어 북한과 함께 가입하겠다는 의사를 밝혔습니다. 첫 번째는 왜 단독가입을 추진하다가 "북한과 함께"라고 했는지가 궁금하고요. 두 번째는 "북한과 함께"라고 하는 의미에 대해 그 당시에 다른 해석들이 있더라고요. 그 때 외교부에 계셨으니까 어떤 의미로 이 단어를 사용했는지 설명 부탁드립니다.

이규형: 저는 외교부에 74년에 입부했습니다. 입부를 하고 UN 과장을 89년 8월부터

이규형 대사

91년 3월까지 2년 반 동안 했는데 그 기간에 우리들의 염원이었던 UN 가입을 실현할 수 있었던 것은 공적으로나 사적으로나 굉장히 영광된 일이었고, 물론 쉽지는 않은 일이었지만 그런 시간을 가졌던 것을 상당히 운이 좋았다고 생각하고 있습니다. 먼저 6·23 선언과 관련해서 "북한과 함께"라는 의미를 물어보셨는데요. 우선 6·23 선언이 나오게 된 배경은 이미 아시겠지만, 74년 5월에 WHO에 북한이 가입을 하게 되거든요. 그 전까지 우리 정부는 국제기구에 북한이 들

어오는 것을 반대했습니다. 대한민국이 유일한 합법정부라는 큰 틀 속에, 단단한 틀 속에 갇혀있었기 때문에 북한의 국제기구 가입을 반대하고 반대 노력을 쭉 해왔습니다만, 실질적으로 비동맹 세력이 득세하고 또 그것이 현실적으로 맞지 않기 때문에 점차 그런 추세가 약해지고 드디어 북한이 WHO에 가입하면서 우리의 단독, 유일이라는 큰 정책을 포기한 것이 6·23 선언입니다.

한편, "북한과 함께"라고 한다는 것은 '북한이 안 들어오면 우리도 안 들어가겠다는 거냐?'하는 의문을 줄 수 있는데 저는 그런 것은 아니었다고 생각합니다. "우리는 들어가고 싶은데 북한 너희를 그동안 못 들어오게 했지만, 이제는 들어오는 데에 반대하지 않겠다."라고 하는 것입니다. 사실 북한과 "함께"에서 "동시"가 아니면 안 하겠느냐는 그런 뜻을 내포한다고 볼 수도 있는데 저는 그런 의미도 아니었다고 생각합니다. 그래서 "우리는 들어가고 싶은데, 북한이 들어오고 싶으면 반대하지 않는다. 같이 들어가자" 하는 의미로 "함께"라고 했다고 생각합니다.

동시가입인지 시차를 두는지 이건 그야말로 글자에 국한시켜서 하는 이야기입니다. '북한이 안 들어오면 우리가 안 들어가겠다는 뜻이었는가?' 하면 전혀 그런 건 아니었구요.

75년 UN 가입 신청의 배경

조동준: 그럼 그 질문의 연장선상에서, 75년 7월 29일 UN 가입을 신청했다고 하는 것을 단독으로 했다는 표현 자체도 어색하겠네요? 그냥 우리는 먼저 가입하려고 했고 북한이 들어오려면 따라 들어오라 이런 식의 의미였다고 봐야하는 건가요?

이규형: 저도 그 부분이 좀 불분명했기 때문에 관련 자료를 조금 보았습니다. 이건 제가

드리고 갈게요. 1975년에 외교부 장관이 UN 대사에게 지시해서 UN가입 신청하는 서한을 냈는데 거기에 북한이 들어오니 마느니 그런 건 일체 없습니다. "우리 가입을 다시 한 번 검토해주십시오."라는 내용으로 안보리에 보낸 서한입니다. 그것과 관련해서 75년 7월 22일 비밀 해제된 재미있는 친서를 보게 됐어요. 당시 박정희(朴正熙) 대통령이 미합중국 제럴드 포드(Gerald R. Ford) 대통령 앞으로 보낸 서한이에요.

그 서한을 보면, "이를 위하여 본인은 귀국 정부가 남북 베트남과 남북한의 UN 가입 문제를 일괄하여 다루고자 하는 확고한 결의"를 해줄 것을 요청하였습니다. 미국이 두 문제를 한꺼번에 처리하는 결의를 해달라는 겁니다. 그리고 "특히 한국의 가입 없이는 남북 월남 가입에 반대할 것을 안전보장이사회 다른 상임이사국들에게 명백히 알림이 가장 중요하다고 생각합니다." 이렇게 이야기를 했어요. 그 다음에 "실상 본국 정부는 월남에 아직 정식 정부가 수립되지 않았으며 남북 월남이 파리 휴전협정을 위반하여 무력으로 하나의 합법정부를 전복하였다는 사실을 상기할 때, 이들이 UN 회원국의 자격 요건을 갖추고 있는가에 깊은 의문을 갖고 있는 것입니다."라고 되어 있어요. 이러한 대통령 명의의 서한이 미합중국 대통령한테 보내졌습니다.

제가 이 서한을 보면서, 1975년 UN 가입 신청에 대해 정확히는 몰랐지만 당시 왜 그랬는지에 대해 누군가로부터 들은 기억이 떠올랐습니다. 이건 꼭 우리가 원했던 것은 아닌데, 또 하기 위해 노력한 것도 없는데, 어떤 우방국이 다른 것을 막기 위한 하나의 패키지로 해야 한다는 목적으로 냈다는 걸 이전에 들었거든요. 사실, 우리는 75년에 UN 가입을 위해 어떤 노력을 했느냐? 찾아보면 별로 없어요. 그런데 편지를 다름 아닌 미국 대통령 앞으로 보냈단 말이에요. 그리고 내용도 굉장히 상식적이지 못합니다. "우리는 가입을 하려고 이러고 저러고 해서 들어갈 노력을 했고, 들어가서 뭘 하려고 하니 좀 나서 주세요."라고 해야 되는데 거기에 왠 남북월남이 나옵니까. 물론 그때는 실질적으로 월맹으로 넘어간 상태이지만, 아직 남북월남으로 나뉘어 있었고, 그래서 남북월남이 UN 가입신 청을 한 것인데, 거기에 우리의 가입 문제를 제기하여 함께 부결시키려는 우방 국이 있었다고 알고 있습니다. 그래서 그런 명분, 외교술책이라고 해야 할까, 그 런 것이었다고 봅니다. 여하튼 제가 이전에 갖고 있던 그 의구심 – '왜 75년도에 가입 신청을 뜬금없이 했는가? 아무 노력도 없이, 그걸 성취하기 위한 노력도 없 이' 하는 의문이 그 서한을 보면서 좀 풀린 것은 아닌가 합니다. 물론 제 개인적 인 생각입니다.

조동준: 그 우방국을 밝히실 의사는 없으신 거죠?

이규형: 네. 없습니다. 그냥 넘어가시죠.

91년 노태우 대통령 연두 기자회견의 의미

조동준: 그럼 이제 88년 국면으로 가보고 싶습니다. 그때 노태우 행정부가 들어서고 나

조동준 교수

서 많은 변화들이 있었는데, 그 당시에 흥미로운 글을 하나 발견했습니다. 그때 박치영 교수라는 분, UN 전 문가가 계셨는데 글을 이렇게 쓰셨더라고요. "북한이 한국보다 먼저 가입하는 것까지 용인하는 분위기가 있다." 이렇게 쓰셨는데 이게 그냥 학자로서 추정했던 건지 그 당시에 노태우 행정부에서 우리가 UN에 가 입하기 위해서는 북한이 먼저 가입하는 것까지도 허 용할 움직임이 있었는지, 어떤 분위기였는지 설명해 주시기를 부탁드립니다.

이규형: 제 기억으로는 북한의 가입을 용인하냐 마냐 하는 것이 큰 문제가 아니었어요. 우선 첫째, 우리가 들어가야 되겠는데, 아마 75년도로 기억이 됩니다만 북한이 "고려연방공화국 국호하에 하나로 들어가야 한다."라고 했어요. 단일의석 공동 가입안이라는 말은 90년 5월에 제기한 것으로 되어 있는데 그 전에 6·23 선언을 했을 때 북한이 "각자 들어갈 수 없다. 하나로 들어가야 된다. 고려 연방공화국으로,"라고 했기 때문에 북한이 우리보다 먼저 들어가고 싶어 한다든가, 들어가는 게 좋겠다든가 하는 식의 이야기는 당시 기억이 없습니다. 있더라도 문제시하지 않았으리라 봅니다.

그러니까 88서울올림픽이 성공하고 특히 중국과 소련이 참석해서 우리가 북방정책을 가속할 수 있는 상황이 됐습니다. 그당시 가장 큰 외교 목표가 UN 가입을 실현하는 것이었기 때문에 그걸 위한 노력을 쭉 했습니다. 그런데 북한이 이전에 동시가입을 반대했기 때문에 현실적으로 그걸 어떻게 극복하겠는가 하는 문제로 그런 이야기가 있었는지는 모르겠어요. 그럼에도 우리가 UN에 가입하기 위해 북한더러 먼저 들어가라는 식의 이야기, 노력, 외교정책은 없었다고 생각합니다.

조동준: 아마 대사님께서 직접 다룬 그 시기에 있었던 일인데요. 1991년 1월 8일 노 대통령이 연두 기자회견을 하셨는데, 그때 이렇게 말씀해주셨거든요. "작년까지는 우리가 단독가입을 하려고 했는데 북한 때문에 보류했다. 그러나 1991년 올해는 반드시 남북한 동시가입을 추진하겠다."라고 했습니다. 그러면 여전히 90년까지는 한국이 먼저 가입을 신청하려고 그랬던 것 같았는데 91년도에 갑자기 남북한 동시가입이라는 용어가 나오거든요. 이 1년 사이에 어떤 큰 변화가 있었는지 궁금합니다.

이규형: 일단 한중 관계하고 연결이 좀 됩니다. 저희가 88년도에도 노력을 했지만, 우리는 UN가입을 실현시키는 방법으로 보다 많은 UN 회원국들이 한국 가입이 필요

하다, 들어와서 큰 공헌을 할 것이다 하는 것을 기조연설 발언을 통해 표현토록 하는 노력을 했습니다. 제가 숫자를 보니까 실제 88년 38개국, 87년도에도 38개 국입니다만, 89년도 48개국, 90년도에 71개국 이렇게 지지발언 국가수를 늘려 갔습니다. 가입을 실현시키는 방안으로서 각국이 기조연설을 할 때 한국의 가입을 찬성, 지지하는 걸 유도하는 노력을 했었거든요. 89년, 90년에 노력을 기울였고, 피치를 올렸던 것은 90년 10월경으로 기억합니다. 이제 30년이 되었으니 관련문서가 금년에 아마 해제가 될 겁니다.

그 앞에 물론 소련과는 수교를 했죠. 90년 9월 30일이었죠. 그전에 영사처를 설립했고 정상회담을 가졌습니다. 그러니까 소련은 사실 UN 가입 이전에 veto를 서너 번 행사했지만 더 이상 가입의 장애는 없어졌지 않았느냐 하는 인식을 갖고 있었습니다. 결국은 우리가 신청했을 경우 중국이 비토를 하지 못하게 하는 노력, 즉 압도적으로 많은 국가들의 지지입장 표명을 바탕으로 중국의 불반대 입장을 얻겠다는 노력을 기울였습니다. 물론 중국과는 별도로 협의도 하고 노력도 했습니다.

그런 과정에서 90년도 10월로 기억하는데, 주 홍콩 신화사(新华通讯社) 부사장이, 부대표가 우리 총영사를 만나자고 연락을 해왔어요. 우리에게 메시지를 전달했는데, "금년에는 신청을 하지 말아다오."라는 것이었습니다. 기조연설이 9월 말에서 10월 초에 하게 되어 있거든요. 당시 회원국은 160개가 아직 안 되었습니다. 그래서 거의 반 가까이가 되는 71개국이 한국 가입이 당연하다, 찬성한다, 지지한다는 여세를 몰아서 한국이 가입 신청을 해버리면 어떻게 하는가 하는 것이 당시 중국의 concern이 아니었는지 추정을 해봅니다. 그래서 중국이 금년에는 신청하지 말아 달라고 메시지를 보내왔던 것이고, "아, 그러면 금년 아니면 된다는 뜻이 아니냐?" 하는 생각을 갖게 되었지요.

그 다음의 외교 행적들을 보면, 4월인지 5월에 리펑(李鹏)이 북한에 가서 "너

희 이거 받아라, 이번에 안 들어가면 못 들어갈 수도 있다."라고 해서 바뀌는 상
황이 되거든요. 이때 노 대통령께서 우린 북한이 들어오면 반대하지 않는다는
입장을 표명했습니다. 그렇다고 너희 안 가면 우리도 안 가겠다는 뜻은 전혀 아
니었고, 여하튼 우린 가입을 해야겠다는 것이었습니다. 그런데 다음 해 연두교
서에서 동시가입을 얘기한 건 아마도, 북한이 UN 회원국이 되면 peace-loving
state가 유일한 자격조건이니까 같이 국가로서 UN 회원국이 되는 것은 한반도
긴장 완화와 평화정책에 도움이 되리라는 생각을 가졌기 때문이라고 봅니다. 저
는 그때 과장 수준에서는 그렇게까지 생각은 안 했지만, 남북한 관계를 통일 문
제라든지 평화정책 문제를 더 생각했던 분들의 머릿속에는 혹시 북한의 가입도
꼭 하는 것이 좋지 않겠느냐는 생각이 있었을 것입니다.

실무적으로 북한 가입을 위해 우리가 노력한 건 하나도 없습니다. "북한 가
입을 반대하지 않는다. 들어오면 OK"하는 정도였지, 다른 나라 대표들 찾아가
서 "이번에 북한 꼭 가입하도록 만들어야 해." 하는 식의 이야기는 일체 없었어
요. 그러니까 동시가입을 주장한 것같이 보이지만 사실은 좀전 6 · 23 선언의 연
장선상에 있었다고 봅니다. 그것을 혹시 남북한 관계를 더 경험했던 분들이 동
시가입이라는 단어를 만들었는지는 모르지만, 그럼 북한이 안 들어가겠다면 우
리도 못 들어가겠다는 인상을 주는데 이건 오해를 불러일으킨다고 봅니다. 단순
히 북한 가입에 반대하지 않는다는 의미일 뿐입니다. 실제 중국이 북한에 가서
설득한 내용 중 하나가, 물론 확인하진 못하지만, "너희 이번에 안 들어가면 나
중에 미국이 비토 할 수도 있어. 남한하고 같이 들어가야 들어갈 수 있는 거지.
남한만 들어가면 너희는? 우리는 이번엔 비토 못해."라는 식의 얘기를 했다고
중국 사람으로부터 들은 바 있었습니다.

그래서 노 대통령의 발언은 당시 우리가 88년 이후, 특히 89~90년에 걸쳐
강한 드라이브를 걸었던 결과를 반영한 것으로 생각됩니다. 중국이 이제 비토권

을 행사하기 어려운 상태가 되었고, 우리와는 이미 무역대표부를 설치했고 말이죠. 당시 덩샤오핑(邓小平) 입장에서는 남한과 관계를 갖는 것이 크게 이익이 된다는 판단 아래, "만약 남한이 가입 신청을 하게 된다면 어떡하겠는가? 곤란한데" 해서 그런 신화사 부사장의 메시지가 우리에게 왔고 그걸 종합 판단해서 대통령께서 다음 해에 이런 식의 얘기를 했다고 생각합니다.

UN 가입 및 북방정책 전후 미국과의 협의

김종학: 대사님 말씀에 대해 추가 질문 있으십니까? 그럼 다음 한미관계에 관한 질문으로 넘어가겠습니다.

전재성: 네. 대사님, 감사합니다. 아마 그 연장선상에서 여쭤보게 될 것 같은데요. 저희가 질문지를 만들면서 다른 질문도 좀 있었고 전체적 분위기에 대한 궁금증도 있었거든요. 그래서 북방정책에 대해 저희가 연구하면서 굉장히 성공적인 외교정책이라고 생각하고 전체적인 분위기도 궁금했는데, 그때 한미 관계가 특히 어땠는지, 우리 북방정책에 대한 미국의 이해랄까, 지지 정도가 어느 정도였는지 항상 궁금했습니다. 왜냐면 다른 분들 인터뷰를 좀 해보면 북방정책을 굉장히 민족주의적으로 생각하셨던 분도 계시는 것 같고, 또 어떤 분들은 미국과의 협의가 굉장히 잘 됐다고 평가하셨습니다. 특히 외교부 입장에서는요.

　그런 생각도 하고 계셨기 때문에 대략 89년부터 92년까지 북방정책의 여러 아이템과 정책 사안이 있었는데 한미 간 공조, 미국의 우리에 대한 지지 그런 게 전체적으로 어떤 분위기였는지가 궁금했던 참이었고, 이런 한국의 UN 동시가입 제안에 미국과 어떤 협의 과정이 있었는지 그런 게 좀 궁금했습니다. 노태우 대통령 회고록을 보면 이때 북한이 북핵 문제도 서서히 시작되던 때이기 때문에 노 대통령 생각에는 '북한을 UN의 틀에 묶으면 핵 관리도 좀 더 잘 될 수 있지 않았겠는가,' 그런 얘기도 얼핏 있더라고요. 그러니까 그건 미국의 주된 관심사였을 것이기 때문에 가능하시면 북방정책 전체에서 느낀 바가 있으면 전해주시면 감사하겠고, UN 동시가입 자체에 대해서도 좀 말씀해주시면 좋겠습니다.

이규형: 북방정책에 대한 미국 정부의 견해, 입장, 그런 것에 대해 제가 확실하게 말씀드릴 수 있는, 그런 걸 알고 있다든가 직접적인 뭐가 있었다든가 하는 게 없습니다. 그래서 미국 정부가 한국이 막 드라이브를 거는 것에 대해 어떤 속내를 갖고 있었느냐 하는 것에 대해서는 당시 미국 관계를 담당했던 국장선, 과장도 좀 알겠지만, 당시 미주국장, 차관보 분들로부터 들으시는 것이 더 정확하지 않을까 생각됩니다. 제가 아는 것은 UN 업무와 관련된 대표부 간의 협의사항입니다.

사실 UN 과장 때 미국의 UN대표부 법률고문인 로젠스타인 같은 사람한테도 이런 얘기를 했습니다. "미국이 꼭 UN 내에서 실현해야겠다고 하는 안에 대해 진짜 안 되는 게 어디 있느냐?" 하는 것이었습니다. 89년도 제가 UN 과장 때 UN에 갔을 때 법률고문하고 만나면서 한 얘기였어요. 또 "내가 과장을 맡고나서 쭉 보니, 여태까지 미국 대통령이 기조연설에서 한국 가입을 지지한다는, 지지가 필요하다는 이야기를 한 적이 없다. 진짜 미국이 생각하면 UN 내에서 안 되는 게 어디 있느냐? 그런데 왜 너희는 여태까지 한 번도 한 적이 없느냐?" 라고 얘기했습니다. 그랬더니 "아, 그랬냐?" 하면서 놀란 반응을 보였던 적이 있습니다. 미국이 한국 가입에 대한 지지 표현은 유일하게 딱 한 번, 90년도에 했습니다. 우리의 UN 가입을 지지한다는 71개국 속에 미국이 처음으로 들어갑니다. 소위 세계 문제 전체를 다루는 미국의 기조연설 속에 한국 UN 가입 지지라는 말은 89년까지는 한 번도 없었어요.

그래서 UN 가입 문제와 관련하여 한미 간에 다소의 인식 차이가 있었던 것 같다고 생각됩니다. 75년도 사례는 예외적이긴 하지만, 다만 미국으로서는 아직 예전 49년도, 50년대에 시도한 일련의 가입 신청이 소련의 거부권으로 무산되었던 현실적인 벽을 넘을 수가 있겠는가 하는 인식이 있지 않았겠는가 하는 생각도 해봅니다. 그런데 그때 세계정세가 달라졌어요. 미소 데탕트라고 하는, 89년 12월 3일 말타 선언이 있잖아요? "The Cold War is over."라고 하는. 그런 것이 계기가 되어 미국으로 하여금 이제 한국의 UN 가입 문제를 진지하게 검토할 때가 되었다고 봅니다. 물론 중국이 남아있지만요.

그리고 한국의 노력을 나름 인정해준 그런 관점에서 보면, 한국의 북방정책이 UN 가입 실현이라는 하나의 목표를 넘어 보다 크게는 남북한 간의 더 큰 평화 정착, 긴장 완화에 목적이 있었죠. 그것이 소련─중국─평양으로 연결되는 것이겠지만, 적어도 UN 가입 부분에 대해서는 이견을 갖지 않았던 것으로 추측해봅니다. 물론 근본적으로 한반도 평화정착이라는 문제에서 북방정책에 대한 미국의 속내랄까, 진짜 무슨 생각을 했는지는 확언할 수 없지요. 다만 그 부분은 그냥 객관적으로 반대할 까닭이 없고, 소련과 관계를 갖고, 중국과 관계를 증진하는 일에 반대할 일은 없지 않았을까 하는, 그 정도로 말씀 드리고 싶습니다.

전재성: 고맙습니다. 중국은 뒤에도 조금 말씀이 나오셨는데 91년 5월 리펑 총리 방북이 중요했던 계기인 것 같아요. 노창희(盧昌熹) 당시 외무차관님 자료도 있던데요. 그래서 5월에 상당히 진행이 된 걸로 그렇게 말씀을 해주시고 계신데 혹시 당시에 미국이 UN 가입을 둘러싸고 북한이나 중국의 입장에 대한 전략이랄까, 속내랄까 이런 걸 한국과 소통하신 적이 있는지, 지금 말씀 들어보면 그렇게 구체적으로 미국이 하지는 않았던 것처럼…

이규형: 저는 뭐 그 문제에 대해 특별한 기억이 없습니다. 일반적으로 한미 UN대표부 간에 아주 긴밀하게 working channel이 있었어요. 특히 예전 1975년도까지 한국 문제, 한반도 문제 결의안이 매년 상정됐지 않았습니까. 서방측 안, 공산측 안이 별도로 올라왔죠. 그래서 우리는 가결시키고 저기는 부결시키고, 서로 표를 언

기 위한 방안에 관하여 아주 긴밀하게 협의를 했습니다. 또 우리는 UN내 목소리가 없으니까 미국이 나서서 다 해줘야 하는 때였어요. 그때 core group이라는 표현을 썼는지, 기억이 확실하지는 않습니다. 당시 우리는 뭐 다른 여러 가지 UN 문제에 대해서는 큰 관심도 없고, 할 능력이랄까, 무엇보다 자격이 없었습니다. 최대관심사는 75년도까지 매년 상정되는 한반도 관계 결의안에 서방측 안은 찬성시키고 공산측 안은 반대시키는 그런 교섭에 모든 것이 집중 되어 있었지요.

1980년대 후반에 들어서서 우리가 UN 가입 드라이브를 하면서 실무적으로 또는 대표부 대사 간, 또는 국무성 UN 담당과 대사관 정무 라인에서 빈번하게 그때그때 상황에 맞춰서 협의와 방안모색이랄까, 그런 걸 실무적으로 했었다고 생각해요. 그런데 거기서 중국이 거부권을 행사했을 때 어떻게 하느냐, 중국이 북한을 어떻게 설득하겠는가 하는 등의 부분에 대해서는 특별한 기억이 없습니다. 있었을는지도 모르겠는데 특별히 머릿속에 남을 흥미로운 것은 없네요.

중국과의 외교 교섭

이동률: 제가 궁금했던 걸 이미 대사님이 답변을 해주셔서 다시 질문을 드리기도 애매한데, 말씀하신 것 중에 추가로 궁금한 걸 질문 드리겠습니다. 저는 중국을 연구하는 입장에서 돌아보면 중국이 제일 중요했다고 생각합니다. 지금 돌아보면 그당시 결국은 중국이 거부권 행사하면 안 되는 것이기 때문에 중국이 가장 중요했을 것 같은데, 중국을 설득할 수 있는 채널이나 경로가 전혀 없던 상황이었잖아요. 그런 상황인데 정부가 어떻게 과감하게 신청하기로 결정했을까 하는 게 궁금해졌습니다. 그 중 하나가 말씀하신 게 90년 10월 신화사와 만났다는 대목입

니다. 그 연락이 오기 전에 중국과 어떤 교감, 교류가 어떤 방식으로든 있었는지 아니면 중국 측에서 느닷없이 연락이 온 건지 궁금했고요.

두 번째는 그 메시지를 받고 대사님이 "올해는 안 되면 내년이다."라고 해석을 하셨다는데, 그것도 어떻게 보면 자의적인 해석인데 그런 판단을 정부에서 했을 때 당시 분위기, 근거가 있으셨는지? 말이 나온 김에 제가 한꺼번에 질문을 드리겠습니다.

이규형: 저희들은 UN 가입을 실현하기 위해서는 소련과 중국의 벽을 넘어야 한다는 인식을 공유하고 있었습니다. 소련은 고르바초프가 등장하면서 냉전 종식 선언부터 시작해서 89년부터 우리와 실질적인 관계가 진행되었고, 중국도 사실은 그에 앞서 우리와 무역 관계를 갖게 됐죠. 89년으로 기억하는데 당시 UN대표부의 한중 양국 정무참사관 간에 접촉이 있었습니다. 우리 쪽은 지금은 돌아가신 권종락(權鍾洛) 정무참사관, 그리고 중국 쪽은 왕광야(王光亞) 정무참사관이었습니다. 왕광야는 그 뒤에 외교부 부부장을 역임하고 대만판공실 장관도 지내다가 은퇴했습니다. 아무튼 그전에는 제가 별 기억이 없는 걸 보면, 88올림픽을 계기로 한중 대표부 간 외교관끼리의 면담과 별도 회동이 가능하게 되었다고 기억합니다.

제가 1987년에 일본에 있었는데요, 87년까지만 해도 당시 동구권은 한국 외교관과 리셉션에서 만나서 얘기하는 건 오케이지만, 개별적으로는 못 만나게 되어 있었어요. 안 만나도록 지침이 와 있었어요. 그러던 중 제일 먼저 헝가리와 수교를 하게 되면서 헝가리가 풀렸어요. 제가 그래서 헝가리의 Molnar 참사관을 기억해요. 그 참사관과는 별도로 만났고 나머지 동구권 외교관과는 따로 못 만났어요. 제가 여럿이 political officers' meeting에서 만났을 때도, 소련 1등 서기관에게 "우리 올림픽도 하고 그러는데 우리끼리는 따로 못 만나나?"는 아쉬움을 털어놓기도 했어요.

그러다가 88년 2월인지 3월에 소련의 Mushikin 1등 서기관이 갑자기 전화를 걸고 만나자고 해왔어요. 그래서 만났더니 1등 서기관이 "받아 적어도 좋다."라고 하면서 "소련 정부는 88서울올림픽에 참석하기로 결정했다. 이걸 공식적으로 한국 정부에 통보한다."고 말하는 거에요. 큰 행운이었지요.

제 기억에는 89년, 90년 두 번 중국의 첸치천(錢其琛) 외상과 우리 최호중(崔浩中) 당시 장관이 UN 기조연설 기간 중에 별도로 만났어요. 한중 외상 회담이 정확히 언제부터 시작이었는지는 모르겠지만, 제가 과장할 때 두 번 만남이 있었어요. 그만큼 중국의 한국에 대한 접촉이 있었고, 한국과 뭔가를 만들어가면서 우리가 그렇게 기대했던 것들에 부응을 해주는 분위기였어요. 그래서 당연히 UN 가입과 관련된 얘기가 있었습니다. "우리는 지금 이번에 30개국, 내년에 50, 60, 70개국이 가입에 찬성하는데, 너희들은 아직까지 구태의연하게 나올 거냐?" 이런 식의 이야기들이 실무적으로나 외상 간에 있었던 것으로 기억합니다.

한중 외상 회담시 기억되는 것이 있습니다. 아마 90년도였을 것 같네요. 우리 장관이 "이제 우리는 UN 가입해야 한다. 이번에 70개국이 찬성했어요." 그러자 그때 첸치천 선생이, 통역으로 들은 거지만 "빗물이 떨어지면 바위에 구멍을 뚫어요."라며 아주 은유적 표현을 했습니다. 일의 순서로 보면 UN에서 한중간 외상 간의 만남이 있었고, 그러고 나서 신화사의 메시지가 온 것으로 기억 됩니다. 그 다음해에 이상옥(李相玉) 장관이 되시면서 APEC 때 서울에서 또 첸치천과 회담을 하였다고 생각합니다.

여하튼 1988년을 계기로 그 전까지는 전혀 만나지 못하였던 동구권, 중국을 포함한 소련 측 인사들과 만나게 된 거지요. 소련은 그때 영사단을 파견하기 위해서 788명을 보냈어요. 내가 숫자를 보니, 이 사람들이 88올림픽을 의식하여 그 숫자까지 맞춘 거예요.

다시 아까의 이야기로 돌아가자면, 동경에서 그런 통보를 받은 후에 소련 외교관, 콤소몰스카야 특파원 등이 저를 매우 많이 만났어요. 만나면 한국에서 좋아하는 거에 대한 얘기를 많이 나눴어요. 그때 유행한 영화가 최인호 나오는 〈별들의 고향〉이었어요. 그런 이야기부터 학자, 가수 등에 대한 것도 그렇고, 왜냐면 한국에 관한 정보는 도쿄가 제일 많았으니까요. 어디 접촉할 데가 없잖아요. 평양이 알겠어요? 어디 UN에서 하겠어요? 그러니까 도쿄에 나와 있는 외교관하고 특파원들이 한국 외교관, 특히 제가 전면에 서게 됐으니까 다들 와서 시시콜콜 만나는 거예요. 이런 만남을 바탕으로 영사단 보내는 교섭을 따로 하고, 당시 우리 쪽의 김석우 참사관하고 그 쪽 참사관급 해서 도쿄에서 5월에 영사단 규모를 비롯한 기타 등등의 준비를 다했죠.

중국 얘기로 돌아가 보면, 우리와는 참사관급의 채널이 있었고 외상끼리 만나서 얘기할 수 있는 관계였어요. 그걸 응해줬어요. 그리고 첸치천이 말한 "빗방울이 바위 구멍을 뚫는다."라는 얘기가 다 긍정적 신호였습니다. 이런 것들이 쌓여 결국은 자기들 내부에서 논의를 거쳐서 리펑이 북한에 가서 통보를 한 것이 아닌가 생각됩니다. 그 대세의 흐름, 냉전 와해라는 큰 흐름 속에 우리가 북방정책을 열심히 최선을 다해서 추진했고, 그것이 UN 가입 실현이라는 결과를 얻었다고 생각합니다.

남북한 동시가입 과정에서의 중국의 역할

이동률: 감사합니다. 추가로 한두 가지만 질문하겠습니다. 신화사에서 연락하여 "올해는 아니다."라고 했을 때, 혹시 우리 정부 측에서는 왜 중국이 올해는 아니라고 했을까에 대한 논쟁이 있었는지에 대한 것입니다.

다음의 질문으로는, 91년 5월 리펑이 가고 6월에 첸치천이 또 가서 구체적인 실무회담을 한 것 같아요. 이건 첸치천 회고록에 나오는 얘기입니다. 그래서 김주석 만나서 얘기했더니, "그럼 할 수 없다. 그렇게 하는데, 만약 신청을 했는데 미국이 비토하면 어떻게 하나. 북한 핵 문제를 걸어서 미국이 반대해서 정작 한국만 들어가고 북한은 못 들어가면 어떡하나? 네가 해결해주면 나는 동의하겠다."라고 대답했답니다. 그런 얘기를 듣고 첸치천이 미국이나 한국에 그런 논의를 하거나 미국에 요청을 한 과정이 있었는지요?

저는 궁금한 게 당시 중국 입장에선 이렇게 가면 한중 수교로 연결되고 북한을 점점 고립으로 몰고 가는데, 북한 고립은 중국이 가장 우려해야 되는 부분이잖아요. 중국이 과연 얼마나 북한을 고려하고 고립을 경계했는지, 사실 소홀히 한 거 아닌가 하는 게 개인적인 생각입니다. 그게 북한의 핵 개발을 가속화한 측면이 있는 것 같아서 과연 중국이 얼마나 진정성을 갖고 미국을 설득하고 한국에게 입장을 전달했는지 궁금합니다.

이규형: 지금도 북한에서는 가끔 그런 이야기 있다고 하잖아요. "중국은 믿을 놈이 못 된다. 중국 나쁜 놈들"이라고 한답니다. 제가 날짜를 찾아봤더니 북한이 1991년 5월 27일 가입 신청한다고 발표를 했고, 7월 8일에 신청을 했어요. 우리는 8월 5일에 신청을 해서, 그래서 8월 8일 토의 없이 안보리 단일 의제로 만들어져서 가입결의안이 채택되고, 9월 17일 개막일에 가입이 되거든요. 그래서 5월 27일 전에 중국이 설득을 했든지, 아니면 "너희 안 하면 우리 못해. 미국 못 막을지도 몰라."라는 식의 얘기를 그 이전에 끝냈을 거라고 생각됩니다.

그런 북한이 90년 5월에 단일 의석 공동가입안을 최고인민회의에서 발표를 했거든요. 우리 가입을 반대하기 위한 술책을 90년 5월부터 한 1년간 한 거죠. 가장 믿을 만했던 것이 중국의 입장이었을 텐데, 중국이 더 이상 북한입장을 지지할 수 없다는 식의 통보를 했으리라는 생각이 들죠. 글쎄요. 중국과 북한 관계는 저보다 교수님이 잘 아실텐데, 그걸 어떻게 우리가 정확히 해석을 할 수 있는지 모르겠습니다. 중국은 중국대로, 북한은 북한대로. 김정은이 들어와서 한

7~8년간 꿈쩍 않고 있다가 갑자기 날아와서 세 번씩이나 만나고 하는 걸 보면 참 이상한, 알 수 없는 부분이 있다는 생각이 듭니다.

적어도 UN 가입 문제와 관련해서는 중국이 큰 흐름, 소위 냉전 해소와 중국 발전을 위해 한국과 관계 개선의 필요성을 인정하고 있었다고 생각합니다. 그것이 북한을 위해 한국의 UN 가입을 막아주는 것보다 중요하다고 판단했을 것입니다. "UN 가입 그거 널 위해 꼭 거부권을 행사해서 우리를 멍텅구리로 만들 만큼 그렇게 가치가 있겠느냐. 너희가 들어가면 되는데 왜 그러느냐?" 하는 식의 생각을 가졌다고 봐요. 그러니까 북한이 반대해 달라는 것을 들어줬을 때의 실익과, 한국과의 관계를 순조롭게 가져가지 못했을 때의 손해를 따져 보았겠죠. 당시 중국으로서는 한국과의 관계를 원활히 가져가는 것이 국가 근대화에 도움이 되리라는 판단을 확실히 하고 있었다고 생각합니다. 지금 생각해 보면 실제로 그렇지 않습니까? 그렇기 때문에 북한이 단일 의석 공동가입안을 가지고 나왔을 때도, 그 자체에 대해서 "무슨 뚱딴지야?"라는 그런 실무적 판단을 주고받았던 것으로 기억합니다.

그러니까 한국을 UN에 들어가지 못하게 함으로써 북한이 내세우는 한반도 분단 영구 고착화라는 주장만을 옹호하고, 대변하고, 지원할 만한 실익을 느끼지 못했다는 거죠. 이 문제에 대해 중국은 90년 후반, 91년 초에 자기 국가 이익에 반한다는 평가를 했다고 생각됩니다. 다만 미국이 실제 거부권을 행사하면 어떻게 하겠는가 하는 것은 북한이 들어가겠다고 결정한 이후에 제기되었을 문제인데, 이것에 대해서는 특별히 심각하게 논의됐다는 기억이 없습니다.

또 실무적으로 들어갔을 때 어떤 절차를 거쳐야 하는지에 관한 시나리오를 한미 간, 그리고 한중 간에 어디까지 세밀하게 진행되었는지는 모르겠지만, 적어도 북한이 들어갈 때 비토될 수 있다는 걱정은 안 해도 된다는 assurance 비슷한 걸 줬다는 기억은 있어요. 그리고 그것이 "5월에 발표하고 7월에 너희 먼저 신청해. 우리가 뒤에 하고 그리고 한꺼번에 논의해" 하는 식의 행동으로 이어졌으리라 추정합니다. 그러니까 한꺼번에 논의한다는 것은 패키지에서 한번에 해결하려는 것으로, 적어도 이 문제가 안보리에 올라오면 토의 없이 처리하자는 practice을 적용하자는 사전협의가 상임이사국 간 – 실무적 차원이든 대사 차원이든 – 합의가 있었을 것으로 봅니다. 제가 지금 정확하게 기억은 못하지만, 하여간 그런 논의는 했었으리라고 봅니다.

신종대: 대부분 경험하신 범위 내에서 다 말씀하셨다고 생각하는데 혹시 동시가입 관련 중국의 역할이라든지 한중 관계에 대해서 추가할 내용이 있으시면 말씀해주시죠.

이규형: 아까 메시지 말씀을 드렸지만, 그때 그걸 보는 순간 그야말로 소위 쾌재를 불렀습니다. 우리가 가입 신청할 경우, 소련은 외교관계를 수립했으니까 아니고, 중국이 어떻게 나오느냐가 제일 문제였지 않았겠습니까. 물론 중국이 "너희 신청하면 거부권을 행사한다."는 식의 이야기는 전혀 한 바 없습니다. 대신에, 첸치천 외상이– 그 사람 참 대단한 분이었다고 생각하는데, 그런 은유적 표현을 한 것은 인상적이었습니다. 물론 천외상의 마음속에는 자국의 경제 발전, 한국과의 관계 등의 생각이 더 차 있었으리라 봅니다.

중국이 거부권을 행사 못하게 하기 위해서 어떤 방안이 있을까 하는 연구는 없었다고 생각합니다. 1989년 냉정종식이라는 큰 세계적 흐름 속에서, 열심히 노력하며 가입 실현을 위한 세몰이를 한 것이라 봅니다. 그리고 양자 경제관계는 톈진까지 국적기가 입출항 할 정도로 발전되어가고 했으니까요. 결국은 북한과 중국 간에 북한이 반대하고 있는 것을 넘을 수 있는, 그런 걸 주면 되는 거 아닌가 하는 정도만 생각하지 않았을까 추정합니다.

우리로서는 "거부권 행사하면 이걸 어떻게 하지?" 하는 식까지는 생각하기 어려웠다고 봐요. 거부권 행사하면 우리는 신청 안 했겠죠. 그럼 북방정책은 완전히 파토 나는 거죠. 모르겠어요. 그건 가상적 상황이니까. 하여튼 마지막에 그런 심각한 고민이 없도록 메시지가 온 거예요. 사실은 그 메시지가 중국의 입장을 가늠하는 데 있어 역할을 했다고 저는 생각합니다. 그리고 그 뒤에 APEC 때 외상이 왔거든요. 첸치천 외상이 와서 이상옥 장관과 만나고 그랬습니다. 1년 후에 외상끼리 만나서도 회담이 원만하게 진행됐습니다.

소련과의 외교 교섭

김종학: 다음 한러 관계에 대해 엄구호 교수님께서 질의해주시겠습니다.

엄구호: 다 말씀하셨지만 90년 9월 소련과 수교를 했고, 북한과 소련은 관계가 상당히 냉각됐기 때문에 사실 UN 남북 가입에 소련의 특별한 입장이나 역할이 있었을 것 같지는 않습니다. 다만 사실 확인 차원에서 구체적으로 남북한 UN 동시가입에 대해 언제, 어떻게 설명을 했고 어떤 입장을 받았는지요. 특히 90년 12월이 모스크바 한소 정상회담, 연이어서 91년 4월에 한소 정상회담이 있었기 때문에 혹시 한소 정상회담에서도 이 문제가 구체적으로 논의되거나 의제가 됐었는지요. 언론에는 그런 게 전혀 언급이 없었기 때문에 제 생각에는 특별히 중요한 문제는 아니었던 것 같긴 한데요. 혹시 대사님께서 기억하시는 소련과의 커뮤니케이션 기억이 있으신지 그것만 좀 여쭤보고 싶습니다.

이규형: 소련과의 특별한 기억은 사실 없어요. 주로 UN 대표부에서 참사관급에서 만나서 UN 가입 문제를 얘기했다고는 보는데, 반대를 했다든지 하는 내용은 머릿속에 남아있지 않습니다. 제가 봤더니 89년 4월에 이미 무역대표부, 89년 11월에는 영사처 설립 합의를 해서 90년 3월에 공로명(孔魯明) 대사가 가셨거든요. 그리고 우리의 UN 가입이 91년 9월이니까, 물론 6월에 다 해결은 됐지만요. 공 처장이 가서 했던 일 중에 하나가 UN 가입 문제에 대한 소련 정부의 입장, 이런 것이

었을텐데 말씀하셨듯이 우리가 수교 정상회담을 90년 6월에 샌프란시스코에서 했고, 12월에 모스크바 갔고, 91년 4월에 제주도에서 또 했기 때문에, 회담 중의 한 아이템으로 UN 가입 부탁을 하고 가입하는데 지지해 달라, 거기에 들어가야 되지 않느냐는 덕담 비슷한 것들이 있었다고는 생각해요. 왜냐면 이때 UN 가입에 안 되어 있기 때문에 우리가 주제에 넣긴 했겠지만, 이미 소련은 우리와 수교한 입장에서 반대 같은 건 생각지도 않았을 것으로 봅니다.

소련과 수교 교섭을 보면, 제 기억에 90년 9월 30일자로 셰바르드나제(Eduard Shevardnadze)와 최호중 장관이 서명을 하시는데, 그때 원래 그게 그 다음 해 1월 1일자로 되어 있었다는 것 아닙니까. 그래서 우리 최 장관이 "이거 내년 1월까지 뭐 하러 미루느냐. 그냥 지금 하자", 그래서 그게 바뀌었다고 알고 계시죠? 저도 그렇게 알고 있기 때문에 그때 소련은 사실은 우리의 UN 가입에 대해 전혀 현실적인 문제점으로 보지 않았을 것이고, 도리어 정상회담에서 그 아이템을 넣어서 부탁하는 게 지금에 와서 생각하면 굳이 뭐 하러 그랬을까 하는 그런 느낌마저 있습니다. 당시 하여튼 89, 90년, 물론 P5니까, 그런 차원에서 충분한 의견 교환과 상황에 따른 협조나 그런 상식적인 건 있었을 텐데 특별히 어쨌다는 건 없습니다.

91년 전후 남북관계 호전의 영향과 북한의 국제법적 지위 변화

김종학: 다음 이정철 교수님.

이정철: 북한이 어쨌든 91년에 단독가입에서 동시가입으로 태도 변화가 있었잖아요. 그것의 주된 원인을 대사님께서는 북한 입장에서 보면, 대외 관계 요인이었다고 판단하시는 것 같은데, 일부에서는 어쨌든 남북 관계 요인이 작동했던 것 아니

냐 하는 추론도 좀 있다고 생각합니다. 돌아보면 91년 1월에서 91년 10월 사이가 역대 남북 관계에서 가장 좋았던 시점이었습니다. 그때 축구, 탁구 등의 체육회담이 집중되어 있었습니다. 이렇게 봤을 때 남북 관계 요인이 얼마나 작용을 했을까, 사실 저는 그 부분이 고민이 많이 있습니다.

물론 말씀하신 것처럼 리펑 총리의 5월 초 방북이 입장 변화에 굉장히 많은 영향을 주었을 것이라고 추론은 합니다만. 그래서 그 부분과 관련해서 남북 관계 요인이 어느 정도 작동했을까 여쭙고 싶고요. 대외 관계 요인이 주요한 것이었던 건 분명한데 그게 중국 요인이 거의 모든 것이라고 보는 게 맞느냐는 것도 궁금합니다. 일본도 90년에 가네마루 방북 이후 91년 1월부터 실무회담을 여덟 차례 진행되잖아요. 일본 요인은 어느 정도 작동했을지, 이런 점을 포괄적으로 여쭙고 싶습니다.

이규형: 네. 90년대 초반에 총리 회담하고 왔다 갔다 하면서 굉장히 긴장완화 무드였고 협조 증진 시기였습니다. 그때 92년인지 불가침 조약에다가 불가침 협정도 맺고 했잖습니까? 그래서 남북 관계가 상당히 원만했는데 그런 과정에 총리 회담에서 연형묵(延亨默)이 단일 의석 공동가입안 논의를 제의했던 것을 기억해요. 당시 강영훈(姜英勳) 총리 주재로 지금 남북대화 사무국에서 단일 의석 공동가입안에 대해 어떻게 대처해야 하느냐에 관하여 회의를 했어요. 제가 그때 과장이었는데, 과장이 와서 보고하라고 해서 제가 보고를 했던 기억이 생생합니다.

그때 국내에서는, 사실 일부 야당 측에서 "북한 주장대로 할 수 있지 않느냐? 번갈아가면서 6개월 맡고 6개월 하고 하면 협조도 되고 좋지 않느냐?" 하는 공세도 있었어요. 우리 정부 내에서도 남북한 관계가 이렇게 되는데 "단일 의석 문제되는 건 좀 놔두고 같이 할 수 있는 거는 왔다 갔다 하면 되지." 하는 생각을 열명 중 한두 명은 했다고 봅니다. 대다수는 아니었고. 그래서 제가 강영훈 총리앞에서 이게 어떻고, 이걸 하면 무슨 문제고, 우리는 지금 어디 가 있고 하는 식의 브리핑을 드렸어요. 그 결과 다행히 "그래. 과장 생각이 맞다." 하는 결론이 내려졌어요. 그때 우리는 이 문제에 대한 확고한 입장이 섰죠. 말도 안 되는 제안이었거든요.

당시 북한은 체육 회담이든 뭐든 왔다 갔다 하면서도 UN 가입 문제에 관해서는 굉장히 단호한 입장을 갖고 있었어요. 분단의 영구 고착화 획책이라는 명분이었죠. 그걸 75년도에 김일성이 제안한 것인데, 아마 김일성이 이야기했기 때문에 그게 계속 갔는지도 모르겠어요. 왜냐면 75년 이후에는 우리가 실질적으로 가입 관련하여 한 것이 하나도 없었거든요. 이게 본격화된 건 88을 계기로 해서 북방정책으로 드라이브를 거니까 이 사람들이 90년 5월에 단일 의석 공동가입안이라는 그야말로 '듣보잡' 제안을 내놓단 말이죠. 그리고 총리회담 의제로도 제안을 했어요.

그러니까 당시 남북한 관계의 해빙 무드가 UN 동시가입이라는 문제에 별로 영향을 주지 않았다는 것입니다. 도리어 우리 쪽에 혼선을 준 측면이 있습니다. 북한이 이걸 주장하는데, 야당 일각에서도 왜 못하느냐는 소리도 있고, 이거 한 번 해보자, 연기 좀 하고 가입을 좀 천천히 해보자, 그런 걸 따져보게 되는 빌미가 되었다고도 할 수 있습니다. 그러니까 당시 남북한 관계는 다음해 가입에 긍정적 요인을 준 것 같지 않습니다. 도리어 북한은 집요하게 반대를 했습니다. 그건 왜 그랬는지, 분단의 영구 고착화를 우려하는 것이 진짜 생각이었는지, 김일성이 유시를 내렸던 건지, 아니면 끝까지 중국을 잡기 위한 이유에서 그랬는지 모르겠습니다. 그것이 이제 수교 문제까지 넘어갔는데, 그런 책략이었는지, 그건 나중에 당시 북한 외교관에게 들어봐야 될 부분입니다.

그리고 일본 관계인데요. 저도 가네마루 신이 90년 9월에 북한에 간 일에 대해 이번에 새삼 살펴봤습니다. 하지만 저에게는 당시 일본과 우리 UN 가입과 관련된 기억이 전혀 없어요. 물론 아까 말한 UN에서의 코어 그룹에는 일본이 당연히 들어갑니다. 영국, 프랑스, 호주, 미국 등 우리와 가까운 10여 개국이 참여한 그룹입니다. 여기에 일본이 꼭 참석해서 나름 정보 교환도 하고 의견도 내고 그랬던 것은 분명합니다. 그러나 우리가 UN 가입을 위해 일본더러 "너 좀 애써서 중국 설득 좀 해다오." 뭐, 립서비스로 그랬을지는 모르지만 제 생각에는 진정성을 갖고 일본의 참여와 지원을 얻고자 했던 기억은 없습니다. 그런데 이번에 주신 자료를 보다 보니까 이하경 주필이 쓴 내용에, 가네마루 신이 노태우 대통령을 만났는데 대통령께서 "북일 관계 대화 좀 멈춰라. 지금 입장에서는 남북한 관계에 일본이 괜히 끼면 안 좋으니까 좀 빠졌으면 좋겠다."는 얘기를 했다고 나와 있어요. 뭐 당시에 그럴 수는 있겠다는 생각은 합니다.

그리고 일본이 남북한을 사이에 두고 상당히 미묘한 태도를 취했거든요. 제가 85년부터 89년까지 일본에서 정무과장을 하면서 그쪽 북동아 과장하고 싸운 이유 중의 하나가 북한 문제 때문이었습니다. 일본이 묘하게 북한을 두둔하는 듯한 입장을 종종 취했어요. 물론 전두환 정권 시절이니까 우리 정권의 특성이라는 문제가 작용하긴 했어요. 그런 상황에 비춰봤을 때 일본에 우리 UN 가입 문제를 진심으로 부탁을 하거나 했을 수 없었다는 게 제 생각입니다.

이정철: 그러면 북한이 91년 5월 27일 입장 변화를 발표하는데 그것의 주된 요인은 한국의 압박 요인이 더 많이 작동했다는 것인지?

이규형: 아뇨. 우리가 신청하고 중국이 반대 안 할 거니까.

이정철: 그러니까 북한에 대해서는 압박 요인이 되는 거죠. 고립될 수 있다는.

이규형: 그렇죠. 이러다가 진짜 못 들어갈 수도 있고. 자신들은 들어가기 싫은데 한국이 UN에 들어가서 노는 걸 못 보겠다든지, 싫어했는지 그런 거겠죠. 분단의 영구 고착화를, 글쎄 진짜 믿었는지 모르겠지만, 한국이 신청해도 중국이 확실하게 반대하면 안 되는 건데, 그 믿었던 도끼가 완전히 날아가니까 태도가 바뀌었다고 전 생각합니다.

이정철: 그럼 여기 없는 질문을 하나 더 드리겠습니다. 조약을 검토하시면서 그 고민이 있었는지 여쭙고 싶은데요. 지금도 현안과 관련된 겁니다. 북한이 UN의 공식기구에 들어올 때, 동시가입을 했을 때 정전체제 관련 북한의 지위 변화에 대한 검토가 좀 있었는지. 실제 그해에 91년 3월에 황원탁(黃源卓) 소장을 우리 정전 대표로 임명하면서 미군이 하던 것을 한국이 맡으면서 북한이 정전위를 가동 중단시키는 사태가 생기거든요. 91년 3월에 그리고 94년에 북한이 정전체제를 폐기하고 판문점 대표부로 가는데, UN 가입과 관련해서 그런 합법성이라든지 UN 사령부의 지위라든지 그런 것에 대한 검토가 당시 있었는지.

이규형: 제가 정확하게 말씀드릴 수는 없습니다. 그런데 당시 분명히 UN 가입과 관련하여, 양국 체제인 남북한이 각기 UN 회원국이 될 수 있느냐, 우리 헌법에 대한민국이 유일 정부라고 되어 있다는 점 등을 포함해서 논란이 있었습니다. 그리고 지금의 정전체제나 UN사령부의 법적 지위에 대해서도, 조약국에서 충분히 검토를 하고 나름대로의 페이퍼가 있으리라고 봅니다. 그것이 외교사료관실에 어떻게 보관되어 있는지는 모르지만 있을 겁니다.

하여튼 그것이 남북한 관계에서도 큰 변화고, 또 그 UN 체제 내에서 남북한이 어떻게 경합하고 협조하면서 뭘 이끌어갈 것이냐 하는 게 아주 큰 외교적 문제였기 때문에 UN과 관련된 남북한의 법적 관계 등에 대해 나름 충분히 연구, 검토했다고 저는 생각합니다. 그런데 이런 문제 때문에 UN 가입이 안 된다든지 하는 이야기는 전혀 없었습니다. 그런 문제의식을 갖고 연구하고 검토했었을 것입니다. 그런데 저는 그 결과에 대해서는 기억을 하지 못하겠네요.

UN 가입 이후 한국 외교의 자율성

김종학: 이상숙 교수님도 질문해 주시기 바랍니다.

이상숙: 네, 대사님. 좋은 말씀 들어서 많이 공부가 됐고 감사합니다. 큰 질문 하나, 작은

이상숙 연구교수

질문 하나 드리겠는데요. 큰 질문은 그럼 과연 한국의 외교사적으로 봤을 때, UN 동시가입이 한국의 외교 자율성 증대에 어떤 의미가 있는지. 이런 질문을 드리는 이유는 당시 외교관으로 있었을 때, UN 가입 이후에 외교관으로 활동하셨을 때 경험적으로 달라진 게 있는지, 구체적으로 사례가 있었는지 그런 거에 대해서 질문 드리고 싶고요. 작은 질문인데요. 실무적으로 대사님이 UN 과장 시절에 참사관, 같이 일하셨던 분들이 누구신지 궁금합니다.

이규형: 그때 UN 과장이 외교부 내에서 좀 셌어요. 인사도 가장 우선적으로 배려하고, 예산도 좀 받았죠. 그래서 UN 총회 갈 때 장관 모시고 가면…. 그때 과장일 때 차석이 나중에 UN 대사를 한 오준(吳俊) 서기관이었고요. 그 상석이 조태용(趙太庸), 지금 국회의원이시죠. 송영완이라고 나중에 오스트리아 대사도 하신 분이 있었어요. 다들 소위 그 뒤에 외교부 중진으로 성장한 분들입니다. UN 대표부에도 지금은 돌아가셨지만 권종락 참사관이 특별히 기억에 남고. 이시영(李時榮) 대사가 계셨습니다. 그때 참사관들은 제가 찾아봐야겠어요. 권종락 대사님이 제일 활발하게 왕광야도 만나고 소련도 만나고 미국 정부 참사관도 만나고 그랬던 기억이 납니다.

외교 수행의 자율성이라고 큰 차원에서 말씀 주셨는데, 우선 UN에 가보면 회원국과 observer 국가는 우선 자리부터 차이가 있습니다. 옵서버는 이쪽 구석

에 가 있었어요. 제가 처음에 3등 서기관으로 근무했고, 나중에 참사관, 공사참
사관으로 두 번 근무했는데 자리 배치에서 아주 다릅니다. 그리고 옵서버는 말
그대로 관찰만 하고 자기와 관련된 발언을 제일 마지막에 해야 되는데 회원국은
가서 의장도 할 수 있고, 부의장도 할 수 있고, 자격 문제에서 큰 차이를 갖고 있
습니다. 옵서버는 우리 문제에 관해서 부탁만 하지 부탁받지를 않아요. 투표권
이 없으니까.

　　회원국이 됨으로 해서, 국제사회, UN이라는 세계 모든 문제를 다루는 곳에
서 우리 본연의 목소리를 낼 수 있는 위치를 갖게 되었습니다. 그게 자율성과 연
관이 될지는 몰라도 매우 피동적인 위치에서 능동적이고 우리가 직접 생각하는
국익 실현을 위한 노력을 실제 할 수 있게 된 것은 대단한 일이죠. 더구나 우리는
UN에 들어가서 5년 만에 안보리 비상임이사국으로 진출하였습니다.

정책 결정과정에서의 외교부의 역할

김종학: 준비된 질문은 다 했는데요. 오늘 귀한 걸음 해주셨기 때문에 다른 질문이 많으
　　　　실 것으로 생각합니다. 편하게 질문해주시죠.

조동준: 대사님, 감사합니다. 두 가지 질문을 드리고 싶은데요. 첫 번째는 강영훈 총리님
　　　　이 주재하셨던 회의에 가서 발표하셨다고 했는데 그 회의에서 다른 의견이 있었
　　　　는지, 아니면 대사님이 발표하신 이후에 거의 끝났는지 궁금합니다.

이규형: 토의는 없었어요. 제가 발표를 아주 잘했나 봐요. 진짜 우리 총리께서 "아주 설득
　　　　력 있구먼." 하셨어요. 그걸로 마감하고 이게 해야 되냐 말아야 되냐 와 같은 추
　　　　가적인 건 없었습니다. 본래 그 회의는 본회의 대비용으로 북한을 담당하는 연
　　　　구원들과 우리 대표들이 참여하여 미리 시뮬레이션 하는 자리였습니다. 그 회의

전에 단일의석 공동가입안에 대해 얘기해봐라, 이게 뭐냐 해서 제가 브리핑을 한 겁니다. 때문에 그것만을 논의하기 위한 자리는 아니었다고 생각합니다.

이정철: 거기에 정부 내에서도 옹호하는 분이 있었나요?

이규형: 정부 내에서는 그 당시 이 문제에 대한 외교부의 입장이 아주 확고했습니다. 또 당시 최호중 장관님이 여러 가지 면에서 대통령으로부터 절대 지지를 받고 있었습니다. 그래서 UN 가입과 관련해서는 외교부가 전략 수립, 전략 시행 이런 부분을 청와대와 긴밀히 협의를 했고, 아까 자율성이라고 했지만, 굉장히 자신 있게 진행했었다고 기억됩니다. 다른 부서에서 "단일 의석 공동 가입한 좀 해봐야 하는 거 아니야?"하는 식의 문제 제기가 없었는데, 그 당시에는 NSC형태 회의는 없었던 걸로 기억하고요. 여하튼 그 문제가 정부 내에서 이것저것 다른 얘기는 없었어요. 아마 그 당시 한 가지 요인 중 하나는, 진지한 얘기는 아니지만, 야당 쪽에서 그런 얘기를 꺼냈기 때문에 더 말이 안 된다 하는 분위기가 있었는지도 모르겠습니다. 그래서 정부 차원에서는 별 이견이 없었고, 통일부에서 한두 분 그런 생각이 있었을는지는 모르지만 전혀 그게 문제가 돼서 심각하게 논의 된 적은 없었습니다.

UN 총회에서의 득표

조동준: 91년도 UN에 가입할 때 혹시라도 득표전이 있을지, 안보리에서는 통과됐는데 마지막 총회에서는 이 문제를 가지고 심각하게 논의가 발생할까 그런 걸 걱정하거나 그러지는 않으셨는지요? 왜냐하면 앞선 시기를 보면 항상 남북문제가 UN에 들어오면 서로 지지를 확보하기 위해 아프리카 국가들 돌고 그랬었잖아요. 그 당시 상황, 분위기는 어땠었는지 궁금합니다. 안보리에서 통과되면 자연스럽

게 박수 받고 끝나리라고 예상하셨는지, 아니면 뭔가 좀 논란이 있을 수도 있다고 생각하셨는지 궁금합니다.

이규형: 논란이 있으리라고는 생각하지 않았던 것 같아요. 왜냐면 단일 의제로 만들어 안보리에서 토의 없이, 만장일치로 총회에 넘겼기 때문입니다. 또 총회는 그걸 받아 결의안을 내서 개별적으로 투표를 해보자는 상황은 아니구요. 글쎄, 모든 걸 대비한다고 해서 혹시 뭐 있을는지는 모르니까 하는 식의 대비는 하지 않았어요. 그 전년까지만 해도 "나가서 지지 발언해주세요."라는 지지발언 교섭을 엄청 했지만, 91년 가입결의안 찬성을 얻기 위한 득표 노력은 전혀 할 이유가 없었습니다.

다만 안보리 비상임이사국 진출시에는 총회에서 득표를 얼마나 하느냐의 결과가 UN 내에서는 상당히 화제가 됩니다. 왜냐면 안보리 비상임이사국은 지역별로 후보국이 사전 선정되거나 실제 투표에 부쳐지는데 사전선정된 후보국의 경우 일종의 신임투표와 같은 성격을 갖게 됩니다. 그래서 160개 투표 중에 20개국이 반대했다, 또는 30개국이 반대했다, 또는 거의 전원이 찬성했다는 결과가 나오면, 그것에 따라서 대표부에 대한 UN에서의 평가가 나오기 때문에 안보리에서 비상임 이사국으로 내정이 되어 있다 하더라도 많은 회원국의 지지를 얻기 위한 득표 노력은 나름 합니다.

안기부의 개입

신종대: 동시가입 문제에 대해 당시 안기부가 음이든 양이든 깊숙이 개입했다고 보는 것이 합리적일 것 같습니다. 혹시 대사님께서 당시 기억나는 게 있나요?

이규형: 개입이라고는 할 수 없지만, 그 당시 안기부가 국정 전반에 관여하여 외교부에도 파견관이 나와 있었고, 모든 부서에 나가 있었죠. 노 정부 때도 그랬고, 언제 파

견관이 돌아갔는지는 잘 모르겠습니다. 그래서 안기부가 그 당시 정부 내에서 꼭 외교뿐만 아니라 민생, 국내 정치도 관여했다고 생각합니다. 어떤 진행 상황에 따라 안기부가 갖고 있는 정보를 공유하고 우리가 청와대에 보고를 하고 결과가 있으면 공유하는 그런 일은 분명 있었을 겁니다. 그런데 정책을 수립, 시행하는 데에 있어서 안기부가 이견을 제시해서 또는 반대를 해서 입장이 바뀌었다든가 무슨 압력을 받아서 곤욕을 치렀다든가 하는 전혀 없었습니다. 북방정책의 실제 현장에서의 활동, 예컨대 헝가리 동구권 내에서의 활동에서는 안기부의 역할이 있지 않았을까 추정합니다만, UN 가입을 본격화하고 드라이브를 거는 데에 공유하는 건 있었지만 무슨 문제를 야기하고 그랬던 기억은 하나도 없어요.

남북한 교차승인안의 무산 배경

이동률: 아까 이하경 주필 기사 관련인데 중국이 북한을 설득할 때, 제 추측으로는 북한에 교차승인안을 제안했을 가능성이 있다고 생각하거든요. 그래야 한중 수교로 가고 북한 고립을 최소화시킬 수 있기 때문이죠. 사실 우리도 그 생각을 가지고 있었을 것 같은데 우리 정부는 실제로는 그러지 않았던 것 아닌지, 교차승인보다는 북한을 고립시키려고 하는 것이 아니었는지? 처음에는 북방외교가 북한의 개방을 이끌어내고 그런 정도였다면 나중에는 우리만 잘 되고 북한이 고립되니까 아예 고립 쪽으로 가자는 것은 아니었는지 궁금합니다.

　한중 수교할 때 동시에 북일 수교 회담이 진전되다가, 물론 북핵 때문에 중단되긴 했지만, 그게 중단되고 교차승인이 멈춰버리잖아요. 그리고 북한은 북핵 개발을 가속화합니다. 저는 거기에 의문이 있어요. 혹시 UN 동시가입부터 시작해서 남북한 교차승인으로 이어지는 과정으로 생각하고 있었는지 그게 하나 궁금하고요. 하나는 아까 계속 나온 질문의 일환인데 UN 가입은 결국 외교부가 주도했고, 실무 차원에서 그런 것 같은데 당시 권위주의 정부였고 북방외교는 청와대가 많이 개입하고 주도했잖아요. 그런데 UN 건을 외교부가 주도하고 진행한 것은 그 당시 전반적인 외교 상황에서 이례적이었던 건지 아니면 사실은 외교부가 외교 업무를 주도하고 있었는지?

이규형: 북방정책은 그 당시에 박철언 씨 중심으로 헝가리와 진행했던 기억이 납니다. UN 가입은 아까 말씀드렸지만 외교부가 확실히 주도를 해서 당시 노 대통령 전폭적 후원 하에 진행되었다는 것이 제 기억입니다. 외교부는 북방정책에 대해서도 잘 협의를 하고 진행했습니다. 북방정책 관련하여 희한한 일이 튀어나오는 경우도 있었지만, 외교부가 했으면 차관 몇 십 억 달러니 이런 것들이 됐었을까 하는 생각을 하게 됩니다. 소련과 수교할 때 30억 달러 경협차관 그런 건 아마도 외교부에서 먼저 initiate 해서 했을 가능성은 적지 않았을까, 제 개인적인 추측입니다.

교차승인과 관련하여 우리가 소련과 수교를 했고 다음이 중국인데, 상대적으로 북한이 미국, 일본과 관계를 갖는 것을 막 해달라고는 하지 않았다고 생각합니다. 그렇다고 해서 안 된다는 식의 얘기를 하지는 않았다고 생각해요. 우리는 교차승인이 돼서 그것이 한반도 평화, 긴장 완화에 도움이 되는 그런 것으로 큰 각도에서 봤습니다. 그러나 결국 실질적으로 미국은 미국대로, 일본은 일본대로 각자 갖고 있던 상대방의 문제로 인해서 구체적인 진전이 안 됐다고 생각합니다. 북한이 미국이나 일본과 상호 외교 관계 수립을 위한 노력에 대해, 우리 정부 차원에서 북한을 고립시키기 위해 안 된다는 식으로 한 것은 없다고 믿습니다. 어떻게 보면 할 까닭도 없었습니다. 우리로서는 하면 되고 안 하면 안 되는 식의 그런 역량은 아니었다고 봐요. 그저 우리는 "하면 좋은 거 아닌가?" 하는 그런 기본 입장만 갖고 있지 않았나 생각됩니다. 구체적으로 성사시키기 위해 또는 반대하기 위해 움직인 것으로는 생각하지 않습니다.

　　그런데 지금 말하는 이 파트에 대한 것은 당시 청와대 김종휘 안보보좌관이 언급한 거라든지, 최호중 장관은 돌아가셨지만 이상옥 장관이라든지 그런 차원에서, 그리고 정책결정을 하셨던 분들의 말씀을 듣는 것이 정확할 거예요. 당시 과장으로서 제가 느낀 것은 아까 말씀드렸던 그런 내용입니다, 이렇게 말씀드립니다. 사실 중앙일보 이하경 논설위원이 쓴 내용에 "노태우 대통령이 아주 단호한 어조로 북일 대화에 반대했다. 가네마루는 없었던 일로 하겠다."라고 쓰여있는데, 제가 그걸 보면서 정말로 "그랬나? 그랬을까?" 하는 의문을 갖게 됩니다.

이정철: 그게 노태우 대통령 회고록에 그 장면이 그대로 나와 있습니다.

이규형: 글쎄요. 그렇게 말씀을 하셨을 까닭이 있겠지요. 아무튼 그때 일본에 UN 가입과 관련해서 특별히 역할을 했거나, 하기를 기대했거나 하는 건 없었기 때문에 좀 전에 그렇게 말씀드렸습니다.

북방정책의 성공과 북한의 고립

엄구호: 이건 기왕에 얘기가 나와서 좀 바둑을 복기하는 마음으로 대사님 견해를 여쭙고 싶습니다. 사실 7·7선언이 북일 수교나 북미 수교를 반대하지 않는다는 원칙이 천명됐고, 어쨌거나 우리 북방정책이 남북관계 개선이나 통일 분위기 조성에도 기여할 것이라는 취지에서 그런 맥락은 있었습니다. 두 가지 면에서 보면, 첫째는 결과적으로 북한이 고립을 느끼고 핵 개발을 하게 됐다는 것과 단편적으로 보면 실제로는 우리가 북미나 북일 교섭에 어느 정도 제동을 거는 장면도 없지 않았습니다. 이제 와서 보면 오히려 북방외교의 성공을 위해서는 한국이 더 주도적으로 북미, 북일 관계 개선에 반대하지 않는 차원이 아니라, 더 노력을 기울였

어야 북방정책이 원래 의도했던 7·7선언의 효과가 있지 않았을까 생각합니다.

평양 대사를 했던 알렉산드르 카프토(Aleksandr Semenovich Kapto) 대사 회고록이 2005년에 나왔는데, 거기에 보면 거의 단정적으로 북한의 고립감과 핵무기 개발, 그게 한소나 한중 수교가 결정적 영향을 미쳤다는 증언도 있기 때문에 혹시 당시 북방외교가 그런 틀로 갔으면 어땠을까, 혹시 그런 생각에 공감하시는 바가 있는지요? 특히 김영삼 정부 들어가면 어찌 보면 한소 관계가 좀 소원해지고, 북방외교 색채가 조금 퇴색된달까, 그런 면에서 보면 외교적으로 퇴보하는 느낌도 없지 않았다고 저는 생각하거든요. 대사님께서 정말로 당시에, 아마 일선 외교관들은 그런 큰 느낌은 없었으리라 생각합니다만, 북방외교를 이제 와서 평가해보시면 어떤 점이 좀 부족하지 않았나 그런 것을 생각하시는지.

이규형: 글쎄요. 북방정책의 성공이 결국 북한의 고립감을 심화시켜서 그것을 탈피하는 방식으로 핵 개발에 매진하지 않았는가, 결과론적으로 유추해봤을 때 그런 분석을 할 수는 있겠지만 그게 옳은지 그른지는 모르겠습니다. 너무 결과론적으로 바라보는 부분이 있는 게 아닐까요. 그런 것을 미연에 방지하도록, 그런 상황에 다다르지 않기 위해 "그 당시 우리 북방정책, 소위 동구권과 중국과의 외교관계 못지않게 반대급부로 미국과 일본을 적극 설득하고 독려해서 북한과 관계를 갖게 했으면 지금 북한 핵 문제가 잉태되지 않을 수도 있지 않았겠는가?" 하는 상상은 글쎄요. 20~30년 지나고 나서 하는 이야기이기 때문에 그것이 옳다 그르다 평가하는 것 자체가 매우 어렵다, 또는 맞지 않다는 생각이 우선 듭니다.

당시에 북방정책의 슬로건이 "모스크바, 북경을 건너 평양으로"라는 것인데, 궁극적으로 한반도의 평화 정착, 통일을 모색한다는 큰 슬로건이었습니다. 그런 것이 분명히 있었지만, 실제로 정책을 맡아서 수립하고 시행하다 보면 비정상적인 상황들과 만나게 돼요. 아까 말했듯이 87, 88년만 해도 만나자고 해도 만나지를 않아요. 엄연한 국가인데 국가로 취급을 안 해요. 국제 평화애호국이면 다 회원국이 되는데 회원국이 되지 못하니 이게 뭐냐, 정상화시켜야겠다는 생각을 외교관으로서는 하게 됩니다. 국가 외교관으로서의 목표는 뭐냐는 것을 생각한다는 거죠. 그러나 진행하는 일이 앞으로 한반도에 가져올 영향에 대해서는 알기 어렵고 정말 결과론적인 것이죠. 20~30년을 내다보는 선지자가 있어서 이런 방향으로 갔어야 한다는 것을 알면 모르겠는데, 30~40년이 지난 뒤에 북한 핵 문제가 이렇게까지 오니 "그때 북방정책 이렇게 했었으면" 하는 식으로 얘기하는 것은 사실 현실감이 부족하다, 너무 지나친 논리 전개가 아닐까 생각됩니다.

　당시 과장으로서 UN 가입을 실현시킬 때 있어서는 여하튼 UN 회원국이 되어서 정상국가가 되어야겠다는 마음이었습니다. 국가를 국가로 취급을 안 하는 것이지요. 이런 것을 해소시키고 싶었죠. 그것이 다 우리 대외관계나 정책이나 남북대결이나 경합에서의 우위를 가져다준다고 생각했죠. 물론 그것이 평화정착만을 위한 것과는 다른 문제이긴 합니다. 그래서 30년이 지난 후에 그 당시 정책에 대한 "그때 그랬으면" 하는 접근은 현실적이지 않다는 생각입니다.

김종학: 시간이 다 됐기 때문에 이 정도로 정리하겠습니다. 마지막으로 UN 가입이라는 큰 외교적 개가의 성공 요인이랄까요, 평가를 간략하게 정리해주시면 좋을 것 같습니다.

이규형: 저희들이 하여튼 UN에 못 들어간 것이 49년 첫 신청을 한 이후 91년 가입이니까 40여년 정도였습니다. 그 당시 외교 목표의 큰 결과를 얻게 되는 데에 국가 원수 그리고 외교를 맡는, 그리고 같이 협의하는 청와대, 안기부 등 다 한 마음이 되어서 적극 노력을 했고 거기에 인원, 예산도 충분히 썼습니다. 또 정책을 수행하는 데에 있어서 국제 환경과 여건도 맞았습니다. 그 당시 만약 냉전 종식 분위기가 아니고 모스크바 올림픽이나 84년 로스앤젤레스 올림픽이었다면 아마 우리가 하기 어려웠을 것입니다. 결국 국제정치 흐름을 잘 정확히 이해하면서 우리 외교 목표를 세밀하게 합심해서 추진하면 좋은 결과를 얻을 수 있다는 생각으로

매진했습니다. 그것이 UN 가입 실현의 평가가 아닐까 그런 생각을 합니다. 과장으로서 열심히 했던 기억을 되살려주셔서 대단히 고맙습니다.

II

오준 대사 구술

일   시 : 2020. 9. 29. 10:30-12:00
장   소 : 국립외교원 2층 세미나실
질문자: 이동률(동덕여대), 이정철(서울대)
         전재성(서울대), 곽성웅(한양대)

김종학: 1991년도 남북한 UN 동시가입에 관한 한국외교사 구술회의 제3차 회의를 시작하겠습니다. 저는 사회를 맡은 외교안보연구소 외교사연구센터의 책임교수 김종학입니다. 먼저 오늘 어려운, 귀한 발걸음을 해주신 오준 대사님께 진심으로 감사 말씀드립니다.

　　저희가 사전에 교수님들로부터 질문지를 받아서 대사님께 전해 드렸는데요. 우선은 질문지에 있는 질문 위주로 해서 질의와 응답을 한 다음에 시간이 남는 대로 또 추가 질문을 받는 식으로 진행을 하겠습니다.

오　준: 먼저 이런 자리 만들어 주신 오영주 소장님, 외교안보연구소, 외교사연구센터에 감사드립니다. 사실은 저도 과거에 국립외교원이 외교안보연구원일 때 근무해 본 적이 있고, 그때 제가 과장으로 92~93년에 근무했는데 그때 외교안보연구원장은 공로명 전 장관님이셨습니다. 이런 외교안보연구원 또는 국립외교원의 중요한 기능 중의 하나는 외교에 관한 사료를 수집하고 정리하는 데 있다고 봅니다. 특히 그때는 나이가 많이 드신, 그러니까 오래 우리 주변에 살아계시지 않을 가능성이 있으신 선배님들 위주로 찾아가서 구술을 받았어요. 그냥 질문도

오준 대사

질문이지만 그분이 하시고 싶은 이야기를 구술을 받아서 그것을 녹음을 해 가지고 왔습니다. 그 후에 그것을 문서화하는 작업이 제대로 됐는지는 제가 잘 모르겠는데 어쨌든 그런 작업들을 제가 과장일 때도 한 기억을 가지고 있습니다. 또 외교박물관, 나중에 외교사료관으로 우리가 이름을 바꿨나요? 외교사료관을 만드는 과정에서도 우리 외교사에 대한 정리, 노력이 계속되어 온 걸로 제가 아는데 이렇게 또 외교사 구술회의를 하신다고 해서 제가 기꺼이 참석하기로 했습니다.

그런데 아까도 잠깐 말씀드렸지만 오늘 오면서 생각한 게 한 두어 가지 있습니다. 하나는, 이것이 어떤 정확한 증언을 듣기 위한 것이라면 저 같은 경우 미리 말씀드릴 게 있어요. 제가 1990년에 UN과에서 UN 가입 관련 업무를 맡아 주무 서기관으로 일하다가 1990년 여름에, 그러니까 8월에 미국의 스탠포드 대학에 연수를 갔어요. 그래서 UN에 가입하는 당시에는 연수 중에 한 달 간 UN대표부에 파견 근무를 해서 가입 업무에 나중에 참여 했지만, 90년 여름부터 91년 여름까지의 그 1년 사이에 일어난 일에 대해서는 제가 듣기는 했어도 직접 담당하지는 않았습니다. 어떻게 보면 극적인 전개가 이루어진 1년인데 그때는 제가 없었습니다. 나중에는 물론 UN대표부에서 어떠한 일이 있었다고 대강 들었지만 직접 참여하지 않은 부분은 제가 증언을 하는 데 한계가 있다는 점 말씀드립니다.

그리고 또 하나 생각을 한 것은 우리가 30년 후에 외교문서를 공개하니까 91년 문서는 내년에 공개할 텐데 그러면 일반 대중이 알게 되는 것은 내년 말이나 됩니다. 그래서 내년에 책을 만드실 거라면 우리 내부에서는 문서 공개가 되면 볼 수 있을 테니까 그것을 보시고 정확성을 기하는 게 좋지 않을까 생각합니다. 왜냐면 이런 기억에 의한 증언은 저를 포함해서 다 자기의 주관이 좀 들어가고 누구든 정확성을 담보할 수는 없잖아요. 더구나 30년이 넘게 지난 일인데….

그래서 제가 아까 말씀드린 것처럼 당시 막후에서 역할을 한 박철언씨, 국장을 했던 문동석 대사, 과장을 하셨던 황용식 대사 이런 분들, 특히 황용식 대사는 평소에 기록을 아주 잘 유지하시는 분이라 제 생각에 좋은 증언을 하실 수 있지 않을까 생각합니다. 또 작년에, 작년이 아니라 한 2년 됐나요? 태영호 의원이 책을 썼을 때 거기에 UN 가입 문제에 대해 북한에서는 어떻게 보았는지 하는 부분을 몇 페이지 썼단 말이죠. 본인이 증언을 할지 모르지만, 한다면 그쪽 이야기까지 들을 수 있기 때문에 더 알찬 기록이 되지 않을까 생각합니다.

김종학: 네, 감사합니다. 저희가 문동석 대사님은 11월 초에 모시기로 예정이 되어 있습
니다. 그리고 태영호 의원 같은 경우는 저희가 그동안
생각을 못 했는데 오늘 대사님이 좋은 제안을 해 주신
것 같습니다. 저희가 그 부분도 시도를 한번 해 보겠
습니다. 그리고 아까 외교원에 재직할 때 그때 구술,
녹취하신 말씀 해 주셨는데요. 그 음성파일이 지금 저
희 센터에 보관되어 있습니다. 그중 일부는 저희가 외
교원에서 출간을 한 걸로 알고 있고요. 지금 출간되지
않은 녹음파일에 대해서 저희가 지금 새로 출간을 하
려고 작업 진행 중에 있습니다. 그동안 이게 참 귀한

김종학 교수

자료인데, 도대체 누가 만들었을까 저희는 계속 궁금했었는데요. 보니까 오늘
대사님께서 주도하셨다는 것을 알게 되었습니다.

오 준: 제가 아니고 공로명 당시 원장님이죠.

김종학: 네, 감사합니다. 그러면 본격적으로 질의응답에 들어가도록 하겠습니다. 첫 번
째 질문은 전재성 교수님께서 주신 질문인데요. 질문에 대해서 발표해 주시기
바랍니다.

UN 가입의 경위

전재성: 지난해부터 북방정책 관련해서 저희가 연구하고 있는데요. 북방정책은 한국이
중장기 외교전략을 세워서 성공을 거둔 사례로서 학문적으로도 굉장히 큰 관심
을 많이 끌고 있습니다. 또 내부적으로도 여러 좋은 구술을 해주셔서 들어보면
내부 결정 과정도 아주 복잡하고 흥미로웠던 부분이 많이 있었던 것 같습니다.

그래서 사료로서 의미 있는 연구 주제라고 생각이 되고요. 그 연장선상에서 이제 UN 동시가입도 집중적으로 더 연구를 해보자 이런 연구 의도를 가지고 있습니다.

그리고 동시가입은 사실 이때 정해진 것이 아니고 박정희 대통령 때부터 남북 간의 경쟁외교로 되던 문제였기 때문에 배경이 굉장히 중요할 것 같고요. 아까 대사님께서 91년 전후에는 안 계셨다고 하지만 외교부가 UN에서 진행한 당시의 여러 외교적 노력을 듣는 데 굉장히 좋은 배경을 말씀해 주실 수 있을 것 같다고 봅니다. 또 그 이후에 사실 대사님께서 한국 UN 외교의 상징처럼 되어 있으시기 때문에 우리의 동시가입 이후에 어떤 성과랄까, 그것이 한국 외교에 주는 함의 같은 것도 같이 말씀을 해주시면 좋을 것 같습니다.

일부에서는 동시가입이 되면서 두 국가의 국가성이 각각 강조됐기 때문에 분단에 미치는 영향도 있지 않느냐 이런 평가도 있을 수 있기 때문에, 한편으로는 북한을 UN에 묶어서 북핵 외교나 여러 가지 국제 규범에 종속시키는 데 큰 성과를 거뒀다고 보는 견해도 있는 것 같습니다. 그런 여러 가지 면에서 당시에 대한 구술뿐만 아니고 여러 의견을 자유롭게 말씀해 주시면 저희 연구에 큰 도움이 될 것 같습니다.

첫 번째로 질문드릴 내용은, 하나의 미스테리랄까, 이게 아까 박철언 장관님 말씀도 하셨는데 북방정책 전체의 주도권이랄까, 정책 결정 과정의 각 부서별, 또는 청와대와 정부 속에서의 관계, 이런 것이 계속 완전히 풀리지는 않는 그런 부분으로 남아 있습니다. 대사님이 계실 때 청와대로부터 여러 가지 전략적인 내용이 오면 외교부가 그것을 실행하신 걸로 그렇게 듣고 있는데 UN 동시가입 부분에 대해서 대략 언제부터 어떤 소통, 또는 전략적인 복안 이런 게 있으셨는지 그것이 큰 틀에서 궁금해서 질문을 말씀드렸습니다.

오 준: 첫 질문으로 아주 좋은 말씀이신데요. 저는 이제 이렇게 물으실 필요가 있다고

생각합니다. UN 가입 문제가, UN에 우리가 회원국으로 가입한다고 하는 그 이슈 자체, 그것만으로 볼 수도 있지만 그것보다 더 큰 컨텍스트, 더 큰 맥락, 즉 실제로 UN 가입이 이루어졌을 때는 우리의 소련과 중국과의 관계 개선 및 수교 문제와 연결되어 있고, 또 냉전이 끝나면서 마침 시기적으로도 좋았지만 노태우 정부가 추진한 북방외교와도 밀접하게 연결되어 있죠. 북방외교 관련 활동에서는 박철언 장관 같은 분이 주도적 역할을 했는데, 사실 그런 맥락의 활동은 외교부와는 어느 정도 별도로 이루어졌다고 봐야 합니다.

UN 가입 문제는 단순히 UN에 가입할 것이냐 안 할 것이냐, 동시가입 할 것이냐 단독가입 할 것이냐, 이런 문제가 아니라 결국은 그때 한반도를 둘러싼 냉전의 종식 상황에서 전반적인 우리의 북방외교, 그 다음에 북방외교를 통해 우리가 소련이나 중국과 관계를 개선하게 되면 북한은 거기에 대한 상응 조치로 미국이나 일본과 관계를 개선해야 된다는 점과도 연결되어 있어요. 그쪽에서 볼 때도 당위성과 필요성이 계속 제기되어 왔지만, 우리가 알다시피 우리만 실현됐고 북한 쪽은 실현되지 않았잖아요. 그러니까 그런 상황에서 소련, 중국, 또 북한의 concern, 그들의 우려, 그들의 관심사 이런 모든 dynamics가, 그런 역학 관계가 작용해서 UN 가입이 이루어졌기 때문에 UN 가입 문제라는 그 문제만의 시각에서 보면 1991년에 일어난 일을 이해하는 데 한계가 있죠.

먼저 그런 역학 관계를 빼고 그냥 1991년에 이르기까지는 어떻게 되었느냐를 돌아볼 필요가 있습니다. 이 문제만 볼 때는 아시다시피 우리가 처음 1948년 정부를 수립하고, UN 감시하에 우리 남한에서의 선거를 했고, 그것이 총회 결의에 언급되었고, 그리고 나서 2년 후에 한국전쟁이 일어났습니다. 원래 평화안보의 이슈는 안보리(UN 안전보장이사회-편집자)의 주제인데, UN 안보리에서 한국전쟁이 났을 때는 소련이 안보리를 보이콧 하고 있었습니다. 대만의 중국 대표권 문제를 놓고 보이콧 하고 있었는데 안보리에 소련이 돌아오니까, 안보리가 더 이상 조치를 하기 어려우니까 UN 총회에 의제를 올렸죠. 지금도 UN에서는 그런 방식을 평화를 위한 단결, '유나이팅 포 피스(Uniting for Peace)'라고 부릅니다. 그렇게 해서 한반도 문제가 안보리가 아닌 총회 의제에 올라가게 됐고, 총회 의제로 올라가게 돼서 매년 표 대결을 벌이면서 1975년까지 UN 총회 의제에 있었죠.

그러다가 1975년에 북한을 지지하는 비동맹국가들의 숫자가 많아지니까 남북한 양측을 지지하는 두 개의 상충된 결의안이 모두 통과가 됐죠. 그래서 UN 자신의 integrity가 도전받게 되니까 UN 총회 의제에서 한반도 문제를 뺐습니다. 빼게 되고 사실상 그 다음부터는 UN 가입할 때까지 우리와 북한의 수교 경쟁이라고 봐야 되거든요. 수교 경쟁에 있어서 우리가 북한보다 국가 승인을 많이 받아서 국가로서의 legitimacy, 정당성을 강화하려는 노력이 계속되었다고 봐야 되는데, 어떻게 보면 UN 가입 문제도 그러한 맥락에서 추진됐다고 볼 수 있습니다.

그런데 1973년에 우리나라에서는 6·23선언으로 북한 문제에 대해 정책의 방향이 바뀝니다. 그전까지는 북한과 수교하는 나라와는 우리도 관계를 갖지 않겠다는 입장, 즉 할슈타인 원칙(Hallstein Doctrine)을 고수하다가 73년 6·23 선언으로 우리가 open door, 개방된 입장으로 돌아섰죠. 6·23 선언에는 다른 나라들이 북한과 수교하더라도 우리가 그 나라들하고 관계를 갖고, 거기에 또 UN 가입도 반대하지 않겠다는 말도 들어 있습니다. 그렇게 해서 아까 말씀드린 것처럼 75년 UN에서 한반도 문제 논의가 중지된 후 북한과의 경쟁에서 우리가 UN에 가입하는 것이 우리의 국가로서의 정당성을 인정받고, 북한과 서로 국가 승인을 놓고 게임을 하는 이것을 종식시키는 데 가장 효과적인 방법이다, 이렇게 보게 된 겁니다.

그런데 우리가 가입하겠다고 다섯 번이나 신청을 했지만 소련이 거부권을 행사했거든요. 그러니 소련과 중국이 안보리 상임이사국인 한, 이게 북한 문제와 패키지가 되지 않고서는 우리가 가입할 가능성이 없다는 인식을 갖게 되었죠. 이런 인식 속에서 그러면 남북 동시가입을 우리는 지지한다? 지지한다는 말은 정확한 표현은 아닌 것 같고, 남북 동시가입도 좋다, 무방하다, 이런 입장으로 전환된 것입니다.

우리 한국은 UN 회원국이 될 자격이 충분히 있었습니다. 이미 1989년, 90년에는 우리가 세계 12위의 무역국이었나 그랬어요. 경제 규모가 아직 12위는 아니지만 무역국으로 그렇게 세계 10대 무역국에 가까워졌습니다. 여러 가지로 볼 때 우리가 UN 회원국이 아닌 것은 abnormal, 비정상적인 일이었던 거죠. 과거 서류에서 우리의 그런 concept paper와 우리의 주장, position paper를 다 보셨을 것입니다. 그래서 한국은 당연히 UN 회원국이 되어야 되고, 북한이 UN 회원국이 되는 것도 우리는 반대하지 않겠다는 입장이 된 거죠. 이렇게 이야기했을 때 결국은 남북한이 동시가입 하는 것 이외에는 방법이 없다는, 이런 인식을 가지고 한 것입니다.

그러나 그때도 조심한 게 있어요. 조심한 것 중에 하나는 남북 동시가입을 너무 강조하면 우리의 UN 가입 문제가 북한이 가입을 하느냐 안 하느냐에 결정적으로 달려 있게 되기 때문에 그것은 바람직하지 않다, 이런 인식이 항상 있었습니다. 그래서 제가 UN 가입 문제를 주무하는 서기관일 때도 항상 우리의 포지션 페이퍼를 만들 때는 우리 논리의 전개에서 우리나라가, 대한민국이 UN 회원국이 될 자격이 충분히 있고, 이렇게 국제적으로 역할이 큰 나라가 아직도 UN 회원국이 못 되고 있다는 것은 비정상적인 상황이다. 그 문제를 강조를 하고 우리는 북한이 우리와 함께 UN 회원국이 되는 것도 반대하지 않는다. 이렇게 해서 남북한 동시가입론이라고 불렀는데, 사실은 엄밀히 이야기하면 남북한 동시가입론이라고 그렇게 간단하게 부르기는 좀 어려운 면이 있죠. 동시가입론이라고 하면 남북한이 반드시 동시가입 해야 된다고 주장하는 것이 동시가입론 같은데 그 주장은 아니었다는 거죠.

그런데 북한은 남북 단일가입론이었잖아요. 그래서 고려연방 이런 것을 만들어서 한 나라로, 우리가 통일이 안 됐지만 그런 것은 만들 수 있으니 한 나라로 들어가자는 것이 그들의 기존 입장이었습니다. 나중에 우리 입장에 대한 지지교섭에 피치를 올리면서 우리를 지지하는 나라가 얼마인지 매일 카운트를 했어요. 제가 기억하기로 1989년에 UN 총회에 와서 연설한 나라 중에는 한 40여 개 국이 우리를 지지했습니다. 그때 UN 회원국이 아직 160개국이 안 됐을 때에요, 아마 150개국. 나중에 북한이 160번째로 되고, 우리가 161번째로 됐을 것 같은데요. 그런 시절이던 89년에 한 40여 개 국이 우리 입장을 지지했고, 90년에는 70여 개 국이 우리 입장을 지지했습니다.

그때 우리의 입장, 우리가 주장한 논리 중에 하나가 보편성의 원칙이에요. UN의 멤버십은 유니버설 하다는, 보편성, 보편주의에요. 누구든지 국가면 가입할 수 있다. 그 외에 다른 조건 없다. 평화 애호국이면 가입할 수 있다는 것이죠. 우리는 평화 애호국이다. 그 보편성의 원칙으로 우리가 왜 한국이 UN 회원국이 아니냐, 이것으로부터 출발하는 것이 우리의 로직이었거든요. 그래서 다른 나라들도 UN 총회 연설에서 그런 것을 지지하는 나라들이 늘어나기 시작했습니다. 더구나 1990년경에는 냉전이 끝나서 소련이나 중국이 흔들리는 상황이 되니까 북한도 나중에는 고려연방제에 의한 단일의석 가입안을 더욱 정교하게 만들었습니다. 고려연방제로 들어가서 예를 들어 1년씩 번갈아 가면서 대표권을 행사하자, 통일이 안 돼도 할 수 있다, 고려연방제로, 한 나라로 단일의석 가입이 가능하다, 이런 주장을 했습니다. 북한이 그런 주장을 한 것은 제가 볼 때는 우리의 drive가 강하고 또 다른 나라들도 한국에 동조하는 느낌을 받으니까 그런 주장까지도 하게 되었다고 생각합니다.

청와대와 외무부의 관계

오 준: 그 다음에 우리 전 교수님 말씀하신 청와대와의 관계, 그런 부분은 대체로 지금 제가 말씀드린 것처럼 UN 가입 문제 그 자체, 이것만 놓고 볼 때는 청와대와 외교부 간의 문제 인식의 차이나 이런 게 있을 수가 없어요. 이것은 그때로 볼 때 외교 사안 중에도 상당히 전문적인 사안이었기 때문에 청와대가 사용하는 talking point나 입장은 거의 전적으로 외교부가 만든 입장이었다고 보시면 됩니다. 청와대가 다른 agenda나 다른 입장을 만들어 낼 수 있는 그런 인력도 없었고, 그럴 필요도 없었습니다. 다만 아까 제가 이야기한 UN 가입 문제 그 자체가 아니고 UN 가입 문제가 결과적으로는 90년, 91년 냉전 이후 한반도 주변의 역학 관계, 정치적인 새로운 변화, 이런 것과 맞물려서 실현됐기 때문에, 그러면 중국, 소련과 수교하는 과정에 결국 수교를 하게 되면 당신들이 우리를 국가로 인정하는 거니까 모든 국가는 UN 회원국이 될 자격이 있는데 우리의 UN 가입을 반대하지 않겠냐, 이런 것을 확인하면 되었습니다.

소련과 우리가 수교한 게 정확하게 UN 가입 거의 1년 전이죠. 90년 10월 초인가 이때 수교했거든요. 그리고 고르바초프(Mikhail Sergeyevich Gorbachev)가 그 다음해 봄에 제주도에 왔어요. 그리고 90년 10월 초에 소련과 수교하기 전에 그 해 여름에 샌프란시스코에서 노태우 대통령과 고르바초프가 만났어요. 그것보다 또 전에, 제가 이름을 잊었는데, 소련 사람으로 '세계경제 및 국제관계연구소(IMEMO)'라는 유명한 연구소의 소장(블라드렌 마르티노프—편집자)이 있어요. 그 사람이 한국에 이미 89년, 이쯤에 오기 시작했기 때문에 오면 기자들도 질문하고 우리 학자들도 그 사람에게 질문하고, 그래서 한국을 국가로 인정해서 수교를 하면 UN 가입을 반대할 이유가 없지 않느냐, 이렇게 질문을 했습니다. 그러면 소련 학자들도 그렇다고, 그런 취지로 답을 했어요.

그러니까 국가로 인정을 하면, 국가 승인 하게 되면, 수교를 하게 되면, 더 이상 UN 가입을 반대할 명분도 없고 이유도 없다는 식의 이야기는 이미 나오고 있었습니다. 그래서 그런 부분, 북방외교를 직접 담당하고 말하자면 backchannel로, 외교 정식 채널이 아닌 그런 것을 소위 당시 박철언 팀에서 하더라도 기본적인 것은 공유가 되어 있었다고 봐야죠. 우리 외교부에서도 거기 가서 일하신 분들도 좀 있는데, 박철언 팀에 가서 과장급으로 있던 강근택 대사님 같은 분이 제 생각에는 자세한 내용을 알고 있을 것 같습니다. 여기서 정리하시는 게 그런 비사도 정리하시는 건지 모르겠습니다만...

만약 그렇다면 소련과의 수교, 또 중국과의 수교도 박철언 팀에서도 했고, 우리 외교부도 상당히 그때 더 많이 개입한 걸로 알고 있는데, 그런 과정에서 틀림없이 수교를 하면 당신들 우리 UN 가입을 반대하지 않는 거냐, 이런 것에 대한 우리의 확인, 또는 그런 언급이 있었다고 저는 생각합니다. 그러니까 그런 부분이 청와대와 외교부 간에 잘 소통이 되냐, 이것은 제가 뭐라고 말씀을 드릴 수가 없어요. 저 자신이 그런 것을 알 수 있을 정도로 높은 위치도 아니었습니다. 제 생각에는 그 당시 정부 분위기로는 설사 박철언 팀이라든지 청와대 중심으로 소련이나 중국 이야기가 거론이 됐다면 틀림없이 외교부와 공유했을 것입니다. 문서로 공유되어 있지는 않더라도, 수교를 하고 나면 그 다음에 우리 UN 가입을 반대하지 않을 것이 확실시된다, 이런 식의 언급을 하더라, 이런 공유가 됐을 거예요.

오준 전 유엔 대사 구술회의 사진1 (2020.9.29)

제4차 남북 고위급 회담 중단의 영향

김종학: 비사와 관련해서는 저희가 출간물을 내기 전에 구술자 분들께 다시 한 번 검토를 받으니 너무 염려하지 마시고 편하게 말씀하셔도 될 것 같습니다. 지금 대사님께서 총론 식으로 일반적인 분위기에서부터 해서 흐름을 잘 말씀해 주셨는데요. 저희도 질문을 굳이 질문지 순서대로 하기보다는 지금 하신 말씀에 기초해서 더 세부적인 내용을 여쭈는 것이 어떨까 하는 생각이 듭니다. 지금 남북문제에 관해서도 말씀을 하셨는데요, 예컨대 UN 가입 관련해서 남한과 북한의 입장 차이라든지 또는 그것이 북한과의 수교과정에 미친 영향에 대해서 말씀해 주셨는데, 여기에 대해서 이정철 교수님께서 조금 더 질문을 하시지요.

이정철: 대사님 broad하게 말씀을 해주셨네요. 저희들이 그때 상황을 좇아 가보면, 이상옥 장관님 글에 굉장히 구체적으로 쓰셨어요. 5월 27일 날 북한이 가입하겠다고 갑자기 성명을 냅니다. 그 직전에 굉장히 큰 변화들이 있었는데 4월 21일 고르바초프가 제주도에 오고, 5월 초에 리펑이 중국에서 평양을 가고, 5월 20일경에 고르바초프-장쩌민 회담이 베이징에서 있었습니다. 이러한 것들이 모두 우리의 UN 가입과 관련된 논의인지는 알 수 없지만, 그게 전체적으로 북한에 대한 압박으로 갔던 것은 분명한 것 같습니다.

이정철 교수

제가 사실 굉장히 궁금한 것이 있습니다. 북한이 3월에 팀스피리트 훈련을 들어 고위급 회담을 중단하고 UN 가입 결사반대라는 식으로 4월까지 가다가 바뀌잖아요. 이상옥 장관님 표현에 보면, 그때 팀스피리트 때문에 4차 고위급 회담을 중단하고 북한이 나간 게 오히려 우리한테 유리했다, UN 가입을 만드는데, 이렇게 쓰시고 계세요. 저는 그 판단에 약간 조금 설명이 있으셨으면 했어요. 외교부에서 어떤 시각에서 남북 관계가 중단되는 게 오히려 우리 UN 가입이라는 목표에 효과적이었다, 이렇게 생각하셨던 건지. 그게 약간 궁금합니다.

오 준: 남북 관계가 중단된 게 UN 가입에 더 효과적이었다고 직접 연결하기는 어렵다고 봅니다. 그런데 이런 측면이 있어요. 남북 고위급 회담을 했을 때 그 고위급 회담의 end result, 그것의 끝에 나올 수 있는 어떤 결과는 남북한 기본 관계의 합의잖아요. 그러니까 그런 기본 관계 합의가 결국은 마치 옛날에 독일과 서독이 그렇게 했듯이, 서로를 최소한의 국제관계에서 국가로 인정하는 것, 실체를 인정하는 것 아니겠습니까. 결국 나중에, 우리가 UN에 가입한 다음에 기본 관계 합의를 했잖아요, 그러니까 북한의 입장에서 팀스피리트는 어떻게 보면 핑계일 뿐이었습니다. 다만 남북한 기본 관계 합의를 통해서 상호의 실체를 인정하는 것은 굉장히 중요한 결정이기 때문에, 이것에 대해서 북한으로서는 조금 더 결단이 필요하지 않았을까, 저는 그렇게 생각합니다.

그때 소련이나 중국의 입장에서, "남한의 UN 가입은 막을 수 없는 상황이다. 북한도 가입 신청해라."라고 했을 경우를 생각해 봅시다. 자기들이 남한과 수교를 하는데, 수교를 하면 국가로 인정하는 건데 어떤 이유로 UN 가입을 더 이상 막냐는 것입니다. 안 된다는 겁니다. 그리고 저는 중국은 그때 그 정도가 아니라 더 나갔을 거라고 생각해요. 왜냐면 중국의 입장에서 볼 때 남한의 UN 가입을 막을 수 없다는 로직보다는 남한과 관계를 맺으면 북한도 미국이나 일본과 관계를 맺을 수 있게 해줘야 한반도의 균형이 유지된다는 인식이 더 강했습니다. 중국 입장에서는 북한이 우물쭈물하면 안 된다, UN에 오히려 더 적극적으로 가입을 해야 한다고 보았을 것입니다. 이 기회에 북한이 UN에 가입하면 모든 UN 회원국으로부터 사실상 국가로 인정을 받는 것 아니냐는 것이죠.

국제법적으로 자세한 설명을 하자면 여러 가지 이것저것이 있지만 기본적으로는 UN은 국가만이 가입할 수 있습니다. UN에 가입을 한다는 것은 거기에 있는 다른 회원국들이 국가로 인정을 하는 거란 말이에요. 그것이 국가 승인, 법적인 국가 승인이냐 아니냐에 대해서는 물론 학자들 간에 이견이 있습니다. 그렇기 때문에 중국이 볼 때는 북한이 우물쭈물하고 있다가 남한만 가입하고, 북한이 가입하려고 했더니만 그때 가서는 미국이 거부권을 가지고 있으니까 미국이 북한은 안 된다고 하면 어떻게 되겠는가 하는 것입니다. 이것은 태영호 책에도 나옵니다.

예를 들어 그때 북한은 아직 IAEA(International Atomic Energy Agency: 국제원자력기구)하고 핵사찰 안전조치, safeguards를 안했어요. 남북한 공동 비핵화를 협상하는 과정에서도 북한은 특별사찰을 거부했습니다. 그러니까 북한 핵 문제는 1993년에 나온 거지만, 미국이 이미 91년 무렵에도 북한의 핵 의욕에 대한 의심의 눈초리를 갖고 있었고, 빨리 세이프가즈를 하라고 해서 결국 92년 1월에 북한이 세이프가즈를 했습니다. 그러니까 UN 가입한 다음이죠. 그런 점으로 보면, 중국이 북한을 설득할 때 당신들이 빨리 UN에 가입해서 UN 회원국이 돼서 사실상 국가로 인정을 받는 것이 미국이나 일본에 인정받기 위해 필요하다, 그렇게 했을 것으로 저는 추정합니다.

그런 우려가 특히 있었던 이유 중에 하나는, 제가 지금 금방 이야기한 북한의 IAEA 세이프가즈 체결, 안전조치 체결을 놓고 미국의 압박이 계속되고 있었던 상황이기 때문에 만약 우물쭈물하다 잘못하면 미국이 그런 이유를 들어서 북한의 UN 가입을 받아주지 않을 상황까지도 생각할 수 있다는 점입니다. 그러니까 확실하게 남한하고 동시가입 해서 그런 위험을 방지해야 된다는 생각이 그쪽에는 강했습니다. 이 부분은 태영호 씨의 책에서도 자기들 쪽에서 그런 우려가 있었다고 나옵니다. 그래서 지금 말씀하신 것과 같은 남북 대화가, 고위급 회담이 중지된 것이 -나중에 재개됐으니까 깨진 것은 아니고- 그것이 오히려 UN 가입에는 도움이 됐다고 하는 것은, 결과론적으로 그렇게 말씀하실 수는 있을지도 모르겠어요.

결과론적으로 UN 가입이 되니까 이제 남북기본합의서에 서로 상호간에 실체를 인정하는 부분, 그 부분이 어떻게 보면 쉽게 풀린 거죠. UN 가입을 먼저 했기 때문이죠. 왜냐면 UN 가입을 하면 국가로서 어느 정도 인정하는 효과가 있는 것이고 UN까지 같이 가입했는데 남북한 기본합의서에 서로의 실체를 인정하는 부분을 뒤로 뺄 필요는 없는 것 아니냐는 것입니다. 그런데 그 전에는 서로의 실체를 인정하는 부분에 대해서 북한이 굉장히 조심스러웠던 게 사실이었고, 남북 협상이 중지된 상황이 오히려 UN 가입에는 더 도움이 되었다, 제가 보기에는 이상옥 장관은 그런 차원에서 말씀하신 것 같아요.

김종학: 혹시 여기서 추가 질의 있으십니까?

이정철: 실제 그렇게 말씀하셨고요. 그 두 종류의 논쟁이 있었는데 북한과 대화하지 않고 압박하는 게 더 유리하다는 입장이 있었는데 이상옥 장관님은 북한과 대화를 하는 게 UN 가입에도 더 유리하다라고 그 논쟁을 하시다가 북한이 강경대응을 하면서 팀스피리트 때문에 회담을 중단하니 결과적으로 그게 우리한테는 도움이 돼서 UN 가입을 하게 됐다. 말씀의 요지는 그렇게 하셨습니다.

오　준: 이상옥 장관님의 책은 자기에게 있었던 일의 맥을 잡아서 큰 줄거리를 사람들에게 제시하는 스타일로 쓰신 게 아니고, 거의 본인이 노트해 놓은 걸 가지고 상세하게 쓰신 것이기 때문에 제 생각에는 이상옥 장관님 책도 많은 도움이 될 거라고 생각합니다.

북중 관계와 대중 교섭

김종학: 네, 감사합니다. 아까 북한과 중국 관계에 대해서도 잠깐 말씀이 있으셨는데요. 이동률 교수님께 질문 기회를 드리겠습니다.

이동률: 저는 중국 전공자로서 굉장히 궁금한 것들이 있습니다. 그 당시를 돌이켜보면 한국 정부 입장에서 UN 가입 문제를 접근할 때 중국 쪽이 가장 중요했을 것이라 생각하거든요. 실제로 우리는 국제사회에 다양한 방식으로 지지를 얻기 위한 노력들을 굉장히 하고 있는 것처럼 보였어요. 이상옥 장관님 회고록에 보면 팀들을 구성해서 세계 각지로 파견해서 특사도 보내고 노력을 하고 있는데 제 입장에서 봤을 때 가장 중요한 중국에 대한 설득, 중국과의 의견 교환, 접촉 그 흔적들을 찾기가 어려워요. 물론 수교도 안 되어 있고, 통로도 사실은 없었어요.

91년 1월에 무역대표부가 개설되긴 했지만 우리는 그것을 외교부 기능을 하는 것으로 생각하고 만들었지만 중국은 당시에 전혀 그런 생각이 없었던 것으로 보여요. 우리 공관 대표부 노재원 대사가 외교부 관료들과 접촉도 안 되는 상황이었습니다. 그래서 나름 우리 정부에서 분명히 중국을 대상으로 설득 작업이나 우리 의견을 정당화하기 위한 노력들이 굉장히 있었을 것 같은데 어떤 방식으로 이루어졌을까 상상해 보았습니다. 하나는 이미 80년대부터 간접적으로 접촉해 왔던 홍콩 경로를 통한 접촉이 있었습니다. 그때 민항기 사건 이후부터 다자 무대에서 중국이 한국과 접촉을 조금씩 오픈하기 시작해요.

그렇다면 UN이 굉장히 중요한 기능을 했을 것 같다는 제 상상입니다. 그러니까 UN 무대에서는 중국도 우리 대표와 교섭이나 절충이 좀 있었고, 우리 정부 입장에서는 그게 굉장히 중요한 통로였을 것 같습니다. 결국 중국이 거부권을 행사하지 않을 거라는 나름의 판단, 확신 같은 것이 있어서 그 안을 냈을 것이라는 게 제 추측이거든요. 소련과는 이미 수교했기 때문에 당연히 안 하는 게 맞고, 중국과는 수교를 안 했기 때문에 여전히 북한 입장에서는 유일한 북한의 지지 세력이잖아요. 때문에 중국 입장에서도 북한을 완전히 버린다면 굉장히 모험일 수 있고, 그래서 중국과의 어떤 교섭이 있었는지, 중국이 veto권을 행사하지 않을 것이라는 판단은 어떤 근거로 해서 중국 내에서 이루어졌는지 하는 것이 궁금합니다.

오 준: 우리가 한 가지 전제를 두고 이해해야 되는 것은, 1989년에서 91년 사이에 일어났던 북방외교에 의해 소련 및 중국과 수교를 하는 과정에서 남북한의 UN 가입 문제, 특히 우리의 UN 가입 문제가 하나의 이슈는 물론 됐겠지만 그것이 핵심적인 이슈는 아니라는 것입니다. 그때 수교를 다루었던 사람들의 입장에서 보면, 수교 자체가 가장 중요한 이슈였지, "수교를 하면 당신들이 우리 UN 가입에 반대 안 할 거지?"와 같은 문제는 제기는 됐겠지만 key issue로 제기되지는 않았을 것 같아요. 그러니까 수교를 함으로써 그 두 나라에 우리의 UN 가입에 대한 더 이상 반대 명분이 없게 하는 그런 효과는 틀림없이 있지만, UN 가입을 하기 위해서 그 나라와 수교한 것은 아니라 이거죠. 오히려 거꾸로죠. 수교를 했기 때문에 UN 가입에 도움이 됐다는 것이죠.

그리고 아까 이야기한 것처럼 수교를 했기 때문에 두 나라들이 북한으로 하여금 UN 가입을 함께 하도록 종용하는 그런 효과도 있었던 거죠. 왜냐면 그 나라들 입장에서 볼 때는 밸런스를 맞춰야 되니까요. 자기네가 남한하고 수교를 한다면 북한도 미국이나 일본의 인정을 받아야 하는데, 특히 중국의 시선으로 볼 때는 그런 것이 강했습니다. 미국이나 일본더러 억지로 북한하고 수교하라고 할 수는 없지만 UN에 가입함으로써 어느 정도는 북한도 국가로 인정받는 효과가 있기 때문에 결국은 우리의 북방외교에 의한 소련, 중국과의 수교가 남북한의 UN 가입 실현에 긍정적인 효과를 주게 된 것은 틀림없는 것이죠.

그중에서 소련은 고르바초프가 등장하여 페레스트로이카로 개방하고 변화하는 과정에서 이미 우리하고 어떤 식으로든지 조금씩 조금씩 접촉이 있었어요. 우리가 거기 연구소 사람들 초청하는 등 이런 저런 접촉이 있었어요. 그러다가 이제 북방외교 팀이 뒤에서 협상을 해서 샌프란시스코 노태우–고르바초프 회담이 있었고, 그 다음에 고르바초프가 방한을 하며 급진전을 이룬 것입니다. 그런데 중국의 경우 제가 알기로는, 이것은 중국 수교를 담당하신 분에게 증언을 들어야 하는데, 소련과의 수교에 비해 우리 외교부의 역할이 더 컸던 것으로 기억합니다. 외교부에도 중국 쪽을 아는 분들이 있었고, 홍콩을 통해서라든지 UN 대표부에서도 물론 접촉이 있었지만 UN 대표부를 주된 중국과의 수교 협상 경로로 사용하지는 않았습니다. 중국과의 수교에도 역시 북방외교팀의 역할이 있었지만, 다만 소련에 비하면 중국의 경우는 우리 외교부의 역할도 꽤 많이 있었다는 것입니다. 예를 들어, 수교 과정에서 첫 중국 대사를 하셨던 권병현 대사님 같은 분들의 역할이 있었다는 것을 제가 알고 있고요. 그런데 이제 중국이 우리 UN 가입 문제에 대해서 아까 말씀하신 게 수교 과정에서 중국이 우리 UN 가입 문제에 대해서….

이동률: 우리 정부 입장에서 중국이 거부권을 행사하지 않을 거라는….

오 준: 확신이 어떻게 있었냐 이거죠.

이동률: 판단을 어떻게 하셨는지. 사실은 결과론이지만 저렇게 보면 중국은 UN에 비토권을 사용한 사례가 극히 드뭅니다. 그런 분석 결과였는지?

오 준: 소련과 중국이 다 안보리 상임이사국이긴 하지만 우리 가입 문제에 대해 소련은 실제로 다섯 번이나 거부권을 사용했습니다. 우리가 초기에는, 어떻게 하는지 그냥 일단 내보자, 밑져야 본전이다는 식으로 신청서를 낸 적도 있었습니다. 그렇게 시도해 본 거죠. 어느 나라든지 상임이사국도 그렇고 거부권 쓰기를 원하지는 않아요. 다 기록에 남으니 될 수 있으면 안 쓰려고 합니다. 그런데 소련은 사용했습니다.

제가 UN과에서 이 문제를 담당할 때도 그럼 소련이 거부권을 사용하지 않고 우리의 UN 가입을 반대하지 않았을 때 중국은 어떻게 할 것인가에 대한 토의가 좀 있었어요. 왜냐면 중국은 그때만 해도 소련에 비해서는 거부권 사용 횟수가 엄청 적었고, 안보리 내에서 가급적 거부권을 안 쓴다는 입장이었습니다. 자기들에게 critical한 결정적으로 중요한 이슈, 예를 들어 대만 이슈 이런 것이 아니라면 거부권을 사용하지 않을 것이라는 그런 추정이 있었습니다. 특히 소련이 우리의 가입을 반대하지 않는데 중국이 혼자서 반대해야 되잖아요. 그전에는 소련의 뒤에 숨을 수 있었거든요. 거부권이라는 것은 한 나라만 쓰면 되는 거지, 두 나라가 거부권을 쓰나 한 나라가 거부권을 쓰나 아무 차이가 없기 때문에 이 문제에 관해서는 중국은 항상 소련의 뒤에 숨을 수 있었어요.

　　그런데 소련이 만약 우리의 UN 가입을 반대하지 않는 상황이 되었을 때 중국은 어떻게 할 것이냐가 문제였습니다. 그렇다면 중국이 거부권을 사용해야 우리의 UN 가입을 막을 수 있는 것인데, 그럴 것이냐에 대해서 우리 외교부 내에서도 기록에는 안 남겠지만 토론도 했고, 그 점이 좀 불분명하다고 생각하는 사람들도 많이 있었습니다. 왜냐면 중국은 그때만 해도 소련에 비하면 안보리 내에서 역할이 많지 않았고, 중국이 이것을 가지고 소련까지 양해한 마당에 거부권을 쓸 것인가, 그것보다는 북한을 설득해서 너네도 가입해라, 이렇게 할 가능성이 더 높지 않겠냐 이런 분석이 더 많았습니다.

　　또 그때는 중국이 미국과의 관계가 굉장히 중요한 시점이었습니다. 중국으로서는 남북한의 UN 가입 문제를 미국과의 관계라는 맥락에서 보지 않을 수 없었습니다. 물론 우리가 중국이 거부권을 쓸지 안 쓸지 모르겠다고 하는 불확실한 상황에서 가입 신청서를 낸 것은 아닙니다. 가입 신청서는 오히려 북한이 먼저 냈죠. 그러니까 중국이 북한을 설득해서 남북한 동시가입이다, 한꺼번에 처리한다는 것을 알렸으리라 봐요. 사실 남북한의 가입 신청서는 다른 날짜에 제출됐지만 UN에서는 단일한 결의안으로 같은 날짜에 처리됐거든요. 그러니까 그 시점에서 중국이나 소련이, 북한도 함께 가입하는 것, 북한이 빠지는 그런 일이 절대 없도록 한다는 것을 확실히 한다는 입장이었습니다. 때문에 중국이 거부권을 쓸지 안 쓸지 모르는 불확실한 상황에서 우리가 가입 신청서를 낸 것은 아닙니다. 이미 중국으로부터 그런 assurance를 받았던 상황이라고 하겠습니다.

다만 우리는 중국과 아직 수교는 안 하고 대표부만 유지하던 상황이었습니다. 그런데 그러한 상황에서 중국의 입장은 북한이 빠지면 안 된다 것, 그리고 북한이 미국이나 일본과 관계 개선을 이루어 최소한 외교 관계에서 한반도에 균형이 이루어져야 한다는 인식을 아주 강하게 갖고 있었다고 저는 봅니다. 북한 핵 문제를 다루는 분 가운데 어떤 분들은 북한 쪽을 두둔하는 입장에서 그렇게 안 됐기 때문에 북한이 핵을 개발할 수밖에 없었다고 보는 분들도 있습니다. 그때 미국이나 일본이 우리의 소련, 중국 수교와 상응해서 북한을 인정하고 북한과 수교를 했더라면 북한이 핵을 개발하지 않았을 것이다, 이렇게까지 보는 분들도 있더라고요.

남북한 동시가입 문제에 대한 한국 정부의 입장

이동률: 재밌는 말씀을 해주신 것 같습니다. 아까 대사님도 이야기하셨는데 태영호 회고록에서 이야기한 것처럼 중국이 북한을 설득하기 시작하는데 그 설득한 논리가 사실은 우리하고 별로 교감은 없었던 것이네요. 그런데 설득한 논리는 우리 입장하고 비슷한 거잖아요. 그러니까 이번에 신청 안 하면 난 비토권을 행사 안 할 것이고, 결국은 남한만 단독가입할 수 있다는 그런 수를 갖고서 중국이 북한을 압박한 거죠. 그 결과로 북한이 그렇게 굴복한 것 같은데 한국 입장이 원래 그랬

오준 전 유엔 대사 구술회의 사진2 (2020.9.29)

는지, 다시 말해 한국도 동시가입안도 내놓지만 만약 이번에 안 되면 우리는 단독가입도 한다, 밀어 붙이겠다 하는 그런 것을 상상하고 있었는지 하는 것이 궁금합니다.

다음으로는 교차 승인 문제예요. 중국이 북한을 설득할 때, 앞으로 이렇게 교차 승인이 진행될 것이라는 이야기도 했을 법해요. 그것도 굉장히 유효했을 것 같은데 실제로는 진행되지 않았고 중국도 별로 적극적이지 않았던 것 같아요. 교차 승인을 추진하는 데 있어 역할을 별로 하지도 않고, 한국도 그랬던 것 같습니다. 그러니까 원래 교차 승인안은 하나의 그냥 카드였는지, 아니면 정부 입장에서 추진하려고 했는데 결국은 북일 교섭이 잘 안 돼서 틀어진 건지 하는 것이 궁금합니다. 마지막으로는 한중 수교와 UN 가입의 어떤 맥락을 말씀해 주시기 바랍니다.

중국 입장에서 보면 한국과 수교를 해야 되겠다라고 했을 때 가장 큰 딜레마가 남북한을 동시에 정부로 인정하는 문제였어요. 왜냐면 중국도 분단국인데 자기는 'One China' 하면서 한반도는 'Two Korea'라고 몰아가는 것이 논리적으로 굉장히 이율배반적이잖아요. 그것을 극복하는 방법은 남북한에 UN 의석을 갖게 하여 남북한 스스로가 두 개의 투코리아다라는 것을 하면 바로 갈 수 있는 것이었거든요. 그래서 우리 정부 입장에서 사실은 UN 가입보다는 수교가 더 중요했다 하는 것이 굉장히 재미있다는 생각이 듭니다. 사실 UN 가입하고 나서부터 수교 협상이 급진전되기 시작하는데, 혹시 거기에 대한 교감이 있었는지 궁금합니다.

오 준: 그렇죠. 그런데 UN 가입보다 북방외교를 통한 소련, 중국과의 수교가 더 중요했다 하는 것은 제가 볼 때 당연한 이야기입니다. 중국이 북한을 거의 위협에 가깝게 몰아붙였다는 부분은 아까도 제가 말씀드렸던 것과 같습니다. 저는 중국의 입장에서 북한이 이상한 고집을 더는 부리고 있을 상황이 아니라고 봤을 것으로

생각합니다. 왜냐면 그러고 있다 잘못하면 교차 승인도 전혀 불가능합니다. 중국은 교차 승인을 이상적으로 봤을 거예요. 그런데 북한이 고집을 부려 남북한 단일 의석으로 UN에 들어가야 하고, 남한만 먼저 들어갈 경우에도 자기들은 안 들어가겠다고 버티면 그것은 큰일이라고 중국은 봤던 거죠. 그러니까 북한을 그런 식으로, 대세를 막을 수 없다 하는 식으로 몰아붙였던 것입니다. 다만 우리가 중국한테 북한을 그렇게 위협해 달라, 그러지는 않았다고 봅니다.

우리는 물론 북한을 설득해 달라고 했지만, 우리의 그때 목표는 UN에 가입하는 것이라 어떻게 하면 중국과 소련의 반대 없이 가입할 것이냐 하는 점에만 몰두했습니다. 그러려면 남북한 공동 동시가입 이외에는 방법이 없구나 하는 것이 우리의 판단이었지, 남북한 동시가입에 대해 우리가 북한하고 함께 UN 회원국이 되면 얼마나 좋을까 이렇게 생각한 것이 아닙니다. 우리가 UN에 가입해야되는데 남북한 동시가입 이외에는 실제로 우리가 가입할 방법이란 없었을 뿐이며, 그런 과정에서도 북한이 안 따라오면 우리라도 가입하겠다는 식으로 위협하지는 않았다고 저는 생각합니다.

물론 로직으로는 우리가 그렇게 이야기했어요. 우리는 UN 회원국이 될 자격이 충분한 나라고, 우리가 UN에 가입해야 된다. 다만 북한이 함께 가입하는 것을 우리가 반대하지 않는다. 이렇게 로직으로 우리가 이야기했기 때문에 우리의 가입 문제를 부각시킨 것이죠. 항상 우리의 로직은 그런 것이었습니다. 그렇다고 해서 북한이 이번에 안 나오면 우리 단독가입이라도 시켜달라는 식의 접근은 하지 않았습니다. 제가 있는 동안에도 그랬고 91년에도 그러지 않았을 것 같습니다.

또 소련 및 중국과의 수교가 남북한의 UN 동시가입에 결정적으로 중요했지만 남북한 동시가입을 실현하기 위해서 소련, 중국과 수교를 진행한 것이 아닙니다. 소련, 중국과 수교하는 것이 더 큰 목표인데 그것의 결과로, 그것의 긍정적 결과로 가입 문제도 저절로 해결되었다고 해야겠죠. 그 과정에서 소련과 중국, 특히 중국의 입장에서는 한국의 소, 중 수교가 북한을 외톨이로 만들거나 북한은 인정받지 못하고 남한만이 국제 사회에서 인정받는 그런 상황이 되는 것은 어떠한 일이 있어도 막아야 한다는 것이 가장 큰 고려 사항이었습니다. 때문에 중국은 북한으로 하여금 동시가입을 하도록 위협에 가까운 그런 설득까지도 했던 거겠죠.

대미교섭과 북한의 UN 가입에 대한 미국의 입장

전재성: 넓게는 북방정책이고요, 좁게는 UN 가입에 대한 우리의 대미 외교와 미국의 입장을 좀 여쭤보려고 합니다. 북방정책 하다 보면 미국의 역할이 명확하게 안 드러나는 그런 경우가 많았어요. 또 작년에 염돈재 전 차장님이 이 자리에 와서 말씀하시면서, 89년 2월에 헝가리와 수교할 때도 굳이 미국한테 그것을 사전에 통보하지 않았다고 해서 굉장히 흥미로웠습니다. 그러니까 미국과의 관계에서 북방정책 추진자들은 부분적으로는 민족주의 의식들이 굉장히 강했던 것 같습니다. 그러다가 점차 분위기가 바뀌고 90년 6월 샌프란시스코 회담 때는 미국이 중재도 많이 해주고, 그런 부분이 있어서 91년 때 북한의 미국 거부권 염려도 말씀도 하셨는데 우리가 미국에 대해서 어떤 외교적 노력을 했는지 또 UN 가입 이후에 그런 북미 수교에 대한 미국의 그런 큰 그림이랄까 이런 복안이 있었는지 하는 부분이 궁금합니다.

그리고 노태우 대통령 회고록을 보면 UN 가입의 큰 이유 중에 하나가 북핵 문제를 UN에서 관리해서 북한이 국제 규범에 맞도록 하려는 복안이 있었다는 대목이 있습니다. 사후적인 해석이긴 한데 공교롭게 9월 17일 UN 가입 이후에 부시도 전술 핵무기 철수 선언을 하고, 우리 대통령도 11월에 한국 비핵화 선언, 연말에는 한반도 비핵화 가서명, 이렇게 쭉 이어졌습니다. 하여간 미국의 주된 관심사가 아마 비핵화였을 것 같은데요, 그런 연결성도 생각해 볼 수 있는지 그 말씀을 조금 여쭙고 싶습니다.

오 준: 미국의 입장에서 한국의 UN 가입은 당연히 오랫동안 지지했습니다. 북한의 UN 가입 문제에 대해서도 전 교수님 말씀하신 것처럼 북한을 UN 회원국이 되게 해서 UN 회원국으로서의 어떤 의무, 또는 그런 책무, 이런 것들을 부담하게, 지게 만드는 것이 더 바람직하다는 생각을 갖고 있었다고 저는 봅니다.

그리고 관련하여 지금은 돌아가신 현홍주 대사의 증언을 돌아보려 합니다. 현홍주 대사가 UN 대사를 하시다가 주미 대사로 갔는데 우리가 UN 가입할 때는 주미 대사였고, 노태우 정부에서는 박철언 씨 못지않게 중요한 역할을 했어요. 현홍주 대사가 어디엔가 회고해 놓은 걸 보면, 1990년 UN 총회 그러니까 그 다음에 UN 가입이 실현되기 전의 마지막 UN 총회 때의 얘기가 있어요. 그때 우리가 남북한 UN 가입 문제에 대한 지지발언 교섭을 각국에 하던 때였고, 아까 제가 이야기한 것처럼 그전에는 한 40여 개 국 정도가 우리 지지발언을 했는데 90년에는 70여 개 국이 지지 발언을 했어요.

그때 현홍주 대사의 증언에 의하면, 다른 나라들은 다 그렇게 우리 지지 발언을 하는데 미국이 딱 부러지게 지지 발언을 안 했더라, 그래서 자신이 주미 대사로 가서 미국의 지지 교섭을 했다는 겁니다. 그 결과 부시 대통령이 UN 총회 연설에서 "한국은 당연히 UN 가입이 돼야 되는 나라다. 그리고 우리는 북한의 UN 가입도 반대하지는 않겠다."며 우리가 원하는 라인대로, 토킹 포인트대로 지지 발언을 해줬다는 것입니다. 그 발언이 있은 다음에 현 대사가 박길연 당시 주 UN 북한 대사와 만날 기회가 있었는데 박길연 대사도 "미국이 그렇게 이야기한 것을 긍정적으로 평가한다. 북한의 UN 가입도 반대하지 않을 것이다."라고 이야기하며 긍정적으로 평가하는 것을 들었다고 했습니다.

이렇게 현홍주 대사의 증언에도 나와 있듯이, 미국 입장에서 북한이 UN에 들어와서 제도권 안에서 UN 회원국의 책무를 갖는 것이 더 바람직하게 생각한 것은 사실입니다. 특히 아까 말씀하신 핵 문제, 이런 것과 관련해서 그때는 아직 북한의 핵 문제가 본격화되지는 않았을 때지만 북한의 IAEA 안전조치 협정 체결 문제가 이슈였기 때문에, 이미 의혹은 있었거든요. 그러니까 그런 관점에서 북한을 UN으로 들어오게 하는 것이 그런 것을 다루는 데 훨씬 더 도움이 된다고 미국이 생각했던 것은 틀림없다고 보입니다.

90년 시점에서의 UN 가입 전망

이상숙: 저는 제 질문이 아니고 오늘 자리하지 못하신 조동준 교수님 질문을 대신 드리겠습니다. 대사님께서 UN과에 계실 때 이야기인데요. 88년 UN 총회 노태우 대통령 연설 작업에 대해서 조금 설명해 주셨으면 합니다. 그 다음에 90년 5월에 일본 특파원단 간담회에서 머지않아 중, 소가 거부권을 행사하지 않는 상황이 온다, 그리고 그때 UN 가입이 가능하다고 했는데 대사님이 계실 당시에 한 90년 5월 상황에서 UN 가입을 긍정적으로 가입 가능하다고 생각하셨는지, 그때 상황을 좀 설명해 주셨으면 합니다.

오 준: 90년까지도 UN 가입이 금방 실현될 것 같다든지 이런 긍정적인 사인이 보이지는 않았어요. 제가 UN과를 90년 8월에 떠났는데 그런 사인은 없었고 89년이나 90년에 UN 연설은 우리의 기본 입장을 담은 것이었습니다. 아까 제가 이야기한 기본 입장, 우리 대한민국은 UN 가입 자격이 있다, 보편성의 원칙에 따라 가입 돼야 된다, 그와 관련해서 우리는 북한의 동시가입도 반대하지 않는다, 이것이

우리의 기본 입장이었거든요. 그러니까 그런 라인에서 말 표현만 조금 바꿔서 이렇게 이야기하거나 저렇게 이야기하거나 또 대통령의 UN 연설에서 이야기하거나 외교부 장관의 UN 협회 연설에서 이야기한다든지 이렇게 저렇게 계속 이야기했을 뿐이지, 실현될 수 있겠구나 하는 그런 조짐이 나온 것은 아닌데 아까 90년 5월에 어디에서 그런 조짐이 나왔다고요?

이상숙: 일본 특파원단과의 간담회에서.

김종학: 저희 사전 질문지 5번 문항인데요. 저희가 이 작업을 하는 취지가 후배 외교관들, 또는 외교관 후보자들에게 선배 외교관들의 어떤 활약이라든지, 그러한 노하우를 전수하는 데에도 목적이 있기 때문에 구체적인 질문을 드린 것 같습니다.

오 준: 그때가 90년 5월이면 샌프란시스코 회의 한 달 전이잖아요. 노태우-고르바초프 회담 한 달 전이니까, 이미 쿠킹이 되고 있다고 봐야 해요, 이때는. 그렇죠? 소련과의 관계 개선이, 쿠킹이 되고 있다고 봐야 되기 때문에 그런 것을 알고 있는 상황에서 이야기하신 게 아닌가 그렇게 이해가 되네요.

이정철: 그러면 이때가 리펑(李鵬) 총리가 평양 갔던 바로 그 시점이네요. 그러니까 요지 자체는 한국 정부가 중국의 대공화파에 대한 정보가 있었느냐 뭐 이런….

오 준: 그것은 91년 말씀하시는 것 아니에요? 지금 말하는 90년이고. 91년 봄에는 많은 새로운 상황 전개가 있었고, 제 말은 90년까지는 최소한 이렇게 북방외교를 하시는 분들이 소련으로부터 긍정적인 신호를 포착했을 거라고 봐요. 사실은 노태우-고르바초프 샌프란시스코 회의는 우리 국민들에게 굉장한 서프라이즈였거든요. 그러나 그것을 준비하는 사람들은 이미 몇 달 전부터 준비를 했다고 봐야 되겠죠.

남북한 교차승인 방안에 대한 한국 정부의 입장

이정철: 그때는 어떠셨어요? 아놀드 캔터(Arnold I. Kanter)하고 김용순이 92년 1월에 회담을 하잖아요. 그것을 볼 때 한국 정부의 당시 지배적인 입장들은, 뭔가 대사님은 교차승인이라는 게 우리에게 나쁘지 않은 카드다, 이렇게 보셨던 것으로 보이는데 그런 것에 대한 내부적인 논의가 됐었나요?

오 준: 그때 우리가 교차승인을 카드로 하거나 교차승인이 돼야 한다는 입장을 가졌거나 그런 것은 아니라고 생각해요. 제가 기억하기에는 김대중 대통령 때 우리가 유럽 국가들에 북한과의 관계를 개선해 달라고 이야기했거든요. 김대중 정부 때 그런 외교적 데마쉬(Démarche)를 했단 말입니다. 그 이전에는 다른 나라들로 하여금 북한과 좀 수교하라, 북한을 인정해 달라 하는 식의 입장을 우리가 가진 적이 없었다고 생각합니다. 때문에 교차승인이라는 것은, 소련과 중국이 우리를 승인하고, 미국과 일본은 북한을 승인하고 이런 어떤 딜, 맞바꾸기식 딜, 이런 것이 하나의 방법이 될 수 있는 것으로 국내에서도 제기가 됐을 뿐이지, 우리 정부가 나서서 미국이나 일본더러 북한하고 좀 수교를 하는 게 어떠냐, 이런 식의 입장을 취한 적은 없다는 것이 제 생각입니다. 김대중 정부가 될 때까지는 그랬습니다. 김대중 정부도 유럽 국가에 대해서는 그렇게 했는데 미국이나 일본에 대해서 북한하고 수교하는 게 어떠냐 이런 식으로 하지는 않았습니다.

그리고 그것은 핵 문제를 포함하여 다른 여러 가지 한반도 문제들과 다 엮여 있는 일이었습니다. 제가 생각하기에, 교차승인은 우리 국내에서도 나왔지만 오히려 중국 입장에서 교차승인이 되어야 한다는 concern, 조바심 이런 것이 있었다고 봅니다. 그래서 중·소는 교차승인이 안 된다면 최소한 UN 가입이라도 동시가입을 해야 된다, 이런 인식론이 강했다고 봅니다.

이정철: 그러면 아까 교차승인이 만약에 됐으면 북한이 핵 개발 안 했을 것이다 하는 견

해도 있었지요?

오　준: 그것은 우리나라에서 굉장히 진보적으로 북한의 핵 문제를 보는 사람들의 입장에서 볼 때, 북한이 교차승인이 안 돼서 자기 안보를 스스로 해결해야 됐기 때문에 핵을 개발했다, 이렇게 완전히 북한의 시각에서 봐주는 거죠.

이정철: 그때 상황으로는 대사님이 보기에 feasible 하지도 않았고 우리나라가 그런 쪽의 전략적 고민은 할 필요도 없었다고 보는 건가요?

오　준: 우리가 교차승인을 추구하지는 않은 걸로 저는 안다 이거죠. 다만, 교차승인 이외의 방법으로는 소련, 중국과 수교가 불가능하다고 했다면, 아마 우리가 교차승인을 받지 않았을까 그런 생각은 있어요. 마치 남북 동시가입 이외에는 한국의 UN 가입이 불가능하다는 상황에서 우리가 남북 동시가입도 받아들였듯이 교차승인 이외에는 우리의 소련, 중국과의 수교가 불가능한 상황이었다면 그것도 받아들이지 않았을까 그런 생각은 듭니다. 하지만 우리가 나서서 미국이나 일본이 북한과 수교해 달라고 그런 적은 없는 걸로 저는 기억합니다.

미국의 비토권 행사에 대한 북한의 우려

곽성웅: 미국이 북한 핵 제거를 명분으로 삼아서 북한의 UN 가입을 거부할 것이다 하는 이런 주장을 북한이 계속 했는데, 이것이 그냥 단순히 단일 의석 가입을 추진하기 위한 명분이었던 건지, 아니면 실질적으로 그런 우려가 타당했던 건지 궁금합니다.

　　저는 이게 사실상 명분이라고만 생각이 들었던 것이, 말씀하셨던 것처럼 1990년에 조지 부시 대통령이 UN 총회에서 북한의 가입을 허용하겠다, 이렇게 말을 했는데도 불구하고 북한이 계속 이런 이유를 대는 것은 아무래도 한국이든 북한이든 UN 가입 자체를 단일 의석이 아니면 가입하지 않는 게 좋겠다는 어떤 전략적인 차원에서 이런 명분을 계속 내세웠던 게 아닌가. 그래서 나중에 중국이 그런 명분을 없도록 하기 위해서 그런 우려는 하지 않아도 된다는 강한 압박을 했던 게 아닌가 하는 생각이 들어서 질문 드립니다.

오 준: 태영호 공사 책에도 나오지만 북한 입장에서 미국이 자기네들을 딱지 놓지 않을까, 거부권을 행사하지 않을까 이런 우려가 있었던 것은 사실인 것 같아요. 특히 소련이 한국과 수교하는 것을 보니까 이미 냉전체제가 소련에서 무너졌고, 소련은 옛날 소련이 아니었습니다. 소련이 한국과 수교한 것 자체도 그때 교차승인 가능성이 없었는데도 그냥 한 거잖아요. 그러니까 북한 입장에서, 이와 마찬가지로 UN 가입 문제도 남한만 가입하고 북한은 left out, 빠지게 되는 그런 상황을 우려한 거죠. 그리고 중국도 그런 우려를 가지고 있었고 그래서 중국이 북한을 좀 밀어붙였다고 봅니다.

그런데 그 우려들은 사실 저처럼 UN의 메커니즘을 오랫동안 다루는 사람의 입장에서 볼 땐 기우에 불과해요. 왜냐면 안보리에서 거부권은 다섯 나라 모두가 독자적으로 가지고 있는 것이기 때문에, 만약 미국이 북한의 가입에 거부권을 사용하면 중국은 한국 가입에 거부권을 사용하면 그만이기 때문에 그런 일은 일어날 가능성이 거의 없습니다. 또 미국도 안보리를 오랫동안 다뤄왔기 때문에 그런 식의 꼼수를 쓸 수 없다는 것을 잘 알고 있어요. 결국 나중에 두 나라의 가입 문제가 하나의 결의안으로 안보리에서 처리됐잖아요.

그러니까 두 나라가 동시에 가입하는 결정이 내려지게 할 수 있는 장치가 다 있기 때문에 중국이나 북한의 입장에서 미국이 거부하면 어떡하지 하는 우려는 기우라는 겁니다. 사실 그런 상황이 되면 중국은 한국의 가입을 막고 한국과의 수교도 자연히 연기되는 상황이 되어야 되겠죠. 만약 미국이 우린 절대 북한 가입은 찬성 못 하겠다, 이렇게 나오면 중국으로서는 그런 선택 밖에 없잖아요. 중국은 항상 그런 식의 초이스로 몰려가는 것을 좋아하지 않거든요. 요즘은 북한 핵 문제에 관한 안보리 결의를 하면 러시아는 뒤로 빠져 있고, 미국과 중국이 그냥 협상을 해서 하지만, 그때만 해도 중국이 그런 국제 문제에서 플레이어는 아니었습니다. 또 안보리 내에서 중국이 혼자 나서서, 소련도 반대 안 하는데 혼자 나서서 반대하는 그런 부담을 지는 것은 극히 싫어했기 때문에 그런 우려를 한 것일 뿐, 사실은 기술적으로 생각하면 저는 기우라고 보는 것입니다.

곽성웅: 추가적으로 이것은 가정일 수 있는데 1990년까지만 해도 중국 측은 올해는 안 된다, 내년은 모르겠다는 식으로 계속 이야기했고, 한국은 91년 초에 대통령 유지 하에 단독가입이라도 추진하겠다고 이야기를 했거든요. 그러면 혹시라도 한국이 91년 초에 단독가입을 추진했고, 중국이 북한을 설득하지 못해서 한국이 단독가입을 실현한 다음에 북한이 나중에 따로 가입 신청서를 냈더라도 저는 가능했을 거라고 보는데, 어떻게 생각하시는지요?

오 준: 한국이 단독가입이라도 해보겠다고 나간 것은 이미 소련이 우리의 UN 가입을 반대하지 않을 것이라고 알고 어떻게 보면 중국을 몰아붙이기 위해서 한 거죠. 왜냐면 아까 제가 이야기했지만 그때만 해도 거부권을 실제로 행사했던 나라는 항상 소련이었고, 소련이 우리의 가입을 반대하지 않는 상황에 과연 중국이 거부권을 행사할까 하는 것에 대한 논의가 우리 외교부 내에서도 있었단 말이죠. 중국은 소련처럼 그렇게 혼자서 stand out 하는 그런 거부권을 행사할 의사와 능력이 없을 것이라는 해석이 많았습니다. 때문에 우리가 단독가입이라도 불사하겠다고 나가는 것이 중국으로 하여금 북한을 설득하는 데 도움을 줄 거라는 인식이 좀 깔려 있었어요. 결과적으로는 사실 도움을 준 거죠. 그래서 중국이 북한을 강하게 설득한 거니까요.

북핵 문제와의 관계

김종학: 대사님, 혹시 하시고 싶으신 말씀을 준비하셨는데 오늘 질문이 안 나와서 못 하신 게 있으신지요?

오 준: 핵 문제와 조금 연관시켜 보겠습니다. 미국이 북한의 핵 사찰 거부를 명분으로 가입을 저지할 것이라는 우려도 있지만, 그런 식의 연계는 현실성이 떨어진다고 봐요. UN 헌장에 UN 회원국이 되는 자격은 "평화를 애호하는 국가"예요. 그 중 더 중요한 자격은 후자예요. 즉, 국가라는 것, 국가여야 돼요, 국가가 아니면 안 돼요. 그것이 제일 중요합니다. 평화를 애호한다는 것은 어떻게 보면 굉장히 주관적이기도 하잖아요. 어느 나라가 평화를 애호하는지 객관적인 기준은 없어요. 그러나 미국이 이런 것을 명분으로 삼지 않을까, 이 나라는 핵사찰, NPT(Nuclear Non-Proliferation Treaty: 핵확산금지조약)에 가입하면 IAEA 세이프가즈 의무가 있는데 안 하고 있다, 그래서 평화 애호국이 아니다, 그래서 자격 없다, UN 회원국 자격 없다. 이렇게 나오지 않을까 하는 그런 우려가 있었던 거죠.

그런데 사실 UN 가입은 명분의 싸움이라기보다는 외교 협상의 결과이기 때문에 저는 미국이 그런 식으로 북한의 UN 가입을 막으려는 고려를 실제로 하지는 않았다고 생각합니다. 남한만 가입시키고 북한은 막을 수 있는 방법이 있었다면 모르겠는데 그런 방법은 제가 볼 때는 현실적으로 없기 때문에 결국은 동시 가입 이외에는 대안이 없었다고 봐야 됩니다.

북한의 핵 문제는 그때까지만 해도 아직은 의혹 수준이었습니다. 1993년에야 본격화되죠. 세이프가즈를 1992년에 하고, 세이프가즈 결과를 위해서 북한이 보고서를 냈는데 거기에 플루토늄을 90그램 뽑았다 그랬던가, 그런데 사실 그것보다 훨씬 많이 뽑았구나 하는 것을 IAEA 사찰을 통해 판단합니다. 그래서 김영삼 정부가 들어왔을 때, 93년 3월인가 2월인가 그때 북핵 문제가, 1차 북핵 위기가 온 것 아닙니까.

　여러 일들이 비슷한 시기에 일어나다 보니 UN 가입 문제와 어떻게 연결이 되느냐고 보는 시각이 있을 뿐이라 보입니다. 미국이 우리나라에서 전술 핵무기 철수, 그 다음에 남북한 비핵화 공동선언, 비핵화 공동선언 과정에서 북한으로 하여금 특별 사찰을 받아들이게 하려고 했는데 북한이 받아들이지 않은 부분, 이런 것들이 전부 1차 북핵 위기와 직접, 간접으로 연계가 되어 있습니다. 하지만 이것이 UN 가입 문제와는 직접적인 관계가 없어요. 역시 UN 가입에 대한 직접적인 연계가 있는 외교적 진전은 한국의 소련, 중국과의 관계 개선과 수교였다고 봅니다.

III

강근택 대사 구술

일   시 : 2020. 10. 23. 10:30-12:00
장   소 : 국립외교원 4층 세미나실
질문자: 신종대(북한대학원대), 엄구호(한양대)
        이동률(동덕여대), 조동준(서울대)
        곽성웅(한양대)

김종학: 지금부터 외교사연구센터 한국외교사 제 3차 구술회의를 시작하겠습니다. 저는
사회를 맡은 외교사연구센터 책임교수 김종학입니다. 오늘 회의는 약 90분 정도
진행될 예정이고 저희가 여쭐 주요한 질문은 이미 대사님께 보내드린 바 있습니
다. 그 질문지 위주로 질문을 하시되 관련된 또 다른 여러 가지 사안들도 문의해
주셔도 무방하겠습니다. 먼저 신종대 교수님께 질의 기회를 드리겠습니다.

91년 UN 가입 추진의 배경

신종대: 당초 제 질문 중 첫 번째는 한국이 적극적인 의사를 1991년 초에 표명한 데는 중
국 요인이 강하게 작용하지 않았느냐는 것이었는데, 그건 중국 전문가 이동률
선생님께서 와 계시니까 선생님께 질문을 맡기는 게 좋을 것 같습니다. 1991년
도에 한국 외무부가 UN 가입의 해로 정하고 노태우 대통령이 1월 8일 연두 기자
회견 때 기자가 물으니까 동시가입도 추진을 하겠지만 만약 북한이 응하지 않을
것 같으면 우리가 먼저 가입하고 나중에 북한이 가입하는 것을 방해하는 것이 아
니라 환영하고 지지하겠다는 얘기를 했습니다. 이런 판단을 하게 된 근거, 여러
가지 시그널, 예를 들어 중국을 포함해서 한국 내부의 대비라든지 자신감, 대미
접촉 등이 있었을 것 같은데 그것에 대해 아시는 대로 말씀해주시면 감사하겠습
니다.

강근택: 그 90년도에 사실은 UN 가입을 하기 위해 UN 총회에서 한국 가입에 대해 연설
을 했습니다. 저희들은 주로 지지 확보 국가들을 모으는 데 주력했는데 지지하
는 나라들이 굉장히 많았어요. 북한의 동시, 단일 국호에 의한 가입안을 지지한
나라는 거의 전무했습니다. 그래서 이제는 우리가 UN에 가입할 때가 됐다고 느
꼈습니다. 그때 또 중요한 교섭 창구인 중국과는 외교 관계가 없었기 때문에 직

접적인 접촉이 없었습니다. 그래서 정부기관이라 할 수 있는 홍콩 총영사관하고 홍콩 주재 신화사 통신과 접촉 창구가 열려서 주기적으로 논의를 했습니다.

그때 신화사 통신에서 전해온 메시지가 "이번엔 좀 곤란하다. 북한을 설득하기 어렵다. 시간을 좀 달라. 1년만 여유를 달라."는 것이었습니다. 그래서 당초에는 90년에 가입 신청서를 낼 계획이었는데 중국 요인이 있어서 내지 않고 1년 뒤로 미뤘습니다. 우리가 다각적으로 검토해보니 그때 중국의 시그널이 "북한을 설득하기 위해 1년간의 시간을 달라. 한국의 UN 가입을 지지하지만 북한을 설득하는 데에 시간이 좀 걸린다."는 것으로 판단하게 되었습니다. 그래서 당시 결정적 요인은 그때 중국 측에서, 즉 우리와 접촉했던 신화사 통신에서 1년간 기다려 달라는 요청이었습니다. 그게 결정적 요인이었습니다.

그리고 미국 및 다른 나라와 관련해서는, 미국 외무장관 베이커(James Addison Baker III)가 우리의 UN 가입노력을 많이 도와주었으며 그중에서도, 특히 비동맹회의 의장국인 인도네시아의 알라타스(Ali Alatas) 외무장관은 한국의 UN 가입의사를 북한 측에 직접 통보를 하고 그 반응을 우리측에 알려준바 있습니다. "91년도에 한국이 UN가입안을 넣으면 반대하는 요인이 없을 것이다."라는 의견을 전해 주었습니다. 이런 식으로 미국 및 비동맹회의 의장국 인도네시아도 다각적인 교섭을 했습니다. 그래서 결정적 요인은 아까 언급했듯 중국 요인이 작용했다는 점이고, 또 하나의 큰 요인은 소련이 우리와 수교했기 때문에 소련이 거부권을 행사하지 않을 것이라는 점이었습니다. 이것이 명확해졌기 때문에 91년도에 추진하기로 결정한 것 같습니다.

북한의 UN 가입 정책 선회 배경

신종대: 감사합니다. 우리는 그렇게 했는데 그와 동시에 북한이 5월 28일 외교부 성명을 통해서 동시가입을 수행하지 않습니까? 그런데 그 전에 자료를 보니까 90년 5월 최고인민회의 연설이라든지 91년 신년사까지만 하더라도 북한이 단일의석 공동 가입을 해야 한다 이렇게 고집을 했습니다. 물론 리펑(李鵬) 총리의 방북이 결정적인 역할을 했겠지만 그것만 있겠느냐, 예를 들면, 이렇게 북한이 입장을 선회하게 된 데에는 중국의 설득 또는 압박 그런 것도 있었을 것 같고, 1월 8일 노태우 대통령 기자회견에서 선가입할 수도 있다고 한 것도 요인이 됐을 것 같습니다. 그 다음에 곽성웅 박사님께서도 그런 질문을 하셨던데 만일 북한으로서는 이때 안 하면 미국이 핵 문제를 이유로 해서 북한의 UN 가입을 방해하고 거부권을 행사할 거 아니냐, 이런 요인들이 어우러졌을 것 같습니다. 어떤 분들은 또 일본 요인도 지적합니다. 90년대 가네마루 신(金丸信)이 북한에 갔고, 91년도에 북–일 교섭이 8차례 있었던 것이 작용하지 않았느냐는 얘기를 합니다. 대사님께서는 그때 당시 북한이 그렇게 급격하게 입장을 선회한 이유에 대해 어떻게 판단하고 계셨는지요?

강근택: 그건 아까 얘기했듯이 제일 처음에는 소련 요인입니다. 소련과 수교를 해서 제주도에서 정상회담을 했을 때 소련 측에서 남북한 쌍방이 협의해서 동시가입하는 게 좋지 않느냐고 겉으로는 얘기했는데 실질적으로는 한국의 UN 가입에 자기들은 반대하지 않겠다는 뜻이었습니다. 그 다음이 한국의 단독가입 문제입니다. 당시 노태우 대통령께서 "한국이 북한을 마냥 기다릴 수 없으니 선가입을 하고 북한은 뒤에 가입하면 되지 않느냐? 그러면 한국 가입할 때 거부권을 행사하겠느냐?"고 소련측에 물으니까 고르바초프(Mikhail Gorbachev)가 "노. 우린 거부권은 행사 안 한다."라고 대답했습니다. 거부권을 행사하지 않는다고 하니까 이건

확실한 다짐을 얻은 것이었습니다.

그래서 그 다음으로 중국과 교섭을 전개했습니다. 그때 중국의 ESCAP 총회가 마침 4월에 서울에서 열렸어요. 그전에는 중국 신화사(新華社) 통신과 간접 접촉, 다른 나라를 통해서 진행한 접촉이었는데 그때 중국 대표단이 왔거든요. 그때 첸치천(錢其琛) 외교부장과 류화추(劉華秋) 부부장이 왔습니다. 그때 우리 유종하(柳宗夏) 차관이 부부장을 만나서 UN 가입을 해야 된다는 입장을 설명했습니다. "우리는 북한이 동시가입 안 한다면 선가입해야겠다."라고 하니까 류화추가 "이건 남북 간 합의가 중요하다. 좀 기다려주는 게 어떠냐?"고 겉으로는 얘기했습니다. 그 다음에 이상옥(李相玉) 장관이 첸치천 부장을 만나서 우리는 그냥 이번에 선가입하겠다고 의지를 표명했더니 첸치천이 "남북 간 합의해서 하는 게 어떠냐. 그리고 국제사회에서도 한국이 먼저 가입하지 않고 북한을 설득하는 것이 좋을 것이다."라는 식으로 대답을 했는데, 속으로는 이제 UN 가입 문제는 거의 중국의 손을 떠났다고 보는 것이 우리측의 판단이었습니다.

또 중요한 것으로, 중국은 북한의 단일 의석, 즉 고려연방국에 의한 가입안은 UN헌장에도 맞지 않고 그건 절대 아니다는 점을 명확히 했습니다. 그랬기 때문에 북한으로서는 계속 중국에 이야기해도 자신들이 주장하는 단일 국호에 의한 가입안은 먹혀들기가 전혀 어렵다는 사실을 깨닫게 되었다는 것입니다.

중국 · 홍콩 · 대만의 UN 가입 문제

강근택: 또 중요한 것으로 그 다음해에 서울에서 APEC 각료회의가 열리게 됐는데, 그때 각료회의에 중국, 홍콩, 대만 이 세 나라 가입 문제가 걸려있었습니다. 그걸 맡게 된 사람이 이시영(李時榮) 대사입니다. 그때 우리가 APEC의 의장국이니까 우

강근택 대사

리가 이들 세나라에 대한 가입 문제의 formula를 만들어 내기로 된 것입니다. 그래서 고민고민했고 중국도 상당히 걱정을 했죠. 홍콩, 대만과 같이 가입하는데 어떤 status, 어떤 포뮬라로 만들어 내느냐 하는 문제였습니다. 고심 끝에 올림픽 포뮬라 즉, 타이완 차이나(Taiwan China), 홍콩 차이나(Hong Kong China), 이런 식으로 하기로 했고 노심초사했던 중국에서는 그것에 대만족했습니다. 그게 타결되서 중국이 가입되고 비록 수교 전이었지만 중국은 우리 외교관들과의 직접 접촉을 허용하기에 이르렀습니다.

그래서 그 문제를 계기로 해서 우리가 중국 외교부로부터 엄청난 신뢰를 얻었습니다. 이런 요인들이 작용해서 그 다음에 북경 무역대표부가 설치되지 않았습니까? 그게 묘한 게 말이죠, 무역대표부에 대해 보통은 외교 특례를 인정 안하는데 중국 측에서 외교 공관에 준하는 status를 줬어요. 외교 행낭을 이용한다든지, 외교관이 와서 주재하는 것을 허용해주고, 그래서 20명에서 10명의 외교관이 주재한 걸로 알고 있습니다. 안기부에서도 파견을 했습니다. 그리고 이 사람들에 대해 관세 면제라는 특권도 줬단 말이에요. 그러니까 비엔나 협약에 따른 특권과 면제를 주고, 그 다음에 중국 외교부와의 일부 접촉을 허용해 주었던 것입니다.

그 후 노재원(盧載源) 대사가 쭉 중국 무역대표부에서 활동을 해오고 북경우리 무역대표부의 관찰보고를 기초로 이상옥 장관이 UN 문제와 관련하여 노 대통령에게 최종보고를 드렸습니다. 모든 상황을 종합해서 보고해라 해서 보고한 내용은 대체로 이랬습니다. '중국은 이제 UN 가입 문제에서 북한의 단일의석 가입은 믿지 않는다. 지지하지 않는다. 그 대신에 남·북한의 동시가입을 주장한다. 그렇지만 한국이 가입하는 것에 대해서도 상당히 반대할 수 없는 명분에 이르렀다. 왜냐면 소련이 거부권을 행사 안 하니까. 중국이 혼자서 UN 상임이사국으로서 거부권을 발동하기는 어려울 것이다.' 그렇게 판단한 것입니다.

　　나중에 중국과 수교될 때 이야기를 하자면, 그때 전략은 중간 단계를 거쳐서 대표부로, 보통은 무역대표부에서 한 단계 올리면 대표부가 됩니다. 그 다음에 외교공관, 대사관으로 올라가는 순서입니다. 그런데 바로 대사급 외교를 추진하는 게 좋겠다는 쪽으로 방향을 잡았습니다. 그렇지만 만약을 생각해서 대표부 단계도 생각하면서 추진하자. 그 대신 UN 문제는 밀고 나가면 중국도 어쩔 수 없이 내부적으로는 한국의 단독가입이라도 거부권을 행사할 수 없는 지경에 이르렀다. 이런 판단을 한 것입니다. 그래서 여러 가지를 종합해서 우리는 반드시 이번에 신청하면 되겠다는 결론에 이르게 되었습니다.

조동준: 대사님, 궁금한 사항이 하나 있는데요. 1990년 11월 12월에 중국 측으로부터 EC 국가를 통해서 1년만 더 기다려달라는 메시지도 왔다고 하는데요. 그게 중국 쪽에서 여러 쪽으로 정보를 보낸 건가요, 아니면 그냥 외교관들이 얘기하다가 중국 측에 이런 입장이라고 느끼신 건가요?

강근택: 그 내용을 직접 들은 건 홍콩에 있는 신화사 통신과 홍콩 총영사관이 정기협의회를 하는 데에서 1년만 기다려달라는 말이 나왔고, EC 공관에서는 간접적으로 들은 거죠. 즉 EU 공관 자체적으로 "한국이 가입해야 한다는 주장에 대해 중국 측과 접촉하여 물어보니까, 1년 정도 기다리는 게 좋을 것이다. 시기가 지금은 좋지 않다."라는 얘기가 나왔습니다. 홍콩에서 한 거는 직접 들은 것이고 그 다음 것은 간접적으로 들은 거죠. 외교교섭을 통해서 다른 나라가 중국에 대해 어떻게 했는지 전달해줘서 알게 된 거죠.

북한의 단일의석 공동 가입안에 대한 외교부의 검토

신종대: 저는 한 질문만 더 드리고, 나중에 이정철 교수님이 주신 질문할 때 다시 한 번 기회를 갖겠습니다. 제가 드릴 질문은, 질문지에는 없습니다. 북한의 단일의석 공동 가입안에 대해 한국 내에서 어떤 논의가 있었고 또 어떤 논리로 이걸 반박했는지 궁금합니다. 지난번에 오셨던 이규영 대사님 구술 자료를 보면 그런 얘기가 나오거든요. 야당 일부에서 그때 당시 6개월씩 돌아가면서 하면 모양도 좋고 남북 협력을 기할 수 있는 거 아니냐는 의견도 있었다고 합니다.

그리고 그때 강영훈(姜英勳) 총리 주재로 해당 사무국에서 대책위 비슷한 걸 했는데 그때는 그게 말이 안 된다고 얘기를 했다고 하더라고요. 그런데 왜 그랬는지 논리적 근거에 대해서는 말씀을 안 해주셨는데 이상옥 장관님 회고록에 보면 그런 대목이 나옵니다. 남북한의 대외정책 노선에 관한 합의가 없는 상황에서 돌아가면서 의석을 가진다는 건 말이 되지 않는다. 그런 식으로 여러 논리를 동원했는데, 어쨌든 그때 북한이 단일의석 공동가입안을 냈을 때 정부 내, 또 청와대 분위기라든지 정부 부처, 여론, 여야당 이런 어떤 논의가 있었는지 또 어떤 논리로 말이 안 된다고 했는지.

강근택: 그 단일의석 가입안은 당시에 나온 게 아니고 상당히 오래 전부터 나온 겁니다. 처음에는 소련이 공동가입안을 했다가, 우리가 73년 6·23 선언에서 동시가입도 좋다고 받으니까 깜짝 놀라서 그때 다시 연구를 해서 북한에서 내놓은 게 단일의석에 의한 가입안이었어요. 73년 이후에 나온 거니까 상당히 오래된 얘깁니다. 그래서 그때부터 외무부에서 쭉 연구한 겁니다.

그때 나온 건 첫째, UN헌장에 평화애호 국가가 가입하는 걸 기본 전제로 하고 있어요. 단체나 연합이 가입하게 안 돼 있거든요. 국가가 가입하는 것이기 때문에 처음부터 불가능했습니다. 그런 나라가 있느냐는 겁니다. 고려연방공화국은 허구의 나라라는 거예요. 그럼 양측이 합의해서 고려연방국을 만들어서 가입하면 오케이가 되겠죠. 그렇지만 허구에서 어떻게 연합하여 나라 이름을 정해서 가입할 수 있느냐? 그 자체가 틀려먹었다는 겁니다. 그러면 우리가 다 포기해야 된단 말이에요. 단일가입안이라는 것은 연방제, 즉 북한의 통일방안과 직결된 겁니다. 우리가 고려연방으로 통합한다는 것은 북한의 통일방안도 전부 수용해주는 겁니다. 그러면 시간이 없죠. 빨리 둘이서 고려연합 형식으로 뭘 만들던지 해서 가입해야 되는데 그건 될 수가 없는 거였습니다.

두 번째는 고위급 회담이 시작되면서 북한이 제일 먼저 긴급의제로 제안한 게 UN 가입 문제입니다. 이게 안 되면 고위급회담이 안 된다는 식으로 상당히 조건을 걸어서 한국을 협박하는 내용이 나오죠. 토의록 쭉 보면 나오는데, 최우진하고 우리 임동원 원장과 만났는데 거기 보면 북한 측이 내놓는 논리가 없어요. 계속 뭐 UN에서 우리가 남북이 합의해서 하면 되지 헌장이 무슨 소용이냐, 이런 식으로 나온다고요. 또 하나는 체제가 완전히 다르다는 거예요. 우리는 시장경제, 자본주의, 저쪽은 완전히 사회주의 통제경제입니다. UN에서 첨예한 여러 결의안이 올라올 때 돌아가며 2개월씩 대표권을 하자, 또 중요한 문제는 협의해서 하면 되지 않느냐는 것입니다. 그런데 체제가 완전히 다른데 어떻게 접점을 찾을 수 있습니까? 중요하지 않은 건 찾을 수도 있겠죠. 그렇지만 중요한 문제에서는 다 갈라진다는 거예요. 그래서 될 수 없다는 겁니다.

그 다음에 무슨 투표 절차, 이런 여러 가지가 우리하고는 완전히 상반되는 단일의석 가입안이기 때문에, 공산권 국가조차도 거기에 대해 호응하는 나라가 거의 없었어요. 제가 알기론 공동가입 단일의석안에 대해서는 뭐 쿠바, 모잠비크가 지지했나 그럴 정도입니다. 이건 완전히 통일방안을 적용시키기 위해 나온 안이다는 것입니다.

강근택 전 우크라이나 대사 구술회의 사진1 (2020.10.23)

참고로 말씀드리면 그때 비밀접촉 라인, 핫라인이 한시해(韓時海)하고 박철언(朴哲彦) 장관 사이에 있었습니다. 남북 정상회담을 위한 비밀 접촉이었어요. 그래서 한두 번 토의하다가 상대방이 서로 공동 선언문을 발표하는 것을 전제로 토의해나가는데 공동선언문 초안을 서로 교환하여 논의 하자고 북한이 의견을 냈어요. 남북 총리회담 훨씬 전이죠. 그 북한측의 초안에도 선언문 한 조항에 남북은 공동으로 단일국호에 의해 UN에 가입하기로 하였다, 이렇게 나왔어요. 그래서 우리는 안 된다고 했는데, 그게 고위급회담으로 넘어가서 북한이 낸 초안에 또 그대로 나왔습니다. 단일의석 가입에 대해서 실무 접촉에서 논의한 거 보면, 북한은 논리라는 게 없고 우리의 UN동시가입을 저지시키기 위해서 고려연방제 통일방안에 의한 단일 가입을 내세운 것일 뿐이었죠. 그때 동시가입을 반대하는 북한의 논리는 뭐냐면 분단을 고착화시킨다, 그게 제일 큰 논리였습니다.

리펑 총리 방북 정보의 입수 경위

조동준: 두 가지 질문을 드리고 싶은데요. 그게 결국 단일 의석 가입안은 김일성의 통일 10대 강령에서 나온 거잖아요. 아직 살아있는 지도자가, 수령의 무오류설을 주장하는 국가에서 그게 쉽게 바뀔 수 있을 것인지, 있다면 어느 조건에서 바뀔 수 있을 거다 등의 그런 논의를 내부에서 하셨는지요?

강근택: 저희들은 사실 UN 총회를 앞두고 북한의 태도가 그렇게 바뀔 거라고는 그 당시에는 생각을 못했습니다. 북한에서 갑자기 5월 28일에 동시가입을 지지하는 외교부 성명을 냈지 않습니까? 저희도 깜짝 놀랐죠. 왜냐면 우리로서도 어떻게 중국을 설득해서 안보리까지 갈 건가 이렇게 생각하고 있었습니다. 그렇게 북한이 먼저 선수치고 바뀌어서 나올 거라고 생각 안했습니다. 그런데 나중에 그걸 받

아보고 분석해보니까 역시 북한이 상당히 영리하다고 느꼈습니다. 그때에 중국에서 리펑이 가서 김일성을 만나서 설득시켰습니다. "지금 한국의 단독가입이 불가피하다. 너희가 이번에 UN 동시가입 안 하면 영원히 못한다. 지금 이때 해라."라고 했습니다. 그때 이야기가 "동시가입이 추진되지 않으면 북한은 미국이 거부권을 행사하기 때문에 가입 못한다."라는 것이었습니다. 그래서 북한으로서도 그때 당시에 상당히 겁을 내서 중국한테 부탁한 겁니다. "그러면 우리가 동시가입을 추진하는데, 안건을 단일안건으로 한국 가입, 북한 가입 따로 올리지 말고, 안보리에 두 개 묶어서 동시 안건으로 처리해 달라."라는 것이었습니다. 그래야 분리시켜서 못하잖아요. 중국이 "그건 오케이. 우리가 약속한다." 그렇게 된 겁니다.

조동준: 두 번째 질문은 리펑 총리 방북에 대해 정보를 많이 탐지하셨다고 했는데, 탐지의 대상이 주북한 동유럽 국가 대사관들 접촉, 결국 동유럽 대표가 본국에 보고했고 그걸 아마 한국 외교부가 탐지했던 모양이죠? 어떻게 리펑 총리 방북 이후 북한 입장이 바뀌고 있다, 혹은 리펑 총리가 북한에서 무슨 말을 했다는 정보를 어떻게 입수하셨는지?

강근택: 그건 아마 이상옥 장관이 첸치천 부장 만난 후에 베이징 대표부에서 많이 활동을 하고 해서 파악했다고 봅니다. 중국의 정책 결정에서 내부 판공실이 있잖습니까? 거기서 내부 결정을 내린 게, 한국 단독가입이라도 거부권을 행사할 수 없다고 결정해 놓고 북한을 설득하는 일만 남았다고 판단했습니다. 중국 내의 여러 가지를 탐지해보니 그렇다는 겁니다.

　　리펑 총리의 방북 시점도 그와 연관됩니다. 그때 시한을 봤을 때 8월초까지 안보리에 가입신청서를 내지 않으면 안 됩니다. 그러니까 그걸 결정하려면 5월 말~6월초까지는 결정이 돼야 안보리에 내게 되는데 리펑의 방북 시기가 절묘하게 5월 20 몇 일부터 가게 되어 있었어요. 그래서 "아, 이건 북한을 설득하기 위해 가는 미션이구나." 하고 생각했지요.

그때에 그런 분위기라든지 그런 내용을 우리 측에 누설한 다른 중국 여러 관변 학자들도 있었습니다. 여러 가지 있지 않았겠습니까? 외교부에서 직접 얘기는 안 했지만 그걸 우리 대표부에서 완전히 탐지해서 "아, 이렇게 가는구나." 하고 우리도 그렇게 판단했습니다. 그리고 그 전에 이상옥 장관이 첸지천 외교부장을 만났을 때 그런 분위기를 느꼈습니다. 그리고 아까 말씀하신 요인도, 평양에 주재한 동유럽의 대사관들, 그 나라 수도를 통해서 정보를 취득하기도 했지요. 그때는 우리가 전 공관을 통해서 우리 관심사는 북한이 동시가입에 대해 어떻게 할 것인가였기 때문에 정보 수집에 엄청난 노력을 기울였던 때였습니다.

김종학: 사전 질문지에 북한 관련 이정철 교수님이 주신 질문이 있는데, 개인사정으로 참석을 못하셨습니다. 그래서 북한 관련 질문은 잠시 후 신종대 교수님과 이상숙 박사님이 해주시길 바랍니다. 지금 중국 관련 많은 흥미로운 말씀이 나온 것 같습니다. 우선 이동률 교수님께서 중국 관련 질문을 해주시고, 엄구호 교수님께 소련 관련 질문을 부탁드리겠습니다.

대중 교섭 및 한중수교와의 관계

이동률: 대사님 처음 뵙겠습니다. 지금 세 번째인데 대사님이 중국 관련하여 가장 상세하게 설명을 잘 해주셔서 큰 도움이 됐습니다. 그래서 조금 더 욕심을 내 안으로 들어가고 싶은 생각이 들어서 어려우시겠지만 좀 세세한 질문을 드리겠습니다. 궁금했던 게 1년이라는 타임테이블을 중국이 제시한 거, 그걸 당시에 한국 입장에서는 왜 1년이었을까에 대한 내부 논의가 있었는지, 아니면 중국에 질문을 했었는지 왜 지금이 아니고 1년 후인지, 그게 궁금하고요.

당시 노태우 정부 입장에서는 사실 중국과 수교만 남아있었잖아요. 북방정책의 마무리라는 측면으로 봤을 때 중국과의 수교가 굉장히 중요했을 것 같은데, UN 가입과 중국 수교 중에 대사님 또 청와대 입장에서는 둘 중에 어느 것이 정책 우선순위에 있었는지요? 사실 중국 입장에서 보면 UN 가입은 한국과 수교를 하는 과정에서 중요한 장애물을 해소하는 의미가 있습니다. 남북한이 같은, 그런 맥락에서 UN 가입을 시켜놓으면 북한을 덜 의식하면서 한국 수교를 할 수 있기 때문이죠. 한국도 그런 전략이 있었는지, 중국과 수교를 하는 과정에서 UN 가입을 먼저 해야 되고, 그래서 혹시 중국과 소통하고 설득하는 과정에서 그런 교감이나 논의가 있었는지 두 번째로 궁금합니다.

세 번째로는 사실 중국 입장에서는 북한이 굉장히 신경 쓰였을 것 같아요. 이제 중국만 남아있는 상태잖아요. 소련마저 떠나가고 중국만 남은 상태에서 중국마저 떠나갈 경우에 북한이 가질 고립감과 그로 인한 모험적 행동 가능성이 있죠. 중국은 더군다나 북한과 접경하고 있기 때문에, 지금까지도 중국은 사실 북한에 대해 가장 걱정하는 건 북한이 안보불안을 야기시킬까 하는 우려가 가장 크다고 개인적으로 생각합니다. 그 당시에도 분명 그런 고려가 있었을 것 같은데 UN 동시가입 설득, 저는 설득이라기보다는 통보 같은 느낌이 들어요.

"우리는 이렇게 하기로 했으니, 거부권 행사 안 할 거고, 그러면 한국만 가입할 수도 있는데 너 알아서 해라", 북한에게는 그렇게 들렸을 수도 있을 거 같아요. 그런 과정에서 중국이 북한을 어떻게 인식한다고 생각했는지, 그러니까 사실은 중국이 교차승인까지의 과정을 염두에 두었다면 북한도 그걸 받아들여서 이걸 교차승인의 한 단계구나라고 생각하여 받아들였을 것 같은데 북한이 "중국이 우릴 버리는 거야?" 이렇게 생각했다면 결국 핵 개발 논의도 그로 인해 비롯된 것 아닌가 추측도 해봅니다. 그 때문에 핵 개발이 추진됐다는 분들도 계시니까요. 너무 한꺼번에 드려서 죄송합니다.

강근택: 첫째, 왜 1년인가? 환경이 급격하게 바뀐 건 사실 88년도 서울 올림픽 개최입니다. 우리가 7·7선언을 해서 북방정책을 추진하며 헝가리와 88년도에 9월에 수교했잖습니까? 그 뒤로 폴란드, 체코, 몽골, 모잠비크 이런 나라와 수교했단 말이에요. 중국 입장에서 볼 때는 "야, 이거 한국이 굉장하구나."라는 걸 느꼈을 겁니다. 한국의 UN 가입안이 완전히 무르익어가는 거 아닌가 이렇게 느낀 겁니다. 그때 중국에서 북한과 만난 것, 그리고 김일성이 방중해서 한 얘기, 중국 고위층에서 평양 방문해서 한 얘기를 종합하면 북한은 중국 측에 상당한 우려를 전달했습니다.

다만 중국의 입장에서 볼 때, 90년에 가입을 신청하면 자기들도 불편해지겠다고 보았습니다. 대세가 그렇게 흘러가고 있었기 때문이죠. 그래서 아마 1년간은 참아달라는 메시지를 보낸 것 같습니다. 대세는 맞는데 그래도 자기들이 북한하고 불편한 관계를 만들지 않기 위해서, 북한 입장을 고려하여 자기들도 최대한 설득하고 노력했다는 걸 보이기 위해서 1년을 유예해 달라고 한 것입니다. 그렇지만 대세는 이미 90년에 기울어졌다고 저는 봅니다. 그때 우리 정책 담당자들 판단은 그런 생각이었습니다.

그리고 두 번째로 UN 가입과 중국 수교 문제입니다. 사실 그때만 해도 90년 소련과의 수교가 시작됐지만 중국과는 들어갈 틈이 상당히 없었어요. 기껏해야 막 무역관계가 발전해서 저쪽에서 우리 코트라와 무역대표부 설치하자는 정도였지, 정식 국가 간의 관계로는 인정을 안 해줬습니다. 그래서 우리 판단이 중국과의 수교는 상당히 시일이 걸릴 것이라고 보았습니다.

이상옥 장관 회고록에도 나오지만 UN 가입은 90년도 그때부터 무르익었다고 판단했고, 그럼 1년 기다려서 91년도에는 반드시 실현하자 해서 노태우 대통령한테 시한을 못박았습니다. 91년도에는 반드시 UN 가입을 실현시키겠다는 것이었습니다. 회고록에 보면 전에 주미 대사로 있던 김동조(金東祚) 장관이 이상옥 장관을 만나 이야기 하는 장면이 있습니다. 이상옥 장관은 김동조 장관이 주미 대사 시절 참사관으로 있던 사이였습니다. 김동조 장관조차 "자네, UN 가입을 그렇게 쉽게 생각하면 큰일 난다. 어떻게 당신이 올해 안에 한다고 시한을 박아서 추진하느냐, 시간을 두고 해야지." 하고 말할 정도였습니다.

회고록에 보면 이에 대해 이상옥 장관은 "아, 제가 금년에 못하면 장관을 그만두려고 했습니다."라는 대목이 나옵니다. 이상옥 장관은 UN 가입에 대해 그렇게 자신이 있었습니다. 그 이상옥 장관이라는 사람이 얼마나 꼼꼼한 분인지, 모든 걸 다 직접 꼼꼼히 챙기는 분이 그런 확신을 가졌습니다. 다만 중국과의 수교는 상당히 시간이 걸린다고 판단했고, 역시 말씀하신대로 UN 가입하는 건 중국과의 수교에 박차를 가하는 일로 보았습니다. 이걸 함으로써 즉, UN 회원국이 되니까 중국도 무시하지 못할 것이다, 그런 생각이었습니다.

그 다음으로 북한이 상당히 불편하게 생각하고 북한의 안보 불안도 있는데 중국은 왜 그렇게 한국 가입을 반대하지 않겠다고 했느냐는 점입니다. 중국은 수교 문제를 교차승인과 결부시켰습니다. 미국과 관계가 되지 않으면 중국하고도 관계될 수 없다는 것입니다. 그때 우리는 소련과 수교 상태였으니까. 미국, 일본과 북한의 관계 개선이 안 되면 중국도 우리와 안 된다는 것이었습니다. 중국은 표면적으로는 계속 그렇게 밀고 나갔습니다. 그래서 미중 정상회담, 미중 외상회담에서 첸치천이 직접 얘기했습니다. 미국하고 일본하고 북한과의 관계가 개선되지 않는 상황에서 우리가 한국과 수교할 수 없다고.

그때 미국의 입장은 뭐였냐면 "미국으로서는 핵 문제를 최우선으로 삼는다. 핵 문제가 해결되지 않으면 우리는 북한과 관계 개선 용의가 하나도 없다. 그 해결이 먼저지 관계 개선이고 뭐고 필요없다."라는 것이었습니다. 그 다음에 미중 전략회의라는 게 있지 않습니까. 거기서도 또 이 문제를 제기했어요. 그때 중국 측에서 제기하니까 미국이 절대로 "노! 우리는 북한이 핵 문제를 해결하지 않는 한 해결할 수 없다."라고 했어요. 중국에서 그때 판단한 게 "아, 이 교차 수교안을 들고 미국을 교차승인 시키기 위해 엮는 게 불가능하구나." 하는 걸 깨달았습니다. 그래서 나중에 중국이 UN 가입문제와 관련, 북한과 협의할 때 북한에 "미국이 당신들 UN가입을 반대할 거니까 빨리 NPT(Nuclear Non-Proliferation Treaty: 핵확산방지조약)에 가입하고, 국제원자력기구(IAEA)와 핵안전조치협정(safeguard agreement)을 체결하라", 그렇게 나온 겁니다. 이에 관해서는 중국의 외교부장이었던 첸치천의 회고록에도 그게 좀 나와 있습니다.

남북 동시가입에 대한 소련의 입장과 대소련 교섭

엄구호: 저의 기억은 지금 89년 문서만 나와 있고 사실 90년에, 91년 초반에 UN 동시가입 과정에서 소련과의 접촉에 대한 문서는 없기 때문에 제가 조금 기억을 되살려봅니다. 89년 10월경에 마르티노프(Vladlen A. Martynov) IMEMO 소장, 극동문제연구소 티타렌코(Mikhail L. Titarenko) 소장, 아르바토프(Georgy Arbatov) 미국-캐

엄구호 교수

나다 연구소장이 서울에 연달아 방문해서 우리 총리, 외무장관과 면담을 했는데 그 면담 기록은 있습니다. 거기에 세 분 소장님이 대부분 소련은 한국의 UN 가입에 반대 의사가 없다는 취지의 발언을 한 것으로 되어 있습니다. 그래서 저희가 UN 동시가입 추진에서 소련의 역할 등에 대해 중요하게 생각하지는 않았을 것 같습니다.

그런데 이제 결정적으로 소련 연구 자료들을 보면 91년 4월에 고르바초프가 제주도에 와서 노태우 대통

령과 정상회담을 했는데, 내용이 자세하게는 나와 있지 않지만, 그 내용 일부가 "고르바초프가 UN의 보편성 원칙에 대한 이해를 우리 대통령께 표현했다."라고 되어 있습니다. 물론 북한이 중국 때문에도 입장을 선회했겠지만 러시아의 문헌에는 북한이 입장을 바꾸게 된 데에는 고르바초프의 UN 보편성에 대한 지지가 큰 역할을 했다고 되어 있습니다.

그래서 이제 89년부터 91년 4월까지를 쭉 보면 일관되게 소련은 남북 UN 동시가입에 그렇게 독특한 입장은 아니었던 것 같습니다. 그래도 외교부가 뭔가, 아무래도 이사국이니까 사전 협의와 승인을 거쳤을 것 같은데, 아직 문서가 없기 때문에 구체적으로 어떤 경로나 내용을 협의했는지에 대해 전혀 밝혀진 바가 없기 때문에 혹시 대사님께서 기억하는 점이 있으면 좀 말씀해주시면 좋겠습니다.

강근택: 제가 이제 그때 문서를 직접적으로 보고 그런 건 없는데, 그때 얘기를 들은 걸로 말씀을 드리면 사실 남북한 UN 동시가입안은 처음부터 소련 측에서 나온 겁니다. 왜냐면 우리가 단독가입을 하려니까 소련이 옛날에 거부권을 행사하지 않았습니까? 그러고 나서 소련이 남북한 UN 가입 문제가 나오니까, 사실은 아까 말씀드린 보편성의 원칙인데, 모든 나라가, 자격이 있는 나라가 평화애호국, UN 헌장을 수락하는 국가는 모두 다 회원국이 되는 게 보편성의 원칙이란 말이에요. 그래서 소련이 그때부터 내세운 게 보편성의 원칙을 들고 나오고 남북한이 동시가입해야 된다, 단독가입은 안 된다. 이런 식으로 끌고 나왔거든요.

그러나 북한은 그 뒤에 입장을 바꾸어서 단일 의석에 의한 가입을 주장 하니까, 사실 조금 북한 편이었던 소련의 입장이 어정쩡했어요. 소련으로서는 북한의 입장을 두둔해야 되고 또한 UN안보리 상임이사국 이기도 하니까 겉으로는 보편성의 원칙을 내세웠단 말이에요. 그래서 아까 말씀하셨듯이 IMEMO 하고 그 사람들 오고 소련도 왔다 갔다 할 때는, 사실은 수교 문제에만 매달려 있었습니다. 그때 당시에는 외교부 정도에서 UN 문제를 가지고 나온 거지, 사실 88년 지나고 나서부터는 그렇게 UN 문제를 당장 끌고 가야겠다는 생각은 없었어요. 그때는 UN 총회에서 한국의 가입 분위기를 성숙시키자, 그래서 지지하는 국가가 많은 경우에 결단을 내린다, 이런 식으로 분위기 조성에 상당히 주력할 때였습니다. 그래서 당시 소련의 그 사람들이 왔을 때 수교 문제에 골몰했기 때문에, UN 가입 문제를 직접 제기하지는 않은 걸로 압니다.

그 다음에 제주에서는 고르바초프-노태우 대통령 회담이 있었습니다. 거기에 조금 자세하게 나옵니다. 그게 아마 아직 30년이 안 돼서 대화록이 공개가 안 된 것 같은데 그 전에 유종하 차관이 소련의 외교 차관을 만났고 그 다음에 이상옥 장관이 노태우-고르바초프 회담 전에 소련 외상을 만나서 UN 가입 문제를 얘기했을 때, 보편성의 원칙에 의해서 동시에 가입하는 게 좋겠다는 얘기가 나왔습니다. 소련 측에서는 "한국의 UN 가입은 충분한 자격이 있고 가입해야 된다. 다만 동시에 가입하는 것이 여러 가지 모양상 좋을 것이다", 이런 식으로 언급했습니다. 그게 고르바초프와 노태우 대통령 회담에서도 똑같이 나왔습니다.

고르바초프는 한 술 더 떴습니다. 이상옥 장관이 회담 전에 노태우 대통령한테 부탁한 게 있습니다. 그때 제일 관심사는 거부권 문제 아닙니까? 우리가 단독으로 할 경우 소련이 거부권을 행사 하느냐 안 하느냐에 달린 거니까 그 이야기를 좀 해주십사 하는 얘기를 대통령께 미리 한 것 같아요. 그래서 그때 고르바초프가, 외상* 같으면 그거 슬쩍 외교적인 용어로 회피했을 텐데, 고르바초프는 직선적인 사람이고 대통령이니까 "우리는 그런 일은 없을 것이다", 이렇게 얘기해 버렸다고요. 그래서 그건 아마 좀 있으면 외교문서 공개돼서 나오지 않을까 생각합니다. 그건 분명하게 말했습니다. 거부권을 행사하지 않을 것이다.

* 당시 소련 외상은 알렉산더 베스메르트니크(Alexander Bessmertnykh)였음 - 편집자.

UN 동시 가입과 북핵 개발의 관계

엄구호: 아까 핵에 대한 미국의 입장에 대해 말씀하셨기 때문에, 직접적인 연관 질문은 아니지만 여쭤보겠습니다. 한소 수교를 9월 30일에 했는데 당시 9월 2일 셰바르드나제 외상이 평양에 가서 우리와 수교하겠다는 입장을 밝히러 갔습니다. 그때 푸대접을 받았다는 건 알려져 있었는데 그 이후에 당시 평양 대사를 한 카프토(Aleksandr Kapto)의 회고록이 나오면서 셰바르드나제가 카프토에게 말한 면담 내용이 나옵니다.

셰바르드나제가 9월 2일에 갔을 때 김일성을 만나지 못하고 김영남(金永南) 외상만 만났는데 김영남 외상이, 만약에 한소 수교를 하면 북한은 핵 개발을 할 수밖에 없다고 해서 북핵 개발 의지를 소련에 밝혔다는 내용이 있고요. 그 내용에 근거해서 그 이후에 북핵 개발이 결국 북방외교와 밀접한 연관이 있다는 내용이 있습니다. 그 다음에 셰바르드나제가 UN 동시가입에 대해 입장을 밝혔다고 했는데, 사실 외상이기도 했지만 셰바르드나제는 남북한 UN 동시가입에 대해 원칙적으로 반대하지는 않지만 북한을 설득하는 데에 상당한 시간이 걸릴 거라는 약간 부정적 입장이 있었습니다.

제가 여쭤보고 싶은 건 두 가지인데, 북한이 핵 개발 의지가 있다는 것을 우리도 알았을 텐데 미국과 협의 과정에서 그런 UN 동시가입이 가져올 북핵 개발 문제 해결에 대해 어떻게 협의했는지가 하나입니다. 두 번째는 사실 수교 이후에 북한이 조러 우호조약이 재연장이 돼야 하는데 안 하겠다고 선언하게 됨으로써 사실상 소련이 북한에 대한 영향력을, 또는 의사소통 능력을 상당히 떨어뜨리는 결과 낳게 되지 않습니까. 그래서 당시에 북방외교를 추진하는 과정에서 그렇게 된, 우리 당초 의도는 소련이 북한에 대한 레버리지가 있어서, 긍정적인 방향으로 작용하게 하려고 수교를 하는 건데 결국 그렇게 된 문제에 대해 우려가 없었는지?

강근택: 핵 개발 문제와 관련하여 소련에서 북한을 설득하러 와서 나누던 얘기에 북한이 발끈하여 핵 개발을 하려 했다는 의견에 대해 제 생각은 다릅니다. 제가 쭉 취급해 본 바로 핵은 말이죠, 70년도 말부터 연변원자로가 소련에서 들어와서 거기서 플루토늄을 추출한 것부터, 그 다음 프랑스 정찰기가 연변에서 나는 연기를 가지고 핵 개발 의심을 품기 시작한 일을 비롯하여 70년대 말부터 시작된 얘기입니다. 그때는 물론 소량이었죠. 그런데 그것을 한 계기가 있습니다. 남쪽은 계속 재래식 무기에서 미국의 최신 무기로 개량하는데, 북한은 80년대 들어서 무슨 '고난의 행군'을 거치며 지났기 때문에 재래식 무기로 따라잡는 것은 도저히 어렵다고 생각해서 핵 개발로 나아간 것으로 알고 있습니다.

그 다음에 핵 개발이 본격적으로 시작된 것은 베를린 장벽이 무너지고 나서 동구권 국가들이 전부 공산 국가에서 벗어났다는 배경이 있습니다. 헝가리, 폴란드, 루마니아가 전부 민주정권으로 바뀌며 공산 정권이 몰락하는 바람에, 특히 루마니아 차우셰스쿠가 처형당하는 걸 보고 김정일이 깜짝 놀라서 그때부터 북한에서 선군사상이 나왔습니다. 곧이어 소련이 해체되고 나니까 김정일 얘기는 "왜 그렇게 되느냐? 군대만 잡고 있으면 되는데"라고 했습니다. 그래서 동구권의 해체, 차우셰스쿠 처형 이런 것이 겹쳐서 핵 개발이 본질적으로 시작된 걸로 알고 있습니다.

특히 문제가 된 것은 IAEA에서 NPT 가입 이후 18개월 내에 safeguard agreement를 맺어서 사찰을 받아야 되는데 북한이 그걸 계속 지연시키니까 전부 핵 의혹이 있다고 본 것입니다. 그 이후에 북한이 UN 가입을 앞두고 미국이 동시 가입을 반대할까 싶어 급기야 IAEA와 협정을 맺고 사찰을 받았단 말이에요. 그때만 해도 우리 판단으로는 핵 문제가 거의 해결되어가는구나 그렇게 생각했습니다. 그때는 북한이 본격적으로 핵무기를 만들지 않았죠. 플루토늄 양이 뭐 핵무기 2~3개 만들 정도였으니까요. 그런데 문제는 IAEA 사찰단이 가서 사찰을 해보니까 그램 단위로 신고한 플루토늄이 킬로그램 단위로 검출이 되니까 IAEA로서는 특별사찰을 안 할 수 없었고, 북한이 주권침해다 이래서 NPT를 탈퇴한다고 해서 핵 위기가 닥친 거죠.

그 다음에 남북관계를 보면, 비핵화 공동선언을 했어요. 그때는 공동선언도 한데다 북한이 IAEA하고 safeguard agreement했으니, 우리는 다 된 줄 알았어요. 그때 북한은 "미국이 핵을 가지고 있으니 우리는 미군을 사찰해야겠다."고 주장하고 나왔어요. 그 당시 김종휘 외교안보수석비서실에서 웃기지도 않은 얘기를 들었는데 "북한에서 남한 군대하고 미군을 사찰할 수 있다."라는 거예요. "북한의 군대는 하난데 남쪽에는 미군과 한국군을 사찰할수 있기 때문에, 그래서 북한이 핵 남북공동 사찰을 안 받아들일 수 없다. 북한이 유리하니까", 그렇게 판단하더라고요. 그래서 당신들 미쳤냐고 내가 그랬어요. 북한이 어떻게 자기 군사시설을 우리사찰단에 내주겠느냐고요.

아닌 게 아니라 연말에는 핵통제 공동위원회를 구성하고 관련 문제가 일사천리로 진행되었어요. 우리는 핵 부재선언 하고 전술핵무기 전부 철거하고 노태우 대통령께서 전술핵무기 군산에 있던 거 하나도 없다고 했습니다. 그래서 남북한 비핵화 공동선언이 합의 되었거든요. 그런데 바로 핵 사찰단 구성에 들어가니까 나동그라지는 거예요. 상대방의 동시의심 해소원칙이란 걸 내놔서, 뭐냐면 자기들은 IAEA 사찰을 받았기 때문에 받을 필요가 없다는 거예요. 의심이 있는 곳에 사찰을 해야 된다는 논리 말입니다. 그러면서 남한의 미군 부대하고 이런 걸 사찰 해야겠다고 주장합니다. 그 다음에 사찰단 구성에서 쌍방이 각각 지명하고 쌍방이 동의한 사람으로 구성하자는 것입니다. 결국 우리가 지명해도 북한이 동의한 사람으로 구성하자는 것입니다. 그게 말이 됩니까? 북한에서 보이콧하면 안 되는데, 사찰단 구성이 안 된단 말이에요. 그래서 실질적인 사찰이 남북 핵통제 공동위원회 만들어서 하려고 했지만 그건 아무 의미 없는 협정문이 돼버린 거예요. 거기서 그 이상 못 들어가니까.

시간이 지나 제네바에서 합의가 다 돼서 우리가 몇 조 들여 70% 지불해서 경수로 만들기로 했습니다. 그 핵심부품이 들어간 후부터 특별사찰을 하기로 되어 있거든요. 그런데 그 핵심부품이 들어가는 그 시기 즈음에 북한이 딱 돌아서는 거예요. 그리고 그후 6자회담에서도 9·19 합의해서 미국과 관계 개선하고 중유도 제공하고 다 했는데, 그때 몇 번 연기해서 가다가 마지막에는 핵에 대한 inventory, 가지고 있는 플루토늄이 얼마인가를 제출하는 시한이 되자 그걸 연기하고 데드라인 정하니까 나가자빠져버리는 거예요. 이런 걸 보면 목적이 다른 데 있다 이겁니다. 아무리 교섭해도 북한의 핵개발은 막기 어렵다, 그때 그렇게 판단한 게 그겁니다.

북한에서는 핵 개발 계획을 계속 가지고 있었고, 대외적으로는 그걸 끝까지 드러내지 않으려 한 것이죠. 엄 박사님이 말씀하신 그 문제는 그때 당시에 소련 측에 아주 격한 감정을 보이기 위해 거칠게 항의한 것의 일환이고, 여하튼 자기들의 핵 개발에 박차를 가하는 그런 계기가 되지 않았나 봅니다. 그 전에 없던 것이 아니라 가지고 있던 계획에 박차를 가하는 계기가 되었다고 저는 생각합니다. 북한과 소련의 우호조약 관계는 너무 거칠게 나오니까 이래서는 안 되겠다, 우호조약 유지가 어렵지 않느냐는 논의가 내부적으로 있었던 걸로 알고 있습니다. 그 다음에 우리가 교차승인 문제를 놓고 봐도 북한과 소련과의 관계가 그렇게 나빠지는 건 생각 못 한 거죠. 이게 되면 다 잘 돼 갈 것이라는 낙관적인 견해도 있었지만 현실은 항상 예상대로 전개되지는 않은 것 같습니다.

북핵 문제에 대한 청와대의 인식 변화 시점

조동준: 대사님께서 청와대에 계속 계셨잖아요? 88년부터 90~91년까지 계셨는데 어느 시점부터 청와대가 북한 핵 문제가 심각하다고 생각했는지 좀 궁금합니다.

강근택: 그때 분위기가 전부 낙관적이었습니다. 11월인가 마지막 고위급회담이 서울에서 열리기로 되어 북한 대표단이 왔습니다. 저희는 합숙하면서 준비했습니다. 문구도 거의 합의됐고 그날 밤 자정에 관계장관 회의를 거쳐서 결론, 추인을 해서 내일 아침에 대통령한테 보고해서 가서명을 하는 단계로 넘어가기 직전이었습니다. 그 밤에 대표단과 전략팀과 모여서 셰라톤 호텔에서 마지막 회의를 했습니다. 정원식(鄭元植) 당시 총리가 회의를 주재했는데. 이제 다 됐다 이거예요. 그래서 내일 스케줄을 설명하고 이걸 서명해야 한다며 어떻게 생각하는지, 한 사람씩 얘기해보라고 하는데 전부 환영일색이었어요.

그때 저는 국장급이었으니까 제가 가만 보니 분위기가 이래서는 안 되겠다 싶었어요. 그때 손을 들어서 제가 한 말씀드리겠다고 했습니다. "이거 너무 자축하고 계시는데 핵 문제가 해결되지 않은 상태에서 이것으로 가서명을 하는 게 옳은지 한번 숙고해봐야 된다." 그렇게 좀 기분 나쁜 얘기를 했어요. 그랬더니 뭐 전부 국가적인 위대한 큰 업적을 했는데 무슨 엉뚱한 소리하냐며 핀잔을 굉장히 받았어요. 하지만 지나고 보니까 그게 아니란 말이에요. 그래서 그 뒤에는 그렇게 말하던 사람들이 상황이 바뀌니깐 갑자기 태도가 바뀌어서 엉뚱한 소리를 하더라고요.

사실 그때 당시에는 상당히 낙관론이 지배적이었어요. 일사천리로 부시 대통령이 전술핵무기 다 철수시키고 핵 부재선언 하고 그렇게 바로 비핵화 공동선언으로 들어갔다는 거예요. 아까 말씀드렸지만 이제는 safeguard agreement 맺어서 핵 사찰 받으면 다 끝나는 줄 알았어요. 우리도 그렇게 믿었죠. 그 다음

회담이 평양에 있어서 올라갔더니 남북 고위급회담에서 북한이 "우리는 IAEA와 협정을 맺고 최고인민회의에서 이것을 수표(비준—편집자)했다."라고 해요. 남북한 관계에 평화의 시대가 열리고 핵 문제가 해결되고 교차승인도 되고 다 될 것이다, 이런 희망을 안고 내려왔어요.

그런데 IAEA에서 특별사찰 문제가 생기고 북한이 NPT 탈퇴하면서 막 위기가 생기고 그 다음에 사찰단 구성이 하나도 진전이 없었어요. 그러니까 그때부터 확 바뀐 겁니다. 이제야 사람들이 북한에 대해 근본적인 의심을 하기 시작한 거예요. 당시 가네마루 신이 대표단 이끌고 평양 갔다 와서 3당 공동성명 발표하고 수교한다고 어쩌고 했습니다. 그때 노태우 대통령께서 화가 치밀어 오른 거죠. 그때는 소련과 수교 협의가 절정에 이르렀을 때인데, 이게 남북 동시 가입 문제도 있는데 '깽판' 치는 게 아니냐하고 생각한 것이죠. 그래서 그때 노태우 대통령께서 가네마루 신에게 "일본 외무성에서 발표하는 건 괜찮지만 정치인이 인기 끌려고 발언을 하는 건 절대 안 된다", 이런 식으로 얘기했어요.

남북 동시사찰에 대한 미국의 입장

조동준: 추가로 질문 하나 드리고 싶습니다. 김종휘(金宗輝) 외교안보수석을 잠시 언급해 주셨는데요. 제가 만나보면 91년까지는 남북에 의해 사찰하자, 그러다가 그 시기에 아마 미국으로부터 우리 쪽에 압박이 들어왔던 모양이에요. 그래서 92년부터는 남북사찰과 IAEA 사찰을 병행하자, 그러다 결국은 IAEA 사찰로 넘어가는 3단계였다고 하는데 남북사찰에 대해서는 미국이 어떤 반응을 보였는지 궁금합니다.

강근택: IAEA 사찰이란 것은 어디까지나 불투명한 원자로에 대한 사찰이 주가 됩니다.

군대라는지 군사시설에 대한 사찰은 할 수 없어요. 민간시설만 사찰하는 게 IAEA 사찰입니다. 단지 쌍방이 합의하고 북한 측에서 수락하는 경우는 제한적 범위내에서 사찰을 할 수가 있어요. 그러나 근본적인 차이는 IAEA 사찰은 민간 사찰이라는 겁니다. 그건 남북 상호사찰과 별개인 것인데, 처음에는 양쪽이 군사시설까지 하는 걸로 나갔습니다. 그런데 나중에 알고 해보니까 군사시설에 대한 사찰은 되지도 않는것이고 불가능 한 것이어서 따라서 사찰도 안 되고 그것은 허구의 선언에 불과한 것이었죠. 그러다가 당장 우리가 팀 스피리트 훈련 재개하자, 북한은 주저없이 남북비핵화 공동선언을 그냥 사문화시켜버렸죠. 남북 핵통제 공동성언을 자기들은 폐기 한다고 말이죠. 그러니까 미 군사시설에 핵이 남아 있는 것으로 선전·선동하면서 북한의 핵문제를 교묘히 비켜가려한 것이지요

조동준: 그 당시 미국에서는 특별히 한국의 남북 동시사찰에 대해서 어떤 의견을 가지고 있었는지 기억나시는 건 없었는지요?

강근택: 당시 미국은 전술핵무기를 다 철거했습니다. 그러니까 미국으로서는 "우리는 핵이 없다, 그걸로 족하다."라는 것이었습니다. 그래서 미국의 입장은 미군 시설을 공개하는 것은 생각하지 않았을 겁니다. 우리는 핵 부재선언해서 없다고 했는데, 그 다음 이야기를 보면 남북 비핵화공동선언이라는 것이 미국의 의견을 많이 따라서 만든 거예요. 우리가 핵에 대해 무슨 지식이 있습니까? 그 다음에 핵통제 공동위원회 구성 문제 이런 거 전부 미국의 핵 전문가들 조언을 받아서 했죠. 우리가 전문성이 없었어요. 미군 시설을 사찰한다는 것도 북한이 계속 주장을 했던 문제일 뿐입니다. 실제로 주한 미군시설을 북한의 사찰대상에 포함시키는 것은 어려운 문제가 아니었나 생각됩니다.

박철언-한시해 핫라인의 역할

신종대: 이정철 교수님께서 몇 가지 질문을 보내주셨는데, 첫째는 아까 대사님께서도 잠깐 말씀하셨지만 박철언 장관의 주장에 따르면 한시해-박철언 라인 이것이 1991년 남북한 UN 동시 가입, 남북한 기본합의서, 한반도 비핵화 공동선언 등 남북관계에서 획기적인 진전이 있었는데 이 진전을 가져오는데 한시해-박철언 라인이 어느 정도 임팩트가 있었는지에 대한 것입니다. 두 번째는 당시 UN 동시 가입을 얘기할 때, 일부 언론에서도 남북한이 UN에 동시에 가입하는 마당에 UN군 사령부의 지위 변경, 해체가 불가피하다는 지적이 있었지 않습니까. 이런 지적과 일부 여론에 대해 외교부 차원 또는 정부 차원에서 남북한 UN 동시가입을 하면 이런 문제가 불거질 거라고 예상을 하셨는지? 그리고 이런 일부 여론에 대해 어떻게 대응을 해나가셨는지 그게 이정철 교수님 질문입니다.

그리고 짤막하게 두 가지만 말씀드리겠습니다. 하나는 작년 여기 참석하셨던 분들도 기억하시겠지만, 이동복 의원님과 우리 대사님께서 1991년 남북한 기본합의서에 당초에는 "남북관계의 성격을 UN에 가입한 개별 회원국이지만 통일을 지향하는 특수관계"로 넣자고 북한도 동의를 했는데 우리가 반대해서 나라와 나라 사이 관계가 아니고 "통일을 지향하는 과정에서 잠정적으로 형성된 특수관계", 이렇게 했다고 하더라고요. 저는 오히려 반대로 알고 있고 대사님께서도 그렇게 얘기했는데, 다른 분이 그런 말씀을 하셨으면 이게 잘못 아신다고 했을 텐데 남북관계 실무 전문가께서 당당하게 말씀하시니까 의문이 듭니다. 정부에서 이동복 의원님도 그런 문제 제기를 했다고 하더라고요.

그랬는데 그때 고위급에서 "그냥 넘어가. 북한이 저렇게 원하니까." 해서 넘어갔다고 합니다. 이건 어떻게 보면 논리적으로, 그리고 북한의 주장에 비춰보더라도 오히려 반대라고 생각하거든요. 왜냐면 북한이 피치 못하게 남북 간에

UN 동시 가입을 하지만 내부 논리, 하나의 조선 논리에 의해서 북한이 고집해서 개별 회원국이 아니고 나라와 나라 사이 관계가 아니라고 하는 것이 합당했을 텐데 오히려 반대로 얘기하고 대사님도 저와 같은 생각이었단 말이죠. 그래서 한 번 더 여쭙고 싶습니다.

또 하나는 지난번에 이규형 대사님 오셨을 때도 남북한 UN 동시 가입을, 대사님 말씀에 의하면 어느 부서가 주도했다는 것이 중요하지 않을 수 있지만 적어도 UN 동시 가입은 외교부가 주도를 했다는 말씀을 하셨는데, 제가 여쭙는 것은 UN 동시 가입 문제를 여러 관계 부서들이 협업을 했겠지만 어디에서 주도를 했는지, 청와대, 안기부, 외교부, 거기에 대해 여쭙고 싶습니다.

강근택: 한시해-박철언 핫라인 역할에 대해 질문하셨는데 정치인들은 회고록 보면 상당히 자기주장을 블러핑하는 게 좀 있다고 생각됩니다. 사실 비밀접촉 회담은 주 목적이 남북 정상회담을 위한 실무 비밀 접촉이었어요. 그래서 남북정상회담의 공동선언에 들어갈 조항을 축조심의하는 것이 주 임무였습니다. 그러다 보니 여러 남북문제가 제기되니까 거기서 토론은 있을 수 있지만 타협점을 모색하고 합의문항을 만들어 나가는 데에는 상당히 어려웠다고 봅니다. 그래서 우리 입장을 전달하는 창구는 됐지만, 그것을 둘이서 토의해서 합의안을 만들고 하는 것까지는 잘 진전이 되지 않았다 그렇게 말씀드립니다. 왜 그렇냐 하면 북측에서 낸 안이 길고 복잡한데다 자신들의 일방적 주장을 담고 자기주장을 옹호해왔기 때문에 타협이 어려웠던 겁니다.

그 다음에 제가 많이 느낀 건, 대표의 수준이 격이 다르다 이거예요. 한시해라는 사람은 대단히 실무적인 사람입니다. UN대사까지 올라갔지만 김영철이나 김용순처럼 당에서 크게 뭔가를 가지고 있는 그런 사람도 아니고, 꼼꼼하고 빽도 없는 사람으로 알고 있었어요. 그런데 박철언 장관은 보시면 안기부 있을 때는 그랬지만 청와대 들어가서는 실제적인 권력을 가지고 있는 거의 2인자 역할을 했잖아요. 그러니까 제가 보기에 한시해는 우리측의 이야기를 들었다면 나름대로 그것을 상부에 보고하여 이쪽 의견은 이거다, 우리로서는 이런 대안을 내자고 하는 등 김일성과 김정일을 설득하고 하는 그런 능력은 없었다고 봅니다. 역시 대표를 하려면 윗선에서 상당히 신임을 받는 사람이, 나와야 서로 합의도 이끌고 뭐도 되지, 아니면 그냥 난상 토론하다가 그냥 보고하고 의미없이 진행되곤 하죠.

물론 남북간 핫라인을 통해 고위급회담을 측면 지원한 면은 다수 있습니다. 고위급 회담에서 막힌 부분에 대한 통로를 열어준 실례도 있고 남북회담에 임하는 북한의 태도와 의도를 파악하는데 많은 기여가 있었습니다. 그러나 비핵화 문제, 핵 문제에 대해서는 사실 그렇게 이야기가 많지 않았습니다. 그 당시에 핵은 상당히 기술적 문제니까 그건 전적으로 고위급회담에서 하고 핵통제 공동위원회로 넘어갔어요. 단지 우리는 이런 얘기는 했어요. "당신들 핵에 의심을 가지고 있으니 급선무는 IAEA safeguard agreement 맺고 사찰 받는 거니까 그거 빨리 하고 최고인민회의에서 비준 받도록 해라."하는 그 수준이었지 그 이상 세밀하게 논의된 건 없었습니다.

그리고 개설된 핫라인에서 북측에서 활용하는 수준이 다소 낮았다고 봅니다. 제가 알기로 핫라인으로 두세 번 통화했는데, 한시해가 부탁하는 건 북한에서 아주 급한 일이 생겼을 때 핫라인 걸어서 온다는 거예요. 예를 들어 동해상에서 북한 선박이, 벼계봉호라는 화물선인데 이게 우리 수역에 들어왔어요. 영해를 모르고 지나간 모양이에요. 그래서 우리 해군 함정이 뒤따랐다고요. 그랬더니 다급하니까 그거 무사통과하게 해 달라. 이런 부탁이 왔어요. 우리는 통일방안이라든지, 민족공동체 통일방안 설명해주고 개략적인 얘기해주고, 7·7선언도 해주고 그런 식으로 창구를 상당히 중요하게 생각했는데 북한에서는 자기들의 조그마한, 다급한 부탁에 몰두해 있었다, 이렇게 말씀드립니다.

강근택 전 우크라이나 대사 구술회의 사진2 (2020.10.23)

UN 가입 이후 UN군 사령부 지위 변화와 남북 관계의 정의

강근택: 다음으로 UN군 사령부에 대한 얘기입니다. 당시 UN군 사령부의 수석대표가 황원탁(黃源卓) 소장인데 그때 우리도 염려를 많이 했습니다. UN군 수석대표를 한국 장성이 맡으면 북한이 상당히 반발할 것이라고 느꼈지만 그때 UN사 장래 문제와 연결되어 국방부와 정부 측에서 얘기가 있었습니다. 비동맹이나 이런 곳에서 비판이 왜 UN사 대표를 한국이 안 맡고 미군이 맡아서 하느냐 그런 비판이 나왔습니다. 그래서 장래 문제와 여러 가지 연결시켜서 국방부 주도로 검토해서 결정했습니다.

미군 측하고도 협의해서 나온 것이 1단계로 한국과 DMZ의 한국군화를 시켜 나가도록 정전위 수석대표에 황원탁 소장을 임명하자는 것이었습니다. 북한의 이러이러한 반발은 있을 것이다. 그러나 이것은 어차피 해결해야 할 문제고 이것은 정전협정에 하나도 위반되지 않는다. 이건 내부 문제다. 내부에서 우리 대표를 UN군 구성원 중에 하는 거기 때문에 아무 문제없다. 이런 식으로 결론 내렸습니다. 그러자 결국 북한에서 엄청난 반발이 나왔습니다. 그런데 북한은 그전부터 휴전협정을 무력화시키기 위해서 미루나무 사건부터 해서 계속 엄청난 도발을 했으니까, 그게 좀 에스컬레이트됐다고 볼 수 있습니다. 그렇게 된 이유 중 하나가 동구권이 완전히 무너진 것과 관계가 큽니다. 무너지고 난 뒤 북한 측 중감위(중립국감독위원회-편집자) 대표로 임명해놓은 체코와 폴란드가 우리와 수교를 해버렸어요. 그러니까 휴전협정을 그대로 끌고 가면 큰일나겠다 이거예요. 그래서 당황해서 체코와 폴란드를 중감위에서 다 쫓아내버렸잖습니까? 그런 사태로 돌변을 한 겁니다.

그 다음에 남북관계의 성격에 대한 것입니다. 저도 그때 얘기했지만, 이동복 위원장을 정치분과위원회 위원장으로 모시고 남북회담을 같이 하고 했는데, 저는 이동복 위원장이 그 말씀을 하신 의도를 지금도 이해 못하고 있습니다. 외무부에서는 남북 동시가입 에 대해 별개의 국가로 Two Korea로 나간다는 게 원칙이었습니다. 남북이 개별 entity이므로 '민족끼리'나 '연방' 그런 것이 아니라는 입장이었죠.

그런데 이제 임동원 장관의 회고록이나 이런 걸 보면 잠정특수관계라는 용어를 임동원 원장이 했다고 나오잖아요. 그리고 그 전에 북한과 교섭하는 과정에서 줄곧 북한은 분단고착화는 절대 안 된다는 것이었습니다. 그래서 지금의 남북관계를 뭘로 보느냐에 대해 북한은 "잠정적인 특수관계"로 보았던 겁니다. 그 다음에 남북기본합의서를 작성할 때, 우리말로는 합의서라고 하지만 합의서는 두 국가가 맺는 국제조약이기 때문에, 합의서는 절대 안 된다는 것이었습니다. 그래서 우리 쪽에서는 처음부터 걸리니까 잠정적인 특수관계라고 하는 그건 받아주자는 것이었습니다. 우리 조약국에서 잠정적인 특수관계를 대외적으로 어떻게 설명하느냐 하는 문제로 고민했고, 합의문을 작성하기 전에 이런 식으로 법률적인 측면에서 연구를 많이 했습니다. 그래서 이건 대외적으로 보면 두 개의 한국을 인정하는 것이지만, 남북관계라는 측면에서 볼때는 통일을 지향하는 과정에서 잠정적 특수관계라고 볼수도 있는 것으로 해석한 것입니다. 즉 대외적 관계와 남북관계라는 2가지 측면에서 상당히 모호한 관계로 해석과 설명을 하게 된 것이죠. 이러한 잠정적 특수관계를 연결시켜 남북기본합의서의 교류부문에서는 남북간 물자교류, 합작투자등 경제교류와 협력을 민족내무 교류로 한다는 조항을 두었습니다. 이 조항은 남북간의 교역이나 경제협력관계를 남북간 잠정적 특수관계하에서 이루어 지는 민복내부의 교류이므로 관세등이 면제 될 수 있다는 의미를 내포하고 있습니다. 우리 정부는 이 합의를 근거로 WTO에 남북간 교역에 대한 관세면제를 얻으려 하였지만 WTO 회원국들의 반대가 많아 이를 추진하지 않은 것으로 알고 있습니다. 또한 우리나라와 FTA협정을 맺는 나라들에 대해 개성공단의 제품 원산지를 한국으로 받아 내려하였으나 대부분의 나라가 반대하여 뜻을 이루지 못한 것으로 알고 있습니다. 이렇듯 남북관계를 잠정적 특수관계로 보는 측면은 대외적으로는 통하지 않고 우리내부에서만 그런 식으로 보고 있는 것이 문제라고 하겠습니다.

신종대: 그리고 이 방점이 "우리가 나라와 나라 사이 관계라고 주장하는 게 아니고"라는 대목입니다. 그래서 기록을 다시 봤거든요.

강근택: 저도 그걸 의아하게 생각했어요. 그건 저도 교수님과 같이 의견입니다.

그 다음에 UN 동시가입 추진 문제입니다. 이 UN 가입 문제는 옛날부터 쭉 나왔는데 이건 제가 볼 때 95%는 외교부에서 주도한 겁니다. 그 결정 모든 거. 왜냐면 이건 다른 부처에서 할 수가 없습니다. 단지 최종 결정하고 나서는 형식상 안기부도 들어오고 통일부도 부르고 합니다. 하지만 제가 안기부에도 있어봤지만 안기부 조직에서 이 문제를 별도로 다루는 데도 없고 통일부에도 전혀 없었습니다. 관계부처에와 필요한 의견은 나누고 검토하되 90% 정도는 외교부에서 주도했다고 생각납니다.

북일 수교에 대한 전망

이상숙: 한 가지만 질문 드리면 북일 관계 말씀하셨는데 당시 90~91년 시점에서 북일 관계 개선 가능성에 대해 우리가 어떻게 판단을 했고, 혹시 청와대나 외교부에서 한중 수교 이전에는 북일 수교가 안 된다, 이런 입장이 있었는지요?

강근택: 저희들은 사실은 북미 수교는 상당히 어려울 것이지만, 북일 수교는 가능하지 않느냐, 그렇게 보았습니다. 그건 그때 북한이 경제적으로 상당히 어려웠기 때문에, 한국이 대일청구권으로 경제자금을 받아서 경제 발전했기 때문에 북한으로

서는 경제협력 자금이 굉장히 메리트가 있을 것이다 해서 북일 수교는 상당히 빨리 미국과 수교에 앞서서 올 거라 생각했습니다. 그래서 몇 차례 5차까지 상당히 진전되지 않았습니까?

그렇게 생각했지만 결국 수교 문제는, 우리가 교차 수교를 동의하더라도 궁극적으로 누가 판단하느냐가 관건입니다. 우리가 결정하는 건 아니지 않습니까? 미국과 일본이 북한과 수교하려면 서로 여러 가지 조건이 맞아야 하는데 과연 조건이 합쳐질 것인지가 의문이었습니다. 그러나 북미 수교보다는 가깝다고 생각했습니다. 그런데 그 청구권 자금을 과연 어떤 식으로 산출해서 어떤 식으로 일본에게 제의할지 그게 상당히 관심사였습니다. 터무니없게 해버리면 안 되는 거고. 그랬는데 역시 일본에서는 실종자 문제라든지 이런 걸 계속 거론하여 그것이 해결되지 않았습니다. 그 다음에 또 하나는 역시 핵 문제죠. 일본이 우려한 것은 북한의 핵 문제였습니다. 그리고 그 핵 문제에 있어서는 미국에서 일본에 대해 핵 문제가 해결되지 않고서 수교하기 어렵지 않느냐는 것을 간접적으로 상당히 얘기한 것으로 그렇게 알고 있습니다.

7·7선언과 대북 창구 단일화

조동준: 두 가지 질문 드리겠습니다. 첫 번째는 7·7선언의 성격에 관련된 얘기인데요. 7·7선언에 아래로부터의 남북교류, 민간 남북교류의 창구 단일화 목적이 어느 정도 있었는지 궁금합니다. 시간으로 따져본다면 1989년 7·7선언 이후 시간이 좀 지나고 난 다음에 대통령께서 직접 창구 단일화에 의한 메시지까지 내는 그런 상황이 발생했는데, 7·7선언을 만드신 분으로서 창구 단일화를 어느 정도 생각하고 계셨는지 궁금합니다.

두 번째는 결국은 원로들께서 답을 주셔야 할지도 모르는데, 현재 남북관계를 어떻게 규정해야 할지, 하나의 안으로, 어떻게 규정하는 것이 미래의 남북관계를 위해 좋을 것인지요. 지금 현재 상태에서 잠정적 특수관계라고 해버리면 이건 답이 안 나올 것 같거든요. 그래서 한번 대사님께서 조언을 주셨으면 좋겠습니다.

이동률: 저도 추가로 같이. 갑자기 생각난 건데 대사님께서 아까 신화사 홍콩 라인을 말씀하셔서 그게 사실은 무역대표부 설치 전까지는 중요한 라인으로 정기적으로 교섭 창구의 실질적인 역할을 했는지 아시면 말씀 부탁드립니다. 마지막으로는 청와대에 계셨으니까, 우리 북방정책의 목적이 사실은 공산권 국가와의 협력을 통해 북한과의 관계 개선이었던 것 같은데 어느 순간부터 아예 북한과 관계 개선보다 북한 고립으로 바뀐 거 아닌가, 혹시 청와대 내부 논의가 있었는지.

강근택: 7·7선언의 기본적인 철학이 민족공동체라는 거였는데 그걸 함으로써 교류는 상당한 틀을 갖추는 역할을 했습니다. 그게 되니까 막 미지의 세계니까, 북한과 한 건 하려고 우후죽순 격으로 일이 벌어졌죠. 막 rush 현상이 일어나서 혼란이 가중된 건 사실이었습니다. 남한 사람들은 서로 북한에 이거 집적대고 저거 집적대며 그런 식으로 달려들었고, 그걸 또 북한은 대남 공작활동에 이용해서 상당히 문제가 생겼어요. 그래서 안기부를 중심으로 교류 창구를 단일화하고 질서를 잡지 않으면 안 되겠다 해서 관계장관회의를 하고 해서 창구 단일화 문제가 생긴 겁니다. 그때 새로운 미지의 사업영역이 생겼으니까 북한하고 사업을 하면 떼돈 벌 기회라 여기며 너도나도 하려고 노력했죠. 기업 측에서도 대우니 현대, 서로 많이 했죠. 그런데 결국 했던 사람들은 다 망해버렸단 말이죠. 그런 문제가 있었습니다.

'잠정적 특수 관계' 용어의 문제점

강근택: 그리고 남북관계가 잠정적 특수관계라는 용어의 문제입니다. 저는 이 잠정적 특수관계를 가지고는 아무런 문제가 풀리지 않는다. 이건 완전히 북한한테 놀아나는 거다. '우리 민족끼리'의 논리를 제공해주는 거에 불과하다고 생각했습니다. 왜 그러냐면 남북이 엄연하게 국가라 이거예요. UN 가입하고 따로 살고, 뭐 언젠가 통일은 해야겠지만 지금은 실체가 다르다 이겁니다. 그러면 그걸 인정하는 차원에서 들어가야 남북관계가 되지, 무슨 잠정관계를 해서 우리는 항상 민족끼리 연대가 되어야 하고. 그러면 그건 고려연방제나 해서 그걸로 하든지 결정을 해야지, 이도 아니고 저도 아니고 완전히 북한한테만 놀아나는 거라 이겁니다. 그래서 거기에서 국가 대 국가의 관계로 설정이 되어야만 그때부터 진정한 대북정책이 나온다. 왜냐면 민족끼리니까 저쪽은 나쁜 짓해도 민족이니까 감싸줘야한다는 논리가 되면, 그게 말이 됩니까? 그리고 인권 문제를 우리가 북한에 대해 정식으로 제기하고 UN에도 제기해야 하는데, 그것도 하나도 못 한다고요. 그건 뭐냐? 민족끼리니까. 잠정적 특수관계니까.

　　그 다음 민족의 이익이란 게 뭐냐 말이에요. 옛날에 고조선이나 조선이나 고려 때 같으면 민족의 이익이 있지만 지금은 갈라져서 이익이 다른데, 민족의 이익이란 건 허구라는 거예요. 저는 남북관계가 진정으로 들어가고 서로 존중하고 국가 대 국가의 주권 존중, 국제법이 적용되는 그런 관계로 발전하려면 국가 대 국가 차원으로 북한을 대해야지, 이런 식으로 지속하면 아무리 해도 통일정책이 아무 소용이 없다는 거예요. 그렇게 가다가 통일되면, 통일하면 되는 거고 그런 거 아닙니까? 저는 그것을 강력하게 믿고 그 주장을 개인적으로 계속 해오고 있습니다.

조동준: 그걸 한 문장으로 표현한다면요? 많이 생각하셨을 것 같아서.

강근택: 그걸 노재봉 총리도 생각하고, 그런 생각을 가지고 있는 사람이 몇 사람이 있습니다. 작년에 외교협회에서 〈2020 외교전략〉이란 책자를 만들었어요. 남북관계를 직접 주도한 분들과 만든 건데 그거 한 부 외교협회에 문의하면 나옵니다. 길지도 않아요. 에센스만 나와 있는 거 인터넷으로 외교협회 들어가서 2020 외교전략 보면 나오는데, 남북관계는 잠정적 특수관계가 아닌 국가 대 국가 차원으로 대응해나가자고 그런 식으로 제목을 붙였어요.

조동준: 북한이 안 받아들일 것 같은데요?

강근택: 북한이 받아들이는 것과 관계없어요. 우리는 그런 식으로 국제법적으로 북한을 국제법에 보편타당한 원칙에 따라, 국제법 원칙에 어긋나면 비난 성명 내야 합니다. 무슨 민족끼리 감싸주는 게 어디 있어요? 그 사람들이 말하는 민족에 부르주아는 포함 안 돼요. 인민에, 프롤레타리아 독재니까. 그래서 그런 식으로 저는 생각하고 있습니다.

홍콩 신화사 채널의 역할

강근택: 그 다음에 신화사가 실질적 역할을 했느냐는 질문인데요. 신화사 지정할 때 중국 측에서는 "우리와는 직접 접촉이 어려우니 대리로 신화사와 홍콩 총영사관과 협의하는 게 좋겠다"고 해서 개설된 겁니다. 그래서 그때 우리는 상당히 기대를 갖고 현안을 제기해도 저쪽에서는 사실 듣기만 했지 자기들이 그 입장을 갖고 가서 하는 그런 건 없었습니다. 주로 우리가 부탁하는 걸 하고 했는데 UN 문제에서도 그냥 메시지가 "1년만 기다려 달라. 이번엔 안 된다", 이거였지 그 뒤에 배경이나 부연설명 전혀 없었습니다.

이동률: 정례적인 만남이 있었던 것으로 알고 있는데.

강근택: 예. 그건 있어요. 한 달에 총영사 관저에서 만찬으로 같이 만나자 해서 현안 조금 얘기했지요. 그쪽에서는 실질적인 건 없고 우리 얘기 듣고 가는 거죠. 그래도 잠깐 소통할 수 있는 창구는 있으니까 그런 식으로 했습니다. 그래서 1년 기다려달라는 거에 대해, 의미 있게 우리가 캐치할 수 있는 건 없었습니다.

대북 관계 개선 실패의 원인

강근택: 마지막으로 북한과 7·7선언을 하고 교차 승인을 추진하는 모습을 보여 결과적으로 북한 관계가 파탄된 것이 아니냐는 질문에 대한 것입니다. 7·7선언할 때 분명히 노태우 대통령께서 뭐라고 했냐면 "베이징과 모스크바를 넘어 평양으로 간다."라고 했습니다. 이게 모토였습니다. 그래서 정책 추진에서 북방정책의 최종 목표는 중국, 소련과 수교가 아니라 평양과 합의를 해서 평화를 정착시키는 것이다, 이렇게 생각했습니다. 그런 식으로 로드맵을 만들었고 그중에 하나로 7·7선언하고 나서 바로 통일방안을 만들기 시작했습니다. 그래서 통일방안으로 '민족공동체 통일 방안'을 만들었습니다. 옛날에 '민족화합 민주통일 방안'은 그냥 두 나라 대표가 만나서 헌법 초안을 만들어서 통일국가 만들어서 의회 구성해서 하자 그런 거였거든요. 그거 도저히 될 수가 없죠. 그래서 우리는 중간단계로 국가연합이라는, 영연방(British Commonwealth) 식으로 국가연합 방식으로 잠정 조처로서 쌍방이 합의해서 연합식으로 하나 만들어서 서로 다른 두 체제가 공존하면서 정치, 경제, 사회 통합 과정을 거쳐서 통일 국가로 간다, 이런 로드맵을 만들어서 시작했습니다.

그런데 하다보니까 문제점이 생겼어요. 우리가 소련과 수교하고 어느 정도까지는 잘 나갔어요. 수교하니까 북한이 느끼는 것은 큰일 났다는 거예요. 자기들은 고립되어 버렸다 이거예요. 왜냐하면 우리가 동구권과 다 수교해 버리니까 갑자기 수교 국가 차이가 80 대 20으로 되어버렸단 말이에요. 그러니까 북한이 급해서 이것을 자기들이 이용하고자 했어요. 우리가 교차승인을 제의했으니까 최소한 반대는 안 할 것이라는 생각이었어요. 그래서 유럽의 프랑스, 영국으로 막 대표단 보냈습니다.

우리 입장에서 역으로 생각해보면, 이거 잘 되는구나, 교차승인이 이렇게 나가면 일본하고도 북일 교섭 벌어지겠구나, 우리는 그렇게 생각했죠. 그런데 거기에서 핵 문제가 터져버렸습니다. 이게 해결되지 않으면 다른 나라들에서 북한과 수교 못한다는 분위기가 되었습니다. 결국 북한은 핵을 포기하느냐, 아니면 미일과 수교하느냐의 갈림길에 섰습니다.

결국 북한은 핵을 선택한 겁니다. 그때 제네바 합의할 때도 북미 관계 개선해서 다 했어요. 무역대표부 설치하고 뭐 관계 개선 다 됐고, 그리고 후에 9·19 6자회담 공동성명에도 관계 개선 해서 대표부 설치하는 걸로 나와 있단 말이에요. 그래서 그걸 포기하면 되는데 북한이 그 수교를 포기하고 핵을 선택한 겁니다. 그러니까 안 된 거예요. 지금이라도 하면 다 되죠.

결과적으로 저희가 볼 때는 평양 상공에 미국의 어마어마한 대사관에 미국 성조기가 올라오는 것에 대해 어떻게 인민들을 합리화시킬 수 있을 것인가. 그게 큰 관건이었다고 생각합니다. 엄청난 주적으로 삼았던 미국의 대사관이 평양 대동강변에 성조기를 날리고 들어섰을 때 인민들이 어떻게 느끼고, 그 정권에 대해 어떻게 생각하고 개방의 물결을 막을 수 있느냐는 겁니다. 그걸 선택할 수 없다 이거예요. 저는 그렇게 봅니다.

그래서 결과적으로 핵 문제가 걸림돌이 된 겁니다. 영국, 프랑스, 유럽 국가들과 다 수교하고, 우리는 얼마든지 수교하라고 했습니다. 그런데 핵심적인 일본, 미국하고는 그런 문제가 걸려서 수교 못하고 핵을 선택한 겁니다. 자기들이 선택한 거예요. 그러니까 후일의 결론만 보면 잘 되다가 우리의 정책으로 인해 남북관계가 파탄난 거 아니냐고 생각할지 모르지만, 저는 절대 그렇게 안봅니다. 결국 북한 선택의 잘못이었습니다.

북방외교와 대북정책

엄구호: 제가 요즘 쓰는 글에 북방외교 목표에 대한 챕터가 있는데 노태우 대통령 회고록에 북방외교의 목표는 3단계라고 하면서 '1단계는 공산권과의 수교를 통한 북한 포위, 2단계는 통일을 이뤄서 3단계는 한민족의 영향권을 연변과 연해주로 확대하는 것이 북방정책의 목표다.' 이렇게 나와요. 박철언 씨 회고록에 많은 수사적인 북방외교 목표가 있지만 '실질적인 북방외교의 목표는 북한을 포위, 압박하는 것이다.' 이런 구절이 나와요. 그리고 7·7선언에 대한 평가를 우리 대사님도 참여하셨는데 7·7선언 6항에 대한 평가가 공통질문으로 있습니다.

　　대사님도 "7·7선언 6항은 장기적인 목표의 선언적 조항이고 그것이 실질적 목표는 아니었다."라고 말하셨습니다. 대사님도 그렇게 말씀하신 구절이 나오고, 대부분 참여하셨던 분들이 할슈타인 원칙을 그냥 받아들여서 북한도 수교하는 것을 방해하지 않는다는 정도의 원칙이지 그걸 실제 외교 목표로 받아들이지는 않았다는 그런 대사님들 구절이 많이 나옵니다. 특히 북일 수교 과정에서는 우리는 실제로 반대 노력을 하셨다고 하는 분까지 있습니다. 그래서 북방외교가 통일정책과 연계되어 있고 북방권과의 개방을 하고 많은 새로운 경제권 개발, 그런 합리적 목표가 있지만, 아마 당시 실제 일을 하셨던 분들의 대북관이나 여러 가지는 역시 외교적 우위를 통한 한반도 문제의 압도적 해결 능력, 그런 게 변함없는 목표였지 않았을까 그런 평가를 하고 있거든요?

강근택: 엄 박사님 말씀하신 당시에 우리가 다 그런 생각을 가지고 있었죠. "북한을 우리가 압박하기 위해서는 역시 북한 동맹국인 소련과 중국과 수교해야 북한이 변할 수 있다. 그러니까 우선에 수교를 해서 북한을 변화시키는 요인으로 삼자." 그렇게 생각했습니다.

그런데 하다 보니까, 어떤 문제가 생겼냐면 헝가리와 수교 과정에서 나온 일입니다. 7·7선언 전인데 수교 과정에서 공산권 국가의 얘기가 "우리가 한국과 수교하는 건 좋은데 북한은 어떻게 할 거냐? 단교해야 되느냐?" 이런 문제가 제기됐어요. 그때는 7·7선언 전입니다. 그래서 우리는 "단교가 아니고 북한하고도 수교하고 우리하고도 수교하면 된다."라고 했습니다. 그러니까 헝가리 측에서 자기들은 북한에 대해 상당한 부담감을 가지고 있었고, 그래서 수교하는 데 상당히 주저하는 면이 있다고 했습니다.

그때 염돈재(廉燉載) 비서관과 이야기를 나누면서, "헝가리와 수교하면 동구권 다른 나라, 체코나 폴란드도 따라올 건데 북한 문제를 이대로 두고 하면 의미가 없다. 대통령 선언으로 아예 세계에 약속하자. 우리는 사회주의 국가와 수교를 추구하지만 저쪽도 북한도 하는 것을 우리는 반대하지 않는다." 그런 식으로 만들어 넣은 겁니다. 헝가리에 그걸 설명하니 이제 됐다 이겁니다. 이제 "우리들은 북한하고 수교하고 유럽의 다른 나라들도 수교하는 문제를 한국에서 해결했으니까, 우리도 부담을 털어버렸다."라고 했습니다. 그리고 이건 외교 당국자들의 얘기가 아니라 대통령 선언으로 나왔으니까 제일 확실한 거 아니냐, 믿음이 서는 거 아니냐는 거였죠. 그래서 그 선언으로 인해서 사실상 그 뒤에 수교하는 데 상당한 득을 봤습니다.

그래서 소련이나 중국한테도 얘기한 게 있습니다. "저쪽에서는 교차승인해야 중국이 한국하고도 수교할 수 있다고 했는데, 그러면 우리가 중국과 수교하면 오히려 북한이 태도를 바꿔서 도로 미국과 수교하기 위해 애쓸 것이다." 그런 식으로 얘기를 했습니다. 그때 당시 실질적인 얘기는 우리가 북한의 핵심 동맹국과 수교함으로써 북한의 태도 변화를 일으켜서 국제사회에서 미국과도 수교하도록 하는 것이었지, 우리만 수교하고 뒤에 북한은 못하게 하자 그런 건 절대 아니었습니다. 같이 자기들도 뒤에 따라오면 순차적으로 오지만 결국 그렇게 해서 한반도 평화가 이뤄지는 거 아닌가, 저는 그렇게 봤습니다. 그래서 결과적으로 정전체제도 해제되고 남북 간 평화협정도 맺는 걸로 일단은 원대한 구상을 했습니다.

IV

박양천 대사 구술

일 　시 : 2020. 11. 5. 9:30-12:30
장 　소 : 국립외교원 4층 세미나실
질문자 : 신종대(북한대학원대), 염구호(한양대)
　　　　이동률(동덕여대), 이정철(서울대)
　　　　전재성(서울대), 조동준(서울대)
　　　　곽성웅(한양대)

김종학: 지금부터 한국외교사 1991년 남북한 UN 동시가입 제4차 구술회의를 시작하겠습니다. 오늘 면담자로는 박양천 전 벨기에·유럽연합대표 대사님께서 참석해주셨습니다. 먼저 박양천 대사님 약력을 간단히 소개 말씀드리겠습니다. 전 루마니아 대사, 벨기에 대사, EU대표부 대사를 역임하시고, 퇴임 후에는 대한올림픽위원회 국제위원회 위원장과 평창 동계올림픽 유치위원회 국제특별보좌역 등으로 활동하셨습니다.

특히 오늘 논의하게 될 UN 동시가입과 관련해서는, 85년부터 홍콩 총영사관 영사, 90년부터는 외무부 아주국 심의관으로 재직하셨습니다. 그래서 그 동안 저희가 많은 궁금증을 가지고 있었던 홍콩을 통한 중국과의 비공식적 접촉, 그러니까 신화사와 홍콩 총영사관과의 비공식 채널이라든지, 한중 공식 수교 이전의 대중정책이나 중국에 대한 외교부의 인식 등에 대해 귀중한 말씀을 해주시지 않을까 생각이 듭니다.

박양천: 고맙습니다. 제가 한 4~5년 전에 완전히 일에서 손을 놓았어요. 2003년에 퇴직한 이후에 올림픽 동계올림픽 유치한다고 해서 한 10여 년을 대한체육회에서 해외 유치 교섭을 했고, 그리고 그만두려고 했더니 또 두산에서 한 3년을 감사로

박양천 대사

와서 일을 해달라고 해서 자리만 지키고 있다가 4~5년 전부터 일손을 완전히 놨습니다. 나이 80도 되고 그래서 이제 집에서 놀고 있던 차에 우리 교수님이 오늘 불러주시고 오늘 말씀을 들어주시겠다고 와주셔서 감사드리고 고맙고. 그러나 이제 내용이 어느 정도 여러분들한테 도움이 될지, 그리고 제가 준비할 시간이 조금 짧은 것 같아서 그게 좀 아쉽습니다. 만일 여러분이 오늘 우리 대화가 끝나고 난 다음에라도 혹시 궁금한 사항이 있으면 개별적으로 연락주시면 제가

성심껏 자료를 찾아서라도 설명을 드릴게요.

그러나 오늘은 제가 시간이 짧아 미리 양해 말씀드리고 싶은 것은, 깊은 스터디는 못하고 그래도 대강 준비 없이 이렇게 나와서 말씀을 드리는 거니까 우선은 일반적으로, 제가 1971년도에 홍콩 총영사관에 부임을 해서 그때부터 중국과 접했던 상황, 1985년도에 해외 2년 넘게 공부를 하고 그리고 다시 홍콩에 돌아와서 본격적으로 신화사와 했던 대화 채널에 관련된 얘기들, 그리고 홍콩을 마치고 서울 아주국 심의관으로 들어와서 다시 중국 관계를 하다가 92년에 떠날 때까지 사정을 말씀드리려 합니다.

1970년대 주홍콩 영사관에서의 활동

박양천: 제가 1971년도에 홍콩에 부임을 했어요. 처음 해외 근무를 나가게 됐는데 홍콩은 여기서 떠날 때부터 어수선했어요. 그때 최은희(崔銀姬)씨 납치 사건 등등 해서 또 여기 KBS에서 홍콩을 무대로 한 납치극에 관한 연속극이 있어서 일반인들이 그걸 굉장히 관심 있게 봤는데 우리 집사람이 그걸 보고 만삭인 여인이 그냥 금방 쇼크를 먹어서, 홍콩으로 발령이 났다니까 애를 조산을 해버렸어요. 그런 일도 있고 해서 홍콩 가는 것 자체가 호기심도 있었지만 개인적으로는 조산한 애를 데려가서 간호하느라고 좀 힘들었던 기억이 납니다.

가보니까 홍콩 현황은 문화혁명이 그때 계속되어서 어수선했어요. 우리가 알다시피 66년~76년 기간으로 문화혁명이 진행이 됐지만 대개 71년도 그 무렵이 되면 일단 격한 파도가 지나가고 좀 잠잠히 진정되는 국면이었습니다. 중국 지도층도 그때는 정신을 차려서 마오쩌둥(毛澤東) 이하 "이렇게까지 가서는 안 되겠다."라는 분위기로 바뀌었습니다. 특히 중소 분쟁이 격화가 돼서 중국이 잘못했다가는 존망의 위기에 처할 수 있겠다는 위기감도 있고 그래서 정신을 차리고 있을 그런 순간이었는데 홍콩에 막상 가보니 하루에도 피난민이 수백 명씩 나오고 있었어요. 우리가 어떻게 할 방법도 없는 거고 직접 대면을 통해 그 사람들에게 상황을 알아볼 수도 없는 거 아니에요?

한국으로서는 중국이라는 저 거인을 그냥 두고는 볼 수 없는 상황이었고, 그렇지만 우리가 정책면에서도 중국에 대해서는 깜깜할 뿐 아니라 뭘 어떻게 해야 되겠다는 두서조차 잡지 못하고 있을 때에요. 제가 홍콩을 가서 호기심도 있고 해서 상황을 살펴보니 피난민은 나오고 그들로부터 우리가 직접 이야기를 들을 수 있는 채널은 없고, 다만 미국 총영사관이 그 당시에 직원 수백 명이 나와 있어, 그 사람들 중에 상당수 직원들이 피난민을 접촉하는 겁니다. 피난민이라는 게 중국 전국에서 흩어져서 나오는 사람들 아니겠습니까. 그 사람들 가운데 식자들 중에서 골라내서 인터뷰를 해내는 거예요. 그렇게 인터뷰를 해서 알맹이는 물론 자기들이 다 빼가고 공개하지 않고, 그냥 일반적인 사항만 외부에 공개할 정도였습니다.

내 기억으로는 한 2주 간격으로 차이나 리뷰(China Review)라는 불레틴(bulletin) 비슷한 걸, 종이도 아주 싸구려 종이에다가 영문으로 인쇄해서 한 4~5페이지에 중국 정치, 경제, 사회 관련 내용을 망라해서 영사단과 언론기관, 학계 일부 관심 있는 분들 대상으로 배포했습니다. 그때는 인터넷도 보급이 안 된 시대가 돼서. 그냥 그런 유인물들을 내고 했는데 결국 참고되는 게 별로더라고요. 우리는 뭐 중국말 한마디도 못하는데 그래서 말이라도 배우려고 보니까 광둥어 밖에 배울 수가 없어요. 영국 식민 정부가 꽉 막아놓고 북경어를 안 가르치는 거예요. 미국 총영사관에 의지를 해서 거기서 자료도 좀 얻어 보고, 앞으로 홍콩조차도 어떻게 될 건지, 중국이 어떻게 될 건지 등에 대한 궁금증을 풀고자 했습니다.

그런데 갑자기 한 해가 바뀌고 나니까 톱뉴스로 나오는 게 닉슨(Richard Nixon)이 중국으로 갔다는 거예요. 모택동과 악수하고 포옹하는 장면이 나오는데 이건 세상이 뒤집힐 일이에요. 그때 당시 우리 인식으로는 도저히 있을 수 없는 일이었어요. 그래서 서울에서도 멍해가지고 있다가 정신이 났는지 한참 있으니까 지시가 온 거예요. 말하자면 방중 의미와 파급 효과나 영향이나 이런 걸 보고하라는 거였습니다. 그때까지만 해도 홍콩이라는 데가 영사 기능이 주(主)고 경제가 주지, 정무는 한 분이 했어요. 그때 중국어 하는 분들은 독립유공자 자녀 특채 분들입니다. 그분은 이미 연세도 많고, 벌써 50대 후반 가까이 접어든 분들이니까 일이 되겠어요? 그러니까 중국 신문이나 보고 거기에 중국 사태나 정세가 나오면 종합해서 주간 보고도 하고, 단편 보고하고, 그 정도가 홍콩 총영사관이 중국 문제에 대해 일하는 전부였어요.

정신을 차리고 나서 그러면 이제 세상 돌아가는 걸 들을 수 있는 출처가 어디냐 하고 찾아보니까, 지금은 없어졌는데, 『파 이스턴 이코노미 리뷰(Far Eastern Economic Review)』라는 아주 좋은 잡지가 있었습니다. 그때 당시에는 중국 연구하는 분들, 한국 연구하는 분들도 논문에 그걸 많이 인용할 수밖에 없었어요. 그게 굉장히 정확했고. 영국 정보기관과 정보 공유를 해서 미국 영국 정보를 같이 소화한 후 코멘트나 전망을 보도했기 때문에 굉장히 정확했어요.

공교롭게도 우리하고 그 잡지는 원수지간이었어요. 박 대통령이 독재를 한다고 매일 퍼붓고 규탄했어요. 독재는 독재로 망한다는 거예요. 두고 보라는 거예요. "독재가 독재로 망하고, 절대 권력이 절대 권력으로 망하는 걸 정치학에서 봤지 않느냐?" 이런 상황이니 우리 총영사관과 그 잡지사는 관계가 소원했습니다. 우연한 기회에 외신기자 클럽에 가서 데릭 데이비스(Derek Davies)라는 편집인을 만났습니다. 아주 거만한 분이었는데, 인사하려고 "외교관으로서 왔는데 당신들한테 좀 배울 게 많을 거 같아서 구독하면서 당신들 친하게 지내려고 한다.”고 했습니다. 그때 이미 그 잡지는 한동안 한국에서 특파원도 쫓겨나고 구독을 안 할 때에요.

개인적으로는 당신 홍콩에 온 걸 환영한다고 하더니 또 욕을 막 늘어놔요. 그래서 “우리 중국 관계가 굉장히 급하니까 당신에게 좀 많은 걸 배우고 들었으면 좋겠다.”, 그랬더니 “기회 되면 오고 대화를 하자.”면서 기자를 소개해주었어요.

그 양반한테 재미있게 얘기를 들었는데, 그 양반 견해가 그래요. “미·소 두 거인이 주도하는 듀오폴리 시스템이 깨지는 징후다. 미국이 힘이 빠져서, 봐라, 69년에 닉슨–사토 공동성명도 발표하지 않았느냐? 거기 뭐라고 했느냐? 동아시아 문제에서 말하자면 안보 문제에서 일본과 미국이 공유하자고 하지 않았느냐? 우리는 그때 단순히 월남전에 지친 미국이 그걸 현실 탈피의 일환으로 생각했지만, 지금 이것과 닉슨의 방중을 매치시켜보면 미국 정책이 확실히 변하고 있다. 동아시아 정책이 전반적으로 변하고 동아시아의 가장 중요한 핫스팟인 한반도의 정세가 변하는 것도 불문가지다.” 그러니까 또 비관적으로 생각할 게 아니라 중국이 변하고 있고 문화혁명도 자기가 보기에는 조금 진정 국면으로 간다는 거예요. 한국도 중국과도 뭔가를 좀 해볼 수 있는 틈새를 한 번 찾아보고 공부를 하라는 거예요. 그 얘기를 듣고 와서 아무리 생각해도 긴가민가해지잖아요? 설마 그간 꿈쩍도 않는 중국이 닉슨 한번 찾아갔다고 해서 한국하고 뭘 하겠다고 나올 것 같지가 않았어요.

그러나 점차 세상이 변하고 있음을 감지할 수 있었어요. 여러 가지 신문을 보고 매체들로부터 나오는 걸 봐도 미국의 아시아 정책이 변하고, 중국 자체가 변하는 건 우리 같은 모르는 사람 눈에도 보이는 것 같더라고요. 당시 최광수(崔侊洙) 아주국장이 베트남 출장을 갔다가 홍콩에 오셨어요. 그 분은 아주국장이었지만, 69년 1.21 사태 나기 전에 김일성이 워싱턴포스트에 전면광고를 내버리는 일이 생기는 바람에 주미 대사관 정무참사관에서 본국으로 발령받았어요. 귀국해서 무보직이셨는데 주변에서 아깝다고 해서 박 대통령은 면직시키라 했지만, 겨우 기사회생을 했어요. 마침 1.21 사태가 나자 주한미군사령부 정치고문과 한국군 현대화 계획에 대해 교섭을 하시게 되었어요. 거의 반년 가까이 교섭을 하는데 이 분은 소속이 없잖아요. 저는 그때 당시 안보담당과인 미주국 북미 2과에 근무하고 있을 땐데, 저에게 나와 보라고 하더니 자기가 가져온 걸 타자 쳐서 다 일목요연하게 정리하는 걸 좀 맡아서 하라고 그래요. 그렇게 그분을 몇 개월 모신 인연이 있었는데 아주국장이 돼서 홍콩을 방문하신 거예요.

대화 중에 제가 이 얘기를 했어요. 이러이러해서 데릭 데이비스를 만났더니 세상이 변하고 있고 지각변동이 일어나고 있다고 한다, 이걸 어떻게 했으면 좋겠습니까, 본부에선 어떻게 하실 겁니까 했습니다. "그것 때문에 내가 잠깐 왔는데, 선결문제로 인원이 없다. 중국말하는 사람들은 전부 노털들이고 1세대인데 영어 한마디도 못하고 그래서 문제다. 그러니 젊은 세대를 가르쳐야겠는데 잘됐다. 학비 지원할 테니 중국어 공부를 해라." 이래요. 이것이 서울에서 월 100달러씩 받아 주 3회씩 강사를 초빙하여 중국어를 배우기 시작한 계기입니다. 한 3년 중국어를 배웠는데 문제는 교실에서만 배우고는 밖에 나오면 그만이에요. 광동말을 쓰니까 연습을 할 수가 없잖아요.

1970년대 한중관계의 진전

박양천: 그러고 나서 서울로 돌아와 동남아과에 있었습니다. 때문에 중국 문제는 직접적으로는 다룰 기회가 없었습니다. 당시 중국과라는 곳은 서로 안 가려고 하는 기피부서였습니다. 외무부에서 할 일이 아무 것도 없었기 때문이었습니다. 중국의 일반 현황에 대해서는 관심 있게 뉴스 매체를 통해 관찰을 했어요. 나중에 돌아

보건대 일반적으로 70년대 끝날 무렵까지 한중 관계에도, 피부로 느끼지는 못했지만, 나름 관찰한 사례들을 축적해 놓고 보니 양국 관계가 옛날에 비해서는 상당히 엄청난 발전을 하고 있다는 걸 알 수 있겠더라고요.

예를 들어 닉슨이 중국을 갔을 때, 키신저 회고록에도 나오지만, 모택동이 닉슨에게 "한반도 절대 위협하지 않겠다."라는 발언도 했다는 거 아닙니까? 그것이 계기가 되어서 또 미중 간에는 매번 접촉할 때마다 지도자 간에는 한반도 문제가 빠지지 않고 포함이 되었습니다. 그래서 저는 이처럼 거의 반냉전 체제가 지속되는 중에도 구체적으로 어떤 조치들이 한중 간에 있었는가를 들여다봤어요. 일례로 70년대 초반에 닉슨이 중국에 다녀온 직후에 우리 정부가 중국에 화해 제스처를 취한 거 아닙니까? 그랬더니 중국은 묵묵부답, 말 한마디도 없습니다. 문화혁명은 70년대 접어들면서 이미 시들해졌어요. 63년도인가 류샤오치(刘少奇)가 국가주석 자격으로 북한 다녀온 후에는 중국 지도층이 다녀온 적이 없어요. 그런데 70년대 초반이 되면 중국 지도층이 북한을 방문하는 일이 빈번해졌습니다.

그리고 중국과 한국 간에 변화가 느껴지는 구체적 사례로는 72~73년에 우리 남북대화가 시작되지 않았습니까? 남북도 이제 미중 화해 무드에 따라서 뭔가 살 길을 찾아야 되니까 그것이 이제 남북 간의 대화 시작으로 나타나서 1년 넘도록 대화를 하고 있었어요. 그전까지는 홍콩에서 친중국계 신문을 봐도 '남조선 괴뢰도당'라고 했어요. puppet이라고 표현을 했는데 72~73년부터는 용어가 바뀌어요. 퍼펫이 빠지고 그냥 남조선 당국이에요. 그리고 인민일보에도 어쩌다가 간혹 한국의 경제, 사회에 대한 촌평 비슷한 기사들이 나고 있었습니다.

한 가지 주목할 건 74년에 우리가 한중 간 우편물 교환 협정에 합의를 했어요. 75년에는 바로 이어서 중국과 전신선이 개통되었어요. 그간 국제적으로 개통되어 있었는데 한국-중국 연결은 중국이 반대해서 빠져 있다가 슬그머니 개

박양천 전 벨기에·구주연합 대표부 대사 구술회의 사진1 (2020.11.5)

통이 됐어요. 그러니까 이때부터 중국이 직접적 양국 관계가 아닌 한, 국제기구나 그런 성격의 단체 등에서 양자가 동시가입하고 있을 때에는 양국 간에 교류를 할 수 있는 합의를 해도 되겠다는 걸 허락한 표시로 봤어요. 그 후 언론에도 많이 나왔지만 중국에 오래 거주하면서 북한 국적 받기를 거부하며 중국에 살던 극소수의 동포들, 늙어서 병들고 그래도 조국을 가겠다고 끈질기게 출국 비자를 신청했던 몇 가구를 내보내줬어요. 그것도 그 전에는 전혀 없었던 조치였습니다.

그리고 이건 타스(TASS) 통신에 보도된 내용입니다. 1974년 무렵에 우리가 고추 파동을 심하게 겪어서, 장마와 고추마름병 때문에 고추를 외국에서 수입했다는 건 알고 있는데 타스 통신이 보도를 해버렸어요. 홍콩을 경유해서 한국이 중국에서 10만 톤 정도를 수입했다는 내용이었습니다. 북한으로서는 뽐나는 일이죠. 그런 것도 중국이 전혀 몰랐을 리는 없죠. 왜냐면 6·25 이후에는 중국이 홍콩에 있는 무역상을 대개 지정해서 중국 물품을 거래하게 해 줬습니다. 중국 물품을 취급하는 홍콩 무역상들은 중국의 말을 들어야 됩니다. 그렇지 않으면 중국 물품을 받을 수가 없어요. 그런 걸 봐서 그냥 고추를 주지는 않았을 거 아니냐. 그냥 홍콩의 수출입상이 한국에 돈만 받기 위해 준 건 아니다, 그렇게 볼 수 있었습니다.

또 이건 조그만 사건이지만 1976년에 동경에서 개최된 아시아태평양 조선업 회의라는 게 있었는데 그때 『요미우리(読売)』가 보도한 것이 있습니다. 예전 같으면 한중 간에 우리가 어디 국제 대회 어디에서 만나 대화를 시작하려고 해도 중국 사람들이 피해버려요. 그런데 여기선 화기애애하게 대화도 하고 서로 등을 치고 하는 걸 목격이 됐다고 보도를 했어요.

그리고 또 한국 홍콩 총영사관이 관련된 사건도 있었습니다. 그때는 중국 어업이 굉장히 낙후돼서 지금과는 반대되는 현상이 있었어요. 우리 어부들이 배를 끌고 막 들어가서 중국 영해 쪽으로 들어가면 고기가 많으니까 얼른 가서 빨리 잡아서 나오는 건데 적잖은 어부들이 붙들렸어요. 경비대가 와서 체포를 하기 때문이죠. 그런 일이 벌어지면 과거에는 1년 넘게 구류를 살게 했어요. 그런 다음에 홍콩으로 반 거지가 돼서 나옵니다. 홍콩에서는 신화사가 누구누구란 사람이 나온다는 소식을 홍콩 정청을 통해 우리한테 연락해주는 시스템이었습니다. 간접적으로 인수를 받았기 때문이죠.

한 번은 우리가 장난을 치느라고 우리 영사 담당하는 광동어에 익숙한 직원한테 신화사에 직접 전화를 걸어보라고 했습니다. 전화를 걸어 "지금 정청에서 아무개가 나온다고 하는데 이름이 끝 자가 실제와 좀 다른 것 같은데 그걸 좀 확인해줄 수 있겠느냐?"라고 했습니다. 그랬더니 말도 말라며 "너희하고는 우리가 직접적으로 상대를 안 하니 뭐든지 홍콩 정청에 물어보라."며 전화를 끊어버리더래요. 그 정도로 70년대 초반까지는 우리와의 공식적인 접촉에 관한 한, 중국은 차단해 버리거나 시도를 해도 거의 거절해버렸던 상황이었습니다. 이상 몇 가지 사례에서 말씀을 드렸듯 과거에 없던 사례들을 모아놓고 보니 이것들이 긍정적 사례로 다음엔 해석해볼 수 있지 않겠느냐 생각됩니다. 다음엔 긍정적인 이런 70년대를 등에 업고 80년대로 진입하는 과정을 설명해 보려고 합니다.

한영 정책협의회와 민항기 사건

박양천: 제가 홍콩 근무를 끝낸 다음에는 외무부에 들어와 있다가 주영 대사관에 근무를 나갔어요. 78년~81년 3년을 있었는데 그 때 특기할 건, 한영 정책협의회라는 게 있었습니다. 그때는 영국의 입장에서 볼 때 우리 한국의 군사정부가 들어서서, 여러 가지 국제 문제가 많았죠. 그때마다 우리가 쫓아가서 정부 입장을 설명하는 건데 "알겠다. 알았으니 그만하자", 그러고 앉아서 한반도 정세 얘기도 많이

하고 교훈적인 얘기를 많이 했어요. 걱정도 많이 해주고. "시대가 이렇게 변하는데 민주주의로 가야지 이런 체제로 가서 되겠는가?" 개인 의견으로 그런 얘기를 하는 겁니다. 그러면서 하는 말이 "당신들을 도와줄 수 있는 게 한 가지 있는데. 중국이 지금 자기들이 봐도 변하고 있으니 너희도 이걸 활용해봐라."하는 것이었습니다. 그러니까 영국과 한국 간에 정책협의회를 개최하자는 것이었죠.

그래서 매년 개최하게 됐는데 그 첫 사업으로 삼각무역을 추진하는 걸 서둘러보자는 것이었습니다. 예컨대 "한국, 영국이 가운데 끼고, 중국과 3자가 간접교역을 하자, 중국은 지금 너희와 직접 접촉도, 교역도 모두 피하고 있으니 이렇게 간접적으로 하면 북한의 항의나 반대가 빗발치더라도 면피가 될 수 있는 거다. 중국을 연구할 때 우리가 꼭 봐야 될 건 더블 스탠더드다. 표면에 나타나는 이유와 내면의 본뜻과 차이가 있으니까, 그 차이를 읽을 줄 아는 지혜를 쌓는 것이 차이나 워칭이다. 그냥 중국의 발언 하나하나에 일희일비하면 이건 다 맥을 놓치는 거다. 그러니 이걸 한번 해보자."

결론적으로 말씀드리자면 이게 성공을 했어요. 이게 82년도죠. 그때 타스 통신은 계속해서 중국과 북한의 긴밀한 관계를 보도했어요. 중국은 닉슨 방중 이후에는 북한이 소련에게 경사될까봐 계속 구슬리고 고위층 방북을 통해서 북한을 설득하고 원조를 주고 이런 상황에 있었거든요. 타스 통신은 이걸 훼방을 놔서 틈을 벌리려고, 고추 문제도 그렇고, 수많은 보도가 타스 통신에서 나왔습니다. 그중에 주목할 만한 것은 82년경, 한국과 중국 간의 간접교역이 1억 3천6백만 달러에 달한다고 보도를 해버렸어요. 그 정도로 간접교역의 효시가 그때 영국에서 아이디어를 냈던 것이 주효하지 않았나 생각합니다. 그래서 저는 그 당시 우리 정부가 여러 가지로 추진했던 중국 접촉 시도가 나중에 경제 교류, 체육 교류를 통해서 활성화되어가면서 이것이 미진했던 정치 분야의 정부 대 정부 접촉을 끌어내는 데까지 기여했다고 보고 싶습니다.

80년대에 들어오면 초반에 바로 중국 민항기 불시착 사건이 있었고 85년에 우리 영해를 침범해온 중국 어뢰정 사건이 있었습니다. 이 두 사건이 한중 관계를 앞당기는 데 촉진제 역할을 했다고 보고 있습니다. 그렇게 볼 수 있는 것은 이 사건 이전에는 양국 간에 정부 당국자들이 특정 이슈를 두고 만나서 협의를 한 예가 없었습니다. 당시 민항기 사건이 났을 때 보면, 션투(沈圖, Shen Tu)란 사람이 83명의 사람을 이끌고 서울로 왔잖아요. 당시 공로명(孔魯明) 정무차관보하고 협상을 해서 자기들이 다 수습을 해서 갔거든요. 물론 중국으로서는 창피한 일이었죠.

대만에 82년에 공부를 하러 가서 보니까. 어떤 때는 1년에도 빈번하게 한 네 댓 번, 조종사들이 본토에서 대만으로 미그기 타고 넘어왔어요. 말하자면 불시착이나, 망명이나 이런 것들에 대해 중국이 당시에 굉장히 민감하게 생각했을 때니까 민항기 사건도 적당히 해결할 문제가 아니었다고 보입니다. 이런 계기가 만들어져서 정부 간에 사태를 무마하고 합의도 했지만, 그 중에 제일 중요하고 눈에 띄는 건 ROK라는 정식 국명을 문서에 넣은 것, 그건 괄목할 만한 변화였습니다. 그건 아마 중국이 문서상 공식적으로 처음 그 용어를 사용한 계기가 아니었나 싶습니다. 민항기 사건을 통해서는 유사한 사태가 벌어지면 대화를 통해 해결해보자는 정도 외에 채널을 구축한다든지, 누구를 내세워서 앞으로 대화를 어떻게 한다든지 하는 구체적 사항은 없지 않았나 생각됩니다. 저는 직접 관여는 안 했습니다만, 85년에 홍콩 총영사관에 부임해서 과거 문서들을 찾아보고 하니까 그런 문서들이 없어요.

그리고 어뢰정 사건이 나고 만들었던 합의서에는 분명하게 장차 홍콩 신화사와 홍콩 총영사관 간에 대화 채널을 열어서 양국 간에 혹시 있을 현안 문제나 이런 거에 대해 대화가 필요할 경우에, 대화 채널로 활용한다는 합의를 했기 때문에 구체성을 띤 합의가 85년 어뢰정 사건에 이뤄진 걸로 봐서는, 민항기 불시착 사건 때에는 대화 통로에 관해서는 별 합의가 없지 않았나 생각됩니다.

1980년대 홍콩의 비공식 채널

박양천: 그리고 80년대로 들어가서는 제가 다시 홍콩 총영사관에 가서 근무한 이야기부 터 설명을 드리겠습니다. 제가 85년 8월에 부임을 했어요. 그 몇 년 동안의 일을 말씀드리면 81년에 서울에 들어와 노신영(盧信永) 외무장관을 모시고 경제협력과 장을 하고 있을 땐데, 직원들 모아놓고 "북방외교를 해야 하는데 사람도 없고, 세상은 변하고 있는데 외무부가 큰 방향을 못 잡고 우왕좌왕하고 있다. 이러니 여러분들이 정신을 차리고 소련과 중국을 지켜보는 방향 전환을 해야 살지, 이 렇게 앉아서 눈 멍하니 뜨고 있다가는 다른 부처에 일 뺏기고 빈털터리가 된다." 이어 장관님 말씀이 과장들 중에서 3명씩 뽑아서 중국어 연수와 러시아어 연수 를 보낼 테니 선발된 사람은 아무 소리 말고 공부하고 임무에 임하라는 겁니다. 중국어를 그나마 이해하고 3년을 공부한 사람이라 그 세 사람 중에 나도 뽑혔어 요. 그래서 과장 자리에 있다가 82년도에 대만을 간 거죠.

　대만에서 1년 연수 후 다음 해 영국 케임브리지 석사과정으로 옮겼어요. 영 국 연수 후 쿠웨이트로 발령받았는데 거기서 몇 달 근무하고 나니까 85년 초에 어뢰정 사건이 터졌어요. 상황을 보니 합의서가 나오고 합의사항에 따라 대화 채널이 열리고 있는데 쿠웨이트에 가만히 있으니까 망막하더라고요. 지금 내가 옮길 수도 없고 발령을 엊그제 받아서 쿠웨이트에 왔는데 어떻게 저길 갑니까. 홍콩을 가는 기회는 놓치면 안 되겠고 해서 고민을 했어요. 그러면 일단 서울에 좀 들어갈 방법을 찾기로 했어요. 마침 연세 많으신 어머님이 편찮으셔서 일시 귀국을 했어요.

그때 이원경(李源京) 장관이 계셨는데 참 좋은 분이셨습니다. 옛날에 외무차관까지 지내시고 나서 퇴직하시자 두산실업에서 모셔다가 연경장학회 이사장하고 합동통신 사장을 맡겨드렸어요. 그 곳에 계시는 동안 해외에서 학술지 등을 구독하셨는데 우리 담당과로 보내오면 제가 자료전달 차 이원경 이사장님 사무실에 다녔거든요. 수차례 다니니까 앉아서 차도 마시고 어떻게 지내냐 등등 말씀을 나누다보니까 가까운 집안 어른처럼 모시며 허물없이 지냈지요.

그래서 쿠웨이트에서 일시 귀국을 한 뒤 뵈러갔죠. "자네 어떻게 왔냐?"고 하시길래 "중국 전문가가 쿠웨이트에 중동 전문가가 돼서 가서 있는데 말은 비슷할지 모르나 중국과 중동이 같습니까? 그러니까 제가 지금 홍콩으로 가야겠습니다."라고 답했어요. 장관님은 대통령 지시가 있어 공정한 인사 차원에서 이제부터는 선후진국 간 엄격한 인사교류 원칙 때문에 자네같이 이제 발령된 사람이 또 옮기는 건 어렵다고 하시면서 좀 기다려 보자고 말씀하셨어요.

쿠웨이트에 실망하며 돌아왔는데 며칠 지나니까 장관실에서 전보가 왔어요. 홍콩 갈 채비를 금방 하라 이거예요. 며칠 후에는 발령이 났고요.

그래서 8월 홍콩에 부임해보니까 대화 채널은 구축이 되어 있는데 한 번인가 만났다고 하더라고요. 그 당시 김정훈 홍콩 총영사는 저를 보자 "나는 곧 발령을 받아 서울로 들어가네. 새로 오실 분을 모시고 해야 되는데, 신화사 대화 채널은 열려있어도 한 번 정도 만났는데 우리로서 대화 채널을 맡을 만한 사람도 없고 모 부처의 방해가 너무 심해서 도대체 일을 할 수가 없다. 그러니 자네가 잘 해보라." 이런 얘기였어요.

무엇보다 파견되어온 관계부처 사람들의 태도는 심상치 않았습니다. 이런 상황에서 홍콩에서 일을 시작한 겁니다. 그리고 당시 미수교국 외교는 실제로 특정 부서에서 거의 전담했습니다. 이 부서 사람들이 청와대 정무 측과 연결되어 이사관급 중국 담당관을 청와대에도 파견하고 있던 상황이었습니다. 외무부에서 뭐라고 보고를 해도 다 그 양반 손을 거쳐 종합보고가 돼서 대통령한테 올라가던 그런 시스템이었어요.

여러 가지로 고민을 했지만, 기왕 왔으니 일은 하자 해서 네트워크를 구성하기로 했습니다. 찾아보니 신화사 사장이 허가둔(쉬지아툰, 許家屯)인데 호남성인가에서 공산당 서기를 하다 온 사람이었어요. 그 양반은 부임 한 지 1년 정도밖에 안 됐었는데, 주특기는 홍콩에 있는 현지 재벌 팔을 비틀어서 중국의 개혁개방에 일조를 하게 만드는 일이었습니다. 홍콩 재벌이란 게 다 대륙에서 도망쳐 나온 사람들 아닙니까? 그렇게 자수성가한 사람들 팔을 비틀어서 중국에 협조하게 만드는 일이 주요 책무였고, 외교 문제나 이런 건 관심이 없다는 것이 미국 총영사관에서 알려준 사항이었어요.

다행스러운 건 기소상(奇紹祥)이라는 분과 장위강 두 사람이 외교부에서 파견이 되어 와 있었어요. 특히 기소상이라는 분은 문화혁명 기간에 중국이 영국에 대학을 보낸 덕분에 영어 교육을 받았어요. 그러고 나서 영국 주 런던 중국대사관에 근무를 했고 당시 홍콩신화에 파견된 엘리트 외교관이었어요. 하여튼 우연의 일치인지는 모르나 기소상, 장위강, 사도강 등 세 사람이 외사부를 주도하고 있었어요. 사도강(司徒强)이라는 분은 동강지대라고 해서 2차 세계대전 동안 일본과 게릴라 활동을 했던 분인데, 외사부에 오래 있었던 터줏대감이고, 기소상이나 장위강은 얼마전 북경에서 도착한 분들이었습니다.

그래서 제가 이들을 만나려고 시도해보니까 직접적으로 만날 기회는 없었어요. 대화 채널은 생겼다고 하는데 신화사에 누가 부임했다고 인사차 만나자고 해도 답도 없었습니다. 알아보니 외교단 행사나 각종 행사에는 이 사람들이 자주 나오기 때문에 행사를 다니면서 이 사람들을 만나고 행사에서 대개 간단한 인사나 이야기를 나누는 걸로 단초를 열었어요. 이런 얘기를 하는 것은, 우리가 대화 채널을 열어놓고도 처음에는 활성화하기 어려웠던 사정을 설명 드리는 겁니다.

　제가 네트워크를 구성하는 과정에서 알아보니 유용한 모임이 있다는 걸 알게 되었어요. 세계 어느 지역에 가나 영어를 쓰는 사람들이 미국, 영국 주도로 파이브 아이즈(Five Eyes)라고 해서 영어 쓰는 5개국끼리 정보교류를 합니다. 미국과 영국에다가 캐나다, 호주, 뉴질랜드가 똘똘 뭉쳐서 자기들끼리는 정보공유를 엄청 잘해요. 그 사람들이 주축이 되어하는 차이나 워쳐스 모임이 있더라고요. 보니까 우리는 포함이 안 되어 있고 다만 일본, 인도가 들어가 있었어요. 미국 총영사관에 부탁해서 나도 좀 들어가자 해서 들어간 게 차이나 워쳐스 클럽(China Watchers Club)입니다. 이게 중국 전담하는 직원들이 만나서 대개 2주에 한 번 정도 오찬이나 만찬을 하고, 그 전에도 필요하면 우리끼리 개별적으로 만나고 해서 중국의 개혁개방 정책 관련하여 중국이 어떻게 변하고 있는지 얘기를 나눴습니다. 당시에는 개혁개방을 놓고 중국 내부 권력 암투가 엄청 심했습니다. 그래서 권력 투쟁이 어떻게 진행되고 있는지에 대한 의견교환을 참 많이 했어요. 그때마다 좋은 정보 있으면 이런 것도 있다고 서울에 보고를 해주는 계기가 됐습니다. 덕분에 서울에서도 격려차원에서 적지 않은 활동비를 계속 지원받았습니다.

　그리고 다행스러운 건 홍콩 정청에 정치고문실이라는 게 있었는데 84년 영중 협정이 맺어진 다음에는 영국이 그곳을 대폭 강화했어요. 자기들도 홍콩을 반환해야 되니 급해지니까. 전에는 정치고문 한 사람만 있다가 여러 직원을 내보냈는데, 마침 차석 이하를 보니까 영국 근무 중에 알던 외무성 친구들이었습니다. 해가 바뀐 뒤 나중에는 영국 외무성에서 우리 한국, 일본, 몽고를 담당하던 극동 국장이 정치고문으로 온 바 있었습니다. 그래서 정치고문실과도 가까이 하여 여러 가지 좋은 정보들을 많이 얻을 수 있는 인맥을 구축을 했습니다.

　그리고 부수적으로 친중국 경제인들을 많이 포섭하는 노력도 했습니다. 얼마 전에 죽었습니다만 도박왕으로 꼽혔던 스탠리 호(Stanley Ho), 영화계를 주름

박양천 전 벨기에·구주연합 대표부 대사 구술회의 사진2 (2020.11.5)

잡던 런런쇼 같은 양반 등을 들 수 있습니다. 당시 중국대륙 간부들은 홍콩 경유로 해외 출입 중이었는바, 홍콩에서 친중국 기업인들을 만나 출장비 얻어가는 관례가 빈번해 홍콩 친중국 기업인들의 중국 정보는 엄청났습니다. 특히 미국 총영사관과도 긴밀한 관계를 가졌습니다. 어디를 가나 냉전 체제 하에서 한반도 특수성 때문에 미국 외교기관과 척을 지고 외교를 한다는 건 상상할 수도 없는 일이었어요. 우리가 그런 상황이니까 미국을 의지할 수밖에 없었죠. UN 가입도 마찬가지 아니었습니까? 모든 정보 공유나 행동을 취할 때에는 미국 도움이 컸죠. 마침 갔더니 앤더슨(Donald M. Anderson)이라고 국무성 중국과장을 지낸 아주 노련한 중국 전문가가 직원들 한 300여 명을 거느리고 총영사로 와있었어요. 그리고 거기 직원 중에 제가 제일 가까이 지냈던 게 존 바우만(John Bowman)이라는 사람인데, 저와는 아주 의기투합해서 일주일에도 몇 번 만나서 정보공유를 했어요.

그런데 재미있는 건 미국 인사들이 중국을 드나들려면, 그때는 북경에 직접 가는 게 아니라 홍콩에 와서 브리핑 받고 시차적응을 한 후 북경에 갔다가 다시 홍콩에 돌아오는 겁니다. 그러다 보니 요인들이 홍콩에서 중국에 갔다 오면 무지무지한 정보를 미국 총영사관에 주고 가는 겁니다. 존 바우만이란 친구가 좋은 정보들을 많이 주었습니다. 예컨대 이번에 간 상원 외교위원장은 누구를 만났고, 한반도 문제에 대해 이러이러한 얘기가 있었다는 내용 등입니다. 그걸 제가 받아가지고 서울에 보고하면 서울에서는 워싱턴 대사관을 통해 누가 와서 이러이러한 얘기를 했으니 그걸 근거로 만나라 하면 직급을 봐서 대사든, 공사든 가서 직접적인 접촉을 통해 중국 방문 중 가졌던 대화내용을 들었습니다.

어뢰정 사건과 홍콩 신화사 채널의 구축

김종학: 지금 대사님 말씀을 통해서 홍콩에서 처음에 비공식 채널을 만드는 과정에 대해서는 많은 말씀을 들었습니다. 그러면 UN 동시가입 관련 여러 질문이 있을 것 같은데요. 먼저 이동률 교수님께 질문 기회 드리겠습니다.

이동률: UN 가입 관련해서 앞서 다른 대사님과의 대화에서 재미있었던 건 신화사 채널을 통해서 우리가 UN 동시가입안을 만들어서 준비하고 있다고 했고, 중국에 협조를 요청했을 때 중국에서 한 1년만 기다려달라는 반응이 왔다고 합니다. 그런데 그 반응이 전달된 경로가 불확실해요. 그런데 어떤 대사님이 아마도 홍콩 신화사 채널을 통해 전달받았을 것이란 얘기가 있었습니다. 그 부분에 대해 대사님이 아시면 말씀을 부탁드립니다.

아까 말씀하신 것 중에 개인적으로 궁금한 건데, 홍콩 신화사와 채널이 만들어진 게 알려진 건 민항기 사건 이후라는 얘기가 많았습니다. 왜냐면 민항기 사건이 있어서 그 해결 과정에서 만들어졌기 때문에 어뢰정 사건 협상이 순조롭게 됐다는 말씀이 다른 분들 구술에서 보면 굉장히 많습니다. 그러니까 어뢰정 사건이 사실 훨씬 더 민감하고 복잡한 문제잖습니까? 중국 해군이 우리 영해를 침범해 온 것이기 때문에. 그런데 비교적 손쉽게 해결된 건 민항기 사건 해결 과정에서 구축된 대화 채널이 작동됐기 때문에 똑같은 방식을 적용해서 순조롭게 해결했다는 말이 있었습니다. 그래서 그 홍콩 분사와의 대화 채널이 언제 구축됐는지 다시 한 번 확인 부탁드립니다.

박양천: 하여튼 제가 85년 8월에 부임해서 거기 있는 문서며 본부와의 교류를 통해 받은 자료 등을 보면, 물론 민항기 사건과 어뢰정 사건이 전혀 관계가 없다고는 볼 수 없지만, 명명백백하게 공개 채널로 양국 간에 현안 문제가 있을 때 협의를 하자는 원칙적인 문제를 합의한 건 어뢰정 사건 때라고 봅니다. 그리고 어떤 자료에

도 대화 채널이 민항기 사건 때의 경우 앞으로 유사한 사건이 발생하면 우리가 이런 협조 정신을 살려서 합의하에 순조롭게 해결하자는 건 있었지만, 어뢰정 사건 때처럼 명백하게 대화채널을 구체화하지는 못하지 않았나 하는 생각을 하고 있어요. 그때 직접적으로 내가 관여를 안 했으니 모르지만 그동안 홍콩에 가서 찾아본 문건이나 후에 본부로부터 여러 경로로 확인했던 걸 봐도 그건 분명하지 않은 것 같고, 대화채널이 공식적으로 탄생한 건 어뢰정 사건이다, 이렇게 저는 믿고 싶습니다.

그리고 교수님 말씀하신 UN 1년 유예 관계에 대해 신화사 채널 운영 문제를 좀 설명 드리려던 찰나였는데요, 우리는 신화사 채널을 통해 계속 대화를 하려고 했어요. 우리는 성격이 급하지 않습니까? 대화 채널이 열린다고 하니 서울에서는 온갖 것에 대한 목록을 다 만들어서 중국과 만나 협상해보라는 거예요. 그런데 제가 막상 도착해서 보니까 신화사 창구 열어놓고 나서도 고위층 간에는 물론 실무진 간에 접촉도 안 되는 상황이에요. 그러니까 그때 당시 중국의 생각은 한중 관계에 대해 중미 차원의 연속선상이거나 그렇지 않으면 하나의 비상시 한국과의 접촉 포인트 정도로 보는 게 아닌가 여겨졌어요.

85년 11월경 키신저(Henry Kissinger) 내외가 중국에 갔다 돌아오는 길에 홍콩을 방문했어요. 미국 총영사관에서 총영사가 일부 극히 소수의 인사들만 초청해서 리셉션 겸 뷔페 만찬을 했어요. 제가 초청을 받아서 갔거든요. 키신저 내외가 왔는데, 이분들하고 같이 좀 얘기할 시간을 아무리 찾아봐도 없더라고요. 결국 벼르고 있다가 화장실에 가길래, 화장실에서 마주친 척하며 한중 관계 얘기와 전망을 물었어요. 물론 내 신분을 밝혔죠. 그러니까 자기는 지금 중국 컨설팅을 하기 때문에 "미스터 박, 나한테 돈을 얼마 내겠냐?"고 농담 하듯이 말했어요. 내가 돈은 얼마든지 우리 정부에 부탁해서 드릴 테니 좀 도와달라고 했더니 그때 얘기가 그래요.

한중 관계는 미중 관계의 거울 비슷하게 움직이니 미중 관계를 긴밀하게 관찰해보라는 거예요. 그러면서 "중국이 분명히 변하고 있다. 그러니 너무 덤비거나 속단해서 덤비면 역효과가 난다. 왜냐면 중국은 지금 뒤에 북한이라는 귀찮은 존재를 달고 있다."라는 거였어요. "저 귀찮은 존재 때문에 공개적으로 뭘 못하니 중국이 어느 정도 운신의 폭을 가질 수 있는 시간적 여유를 가져야지 성급하게 덤벼서 태클하면 일이 안 될 수 있다."라는 요지였습니다.

그리고 당시 재미있는 얘기가 하나 더 있어요. 그때가 양곤 사태가 난 지 한 2년 후였습니다. 이번에 키신저 자신이 가서 중국 지도층을 만났더니 북한을 직접적으로 지칭해서 욕은 않았는데, 자기들은 테러리스트를 굉장히 혐오하는 입장이라고 우회적으로 표현하며, 북한 입장을 적극적으로 지지하지 않는다는 걸 말하더라. 그러니까 좀 서서히 접촉해 나가는 게 좋겠다"는 얘기도 했습니다.

UN 가입 1년 유예 제안의 내막

박양천: 한편 1년 유예했다가 UN 가입 신청하란 얘기는 UN 가입 신청이 대개 우리가 88올림픽을 치르고 나서 본격화된 움직임 아닙니까? 그렇기 때문에 그때는 이미 UN이나 다른 쪽에서도 주요 업무별로 필요시에 대응할 수 있는 대화 채널의 구축은 아니지만 대화 가능한 분위기까지 무르익었다고 봅니다. 이 자료에서 '1년 유예' 얘기를 저도 보고 홍콩 채널에서 제의한 적이 있나 봤더니, 제 기억으론 전혀 없어요. 홍콩 신화사 통해 1년 기다리라는 통지 운운 역시 받은 기억이 없습니다.

참고로 85년이 지나면서부터 신화사 대표 허가돈이 교체된다는 소문이 나더니 86년도에 교체가 됐어요. 그 자리에 리추원(李儲文)이라는 상해 외반을 맡았던 분, 말하자면 대외관계를 총괄하는 책임자가 거기를 그만 두고 홍콩 신화사 분사장으로 온 거예요. 그 당시 홍콩에서나 미국 총영사관에서는 분석하길, "이게 말하자면 중국의 변화된 태도다. 한국에도 긍정적이다. 신화사 채널에도 긍정적으로 작용할 거다."라고 했어요. 아닌 게 아니라 이 양반 오고 나서부터 우리가 1년에 3~4회 총영사와 그쪽 분사장과 교대로 주최하는 만찬과 오찬이 개최됐어요.

알다시피 우리가 특정 문제 한 가지를 그 사람들한테 부탁할 수도 없고 매일 만날 수도 없는 처지였기 때문에, 우리가 언제 신화사 측과 만찬 모임을 하기로 했다고 서울에 보고하면 서울에서 회람을 돌려서 각 실국에 중국에 제기할 문제 목록을 만들어요. 그걸 우리한테 보내주면 우리가 다시 짜깁기를 해서 본부와 교감을 한 다음에 중국어나 영어로 번역을 해서 만찬에서 간단하게 설명해주고 문서로 건네주는 절차였어요. 왜냐하면 우리 요구사항이 당장 효과가 나는 것도 아니고, 신화사에서 해결할 문제가 아니잖아요. 그러니 우리가 그 사람들한테 문서를 주면, 자기들 본부의 유관기관에 전달하겠다고만 해요. 그게 다예요. 그러고 나서 나중에 또 만날 때 전하는 얘기는 "유관기관에서 잘 받았다고 확인해주었다."라고만 합니다. 결국 우리가 요청한 사항이 되는 것도 있고, 안 되는 것도 있었습니다.

정무 분야의 협조요청 사항으로는, 물론 거기에 73년 이후에 핫이슈가 되는 UN 가입 문제도 있었지만, 여러 남북문제 등을 포함해서 우리의 요망사항이 리스트에 들어갈 수는 있었죠. 그렇지만 특정한 이슈를 집중해서 이걸 이렇게 해주시오라고 요청을 하거나, 우리 관심사항은 이거라고 두루뭉술하게 목록을 만들어 정식으로 전달하는 정도였지, 거기서 구체적으로 타협을 보거나 답을 얻거나 하는 형식이 아니었다는 걸 거듭 말씀드리고 싶습니다.

리추원이란 분은 영국인들이 상해에 세운 세인트 존(Shanghai St. John's University)이라는 대학 과정의 명문 학교를 나왔어요. 아주 부르주아 집 출신으로 문화혁명 때 죽을 뻔했는데 저우언라이(周恩來)가 보호해서 살아난 드문 인재라는 거예요. 영어도 영국 영어를 퍼펙트하게 구사하고 매너가 영국 사람이에요. 중국 외교관은 뺨치는 정도고. 그래서 그 양반이 와서 계시는 동안 우리가 도움을 굉장히 많이 받았던 것 같습니다. 도움이라고 하지만 그 사람들이 할 수 있는 게 딱 정해져 있어요. 중국에서는 일체 개인적으로 움직이는 게 없습니다. 공산체제가 그렇습니다. 우리가 지금도 낭만적으로 북한 공산체제 사람들 접촉을 할 때 개인 기반으로 대시를 하는데 그거 안 통해요. 그 사람들은 선이 있어서 그 선에서 벗어나는 적이 없습니다. 그러니까 그 선에 맞춰서 우리도 집중 공세를 해야 됐어요. 서울에 그걸 설명하면 안 들어요. 대화 채널이 있는데 왜 대화가 안 통하느냐는 거였죠.

현실적으로 대한관계 개선 문제에 대해서도 중국은 자기들의 큰 테두리에서 미중 관계도 고려하고 북중 관계도 고려하고 자기들의 개혁개방도 고려하여 접근합니다. 아시다시피 중국 내부에는 개혁개방에 저항하는 세력들이 엄청났거든요. 특히 군인 출신들이 심했어요. 예를 들면, 군부가 개혁개방을 한다니까 돈벌이를 하려고 했어요. 중국에 각 군구(軍區)라는 게 있잖습니까? 그 군구가 30만 명씩 거느리고 있었어요. 그 하나의 책임자는 그 지역 왕이에요. 그 사람들 외에, 또 중국의 국방부 내에도 여러 산업체가 있어서 자기들 지사를 홍콩에 내보냈어요. 그래서 우리가 어떻게 접촉을 해봤냐면, 중국 군부에서 나온 숨은 회사들, 돈벌이하는 회사들과 접촉을 해보면 정치 문제나 남북문제는 입 밖에 한 마디도 안 꺼냅니다. 다만 경제 문제에는 적극적이에요. 돈을 벌어야 하니까. 한국 기업들과 거래도 서슴지 않았던 사람들이었어요.

아마도 1년 유예 그 얘기는 그때 정도 한중관계 발전 분위기로는 충분히 UN에서도 대화가 가능했다고 봅니다. 이시영(李時榮) 대사가 UN 대사로 있으면서 86년에 이미 외교관 여권을 들고 중국을 다녀왔어요. 그것은 뉴욕에 주재하는 외교관 중에 희망자를 북경에 초청했기 때문에 그때에 들어갔다 온 것이고, 87년에는 나하고 당시 중국 과장을 하던 이선진(李先鎭) 과장이 홍콩에서 합류해서 같이 세계기상회의를 간다는 핑계로 2주 동안 가서 우리는 다른 일을 보고 왔습니다. 당시는 나름대로 정부나 기업체 인사 중국 방문이 빈번해지기 시작한 시기였습니다.

1980년대 한중관계의 발전

박양천: 그런 사례들을 하나하나 축적해서 보면 80년대 후반에 들어가며 많은 발전이 있었습니다. 또 한 가지 유념해야 될 건 우리가 87년도에 아시안 게임을 개최하고 나니까 바로 신화사를 통해 공관에 연락이 왔어요. 자기들 실무자들이 한국 아시안 게임 소프트웨어에 관한 질문을 하고 싶다는 것입니다. 그래서 오라고 했습니다. 그럼 홍콩으로 불러서 회의를 할 것인지, 아니면 대표가 서울을 가겠냐고 물으니 자기들 대표가 서울 가서 관계자 만나고 알아오면 되겠다는 거예요. 그래서 얼씨구나 했습니다. 그게 아마 한중 간에 대화 채널 열어놓고 정치 분야 외에 중국이 가장 진지하게 임한 프로젝트가 아니었나 하는 생각이 들어요.

그러면 몇 명이나 갈 거냐 했더니 70명 가까운 인원이 가겠다는 거예요. 놀라서 서울에 보고했더니 몇십 명이 와도 좋으니 다 부르라는 거예요. 그래서 그 양반들이 홍콩에 와서 비자 다 받아서 제가 인솔해서 서울에 왔습니다. 아시안 게임 프로그램을 다 줬어요. 그러니까 90년도 북경 아시안 게임은 우리가 물적 지원도 다한 것입니다. 그때 대우에서 차를 1,000대나 지원해서 택시와 대회용으로 다 썼어요. 그리고 대우가 식당도 열었습니다. 당시는 모든 게 매우 빈약한 중국이었습니다. 아시안 게임을 계기로 해서 그 핑계로, 저만 해도 수차례 들락

거렸죠. 그리고 우리가 아시안 게임에 관광객을 5천 명을 보냈잖아요. 중국이 그걸 모두 받아들인 것도 굉장한 발전이었습니다.

그러니까 UN 가입, 그리고 북경에 통상대표부 설치, 이런 것이 가능했던 것은 80년대에 이처럼 양국 간의 비정치 분야에서의 축적이 있었기 때문입니다. 그게 기초가 돼서 80년대 후반이 되면 대개 중국이나 한반도 정세를 아는 분들의 인식이 크게 바뀌기 시작했어요. 특히 미국에서는 중국 전공하는 학자들을 국무부에서 고문으로 영입했습니다. 미국의 좋은 점은 극비사항이 아니면 학자들에게도 3급 비밀까지 배포를 한데요. 그러니까 일반적으로 미중 간에 돌아가는 상황을 훤히 파악하고 있는 거예요. 그러면 그 사람들이 홍콩에 와서 다시 사전 정보를 정리해서 중국을 갔다가 홍콩을 다시 와서 디브리핑을 합니다. 그런데 참 고마웠던 건 앤더슨 총영사가 중요한 학자들이 오면 저도 불러서 그 디브리핑을 듣게 해 줬어요. 대신 우리가 식사를 사거나 하는데, 돈이 문제가 아니죠. 그렇게 해서 도움을 받았습니다. 그 다녀온 분들 얘기를 들어보면 "한중 관계 공식화도 거의 무르익었다. 그러니까 덤비지 말고 착실하게 관계 증진을 쌓아만 가라. 양국 간 공식관계도 시간문제다."라는 얘기를 여러 사람이 전해왔어요.

그리고 미중 간 화해나 특히 한중 관계가 가까워질 수 있는 소지가 됐던 건, 개인적으로 저는 천안문 사태도 우리한테 좋은 작용을 했다고 봐요. 왜냐면 그땐 미국도 한 발을 떼려고 했거든요. 굉장히 비인도적인 이런 정권을 지지해서 되겠냐고 할 땐데, 우리는 그때 북경 아시안 게임을 지원을 해줬습니다. 미국이 냉랭해질 때 오히려 노태우 대통령이 나서서 미국과 중국을 화해시키려는 제스처도 발휘했고 그런 게 복합적으로 작용했다고 봅니다. 민간 차원에서 학자들도 많이 내왕을 했는데 그 중에서 제가 존경하는 분이 수년 전에 돌아가신 박춘호(朴椿浩) 교수입니다. 그분은 정말 학자 중에서도 큰 인물입니다. 국내에서는 어떻게 평가하시는지 모르겠으나 홍콩을 자주 다녀서 저 있을 때는 항상 오셨어

요. 중국 해양국에서 그분 저서를 중국어로 70년대 초중반에 번역했어요. 그 정
도로 중국 사람들이 대륙붕에 관심이 많았고 그렇기 때문에 박춘호 교수는 언제
든 희망만 하면 중국을 방문하도록 해줬고 만나는 사람들도 다양했습니다. 그분
이 중국 지도층 인사들의 한국과의 관계개선 인식 등에 관한 좋은 정보들을 수집
해와 우리 정부에 기여해준 바도 많다고 생각합니다. 나중에는 김준엽(金俊燁) 교
수 일행이 다녀왔는데 그 양반들은 큰 얘기는 못 들었던 것 같아요. 그 외에 또
다른 질문 있으시면 말씀해주세요.

대중교섭을 둘러싼 유관 기관 간의 경쟁

조동준: 1986년부터 한국 정부가 모란 작전이라고 해서 중국과의 관계 개선을 모색했다
고 하는데, 86년부터 특별히 홍콩 총영사관이 중국과 접촉한 부분이 있었나요?

박양천: 글쎄요. 저도 한 가지 물어보고 싶은 말씀이, 오래된 기억이기도 하지만, 그때는
작전, 계획 이런 게 많았어요. 왜 많았느냐? 각 부처가 경쟁적으로 러시아에 대
해서도 그렇지만, 중국에 대해서는 오랜 역사적 인연뿐 아니라 심리적으로도 우
리가 좀 기댈 수 있겠다, 통할 수 있겠다 그런 게 있었잖아요. 그래서 그런지 몰
라도 비교를 해보면 러시아에 대한 비중보다 중국에 대한 비중이 더 크지 않았
나, 저는 그런 생각을 해보았어요. 계획이고 작전이고 여러 가지 실행계획이 있
었겠으나 별로 기억되는 게 없어 결국 어제 제가 당시 중국 과장하던 분한테 전
화로 물어봤어요. 이런 모란 계획이 있었다는데 하니까 그 양반도 그래요. 하도
계획도 많고 작전도 많고 해서, 이게 있었던 것도 같고 없었던 것도 같다고.

청와대에 쌈빡한 계획서를 각 부처가 올리기 때문에 대통령 관심을 끌려면
뭐가 좀 관심을 끌 만한 용어부터 달라야 되지 않습니까? 그건지도 모르겠습니

다. 저나 중국 과장을 지냈던 분이나 그걸 분명히 파악을 못해서 좀 더 알아보고 나중에 설명을 해드리겠는데, 한 가지 더 참고로 말씀을 드리자면 86년부터는 홍콩에서 그래도 우리가 그런대로 중국 측과 대화를 했어요. 아까 설명드린 대로 현안사항을 리스트업해서 준 것도 있고. 정치 분야에서는 단순히 우리 요청 사항만 전달할 정도였어요. 그러나 구체적인 액션이 따를 비정치 문제들 중 경제 문제라든지. 그런 것에 대한 답은 그런대로 거의 다 받았어요.

결국 우리 기업들이 홍콩을 선호하고, 대륙에는 나중에 들어갔던 이유 중 하나는 자금 회수 문제였습니다. 중국에 국영 기업들이 탈바꿈을 해서 모자만 갈아 쓰고 민간 기업인양 하고 있어서 수출 수입을 하는데 수입물품 돈 떼어먹기가 일쑤였거든요. 그러니까 홍콩에서 마진은 적지만, 홍콩을 통해서 거래를 하면 안정성이 확보되니까. 거기에 따르는 여러 가지 문제점들이 생겨나는 경우 경제부처에서 외무부를 통해 요청하면 신화사에 전해줬고, 일부 민감한 문제는 제외하고 대부분 요청에는 주저 없이 신화사가 잘 대응을 해줬던 거 아닌가 생각합니다. 그 당시를 평가하면 그 전에는 꼭 벽에다 대고 얘기하는 것 같았죠. 그랬는데 어뢰정 사건 후 점차 우리 총영사관—홍콩 신화사와 대화 채널이 활성화를 거듭해오며 양국 관계증진의 폭이나 속도가 넓고 빨라진 것이라 생각됩니다. 이것이 양국 정치관계 개선의 모멘텀으로 상당하게 작용했을 것이고요.

당시 한중관계를 지켜보면서 중국 태도를 보고 고무된 것은 중국 태도가 상당히 확고하더라고요. 아마 다른 국내 부서에서 외무부에 앞서가려고 대화 채널이 열리자마자 독점해보려고 수차례 접촉을 시도했던 것 같아요. "우리와 대화하자, 우리가 실세다." 그렇게 말했던 것 같습니다. 나중에 알게 된 거지만 그게 안 됐던 것 같아요. 안 되니까 결국은 우리 총영사가 주관하는 행사에 따라 나오고 만찬 참석하고 했지, 자기들끼리 됐으면 그럴 리 없었으리라는 생각도 듭니다. 따라서 홍콩 대화채널 일원화가 자연스레 이뤄지게 되었어요.

UN 가입과 한중수교의 순서 문제

이동률: 노태우 정부 입장에서 북방정책 맥락에서 한중수교가 가장 중요한 마지막 과제였을 것 같은데 결과적으로는 UN 가입이 먼저 추진됐거든요. 순서가 바뀐 듯한 이유를 아시는지? 중국 입장에서 보면 UN 가입이 성사된 게 한국과 수교하는 데 굉장히 중요한 길을 열어준 부분이 있습니다. 혹시 그 순서를 정한 것이 한중수교를 겨냥해서 UN 가입을 추진한 측면이 있었는지?

박양천: 글쎄요. UN 업무에 관해서는 제 다음에 설명하실 문 대사가 자세히 하겠지만 제가 파악한 것만 말씀드리겠습니다. 당시 급박히 돌아가는 상황으로 봐서 이미 중국은 북경에 우리 통상대표부 설치 허가를 했고, 그 해 1월에 이미 노재원(盧載源) 대사께서 북경에 가셨어요. 그때 저보고 북경에 가자는 거예요. "저는 이제 중국 관계는 더 안 하겠습니다." 하니까 왜 안 하려고 하느냐고 해요. 개인적으로 여러 이유가 있는데 외무부는 한 우물만 파거나 한 분야의 전문가가 되면 좀 불리한 면이 있습니다. 또 제가 홍콩에 있으면서부터 북경 아시안 게임을 성사시키는 과정에 들락거리면서 겪었던 모 부처와의 갈등, 이런 걸 더 이상 연장하여 신분상 불이익을 받기가 싫다고 말했어요.

그리고 그 후 수교가 된 다음에 중국 외교관들을 통해서도 파악한 바지만, 벌써 91년도에는 통상대표부가 있는 한 정식 수교는 거의 시간문제로 예상되던 시기입니다. 다만 UN 문제가 발등의 불로 떨어졌다는 건, 그때 이미 한국이 미국과 동맹국과 합작해서 UN 가입 쪽으로 계속 북한을 몰아붙이고 있고, 명분상으로도 더 이상은 중국이 양보를 못할 단계에 이르렀습니다. 이런 단계에 있었기 때문에 막바지에 서로 체면도 차리고 하는 조치의 일환으로 1년을 유예하면서 북한을 다독거릴 시간적 여유가 필요하지 않나 하는 차원에서 나온 거라고, 저는 추측합니다.

중국 역시 국가 목표가 있었겠죠. 대한수교를 언제 한다, UN 가입이 핫이슈가 되면 어떻게 한다는 등의 전략이 있었겠지만, 그때 일어났던 일의 순서로 보면 UN 가입 문제를 먼저 해결할 수밖에 없는 게 중국 입장이었던 것 같습니다. 그리고 이미 통상대표부가 개설돼 있었고 그게 대사관으로 승격되리라는 건 불문가지였기 때문에 조급증을 안 내고도 자기들이 계획한대로 다 달성할 수 있다고 봐서 UN 가입을 먼저 추진하는 걸로 방향을 정한 거 아닌지 그렇게 보입니다.

김종학: 예정된 시간이 다 되었으므로 여기서 일단 회의를 마치겠습니다. 대사님 처음에 모시기도 힘들었지만 모시는 과정에서도 당신은 별로 하실 말씀도 없으시고 기억도 나지 않는다는 말씀을 많이 하셨습니다. 그래서 저희가 깜빡 속아서 이제 두 분을 모시게 되었는데요. 너무 재미있었고 듣다보니까 저희가 들어야 할 말씀의 1/10도 못 들은 것 같습니다. 스케줄을 이렇게 잡은 것에 대해 다시 한 번 죄송하다는 말씀을 드립니다.

박양천: 별말씀을요. 저 외에도 그때 본부에서 관여했던 분들도 많으니 다른 분들 말씀도 들어보시기 바랍니다. 제 생각에는 당시 홍콩 신화사 채널이 열렸다고 하니까 무슨 문제든 양국 문제가 활발하게 진행되지 않았느냐 하는 생각도 하기 쉽지만, 실은 거기에도 여러 가지 어려움도 있었고 채널 활용 속도나 내용도 점진적이었습니다. 제가 85년에 가서 89년에 홍콩을 떠나 서울 아주국 심의관으로 왔는데, 당시의 과정을 돌아보건대 1년 1년이 달랐습니다. 그런 걸 봐서 대화 채널이 우리가 당초 기대했던 그런 수준이 아니었으나, 그나마 유일한 접촉 창구이면서도 느리지만 할 얘기들이 그곳을 통해서 상당수 전달이 되고 전달 받았다는 말씀을 드리고 싶습니다. 장시간 두서없는 얘기였는데 경청해주셔서 정말 고맙습니다.

V

문동석 대사 구술

일 시 : 2020. 11. 5. 9:30-12:30
장 소 : 국립외교원 4층 세미나실
질문자: 신종대(북한대학원대), 엄구호(한양대)
       이동률(동덕여대), 이정철(서울대)
       전재성(서울대), 조동준(서울대)
       곽성웅(한양대)

문동석: 오늘 여기 와서 이런 기회를 갖게 된 것을 영광이라고 생각합니다. 저는 퇴직한 지 한 16년 됐고요. 또 일이 있었던 게 30년 전이기 때문에 사람의 기억에도 한계가 있겠지만, 제 나이가 벌써 내일 모레 80인데 노인의 기억이란 게 허술하지 않겠습니까? 그리고 기억이란 게 자기가 원하는 방향으로 조작되는 것이 아닌가 하는 생각도 합니다. 저는 공무원으로서 보람이 있었다, 행운이었다 생각하는 게 91년에 대한민국의 UN 가입이 있었고 중간에는 여러 고비를 넘기기도 했습니다. 어떤 건 북한으로부터 오는 고비도 있고, 국내적으로 오는 고비도 있고, 외교부 원로들로부터 오는 고비도 있더라고요.

제가 요즘 시사적인 건 얘기 안 하는 이유가 있습니다. 제가 UN국장 할 때 보니까, 1년 전에 그런 일에 종사하셨던 분도 1년 후에 UN 가입 문제에 대한 공관장 회의에서 발언하시는 거 보니까, "저분은 옛날 1년 전의 정보에 기초해서 머리가 고정되어 있구나." 하는 느낌이 들었습니다. 저는 지금도 항상 그렇게 생각합니다만, 정세라는 건 생물과 같아서 하루하루 요동치고 변할 때도 있고, 또 갇힌 것 마냥 안 움직일 때도 있는데, 90~91년 당시 소련의 정세나 중국의 정세도 마찬가지였다고 느낍니다. 그런데 우리 선배들은 옛날 고정관념에 기초해서

문동석 대사

저한테도 어느 전직 장관은 "문 국장 조심해라."라고 하더군요. 그 조심하라는 건 잘못하면 당신 다친다는 얘기지. 그러나 저 자신은 공무원으로서 이 정도 올라와서 다치면 영광으로 생각해야지, 다칠 걸 걱정해서 내가 생각하는 방향을 굽힐 생각은 없다는 자세로 한 1년 7~8개월을 지냈습니다.

제가 오늘 말씀드릴 건 상당 부분, 저의 기억에 더하여 이상옥(李相玉) 장관님이 쓴 회고록을 참조한 것입니다. 옛날에 이 회고록이 나왔다는 것도 알고 한

번 읽어봤습니다만, 이번에 다시 세세히 읽어보니까 그분의 성품이 그대로 나타나는구나 하는 걸 느꼈습니다. 아주 치밀하신 분이거든요. 그러니까 이건 퇴직하시고 쓰신 게 아니고 중간 중간 기록을 잘 남기신 것 같아요. 그래서 우리 이상옥 장관님의 기록을 많이 의존하면서 나름대로 말씀드릴 걸 생각했고요.

그런데 교수님들의 질문사항을 받아보니까 어떤 건 제가 전혀 모르는 것도 있고, 그 다음으로는 갖고 계시는 상념 중 하나가 옛날 중앙정보부 시절의 생각을 많이 갖고 계신 거 아닌가 하는 느낌도 받았습니다. 안기부와 협력이 어땠느냐 뭐 이런 것들이죠. 제가 안기부 사람이 이래라 저래라 하는 건 받아들일 사람도 아니고, 받지도 않았습니다. 저는 노태우 대통령께서 90년 말에 UN 가입을 위해 최선을 다하라고 종이에 적어주신 글자만 방패로 삼고, 무슨 일이 있어도 이걸 돌파하겠다고 마음먹고 일했습니다.

그리고 저는 외무부 생활에서 본부 경력은 단 두 가지밖에 없습니다. 맨 처음 들어가니까, 전 시골 출신이거든요. 마산 출신인데 서울에 와서 고등학교를 다니고 문리대 외교학과를 갔어요. 외교관이 되겠다는 꿈은 제가 고등학교 1학년 학생기록부에 써놨더라고. 그러니까 외교관에 대한 꿈은 있었던 것 같아요.

그래서 외무부에 들어왔는데 맨 처음 발령 난 게, 냉면 한 그릇도 못 먹어본 제가, 외국 귀빈들이 방한하면 베풀어야 되는 연회 관계 업무담당이 되었어요. 그 시절에는 우리나라에 반도호텔이 있었고 워커힐호텔이 막 개장을 했고 조선호텔, 그리고 저 남산 올라가는 길에 타워호텔, 그 정도밖에 없었습니다. 그런 시절에 지방출신 촌놈이 외국 귀빈을 영접하는 중요 파트인 연회 담당이니까 저로서는 많이 당황스러웠죠. 그래서 책 두 권을 급히 사서 읽어봤어요. 하나는 에밀리 포스트인가 『에티켓』(Emily Post, Etiquette in Society, in Business, in Politics, and at Home)이라는 게 있고, 하나는 사토(Ernest Mason Satow)라는 사람이 쓴 『디플로매틱 프랙티스』(A Guide to Diplomatic Practice)라는 책이었어요. 그 두 개를 읽어보니까 시내에서 접촉하는 상대방들이 "아, 저 사람 아는 거 많다."라고 할 정도로 그 당시 우리 한국 사회는 그 수준이었어요.

그런 일을 하다가 그 다음으로 사무관 때 UN 관계 일을 시작했어요. 그래서 저는 외무부 본부에서는 의전과 UN 관계 일, 이 두 가지 밖에 해본게 없습니다. 다른 데는 가보지도 못했고 UN 과장도 했고, 그 다음에 청와대 비서관으로 있을 때는 여러 업무를 했죠. 청와대 근무를 마치고 외무부로 복귀할 때 국제기구 조약국장으로 가도록 해달라고 당시 최호중(崔浩中) 장관께 말씀을 드렸더니 안 된다는 거였어요. 그런데 나는 한사코 거길 가겠다, 내 전임자들은 다 고위직으로 갔지만, 저는 그 정도는 아니고 국장으로 가야겠다고 강청했죠. 마침 그때 외무부의 차관보 가운데 나중에 김대중 정권에서 장관을 역임하셨던 이정빈(李廷彬) 차관보가 계셨습니다. 제가 이 분을 과장으로 모셨던 적이 있었거든요. 그분이 "문 비서관이 국제기구 국장 되도록 도와줘야지." 하면서 무조건 장관께 "문 비서관 일을 확실히 할 것이고, 하면 좋겠다."라고 강력하게 말씀드렸지요.

그래서 최장관님께서 받아줬는데 나중에 그러시더라고요. 맨 처음에 안 된다고 했는데, 곰곰이 생각해보니까 본인도 저한테 옛날에 신세를 졌더라는 거예요. 말레이시아 페낭에서 밤중에 장관을 만나서 본인 인사 관계로 부탁한 일이 있었는데, 장관은 이미 침실에 들었고 웬만한 비서관이면 안 된다고 했을 텐데, 문 비서관은 맨 처음에 망설이더니 "다 아는 처지인데 들어가서 말씀하시죠."라고 도와줬다는 거죠. 그렇게 본인 문제를 해결하게 된 일이 불현듯 생각이 나서 빚을 갚는 기분으로 국장을 시켜줬다고 그런 말씀을 하시더라고요.

사실 UN 가입 문제는 교수님들이 잘 아시는 바와 같이 48년 정부 수립 이후에 우리가 짊어진 숙원과도 같은 것이었습니다. 특히 한국 전쟁 이후에는 저도 마찬가지지만 어린아이들도 UN이라고 하면 대단히 선망하는 국제기구였습니다. 49년 우리정부가 UN에 가입하겠다고 했더니 안보리에서 다 좋다고 했는데 소련이 비토를 행사하여 무산됐고, 그 다음에는 가입 문제는 큰 이슈가 안 되고 쭉 지났습니다. 그러다가 우리나라의 대외 관계, 대북 관계를 통틀어서 획기적인 새로운 선언이 나왔는데 그것이 73년 6 · 23 선언입니다. 그걸 통해서 우리의 대외 정책이 큰 전환을 하게 됩니다. 우리는 북한이 UN에 들어오는 것을 반대하지 않는다는 거죠.

이 선언이 실제로는 WHO에 북한이 들어오려는 것을 우리가 막다가 실패한 뒤 이를 수습하는 차원에서 나온 선언이긴 합니다. 그에 관해 저는 그때 당시 일이 어떻게 진척됐는지 알 수 있는 처지는 아니었고 그 뒤에도 제가 알아본 바도 없었습니다. 다만 그 선언과 관련하여 한가지 기억나는 일이 있습니다. 73~74년에 외교부 장관이 김용식 장관님이었어요. 그 장관님이 제가 주미 참사관 할 때 대사로 오셨는데 사석에서 그러시더군요. "아, 그 6 · 23 선언할 때 외교부에는 맨 처음 알려주지도 않고 말이야." 그때만 해도 대한민국의 중요한 일은 이후락 중앙정보부 이 라인에서 좌지우지하던 그런 시절이었는데, 교수님들 질문서를 보니까 그 흔적이 아직도 많이 남아있구나 그런 생각을 해보았습니다.

1990년 샌프란시스코 한소 정상회담의 경위

문동석: 그런데 80년 후반으로 들어가면서 세계정세가 엄청 바뀌지 않습니까? 소련에서 고르바초프라는 위인이 나타나서 글라스노스트를 주창하고 새로운 시대를 열었습니다. 미국은 걸프-이라크 전쟁을 통해서 정말로 세계 유일의 초강대국이 되어, 그때는 속된 말로 미국 말빨이 안 통하는 데가 없었어요. 부시(George H. W. Bush) 대통령이 동서독 통일을 적극 지지하니까 통일이 이뤄지잖아요. 그때의 기억이 생생합니다. 노태우 대통령이 당시 영국, 프랑스, 서독 등 유럽국가를 순방

하고 있었어요. 저는 그때 외교비서관으로 일행에 끼어서 갔습니다. 제가 영국에서 느낀 건, 대처(Margaret Thatcher) 영국 수상도 말은 외교적으로 하지만 "영국도 독일 통일에 대해 내심으로는 반기지 않는구나. 그리고 안 될 걸로 생각하고 있구나." 하는 인상을 받았습니다. 그 다음에 파리에 가서 미테랑(François Mitterand) 대통령 얘기를 들으니까 "프랑스도 독일 통일에 대해 생각이 다르구나."하는 느낌을 강하게 받았습니다.

연후에 서독으로 갔는데 그때는 서독 수도가 본(Bonn)이었어요. 비행장에 도착하니까 "베를린 장벽이 무너졌다!" 하는 그런 세상이 되어버렸어요. 며칠 사이에 급격히 변했습니다. 그날 저녁 우리 교포들 초대하는 리셉션에 갔더니 서베를린에 사는 동포 한 분이 그 무너진 벽돌 한 쪽을 들고 왔더라고요. "도도한 세계정세의 흐름은 항우장사라도 막을 수 없겠구나." 하는 밑도 끝도 없는 감정을 느꼈습니다. 그래서 저는 개인적으로는 한반도 정세를 볼 때 김정은이 핵무기를 갖고 살겠다고 하지만 도도한 흐름은 거부할 수 없는 것인데, 그런 상황이 되면 남쪽이 감당할 수 있겠는지, 저는 늙어서 그렇지만, 위기가 도래하고 있는 시기가 아닌가, 저는 개인적으로 그렇게 생각합니다.

그리고 90년 6월에 노태우 대통령께서 샌프란시스코에서 한소 정상회담을 했습니다. 엄 박사님은 저보다 세세한 내용을 알고계실 것입니다. 저는 그때는 외교부에 내려와서 청와대 돌아가는 걸 몰랐습니다만, 청와대 외교안보팀에서 추진한 것은 아니고, 대통령 옆에서 노재봉(盧在鳳) 비서실장 등 측근 보좌관들이 주도한 것으로 알고 있습니다. 그 계기는 주미대사를 했던 도브리닌(Anatoly Fyodorovich Dobrynin)이 서울에서 개최되었던 전직 국가수반회의에 왔다가 야밤에 청와대에서 노 대통령을 면담한 것이 시발점이라고 들었습니다.

왜 러시아가 갑자기 한국과 수교를 추진했겠느냐. 근거 없는 제 생각으로는 돈이었습니다. 정치하는 사람들은 돈이 꼭 필요합니다. 당시의 러시아 상황에서 고르바초프가 자기가 생각하는 개혁개방을 추진하려면 한국으로부터 돈을 끌어와야 했습니다. 그런 목적으로 한국에 대해서는 문호를 개방하고 양국관계를 새로 해야겠다고 마음먹지 않았나 생각합니다. 이게 물론 정부의 공식 라인의 생각과는 다를 가능성이 있습니다. 제가 옆에서 보니까 그렇더라는 거죠.

성사된 한소 정상회담을 추진하는데 외교부는 처음에는 끼지도 못하다가 샌프란시스코 출발 직전에야 합류하게 되었습니다. 장관님들이 다 개성이 있지만, 당시 최호중 외무장관은 순발력이 뛰어났고 결정을 쉽게 빨리합니다. 그 결정이 상당히 합리적인 결정인데 쉽게 해요. 당시 청와대 회의에서 러시아 측과 샌프란시스코 회담에 참석하는 인원이 각 5명인가로 결정됐어요. 청와대에서 처음에는 비서실장이 참석하니까 최장관이 참석할 자리는 없는 거예요. 심성이 약한 분이면 청와대에서 하는 일이거니 하고 수용을 했겠죠. 그런데 그 자리에서 이 회담에는 외무부장관이 반드시 참석해야 된다고 강력히 주장해서 그대로 관철이 됐습니다. 그래서 모양상 외무부가 간여한 듯 했지 이건 청와대 작품입니다. 질문지에도 있습디다만 박철언(朴哲彦)씨 작품이라는 일부의견에 대해 저는 전혀 모릅니다.

뉴욕 한소 외무장관 회담과 수교일의 결정

문동석: 그리고 그해 90년 9월에 뉴욕 UN본부에서 최호중 외무장관과 소련 셰바르드나제(Eduard Shevardnadze) 외상이 양국 수교 관계로 회담을 했습니다. 소련 측에서 써온 문서에는 91년 1월부터 수교하는 걸로 적어왔는데 우리 장관이 다른 제안을 했습니다. 그날 마침 UN 본부에서 세계 어린이날 관련 행사가 있었던 것 같아요. 그때 저는 뉴욕에 있었는데 해당 사항이 없어서 회담에는 못 들어갔는데

나중에 들어보니까 러시아 측에서는 1월 1일로 정해왔는데 최장관께서 "우리 지금 좋은 일 하자고 얘기하는데 UN에서도 오늘 세계 어린이날 관련 행사가 있어요. 젊은 사람들에게 희망을 주는 방향으로 나아가야지. 당장 오늘부로 수교하는 걸로 합시다." 그렇게 얘기했답니다. 셰바르드나제가 자기 훈령은 내년 1월 1일인데 한국 장관이 대단한 열정으로 나오니까 순간 당황한 것 같습니다. 최장관이 거기서 물러날 사람은 아니거든요. 막 다그치니까 셰바르드나제가 그러면 좋다, 거기서 바꾸자고 해서 지우고 9월 30일로 바꾼 거예요.

그런데 10년 후, 최호중 장관이 민간인 자격으로 조지아(Georgia)로 가서 셰바르드나제를 만나서 얘기하는 과정에서 셰바르드나제 왈, "내가 왜 그때 당신이 말하는 걸 받아들여서 그날부로 수교를 했는지. 지금 가만히 생각해보니 홧김에 그런 것 같다."라고 했답니다. 무슨 이야기냐면 셰바르드나제가 한소 수교 계획을 북한 측에 통보하려고 평양에 가서 굉장한 냉대를 받았답니다. 김일성도 못만나고. 그러니까 자기로서는 굉장한 모멸감에 차 있어서 이제 뉴욕에서 한소 수교하는 과정에서 작용을 해서 그럼 뭐 한국 외무장관 얘기대로 날짜를 고치자고 했다는 게 최장관님의 구술에 나와 있습니다. 저는 뉴욕에서도 그걸 들었습니다.

UN 가입 과정에서의 북한의 패착

문동석: UN 동시가입 관련해서는 북에서 5월 28일 대남방송을 통해서 일방적으로 발표를 했어요. 지금도 생생하게 기억하는 건 그때 점심 먹으러 나갔었는데 전화가 왔어요. 그때만 해도 스마트폰이 없으니까 사무실로 지금 장관께서 찾는다고 전화가 왔었다고요. 밥 먹고 장관실로 급히 가니까 장관께서 "이북에서 지금 UN

가겠다고 발표가 났어." 하시는 겁니다. 저는 사실 제가 일하는 과정에서도 7~8월이면 북한도 가입 하겠다고 나오지 않겠냐, 흐름이 그렇게 간다고 마음속에 확신을 갖고 일을 했기 때문에 "장관님, 제가 생각한 것보다 두어 달 빨라졌네요." 라고 얘기했던 기억이 납니다. 북한은 7월 2일 가입신청서를 빨리 냈어요. 우리 예상보다 상당히 서둘러서 냈더라고요. 저희는 8월 6일 냈습니다. 일부 UN 로비 소식통들은 북한 측에서 자기들 핵 문제가 걸려서 한국이 먼저 들어가면 그 다음에는 문을 걸어 잠글 거라는 의심이 작동했다는 정보도 있었어요. 저는 그런 이야기도 가능하겠다고 보는데요. 그래서 북한의 근심도 좀 덜어줄 겸, 문제를 처리하는 데에서 남북한 가입을 하나의 의제에 넣어 동시에 처리해서, 우리가 생각한 날짜대로 9월 17일 UN 가입이 만장일치로 승인되고 우리가 161번째 회원국이 됐습니다. 그리고 이제 노태우 대통령께서 9월 24일에 한국 대통령으로서, UN 회원국으로서 UN에서 기조연설을 하셨고요. 이게 일련의 과정입니다.

어떤 의미에서는 북한의 패착이라고 생각합니다. 북한은 연방제 하에서 가입하는 게 아니라면 UN 가입하는 것을 반대하는 입장을 쭉 견지해왔는데 국제 정세가 변하고 결정적으로 소련이 UN 가입에 대해 기존 입장과 달리 변하고 하니 자기들이 견지해온 입장이 패착이 된 거예요. 장기적으로는 안 갈 수야 없겠지만 즉시 어려움을 당한 겁니다. 회원국 한 자리로 남북한이 들어가서, 한때는 남쪽이 앉고 한때는 북쪽이 앉아서 이렇게 UN에서 대표권을 행사하면 되지 않겠냐 하는 정책 발표를 했는데, 그것도 보통 사람이 한 게 아니라 김일성이 최고 인민회의인가 하는 자리에서 직접 발표를 해놓았으니 이것 참 중요한 문제라고 보았던 거지요. 북한과 같은 나라에서 최고 지도자가 직접 관여하면 밑에서 꼼짝 못한다고요. 유연성을 발휘할 수 없습니다.

노태우 대통령 UN 총회 연설문 관련 일화

문동석: 이 자리에서 우리 선배 자랑을 잠깐 해야겠습니다. 88년에 제가 청와대에서 비서관을 할 때, 노태우 대통령께서 우리 88올림픽이 참 잘 된 걸로 국제적으로 좋은 평을 받고 저도 피부로 느꼈지만 찬사가 많았어요. 그리고 동서화합에 기여했고, 세계정세가 가는 추세에 부응하여 촉진시키는 방향으로 한국이 큰 기여를 했다는 분위기가 뜨니까 노 대통령께서 어느 분의 아이디어를 받았는지 직접 발상인지 UN 총회에 가서 연설하셔야겠다고 하셨습니다. 저는 대통령께서 능히 그런 생각을 하실 수 있는 분이라 봅니다. 제가 대통령을 몇 번 유심히 관찰한 바로는 대한민국 역대 대통령 중에 외국인을 잘 대하는 자질을 가진 분이 노태우 대통령이 1위다, 그렇게 생각합니다.

제가 비서관 할 때 '말씀자료'라는 걸 만드는 게 제일 중요한 임무였습니다. 외교부에서 초안을 해오지만 그게 외교부 관련국에 따라서 어떤 국장은 자기는 그런 소소한 일에 관여할 만한 사람이 아니라는 국장도 있었습니다. 과장 선에서 내용이 잘 다듬어지고 알맹이가 있어야 되는데 그렇지 않은 경우도 있었어요. 그러면 그걸 대통령께서 볼 때 그 정도면 됐다는 수준으로 만들어 내야 하는 게 외교비서관의 제일 중요한 임무에요. 제가 모든 걸 잘 쓸 수 있겠습니까? 여하튼 그렇게 했는데 시험의 시간이 다가왔어요.

UN 총회 연설문을 작성하는 일이었어요. 외교부에서 우리 교수님들 중에도 혹시 관여되신 분들이 있을지도 모르겠지만, 그 당시 국내의 국제정치학자는 다 위원회에 참여하셔서 좋은 의견도 내신 덕분에 연설문 초안이 완성됐어요. 그게 외교부에서 저한테 왔어요. 제가 읽어보니까 내용상으로 빠진 건 전혀 없는데, 이게 책이지 연설문 초안이라고는 할 수 없었어요. 고민이 되었죠. 제 능력을 알기에 그걸 고칠 수 있는 역량은 없었지만, 개인적으로 관계를 가졌던 다섯 분의 대사님들을 떠올렸죠. 그 분들 중에는 출중한 분이 계셔서 내심 그분에게 연설 관계 일이 있을 때 도움을 받아야겠다고 평소 생각한 분이 있었어요.

그분은 한사코 본인 이름이 밝혀지는 걸 불편해서 그간 제가 얘기를 하지 않았는데요, 예전 외무부에 박근(朴槿) 대사라는 분이 계셨어요. 펜실베니아 대학(University of Pennsylvania)을 나오신 분인데, 제가 외무부에 입부했을 때 방교국 국장이셨어요. 그때 영어를 잘하시던 최규하 전 대통령이 외무부 장관을 하실 때였는데, 연말에 외교단 초청해서 만찬하는 자리에서 행하실 만찬 연설문 최종본을 장관이 박근 국장한테 갖다 주라고 하는 거예요. 그래서 박국장이 어떤 분인지를 짐작했었죠.

그리고 83년에 KAL 858편이 사할린에서 격추된 일과 관련하여 우리가 국제사회에 호소하고 소련을 비난하던 일이 있던 때입니다. 당시 우리가 국제사회에서 얘기할 수 있는 곳이 두 군데인데 첫 번째가 UN 안보리였습니다. 안보리에서 김경원(金瓊元) 대사가 연설을 하셨습니다. 김경원 대사님의 연설은 제가 몇 번 읽어보니까 상당히 이론을 많이 내세우는 느낌을 받았어요. 얼마 후 캐나다에서 열린 ICAO(International Civil Aviation Organization: 국제 민간 항공 기구) 총회에서 박근 대사가 수석대표로 연설을 하셨어요. 이분은 감성에 호소하는 연설이었어요. 지금도 어렴풋이 느껴지는 게 그 장면 묘사가 마치 매가 참새를 잡아먹을 때 뒤를 따라가면서 노리는 식이라는 그런 인상을 받았습니다. 이분은 감성적으로 호소력 있게 연설을 다듬으시는구나 하는 걸 평소 느꼈습니다.

다시 UN 총회 연설문에 대한 것으로 돌아가겠습니다. 토요일에 노 대통령께서 저한테 전화를 했어요. 보통 대통령이 비서관한테 전화 안 하십니다. 그런데 토요일 오후 제가 사무실에 앉아있는데 전화가 왔습니다. 제가 처음에는 대통령인 줄 어떻게 알겠습니까, 자주 목소리를 들어본 것도 아니고. "아, 문 비서관"이라는 소리를 듣고 얼떨결에 대답을 하니, 대통령께서 "그 연설문 말이야. 내가 주말에 볼 테니 올려 보내."라고 하셨습니다. 그때서야 대통령인 줄 알았습니다. 큰일 났다고 생각했습니다. 제가 연설문 읽어본 바로는 연설문이 아니고 교과서인데, 하고 걱정을 하면서도 올려 보내라니까 보내야죠.

주말에 대통령께서 그 초안을 세세하게 보신 모양이었어요. 월요일 아침이 되었죠. 당시에는 외교가 정무수석 산하였는데, 최병렬(崔秉烈) 씨가 정무수석이셨죠. 최병렬 수석이 불러서 가니까 "문 비서관 이거 연설이 아니고 말이오. 그리고 '빤지'도 하나 없고." 하는 거예요. 아마 정치권에서 그렇게 말하는 모양이에요. 임팩트가 하나도 없다는 거예요. 그러면서 당장 24시간 내에 임팩트를 넣고 고치라는 겁니다. 저는 제 자신을 잘 알거든요. 저는 연설문 고칠 만한 능력이 없고 쓸 능력은 더더욱 없었고. 하지만 "내가 이런 경우를 대비해서 우리 박근 대사님을 모시고 있지." 하는 생각이 떠올라 전화를 드렸습니다.

"대사님, 제가 직원을 보낼 겁니다. 대통령께서 UN에 가서 하실 연설문 초안입니다. 24시간 내에 작품을 좀 만들어 주십시오." 그렇게 부탁했습니다. 우리 직원 한 사람을 보내 전달했죠. 워커힐 아파트까지 전달은 했는데 24시간이 지나도 연설문이 안 오는 거예요. 저는 좋은 말로는 노심초사지만 속이 타들어가는 거죠. 빨리 와야 될 텐데. 결국 그 다음날 연락이 왔어요. 됐으니 가져가라고.

수정된 연설문을 받아보니 이분이 정말 수고를 많이 하셨다는 걸 알 수 있었어요. 저 뒤쪽에 있는 기존 연설문 부분을 앞으로 가져와 스카치테이프로 붙이기도 하고, 어떤 건 호치키스로 찍어 놓았어요. 이런 게 사실 외교사료관에 있어야 실감이 날 텐데, 그게 어디 있는지 모르겠습니다. 그래서 타자수가 그걸 찍는데 그것도 하루가 더 걸렸어요. 그때만 해도 컴퓨터로 치는 시절이 아니고 맨 처음부터 새로 타이핑을 해야 되거든요. 다 타이핑을 한 뒤에 제가 읽어보니 박근 대사의 수정본이 저로서는 "참 대단하시구나. 이거면 됐다." 안심이 되어 최병렬 수석한테 드렸습니다. 그걸 읽어보더니 최수석은 연설문 잘 됐다는 소리보다

"이 사람이 누구요?" 하길래, "아, 그건 못 밝힌다."라고 했더니 대통령 스피치라이터로 좀 모실 수 없겠느냐고 하는 겁니다. 그러고는 이걸 대통령께 상달했습니다.

그때 대통령 연설을 최종으로 다듬는 분은 이수정(李秀正) 공보수석인데 아마 대학생 때에도 글을 잘 쓰셨던 모양이었어요. 학생 데모할 때 글 쓰는 것도 그분이 많이 하셨던 것 같고. 항상 이분은 복도에서 저를 보면 "문 비서관, 외무부는 글도 못 쓰나?" 하면서 맨날 저에게 핀잔을 주는 그런 분이었습니다. 그런데 복도에서 저를 보고 "문 비서관, 이번 연설문은 누가 했소? 잘 썼더라." 하는 겁니다. 그래서 저는 그때 "외무부에서도 그 정도는 씁니다. 평소에 수석께서 우리 외교부를 어떻게 보셨는지 모릅니다만, 필요시에는 그 정도로 할 수 있는 역량이 비축되어 있습니다."라고 의기양양하게 얘기를 했던 일이 기억납니다.

그래서 외교연구원에서 얘기하기는 그렇지만, 제가 보기에 우리나라는 단절의 역사를 반복하는 나라니까 퇴직한 사람들 중에도 인재가 있다는 걸 항상 의식해야 된다는 말씀을 드리고 싶습니다. 노태우 대통령 시절에 왜 그렇게 새로운 아이디어를 많이 찾는지, "새로운 거 뭐 없냐?"는 얘기를 많이 들었습니다. 새로운 아이디어는 또 어떤 대사님이 주특기에요. 현재 입장에서 보면 0.1보 앞서 나가는 그런 아이디어를 많이 가지신 분인데 그분도 저를 개인적으로 많이 도와주셨습니다. 저의 능력 부족을 그런 선배분들의 도움으로 커버할 수도 있었다는 말씀을 드립니다.

문동석 전 스위스 대사 구술회의 사진 (2020.11.5)

UN 가입 추진 과정의 난관들

문동석: 화제를 돌리겠습니다. UN 가입을 추진하는 과정에서 난관이 몇 번 있었습니다. 노대통령께서는 아주 확실한 지침을 주셨는데 남북관계와 관련해서 90년 9월에 연형묵(延亨默) 북한 총리가 서울에 와서 강남 인터콘티넨탈 호텔에서 남북고위급 회담을 열었습니다. 우리 총리가 환영하는 인사를 하고 난 뒤에 북측에서 모두발언을 하는데 맨 먼저 나온 게, 이 시기에 남쪽 UN 가입 추진 노력을 자기들로서는 안 되겠다. 이게 안 되면 회담이고 뭐고 평양으로 돌아가겠다고 아주 세게 나오더라고요.

저는 그때 비공식 수행원으로 높은 사람들이 앞에 앉아있으면 그 뒤에 앉아있는데 "아, 오늘 큰일 났구나."라고 생각했습니다. 마음이 어질고 강직하신 강영훈(姜英勳) 총리 얼굴을 보니까 이거 낭패가 아닐 수 없었어요. 고위급 회담을 서울에서 개최하여 성공적으로 잘 끝나는 게 돼야 하는데 초반부터 난관이 조성된 거예요. 그러니까 총리께서 얼굴에 난감하다는 표시가 확 나타나더라고요.

첫 세션이 끝난 뒤에 총리께서 우리측 고위급 회담 대표들을 다 불러서 회의를 했습니다. 강영훈 총리의 지시가 "지금 당장 연락해서 외무부 장관과 통일원 장관은 청와대에 가서 노태우 대통령께 이 관계를 보고하고 지침을 받아오라."는 거였어요. 그래서 구석에 앉아있던 제가 일어나 말했습니다. "총리님, 제가 발언을 좀 해야겠습니다. 저는 외무부 국제기구 조약국장이고 지금 북측에서 제기한 UN 가입 문제를 담당하고 있는 실무 공무원으로서는 제가 책임자입니다." 저는 은연중에 그 당시 외교안보 분야에서 외교안보연구원장으로 참석하신 임동원(林東源) 원장, 그 다음 청와대 외교안보수석 김종휘(金宗輝) 씨 앞에서 강력하게 어필하자고 생각했습니다. "우리 정부에서 확고한 정책으로 가입 추진한다는 걸 이미 정했는데 이번에 북한에 한 번 꼬이면 다시 푸는 것도 북한하고 얘기해야 되는, 만사가 흐트러지는 거다."라고 강력하게 어필했어요. 저도 얘기를 하다 보니까 강경해졌는데 총리께서 언짢은 표정이 딱 나타나더라고요.

발언을 마치고 자리에 앉았는데 재차 두 장관이 청와대에 가라는 총리의 말씀이 계셨어요. 그래서 재차 제가 일어섰죠. 이건 다 정해진 일이라며 제가 강하게 반발하니까 어진 총리께서 "야, 나가!" 이렇게 고함을 질렀습니다. 그냥 나가든지 하면 무사할 텐데, "총리님, UN 가입 문제는 제가 직접 다루는 사람이고 제가 그 얘기를 하는데 제가 나가면 어떻게 됩니까? 저는 못 나갑니다." 하고 대꾸했습니다. 제가 보니까 임동원 원장의 경우, 본인이 외교안보관계 총대표로 나와 있는데 뒤에서 국장이라는 놈이 저렇게 강력하게 나오니까 내심 못마땅하셨겠죠.

어쨌든 그날 일은 판문점에서 북한 측과 실무 접촉하는 걸로 잘 타결이 됐고, 그 후 저는 임동원 원장 모시고 판문점 가서 북한 사람들하고 회담도 두어 번 했습니다. 물론 천편일률적인 회담이었죠. 우리는 내심 이런 노력을 해야 국제사회의 기대에도 부응할 수 있고, 특히 중국이 우리에게 자꾸 해달라고 하니까 그 기대에 부응하는 게 중국의 태도 변화를 이끄는 데도 좋겠다는 고려도 강하게 작용해서 판문점에서 접촉을 한 것입니다. 이런 것이 북한으로부터 오는 난관이었습니다.

그 다음에 언론으로부터 오는 고비도 있었습니다. 제가 그때부터 생활습관이 이상하게 변해서 조간신문을 보고 출근을 합니다. 그때는 개포동에서 살았는데 새벽 4시가 되면 문간에 신문이 와요. 3월경이었을 것입니다. 조선일보에서 정부의 UN 가입 노력을 비판적으로 보도하는 사설이 게재됐어요. 신문 사설을 보면서 저는 "오늘 장관으로부터 들들 볶이겠구나." 생각하는 찰나, 아니나 다를까 새벽 5시에 전화가 울렸습니다. 우리 장관님 목소리였어요. "문 국장, 조선일보 사설 봤나?" 하고 물으셨습니다.

사실, 장관님도 훗날 회고록에 쓰실 때 UN 가입 안 되면 자기는 그만둘 각오를 했다고 하셨는데, 당시는 각오뿐만 아니라 그만두셔야 될 수밖에 없는 분위기였습니다. 저는 솔직한 얘기로 국장까지 하다가 일이 안 돼서 그만두면 영광으로 생각해야지, 뭐 파직됐다고 원망하거나 할 생각은 아니었습니다. 그래서 "장관님, 제가 출근하는 대로 장관님께 보고 드리겠습니다." 하고 말씀을 끝냈습니다.

그때는 요즘하고 달라서 조간도 있고 석간도 있었습니다. 내심 오늘 동아일보에 부탁해서 석간에 사설로 대응하는 게 가능도 하고 좋지 않을까 하는 생각을 하였습니다. 왜냐면 제가 평소에 여러 논설위원들을 만나보니까 동아일보에 정종문(鄭鐘文) 논설위원은 UN가입에 대한 정부 입장에 대해서 십분 이해할 뿐 아니라 "더 당당하게 가야지." 하는 생각을 갖고 있던 분이었던 걸로 기억합니다. 그래서 아침 출근해서 그분한테 전화를 해서 부탁드렸습니다.

석간신문 가판이 12시쯤 나오는데 장관님은 벌써 그걸 보셨더라구요. 점심먹고 사무실로 들어오니 빨리 장관실로 오라고 해서 들어가자 동아일보 석간에 사설이 나왔다고 말씀하시는 겁니다. 한국 UN 가입의 당위성에 대해 정부 가입 노력을 뒷받침하는 사설이었죠. 제가 이 자리에 오기 전에도 읽어보니 아주 잘 쓰셨더라고요. 제가 평소에 언론 쪽과도 그런 소통을 하고 있었기 때문에 그런 고비를 잘 넘겼습니다. 장관께서 내심으로는 "이 친구 이거 잘했다." 하는 그런 생각을 하셨을 거 같아요. 그래서 저는 "장관님, 내일 세계일보에 사설 하나 더 부탁해놨으니 내일 조간에 세계일보 사설 나올 겁니다." 하고 말씀드렸어요. 그것으로 언론으로부터의 고비는 극복했습니다.

그 다음으로 말할 수 있는 것으로 야당으로부터 오는 위기가 있었습니다. 그때 야당이 신민당인지 평민당인지 김대중 총재가 서유럽 여러 국가 원수들한테 남북이 UN에 같이 가야 된다는 메시지를 보냈습니다. 제가 보기에는 정부의

UN 가입 노력에 별로 도움이 안 되는 메시지도 페루 사람인 페레즈 케야르 (Javier Pérez de Cuéllar) UN 사무총장에게도 보냈습니다. UN 사무총장에게 보낸 것까지는 이미 엎질러진 물이었지만, 기사에 보니 북한 김일성한테도 보낸다는 내용이 나왔어요. 솔직한 말로 정말 큰일 났구나하고 생각했어요. 그 상황에서 제가 당돌하게 생각한 게 김대중 총재의 측근들한테 찾아가서, 실상을 보고 드리고 메시지 보내는 건 중단하도록 호소하는 것이 제일 좋은 방법이 아닐까 생각했습니다. 외무장관이 김대중 총재를 만나는 것도 생각해 볼 수 있지만, 그걸 받아줄지도 모르고, 제가 직접 나서는 게 제일 적절하겠다고 판단했습니다.

요즘의 분위기라면 국회에서 의원 두 사람 정도 합석해서 외무부 국장으로부터 설명 듣는 걸 상상할 수 있겠나 하는 생각도 해봅니다. 어쨌든 제가 연락을 드렸죠. 그때 조순승(趙淳昇) 의원이라고 국제정치학을 했던 학자 출신, 그리고 우연히 저와 이름이 비슷한 문동환(文東煥) 의원이 계셨어요. 이분들한테 말씀드렸습니다. "제가 UN 가입 문제를 다루는 책임자인데 꼭 찾아뵙고 지금 진행되고 있는 일에 대해 소상히 설명을 올리고 싶습니다. 의원님들도 참고할 뿐 아니라 김대중 총재께서 신문에 보니까 김일성 주석한테 메시지를 보낸다는데 거기에도 참고할 필요도 있을 것입니다. 그러니 꼭 뵀으면 좋겠다."라고 했죠.

저는 어제도 그때 생각이 났습니다. 지금 국회 분위기라면 의원 두 분이 외교부 국장 하나 와서 설명하겠다는데 흔연히 응해줄 것인지, 어찌 보면 더 개방적이 돼야 하는 시대인데 텔레비전이나 신문을 통해서 보는 국회상은 정반대가 아닌가 하는 아쉬움도 있습니다. 어쨌든 그래서 문동환, 조순승 의원께 정말 상세하게 거짓 없는 내용으로 설명 드렸더니 조순승 의원은 덤덤하게 잘 알겠다, 참고하겠다고 했습니다. 저는 어제도 그런 생각이 들데요. 같은 성씨라서 좀 끌리는 게 있었는지 문동환 의원께서는 고맙다며 꼭 총재님께 오늘 들은 얘기를 잘 보고해 올리겠다고 답하셨어요. 그러면서 아주 저한테 다정하게 격려 비슷하게 해주시데요.

그래서 속으로는 성씨가 같아서 그런가 하는 생각도 언뜻 해봤습니다.

UN 가입 관련 미국과의 협력

문동석: 평소 외교부 원로들을 만나보면, 대체로 선배님들은 신중하게 일을 처리해 나가야 한다는 말씀을 하시더라고요. 그래서 저도 지금 현재 진행 중인 사안에 대해서는 왈가왈부 안하는 게 좋겠다고 생각합니다. 정세라는 건 흐름으로 봐야지, 지금 정보에 접하지 못하는 사람이 감 놔라 배 놔라하는 게 안 맞을 때도 많겠구나, 그런 생각을 하곤 합니다. 앞서 박양천 대사가 중국 관계는 잘 이야기 했을 거 같은데, 미국과 관련해서는 뉴욕에서 주로 서방권 대표부, 코어그룹과 정기적으로 우리 UN 가입 문제에 대한 회원국 반응이나 자기들 노력을 공유하는 자리가 있어서 우리와 협조가 잘 이뤄졌다고 생각합니다.

그런 분들 중에는 직업외교관의 롤모델로 삼아야 된다고 여겨지는 분이 있습니다. 당시 UN 대사를 하던 토머스 피커링(Thomas R. Pickering)이라는 분입니다. 지금은 뭘 하는지 모르겠습니다만, 은퇴하고 한동안은 보잉 항공사의 사외이사 내지 고문을 맡아 비행기 장사하는 일에 자기 인맥을 활용해서 도움도 주고, 그런 걸로 한국에도 한 번 온 것 같고요. 그분의 도움이 참 많았습니다. 그분은 핵심을 잘 짚는 외교관이고 말이 다른 사람한테 먹히는 그런 자질과 경험을 가진 분이었습니다.

그 당시 미국의 위상이라는 건 대단했습니다. 걸프전 끝나고 나니까 전세계가 미국이 얘기하면 끝이지 그 이상 어쩌고 할 형편이 못 됐습니다. 거기에다가 90년 10월에 미국 역사상 처음으로 부시 대통령이 총회 기조연설에 우리 가입을 지지하는 구절을 포함시켰습니다. 아까 질문지에 보니까 미국 입장이 어떠했냐

하는 대목이 있던데, 미국은 정말로 우리의 UN 가입에 호의적이었고 적극적으로 발 벗고 나서서 지지했다는 점을 말씀드립니다.

UN 가입에 기여한 외교관들

문동석: 이제 시간이 거의 말미에 왔기 때문에 한 가지 이야기를 더 드리겠습니다. 이 UN 가입은요, 제가 어제도 곰곰이 생각해봤는데 결국 노태우 대통령이 정말로 큰 관심을 가지고 입장을 확고하게 해주셨기 때문에 밑에 있는 사람들도 대통령 생각에 의지해서 그걸 믿고 적극적으로 일을 할 수 있었다고 봅니다. 그래서 심지어 저 같은 국장도 총리 발언에 대해 강력하게 어필도 할 수 있었던 겁니다. 그래서 UN 가입 성공에 대한 공은 노태우 대통령한테 가야 된다고 생각합니다. 더불어 우리의 UN가입 노력에는 UN대표부는 물론 전 재외공관에서 공관장을 위시하여 전 직원들이 수고를 하였고 특히 UN대표부에서는 노창희 대사님의 노고가 크셨습니다.

그 다음에 실무적으로 제가 언급하고 싶은 게, 가입 직전 UN 대사를 하던 현홍주(玄鴻柱) 씨입니다. 지금은 작고하셨는데 이분은 제가 보기에는 사안을 전략적으로 다루는 게 발달하셨어요. 그분이 UN 대사를 할 때 우리 가입 문제에 대해서 정말로 몇 걸음을 나아갈 수 있게 기초를 닦아주셨습니다. 그래서 제가 그분을 대단하게 생각합니다. 그 다음에 아까 말씀드린 최호중 장관은 순발력 있는 분이셨습니다. 그리고 외무부 본부에서 이정빈 차관보가 있습니다. 이 분은 제가 과원일 때 과장이라 애정도 있었겠지만, 저 국장할 때 차관보였고, 제가 국장 갈 수 있도록 많이 도와주신 분이라서 더 그렇겠습니다만 실무적으로 일하는 데에 지침도 주고 도움도 준 분입니다. 이상옥 장관님은 정말 치밀하고 빈틈이 없는 분이셨습니다. 그러니까 회고록에도 나와 있습니다만 어떤 사람은 "장관이 뭐 저렇게까지"라고 말할 정도였습니다. 회고록을 다시 보니까 이분이 퇴직하고 나서 쓴 게 아니에요. 재직할 때 다 기록을 해놨다가 퇴임하고 난 뒤에 곧장 쓰신 거 아닌가 생각해요.

그리고 의례적인 얘기로 받아들이실 수도 있겠습니다만 곰곰이 생각해보니까 제가 행운아는 틀림없는 것 같습니다. 그 시기에 그 자리에 있었다는 것도 그렇고, 물론 제가 가겠다고 했지만. 같이 일하던 동료 직원들, 과장, 그 뒤에 외무부에서 다 승승장구했더라고요. 그렇게 능력 있는 사람들과 같이 일을 했기 때문에 일이 잘 돌아갔다 생각합니다. 어떤 사람은 차관, 주중 대사, 러시아 대사도 하신 분도 있고 어떤 사람은 주영 대사 한 분도 있고 주 UN, 오스트리아, 다 중요한 보직에서 대사를 하시고 퇴임을 했더라고요. 되돌아보니 이렇게 훌륭한 분들과 같이 일한 것도 저로서는 큰 행운이었습니다. 그리고 그분들과 같이 일을 했기 때문에 UN가입이 성사 됐다고 생각합니다.

제가 개인적으로 보람 있게 생각하는 게 UN 국장하면서 그 일이 제 생활이지, 봉급받기 위해 하는 일로 생각하지 않았습니다. 그때부터는 이상하게 생활화돼서 새벽 4시면 조간신문 보기 위해서 깨고 그때부터 아침에 나와서 직원들과 일에 대해 이야기할 내용을 저 스스로 다듬어서 아침에 이야기하는 걸로 제 일과로 삼았습니다. 그러다보니 가입 문제도 잘 되고 해서 공무원 생활을 행복하게 끝낸 거 같습니다. 제 중심 얘기라서 참석하신 교수님들께도 미안한 감도 있습니다만 제 이야기는 이 정도로 마치고 혹시 미진한 건 제가 미안하다는 말씀으로 대신하고 혹시 특별하게 질문할 사항이 있으면 말씀해주시면 제가 아는 내용이면 답변해 올리겠습니다.

UN 가입과 북방정책

엄구호: 아까 소련이 우리 UN 가입에 대한 지지를 처음부터 얘기했다 이렇게 말씀하셨는데 저희가 알고 있기로는 91년 4월 19일 제주도에서 고르바초프와 노태우 대통령이 정상회담 하셨을 때, 고르바초프 대통령이 UN의 보편성 원칙에 따라 남북한 UN 가입을 지지한다고 했습니다. 그때 국장님이셨고 혹시 정상회담 준비과정에 UN 가입에 대해 소련 지지를 얻어낸다는 그런 준비가 있으셨는지?

문동석: 솔직하게 얘기하겠습니다. 저는 제주도 못 갔고요. 이 일은 외교안보수석실에서 관여했던 게 아니었습니다. 그리고 박철언 씨 쪽에서도 관여하였다는 이야기는 못 들었고요. 러시아 관계는 그 당시 노재봉 비서실장이 계셨는데 어떻게 돼가지고 도브리닌이 서울 와서 야밤에 노 대통령 만나는 과정에서 노재봉 비서실장도 배석을 했던 것 같습니다. 그런 연고 등등이 있어서 샌프란시스코에서 한소 정상회담 하는 것도 외교안보수석실은 전혀 참여가 없고, 그 다음에 박철언 씨 팀에서도 그렇게 관여한 게 아니고, 노 대통령, 노재봉 실장, 의전수석실 등을 통해 일이 성사 내지 추진되고 이뤄진 게 아닌가 그런 생각이 지금의 제 생각인데요. 이게 기록을 제가 못 보니까 정확하게는 모르겠습니다만 제 인상, 알고 있는 건 그 정도입니다.

전재성: 노태우 대통령께서 동시가입을 생각하실 때 그걸 좀 넓은 맥락에서 북방정책이나 남북관계에서 어떤 포인트로 UN 가입을 중요하게 생각하셨다고 보는지요? 아까 90년 말에 훈령을 받으셨다고 했는데, UN 동시가입이나 이건 그 이전부터 안(案)으로 있었다는 점을 감안할 때, 특별히 그 시점에서 좀 큰 맥락에서 그것이 왜 중요하다는 인상을 받으셨는지?

문동석: 제가 보기에 노태우 대통령은 굉장히 가슴이 따뜻한 분 아니었나 생각합니다. 북방정책도 단순히 북한이나 러시아를 생각하는 게 아니고, 만주까지 생각하면서

뭔가 장기적으로 우리가 나가야 되는 게 아닌가 하는 원대한, 개인적인 포부 같은 게 있으셨던 분인 것 같고요. 질문지에도 있습니다만 만주에 있는 한민족 그것은 좋게 해석하시는 분들이 잘 쓰신 것 아닌가 그런 생각입니다. 내가 업무하면서 노 대통령께서 직접 그런 이야기를 하신 일은 한 번도 없고요. 물론 제가 측근도 아니고 접한 경우가 정말 가물에 콩 나는 것이고, 외빈 왔을 때 배석해서 말씀하시는 거 듣는 걸로 유추하는 거지요.

오늘 현재로 볼 때 동시가입은 우리가 기대했던 기대치에는 미흡합니다. 왜냐면 남북이 같이 가면 UN 체제 또는 UN 무대에서 서로 의논할 접촉의 기회, 대화의 기회를 넓힐 수도 있는 것 아닌가 하는 기대도 사실 했었거든요. 또 이 내용이 다른 나라가 우리 UN 동시가입에 대해 지지를 하는 데 괜찮은 설득력도 있는 게 되기 때문에 많이 내세웠던 것도 사실입니다. 실제로 UN 내에서 우리가 한동안 시도를 했지만 북한 측이 응하지 않으니까 아마 지금도 대화가 전연 없을 것 같습니다.

남북 기본합의서상 '잠정 특수관계'의 의미

신종대: 여기 적어놨습니다만 남북한 기본합의서에 잠정 특수관계가 들어갔잖습니까? 그때 혹시 직접 관여하시지는 않으셨겠지만.

문동석: 남북 기본합의서 작성에 저는 관여한 바가 없고요. 그러나 잠정 조치라는 건 우리가 6·23 선언을 통해 외교정책에서 일대 전환을 했는데 그전까지는 북한을 인정도 안하고 국제기구 참여도 적극 반대하고 했습니다만 그 둑이 북한의 WHO 가입에 의해 무너져버렸습니다. 그래서 우리로서는 국제정세에 부응하기 위해 현실을 수용할 수밖에 없어서 6·23 선언을 했는데 거기에 통일될 때까지

잠정적인 조치로서 받아들이겠다는 문구가 분명히 들어있더라고요. 제가 어제도 교수님들 앞에서 말씀하는데 적당히 할 수는 없고 해서 6·23 선언 찾아보니까 잠정적 조치로서 하자는 게 들어있습다다. 그러니까 우리가 90년대에 일을 할 때는 잠정적 조치라는 게 새로운 말이 아니고, 또 국제법 다루는 조약국에서 검토한 바도 없습니다.

신종대: 제 질문은 조약국장을 하셨는데, 기본합의서에 UN 회원국으로서 이 문구가 들어가야 된다고 판단을 하셨는지?

문동석: 그런 판단도 없었고요. 잠정적 조치라는 건 우리가 몇 십 년 유지해 온 우리의 입장, 정부의 정책이었기 때문에 아무런 논의도 없이 누구의 반대도 없이 기본합의서에도 들어가고, 우리가 UN 가입하는 마당에 대국민 담화라든지 이런 데에 무조건 들어갔습니다. 그리고 저는 참 잘 들어간 말이라고 생각합니다. 통일은 민족지상의 염원이라고 하는데 잠정조치라는 말이라도 들어가야 국내적으로 수용이 되지 않겠습니까? 저는 그렇게 생각합니다.

　　제 감투가 국제기구, 조약국장인데 중간에 조약국이 분리됨으로써 제가 그 감투를 벗었어요. 왜냐면 제가 애초에 조약심의관 보고 그랬어요. "난 조약에 대해서는 절대 관여를 안 할 거고 당신 책임 하에 전부 잘하시오." 외무부 조약국이 그때는 그 수준이었어요. 아주 옛날에는 우리 관청 문화도 일본식을 많이 닮았습니다. 일본 외무성에는 조약국이 제일 막강합니다. 조약국장을 해야 이 사람이 앞으로 출세할 사람이라는 인식도 있었는데, 우리의 경우 70년 초까지는 조약국이 외무부 내에서 아주 말빨이 많이 선 것 같아요. 그 다음에는 분위기가 좀 더 정치적으로 흘러서, 법이란 건 정치가 앞서는 것이다 이렇게 돼서 조약국이 쇠퇴하지 않았나 이렇게 봅니다.

VI

임동원 장관 구술

일   시 : 2021. 6. 10. 10:00-12:00
장   소 : 국립외교원 2층 세미나실
질문자 : 신종대(북한대학원대), 엄구호(한양대)
         이동률(동덕여대), 이정철(서울대)
         조동준(서울대)

김종학: 1991년 UN 남북한 동시가입 구술회의를 시작하겠습니다. 오늘 회의는 장관님께
　　　서 한 30분에서 1시간 정도 저희가 사전에 드린 질문지에 따라서 자유롭게 발언
　　　을 해주시고요. 이후에 저희가 추가 질문을 더 드리도록 하겠습니다. 장관님 말
　　　씀을 듣도록 하겠습니다.

외교안보연구원장 임명 배경

임동원: 여러분 반갑습니다. 30여 년 전 대한민국은 하계 올림픽을 개최할 수 있을 정도
　　　로 성장한 중견국가인데도 불구하고, 한국 외교의 최대 현안이었던 UN 가입은
　　　할 수 없는 처지였죠. 그것은 우리가 잘 아는 바와 같이 분단, 전쟁, 그리고 정
　　　전, 냉전을 겪으면서 또 동서 냉전 체제 하에서 양대 진영의 전초기지가 되는 신
　　　세를 면할 수 없었기 때문입니다. UN에 가입하려면 UN 안보리 상임이사국 다
　　　섯 개 나라가 거부권을 행사하지 않아야 가입할 수 있는데 그럴 형편이 못 됐죠.
　　　그러니까 냉전 시대에 UN에 가입한다는 것은 상상하기 어려웠던 일이었습니

다. 그런데 1990년을 전후하여 동서 냉전이 종식되면
서 한반도에서도 냉전을 종식시키고 평화와 통일을
이룩할 수 있는 기회의 창이 열렸습니다.

　　바로 이때 대한민국 정부는 노태우 정부였죠. 노
태우 정부는 지난 40여 년 동안 유지해 온 반공정책을
넘어 공산권에 문호를 개방하고 남북관계 개선을 위
한 획기적인 정책 전환을 추진합니다. 새로운 역사가
시작되는 거예요. 오늘 여러분과 함께 생각해 볼 것
은, 노태우 정부 5년 기간을 회상해 보면서 우리가 어

임동원 장관

떻게 UN에 가입할 수 있었느냐, UN에 가입한다는 것이 남북관계에서 무엇을 의미하느냐 하는 것입니다.

아까 제 약력을 소개해 드렸습니다만, 저는 해외 근무 7년을 마치고 돌아오자마자 노태우 정부가 출범하면서 노태우 대통령께서 저에게 외교안보연구원장을 맡아 두 가지 임무를 수행해 달라고 요청하셨습니다. 하나는 국제정세에 지각변동이 일어날 징조가 보이는데, 여기에 합당한 우리의 외교정책 대안을 연구하여 제시해 주기 바란다는 것이었습니다. 두 번째는 외교관 양성 기관인데, '국적 있는 외교관'을 양성하기 위한 교육 제도 개혁을 해달라는 거였습니다. 세계 모든 유수한 나라들이 군대의 장교와 외교관은 자기 나라에서 교육하고 양성하는데, 우리의 경우 군 장교는 국내에서 잘 교육하고 있지만 우리의 외교관은 외무고시 합격한 후에 해외연수로 한 일 년 어학연수하고 난 다음에 근무하게 합니다. 그러니 애국심에 문제가 있을 수 있는 것이고, 한반도 문제에 대한 정확한 이해를 못 하니까 국가 이익을 대변하기가 어려울 수 있는 것이라는 겁니다. 노태우 대통령 본인의 경험으로 볼 때 이건 '국적 있는 외교관'이 아니라는 겁니다. '국적 있는 외교관'은 노태우 대통령의 용어라서 제가 오랫동안 기억하고 있는데, 어쨌든 '국적 있는 외교관'을 양성해 달라고 하는 거예요. 그래서 이 청사 건물을 지은 겁니다. 이 건물 어렵게 지어가지고 시작을 했죠.

외교안보연구원장으로 4년 재직하면서 동시에 청와대 직속 군비통제단장을 맡았고 또한 남북 고위급회담 1차 회담서부터 마지막 8차 회담까지 전 회담 기간 동안에 대표로 참여했습니다. 한국 측에서는 전 기간 참여한 대표가 저 혼자뿐이에요. 직책에 따라서 자꾸 바뀌었기 때문입니다. 그리고 이 기간 동안에 대표 회담을 한 60여 회 해서 협상 경험을 갖게 되었고, UN 가입 문제에 대한 협상도 제가 담당했습니다.

이런 저의 경험을 토대로 해서, 오늘 세 가지 분야로 나눠서 말씀드릴까 합니다. 우리가 UN 가입이 가능해지게 된 결정적인 요소 중의 하나는 국제정세의 지각변동으로 동서 냉전이 끝났기 때문입니다. 이 과정에 대해 살펴보도록 하겠습니다.

두 번째로 이 국제정세의 변화를 호기로 포착 활용해서 정책 전환을 시도한 노태우 정부의 대북정책, 외교정책은 어떤 것이었는지 살펴보겠습니다. 그것이 출발점이에요. 그래서 우리가 이러저러한 외교적 노력을 기울였는데, 이건 아마 다른 분들이 많이 얘기할 거라 봅니다.

그다음, 남북관계 개선을 위해서 어떤 노력을 했으며, UN 가입 문제에 대해서 어떤 입장을 취했고, UN 가입 문제가 한반도 문제에 어떤 중요성을 차지하느냐, 어떤 위치를 차지하느냐에 대한 것 등, 이렇게 세 가지로 나눠서 의견을 나눌까 합니다. 약 한 시간 동안 제가 먼저 말씀드리고, 그다음에 여러분이 질문서를 통해서 제기한 문제들을 살펴보겠습니다. 좋은 질문들 해 주셨는데, 대충 다 커버가 될 것 같고. 커버가 안 되는 것은 제 설명이 끝난 다음에 답변 드리고 또 여러분과 토론을 하도록 할까 합니다.

냉전의 종식과 북방정책의 배경

임동원: 국제정세의 격변기인 1987년 6월 한국에서는 6월 민주항쟁으로 국민들의 민주화 욕구와 통일 열기가 고조되는 가운데, 제6공화국이 출범하고 노태우 정부가 출범을 하게 되지요. 마침 88서울올림픽을 눈앞에 두고 있었는데, 이 88올림픽의 성공적 개최와 대단히 밀접한 관련이 있습니다. 노태우 대통령이 집권하자마자 제일 먼저 발표한 정책이 7월 7일에 7·7 대통령 특별선언으로 불리는 정책 발표입니다. 그 정식 명칭이 「민족자존과 통일 번영을 위한 특별선언」입니다. 이

선언을 통해서 북한을 더 이상 적이 아니라, 평화와 통일의 동반자라, 파트너라는 선언을 합니다. 그리고 남북간 왕래와 개시하겠다고 선언을 합니다. 이것은 멸공통일을 당시에는 정말로 생각할 수가 없는 놀라운 선언이지요. 아마 보통 사람들이 그 당시 이런 주장을 했다면 국가보안법 위반으로 걸려들었을 겁니다. 그런데 대통령이 선언을 했어요. 이것이 출발신호였습니다. 이처럼 대단히 중요한 선언이 7·7선언이라는 걸 강조합니다.

그러면서 대외적으로는 소련, 중국 등 당시 공산권이라고 불렸던 국가들과 외교 관계를 수립해 나가겠다고 선언하고, 또 남북관계를 개선해 나가겠다는 것이 7·7선언입니다. 이것을 북방정책이라는 이름으로 불렸는데, 이 북방정책은 88 서울올림픽을 성공시키기 위해서도 대단히 중요한 정책이었죠.

이때 외무부 장관은 최광수(崔侊洙) 장관인데, 최 장관이 청와대 김종휘(金宗輝) 수석이랑 협조해서, 저도 같이 토론을 해서 7·7선언을 만들고 7·7선언 실천하기 위한 대책을 강구하는 회의를 여러 번 했던 것이 기억납니다. 바로 이 7·7선언으로 인해서 88 서울올림픽이 성공적으로 개최됩니다. 전 세계가 참가한 올림픽으로 성공을 하게 되는데, 그렇게 하기 위한 정책으로서 북방정책은 대단히 중요했다. 이렇게 말할 수가 있을 것입니다.

이 북방정책, 학술적으로는 engagement policy인데, 우리는 그걸 포용정책이라고 번역해서 사용해 씁니다만, 이 북방정책을 통해서 서울올림픽을 성공시켰고, 공산권 국가들과 외교 관계 수립을 위한 노력을 개시할 수 있게 됐고, 또한 북한과 대화를 시작할 수 있는 계기가 마련되는 것입니다. 그리고 이 북방정책은 김대중 정부에 의해서 '햇볕정책'으로 계승 발전되고, 그 후에 노무현, 문재인 정부에서 이 포용정책이 계승 발전돼서 오늘에 이르기 때문에, 출발점이었던, 그 시효였던, 노태우 정부의 북방정책이 갖는 의의는 자못 크다, 하는 게 첫째입니다.

민족공동체 통일 방안과 대북 시각

임동원: 두 번째는, 노태우 정부에서 새 시대에 부응하는 새로운 통일방안을 만들어서 발표한 겁니다. 이것이 '민족공동체 통일방안'이라는 것이지요. 이 민족공동체 통일방안은 그 후에 일곱 개의 정권이 30여 년을 거치면서 계속 그대로 계승되어 오늘날 대한민국의 통일방안으로 유지되고 있는 것이에요. 이것이 또 노태우 정부 때 시작되었다는 거예요. 이 민족공동체 통일방안에 대해서는 설명을 생략하겠습니다.

그다음에 세 번째로 중요한 것은 북한에 대한 시각입니다. 북한에 대한 시각을 말씀드리기 전에 당시에 국제정세가 어떻게 요동치고 있었는가 하는 걸 살펴볼 필요가 있어요. 유럽에서는 1975년 헬싱키 협약이 체결된 후에 헬싱키 프로세스, CSCE(Conference on Security and Co-operation in Europe) 프로세스라고 일컬어지는 과정이 진행되지요. 특히 정치 군사적 신뢰 구축 조치와 유럽 재래식 무기 감축 협상이 진행됩니다. 이 과정이 15년 동안 계속되고 냉전이 끝나게 되는데, 이 과정에서 중요한 변화가 일어나지요. 1985년에 소련에서 젊은 지도자 미하일 고르바초프(Mikhail Gorbachev)가 지도자로 등장을 하면서, 페레스트로이카(Perestroika), 글라스노스트(Glasnost), 그리고 노보예 무쉴레니예(новоемышление) 즉 새로운 사고에 의한 외교안보정책, 그리고 위성국들, 바르샤바 조약기구 나라들 있잖아요? 이런 나라들 한테 자결권을 부여하는 선언 등등 엄청난 변화가 일어납니다. 그중에서 획기적인 것은 1986년 1월 고르바초프가 "2000년까지 미국과 소련이 갖고있는 핵무기를 완전 폐기하자"는 제언을 하죠. 이 제의를 레이건 대통령이 받아들인 거예요. 그래서 86년 10월에 고르바초프-레이건 회담이 레이캬비크에서 열려, 중거리 핵미사일 INF(Intermediate-Range Nuclear Forces) 완전 폐기, 그리고 장거리 전략 핵무기 50% 감축에 합의하는 겁니다. 그 후에 계속 실무회담이 열리면서 이것이 실현되는 거예요. CSCE 프로세스와 함께 미·소 핵군축이 진척되면서 것이죠. 1989년 11월에 베를린 장벽이 무너지면서, 한 달 후에 몰타에서 소련과 미국 대통령이 만나, 이제 냉전 끝내자 하는 '냉전 종식 선언'이 나옵니다. 이제 우리한테도 엄청난 영향을 미치는 사항들이 벌어지게 되는 것이죠.

한편 중국에서는 덩샤오핑(郑小平) 등장한 이후에 개혁개방 정책을 시행해 나가지 않습니까? 그런데 1980년에 들어서 엄청나게 성공적인 개혁개방 정책이 추진되는 겁니다. 농촌 개혁을 통해 농업 생산총액이 3배 증가하고, 또 선전 등, 홍콩 근처의 5개 도시를 개방해서 경제특구로 만들고, 그 후에는 계속해서 해변가에 있는 14개 도시도 경제특구로 확장하는 일이 80년대 진행되는데, 이런 과정을 통해서 중국은 연평균 9.7%의 고도 성장을 이룩하고 또 국민소득이 이 기간 동안에 4배나 증가하는 등 놀라운 변화가 일어납니다. 이와 같은 중국의 발전 모델이 베트남과 북한에 큰 영향을 미치게 됩니다.

노태우 대통령은 이 무렵에 대두한 '북한 붕괴 임박론'을 비현실적인 희망사항으로 보고, 이런 판단을 수용하지 않습니다. 당시 미국 CIA 판단이 북한도 1, 2년 내에 루마니아처럼 갑자기 붕괴되고 말 것이라고 보았습니다. 제가 "sudden collapse in a few years like Romania"라는 문장을 기억하고 있는데, 왜냐하면 그게 실현이 안 됐기 때문입니다. 한편, 국내에 있는 유수한 학자들, 또 보수 언론들도 금년 내로 북한 망한다, 곧 북한이 붕괴된다며 북한 붕괴 임박론을 주장했지만, 노태우 정부 청와대는 이거 받아들이지 않은 거예요. 당시 청와대의 입장을 보면, 북한은 경제 사회 발전 단계와 환경이 동구라파 나라와 전혀 달리, 시민사회 경험도 없고, 그래서 그렇게 갑자기 붕괴 될 가능성이 희박하다는 것이었습니다. 더군다나 중국이 건재하는 한 절대로 안 무너진다, 오히려 '아시아 모델'에 따라서 점진적인 변화 가능성이 있다고 보고 '점진적 변화론'을 채택한 겁니다.

그 후에 북한을 보는 시각이 두 가지로 갈라지는데, 하나는 북한 '붕괴 임박론', 다른 하나는 '점진적 변화론'입니다. 이것이 지금까지도 이어져 옵니다. 노태우 정부에서는 점진적 변화론을 채택했고 그래서 남북관계 개선이라는 정책을 취합니다. 만일 붕괴 임박론을 채택했다면, 남북관계 개선이고 그런 게 필요 없고 빨리 붕괴시키려는 정책을 취했겠지요. 김영삼 때 그랬고, 이명박, 박근혜 정부 때 역시 붕괴 임박론에 입각한 정책이었던 거예요. 노태우 정부의 경우 바로 이 점진적 변화론에 토대를 두고 대북정책을 발전시켰다 하는 것이 또 하나의 특징입니다.

세 가지를 말씀드렸어요. 첫째는 북방정책을 말씀드렸고, 두 번째는 민족공동체 통일방안을 말씀드렸고, 세 번째는 대북시각. 이 세 가지가 노태우 정부의 아주 특징적인 대북정책 기조라고 생각합니다.

이러한 기조 위에서 남북대화도 추진하고, 공산권과 문호를 개방해서 공산권과의 외교적 노력을 전개하는 거예요. 아마도 다른 많은 분들이 여기 와서 오늘내일 발표할 것들이 이 외교적 노력을 어떻게 했는가 하는 측면일 겁니다. 그 결과 우리의 외교적 노력으로 제일 먼저 89년 2월에 헝가리와 수교를 하게 되죠. 이어서 폴란드, 그다음 체코슬로바키아, 그리고 마침내 90년 9월에 소련과 외교 관계를 수립하게 됩니다.

소련과의 외교 관계 수립에 있어서는 노태우 대통령이 직접 나서서 했다는 것이 대단히 중요합니다. 그리고 90년 9월에 소련 셰바르드나제(Eduard Shevardnadze) 외상이 평양을 방문해서 소련은 대한민국과 수교하겠다는 통보를 합니다. 그리고 곧 발표를 해버려요. 북한이 엄청나게 반발하는 것은 두말할 것도 없죠. 오늘 제가 그때 있었던 외무부 문서를 드리려고 갖고 왔는데 북한 외무부의 성명도 있습니다. 그 내용은 '경제 협력 자금으로 23억 달러를 주기로 하였다는 것이 발표되었다. 소련은 사회주의 대국으로서의 존엄과 체면, 동맹국의 이익과 신의를 23억 달러에 팔아먹는 배반자다'는 것입니다. 북한의 반발이 아주 대단히 심했어요.

중국과는 10월 20일에 상호 무역대표부를 내년 3월에 설치하기로 합의를 하는 겁니다. 따라서 1990년에는 소련과 동구권과는 수교가 이뤄졌지만 중국과는 아직 워밍업 단계였습니다.

남북 고위급 회담에서의 UN 가입 논의

임동원: 한편 이 시기에 독일에서 베를린 장벽이 무너지고, 다음 해 10월에 독일이 통일하고, 그리고 11월에 파리에서 CSCE 프로세스가 끝나고 유럽에서 냉전이 끝났다는 것을 선언하고 평화 질서 구축을 위한 '파리헌장'이 채택되죠. 이렇게 1990년에 냉전이 끝나게 되는데, 이런 정세를 배경으로 노태우 대통령 정부는 북한과의 대화와 남북관계 개선을 위한 노력을 합니다. 88 올림픽이 끝난 후에 북한에 고위급회담을 하자는 제의를 하고, 북한이 호응해서 예비회담을 개최하는데, 이 예비회담이 굉장히 오래 걸렸어요. 8차례의 예비회담이 1년 반에 걸쳐 열려 90년 5월에야 마무리되며 남북 고위급회담을 개최하기로 합의한 것입니다.

역사적인 남북 고위급회담이 1990년 9월 5일 서울 인터컨티넨탈 호텔에서 처음으로 개최됩니다. 2차 회담은 그다음 달 10월 17일에 평양에서, 3차는 그다음 달 12월에 다시 서울에서, 남북 고위급회담이 90년 말 4개월 동안에 세 번 열리게 되는 겁니다. 이 세 번의 남북 고위급회담은 서로 상대방의 입장을 알아보는 탐색 단계였고, 상대방의 지도자를 예방하는 등 행사의 성격을 갖춘 거였습니다. 이 세 차례의 회담을 통해서 상호 기본 입장이 제시되었고, 양측 간에 엄청난 기본 입장의 차이가 있다는 것을 서로 확인하게 되었습니다. 이것은 모두 통일방안의 차이에 기인한다는 것을 알게 됩니다.

남측은 탈냉전의 국제정세를 호기로 포착하여 한반도에서도 냉전을 끝내고 민족공동체 통일방안에 기초해서 평화통일을 지향해 나가고자 한 겁니다. 이를 위해서 교류 협력을 통해 상호신뢰를 구축하고 공존공영의 남북관계를 발전시킨다는 것을 목표로, 우선 남북관계 개선을 위한 기본합의서부터 채택하자는 것이 우리의 입장이었어요. 이렇게 해서 불신과 대결의 남북관계를 화해 협력의 관계로 전환시켜 나가고자고 했던 것이죠. 이것이 남북 고위급회담에 임하는 우리 기본 입장이었어요.

북측은 '하나의 조선' 논리에 입각해서, 두 체제의 즉각적인 연방제 통일 구현에 목표를 두고 회담에 임한 것입니다. 그러면서 남측 통일방안을 엄청나게 비난하는 것입니다. 남측 통일방안은 분단을 고착시키려는 분열 지향적인 것이고, 상대방의 체제를 없애버리려는 흡수통일을 의미하는 것이다. 남측이 주장하는 단일 체제에 의한 통일은 전쟁을 통해서거나 평화적으로나 상대방의 체제를 없애는 방법이 아니면 할 수 없는 것이다. 그래서 서로 먹거나 먹히지 않고 통일하는 길은 두 체제 두 지역 정부를 그대로 두고 하나의 국가로 통일하는 고려연방제 통일방안을 택하는 길밖에 없다. 그러니 이번 남북고위급회담을 통해서 남북이 합의해서 빠른 시일 안에 연방제 통일국가를 선포하고, 이렇게 해서 통일을 먼저 이룩하고, '선 통일, 후 남북관계 개선'을 해 나가자 하는 것이 북측의 주장이었어요.

또한 북측은 당시 베를린 장벽이 무너지고 독일이 통일되는 것을 목격하면서 흡수통일의 공포증에 시달리게 됩니다. 그래서 제일 중요한 것은 정치 군사적 대결 상태를 해소하고 전쟁 위협을 제거하는 것이고, 그러기 위해서 자기들은 미국과는 평화협정을 체결하겠으니 남측과는 불가침선언부터 체결하자는 것이 북측의 주장이었습니다.

양측의 입장은 두 가지 문제로 서로 대립했는데, 하나는 통일방안이죠. 두 번째는 뭐부터 이 회담에서 논의할 것인가 하는 문제였죠. 북측은 정치 군사적 문제 해결을 위해서 불가침선언부터 하자는 것이고, 남측은 교류 협력 우선론을 주장하면서 남북기본합의서부터 체결하자는 주장으로 대립했던 것이죠. 이것은 협상을 통해서 합의할 수 없는 문제라는 것을 서로가 깨닫게 되는 겁니다. 그러다 보니 아무런 합의를 못하고 회담이 정체에 상태에 빠집니다. 약 1년이라는 기간, 1991년 1년이라는 기간은 남북 간에 회담 없이, 91년 11월에 재개되지만, 근 1년 동안 남북대화의 정체기가 이어집니다.

그런데 이 1차 남북 고위급회담에서 북측이 강력하게 문제 제기한 것이 있습니다. 남측이 UN에 단독가입하려고 그러는데 절대로 반대한다는 겁니다. 이렇게 되면 남북대화 안 하겠다, 깨진다 하는 거예요. 남측이 UN에 꼭 가입하고 싶다면 남북 단일 의석으로 가입하자는 거죠. 연방제 개념이죠. 이 문제를 협의하기 위해서 대표회담부터 개최하자는 거였습니다. 그래서 대표회담이 9월 18일에 판문점에서 열립니다. 제가 남측 대표회담 대표고, 북측에서는 최우진(崔宇鎭)입니다. 두 달 동안 세 번에 걸쳐 UN 가입 문제를 협의하는 대표회담이 판문점에서 열리는데, 이것이 남북 고위급회담 과정에서 열린 최초의 실무협상이었습니다. 그리고 제 자신으로 볼 때는 첫 번째의 북한과의 직접 협상 경험이었습니다.

이 UN 가입 문제에 대한 대표회담에서 북측이 주장하는 논리를 보면 이러합니다. 통일을 눈앞에 두고 남북관계에 새로운 전기가 마련되려고 하는 마당에, 남측의 UN 가입은 남북관계를 악화시키고 분단을 고착시키게 되니 결단코 반대한다, 그건 있을 수 없다는 것이었습니다. 그러면서 하나의 조선 논리와 두 체제 연방제 통일방안에 기초해서, 나라의 분열이 영구 고착화되는 것을 막기 위해 서둘러 통일부터 이룩하자, 통일부터 선포하자, 그리고 통일된 후에 하나의 국

임동원 전 통일부 장관 구술회의 사진 (2021.6.10)

가로 UN에 가입하자는 것이었어요. 하나의 국가로 가입하자, 만일 당장에 가입하려고 한다면 단일 의석으로 가입하자는 주장이 북측의 주장 핵심입니다.

남측에서 제가 주장한 것은 이러했습니다. 통일은 그렇게 갑자기 이룩되는 것이 아니다. 통일은 남북이 힘을 합쳐서 만들어 가는 긴 과정이다. 통일은 우리가 달성해야 하는 목표인 동시에 과정인 것이다. 그렇게 북측의 논리를 반박하고 나서 우리의 입장을 다음과 같이 밝혔습니다. 남과 북은 분단의 냉엄한 현실을 있는 그대로 먼저 받아들이는 것이 중요하다. 하나가 되기 위해서 둘이 있다는 사실부터 인정하고, 서로 상대방을 인정, 존중하고 평화 공존하며 화해 협력해 나가야 할 것이다. UN에도 함께 가입해서 국제무대에서 상호 협력해 나가자. 남과 북은 '통일을 지향하는 특수관계'를 유지하면서 UN에서 긴밀히 협력해서 공동의 이익을 도모하고 평화통일을 촉진해 나가도록 노력하자. 이것이 우리 정부의 입장이라고 밝혔죠.

여기서 착안해야 할 점은 '통일을 지향하는 특수관계', 통일 지향적 특수관계인데, 이에 대해서는 뒤에서 다시 설명하겠습니다.

이 대표 회담은 양측의 통일방안과 기본 정책이 너무도 차이가 있기 때문에, 대표회담에서 협상을 통해서 해결할 수 있는 문제가 아니었죠. 서로가 그걸 잘 알아요. 나와서 주장할 것은 주장하고 반박할 것은 반박을 했습니다만, 이건 우리가 해결할 수 없는 문제라는 데 사실상 암묵적으로 합의하는 것입니다. 그래서 이 협상을 통해서 타결을 짓지는 못했지만, 서로 상대방의 입장과 문제점을 확인하는 데는 큰 도움이 되었죠. 또한 남측으로서는 북측과의 대화와 협상이 중국과 소련의 권고를 존중한 셈이 되어서 나중에 우리가 유리한 입장을 갖게 되었고, 북측으로서는 남측이 연내에 단독가입하겠다는 하는 것을 일단 저지했다고 자위할 수 있는 계기가 마련된 것이죠.

UN 동시가입 성사 배경

임동원: 우리 외교 진영에서는, 외교부에서는, 어떤 노력을 경주했느냐에 대해 살펴보겠습니다. 최호중(崔浩中) 장관이 강력히 추진한 것이 '단독가입'이에요. 90년 가을 UN 총회가 열렸는데, 마침 이 UN 총회에서 미국 대통령이 한국의 UN 가입을 지지하면서 북한의 가입도 반대하지 않는다는 성명을 냈습니다. 대단히 중요한 것이죠. 그리고 이 UN 총회에서 67개국의 대표가 연설을 통해서 한국의 UN 가입을 지지했어요. 이 당시에 한국 정부의 입장은, "북한과 함께 가입하는 것을 바라지만, 북한이 준비가 되어 있지 않다면 한국이 단독가입하겠다"는 것이었죠. 이게 우리 입장이었어요.

그래서 단독가입을 위해서 엄청난 노력, 외교적 노력을 했죠. 미국은 문제가 없었지만, 영국을 설득하는 게 그렇게 쉽지 않았습니다. 영국은 한국의 가입을 지지하지만, 중국이 뻔히 반대하는데 안보리에서 충돌하고 이럴 필요가 뭐 있느냐, 지금 탈냉전의 기회를 맞았는데, 조금만 기다리면 되지 않느냐, 하는 입장을 가졌던 것으로 기억합니다. 소련은 한국과 수교를 한 상황이었는데, 한국의 UN 가입에 반대하지 않지만 그래도 북한을 버릴 수가 없기 때문에, 북한과 남한이 같이 가입해야 되지 않겠는가 하는 입장을 보였던 것으로 기억합니다. 중국은 우리와 아직 수교가 되지 않았는데, 중국의 입장은 확실했죠. 중국은 북한의 입장을 두둔할 수밖에 없었고 우리의 단독가입에 반대하는 입장이었습니다. 결국은 1990년 UN 총회에서의 한국의 단독 가입 노력은 실현되지 못했죠.

그때 엄청난 에너지를 쏟아 부었던 것을 기억합니다. 그렇게 UN 가입 문제 해결에 실패하고, 북측은 미국이 팀스피리트 훈련을 다시 개시한다고 발표하자, 이에 반발해서 남북 고위급회담을 중단했습니다. 11월까지 거의 1년 동안 남북한 회담이 정체 상태에 빠지게 됩니다.

1991년이라는 이 기간이 중요합니다. 북한은 격변하는 국제정세에 직면합니다. 그래서 91년에 들어서 북한의 입장이 서서히 변하기 시작합니다. 소련과 동구권이 시장경제와 민주주의로의 체제 전환을 하고, 독일 통일, 중국의 개방개혁 가속화 등이 진행되며 북한으로서는 인내하기 버거운 체제 위기의식을 갖게 됩니다. 그리고 흡수통일의 공포증에 시달리게 됩니다. 한편 소련과 중국이 북한에 대해서 그때까지 해오던 구상무역을 중단합니다. 이제부터는 현금 거래하자는 거예요. 그래서 경화 결제를 요구합니다. 이렇게 되자 북한은 원유, 식량 등 전략물자 확보가 대단히 어렵게 돼 버립니다. 교역량은 격감하고, 공장 가동률은 반 이하로 떨어지고, 심각한 경제 위기에 처하게 되는 것입니다.

소련과 한국은 90년 9월에 이미 수교했지만, 이제 중국도 한국과 수교할 준비가 되었어요. 그래서 91년 5월에 중국 리펑(李鵬) 총리가 평양을 방문해서 중국이 한국의 UN 가입에 거부권을 행사하지 않기로 했다는 정부 결정을 알리면서 북한도 남한과 함께 가입할 것을 강력히 권고하자, 북한은 더 이상 버틸 수가 없게 됩니다. 그래서 즉각 5월 27일에 북한 외교부 성명을 통해서 UN 가입하겠다고 발표합니다. 그리고 9월 17일에 남북한이 UN에 동시가입하도록 UN에서 조정을 해가지고 동시공동가입을 하게 되는 것입니다.

UN 공동가입이 남북관계에서 갖는 의미

임동원: 북측이 그토록 강력히 반대하던 입장을 바꿔서 공동 가입하게 된 것은, 남북관계에서 대단히 중요한 의미를 갖게 됩니다. 네 가지로 그 의미를 정리해 보고자 합니다.

첫째, 서로 상대방을 인정하지 않던 남과 북이 국제사회와 함께 한반도에 두 주권 국가가 실재한다는 것을 인정하게 되었다는 것입니다. 남과 북은 대한민국과 조선민주주의인민공화국이 있는데도 서로가 상대방을 인정하지 않았어요. 그런데 국제사회와 함께 드디어 UN 가입을 통해서 인정하게 됐는데, 이는 대단히 중요합니다.

둘째, 남북이 UN에 공동 가입함으로써 북한이 주장하던 하나의 조선론과 즉각적인 2체제 연방제 통일론이 더 이상 설 자리가 없게 돼 버렸다는 점입니다. 그래서 남측이 주장하는 것처럼 통일을 '과정'으로 인식하게 되는 계기가 된 것입니다. UN 공동 가입은 이 점에서 대단히 중요합니다.

셋째, 그러면 통일 때까지 남북관계를 어떻게 규정할 것인가의 문제, 즉 남북관계를 새롭게 정립할 필요성을 느끼게 되었다는 것입니다. 남한은 물론이지만 북한도 그렇다는 것이에요. 그래서 남측이 주장하는 대로 남북관계를 '통일을 지향하는 과정에서 잠정적으로 형성되는 특수관계'로 인정하지 않을 수 없게 되는 것입니다.

넷째, 남북관계 정립의 필요성을 느끼면서 동시에, 이제 드디어 남북 회담을 재개하고 협상을 통해 '남북기본합의서'를 채택하는 단계로 나아가게 된다는 것입니다. 남북한의 UN 공동가입이 제가 보기에는 이렇게 네 가지의 대단히 중요한 의미를 갖게 되었다고 봅니다.

남북기본합의서 채택 경위와 의의

임동원: 한편, 1991년 가을이 되면 한반도 문제에 엄청난 영향을 끼치는 3대 사건이 일어납니다. 그 하나는 물론 남북한의 UN 공동 가입입니다. 이걸 소련, 중국, 또 미국, 안보리 이사국 5개국이 다 승인했다는 것인데, 대단히 중요한 사건이었습니다.

임동원 전 통일부 장관 구술회의 기념사진 (2021.6.10)

두 번째로는 미국이 남한을 포함한 해외에 배치한 전술핵무기를 철수, 폐기하겠다고 선언한 것입니다. 9월 28일이죠. 이것은 본래 남한에 있는 핵무기를 철수하기 위한 것이 아니라, 소비에트연방이 해체 위기에 처하자, 연방 내에 분산 배치된 핵무기를 철폐하려는 과정에서 남한에 있던 핵무기도 철수하게 되는 겁니다.

당시 소비에트 연방은 16개 가맹 공화국으로 되어 있었고 여기저기에 핵무기가 배치되어 있었습니다. 이들이 각각 독립해 버리면 나중에 핵무기 관리가 어려워지니까, 소련이 해체되기 전에 소련의 전술핵무기도 전부 철수시켜 철폐하도록 유도하기 위해서 미국이 먼저 선수 친 것이죠. 그래서 소련과 미국 모두 전술핵무기를 다 본국으로 철수시켜 철폐한다는 것이었습니다.

북한은 일찍부터 한국에 핵무기가 계속 남아있는 동안 남북관계 개선이 어렵다고 주장하고 있었기 때문에, 남한의 전술핵무기 철수는 북한에게 기회를 주는 일이 되었습니다. 한국에는 아이젠하워 시대부터 전술핵무기가 배치돼 있었습니다. 제일 많을 때는 750개 정도가 있다가, 카터 대통령 때 많이 줄어들었고, 이때는 약 100개 정도의 핵폭탄이 군산에 배치돼 있었습니다. 이것을 완전히 철수하게 된 것입니다. 그러니까 북한은 좋다고 했고, 그것을 확인할 수 있고 믿을 수 있다면 자기들도 핵 문제를 해결하겠다고 나오게 되는 계기가 된 것입니다.

다음으로 세 번째 중요한 사건은 북한의 김일성 주석이 10월 4일부터 14일까지 10여 일간 중국을 방문해서 남쪽의 경제특구를 시찰하고 중국의 최고 지도자와 만난 뒤, 최고 지도자의 권고를 받아들이게 된 일입니다. 이에 관해서는 중국 측이 우리에게 제보해준 정보를 제가 직접 받아 우리 정부에 보고했는데 크게 세 가지 내용입니다.

첫 번째, 북한도 중국처럼 사회주의 체제를 유지하면서도 개방과 경제개혁을 추진할 수 있으니 그렇게 하기를 권고한 것입니다. 두 번째, 그렇게 하려면 외부의 자본과 기술을 도입해야 되는데, 그러기 위해서는 한반도 평화가 절대 필요하다, 한반도의 평화적 환경이 조성돼야 한다, 그러니 조속히 남북협상을 타결해서 남북관계를 개선하는 것이 바람직하다는 것이었습니다. 세 번째로, 미국이 핵무기를 철수하겠다고 선언한 이 호기를 포착하라는 것이었습니다. 당시 북한은 91년부터 핵무기 개발 의혹을 받기 시작했는데, 이를 완전히 해소하는 기회로 삼으라는 것이었습니다. 이 세 가지를 조언했는데, 김일성이 이걸 받아들였다는 것입니다. 그래서 중국에서 돌아오자 즉각 10월 16일에 정치국 회의를 소집해서 첫째, 남북 협상 조기 타결, 둘째, 나선(나진 선봉) 지구에 경제특구 설치 결정, 셋째, 핵무기는 미국과 협상 카드로 활용하고 미국과의 협상을 통해서 해결한다는 결정을 내렸다는 것입니다.

이러한 세 가지 여건이 조성되니 남북 고위급 회담이 재개되어 활기를 띠기 시작하는 겁니다. 제5차 남북 고위급회담이 12월 10일 서울 워커힐 호텔에서 열리게 되고, 여기서 남북기본합의서를 채택합니다. 저는 주무로서 남북기본합의서의 초안을 만들었고 가서명을 하는 등 전 과정에 참여했습니다. 엄청나게 어려운 협상이었어요. 마지막 순간까지 걸림돌이 많았습니다. 결국은 북한에서 최고 지도자가 결단하여 밤에 훈령이 내려와, 새벽에 북측이 양보하여 합의가 된 것입니다. 그때의 과정이 눈에 선합니다. 12월 12일인데 밤잠을 못 자고 밤을 샜던 날이라서 또렷이 기억합니다.

당시 남북 간의 합의에서 가장 중요한 포인트가 뭔가 하면, 남북한이 UN에 공동 가입해서 대외적으로는 각각 주권 국가다, 그렇지만 '남북관계는 나라와 나라 사이의 관계가 아니라, 통일을 지향하는 과정에서 잠정적으로 형성되는 특수관계'로 규정하자는 게 아니었나 생각합니다. 이게 출발점이에요. 이것이 남북기본합의서 서문에 들어가 있는 내용입니다. 그리고 분단 역사상 처음으로 대한민국과 조선민주주의인민공화국이라는 국호를 정식으로 사용한 합의 문서를 채택한 것이 남북기본합의서입니다. 남북기본합의서는 그런 의미에서 대단히 중요한 의의를 갖죠.

이 남북기본합의서의 정식 명칭은 「남북 사이의 화해와 불가침 및 교류 협력에 관한 합의서」입니다. 25개 조항으로 되어 있는데, 여섯 개의 항목으로 요약할 수가 있습니다.

첫째, 서로 상대방의 체제를 인정 존중한다는 것입니다. 북한은 남한의 자유민주주의 체제를 인정 존중하고, 우리는 북한의 공산당 1당 독재 체제를 인정 존중한다는 것이죠. 사실을 사실대로 인정한다는 겁니다. 이걸 인정 존중하지 않는 한 남북관계가 성립될 수가 없는 것입니다. 내정 간섭도 하지 말고 비방 중상도 말고, 파괴 전복 활동도 하지 않고, 상대방의 체제를 인정 존중한다는 겁니다. 두 번째로는, 화해한다는 것입니다. 동족상잔의 전쟁으로 서로 원수가 되었지만, 언제까지 이렇게 갈 것인가, 이제 화해하자, 화해한다. 셋째, 경제, 사회, 문화, 체육, 보건 등 여러 분야에 걸친 교류 협력을 실시한다. 넷째, 상대방을 침략하지 않는다, 전쟁하지 않는다. 즉 불가침입니다. 다섯째, 불가침을 보장하기 위해서 군비 통제를 실시한다. 군비 통제는 두 가지로 구성되어 있죠. 군사적 신뢰 구축 조치와 군비 감축을 실현한다는 것입니다. 그다음 여섯째, 정전상태를, 법적으로 전쟁이 끝나지 않은 상태인 정전 상태를, 남북 사이의 공고한 평화체제로 전환해 나간다. 이 대목에서는 남북 사이에 합의가 안 돼서 파탄 날 뻔했습니다. 이 여섯 가지로 요약할 수가 있다고 생각합니다. 서로 차이를 인정하는 바탕 위에서, 공동의 이익을 추구하고 공존 공영하는 관계로 발전시켜나가기로 한 것이죠.

그리고 이 남북기본합의서는 아주 기본적인 요소들만 포함했는데, 이것을 구체적으로 실천하기 위한 실천 대책을 담은 세 개의 분야별 부속합의서도 채택하게 됩니다. 한편 이때에 대두한 북한 핵문제는 남북기본합의서와는 별도의 협상을 통해 한반도 비핵화에 관한 공동성명을 12월 30일 채택합니다. 이것도 제가 수석대표로 참여해서 가서명을 했죠. 이렇게 남북기본합의서를 채택하고 한반도 비핵화 공동선언을 채택하면서 남북관계 개선, 화해 협력의 방향을 확정하는 기본 장전이 마련된 것입니다.

결론적으로 역사의 흐름 속에는 그 흐름의 물줄기를 바꿔나가는, 중대한 전환기적인 시기가 있습니다. 전환기적 조건과 환경이 무르익을 때 정책 결정자들이 예리한 통찰력과 원대한 비전을 갖고 기회를 포착하여 정책 변화를 통해 새로운 역사를 창조해 나가게 되는 것입니다. 저는 노태우 정부는, 이 전환의 기회를 정확히 인식하고 호기를 포착하여 새로운 역사를 만들어 갔다고 평가합니다.

여기서 우리는 노태우 대통령과, 노태우 대통령을 보좌한 여러 훌륭한 보좌진들을 기억합니다. 제가 기억하는 사람들은 대개 이런 분들이에요. 김종휘 외교안보수석비서관. 이 분이 노태우 대통령 5년 동안 한 자리에서 계속 대통령의 외교 안보 대북정책을 총괄하는 사령탑으로서의 훌륭한 역할을 수행했습니다. 이분이 모든 역사를 알고 있어요. 이분이 모든 걸 설계했고, 또 지휘했어요. 그리고 당시 서동권(徐東權) 안기부장이, 노태우 대통령의 고등학교 동창이라고 들었는데, 노태우 대통령 정책을 적극적으로 지지 지원했어요. 안기부가 거꾸로 나갔다면 일이 성사되기 어렵습니다. 그 후에 깨진 것도 안기부가 거꾸로 나가서 깨지기 시작하는 겁니다. 서동권 씨는 남북 고위급회담 1차 회담 후 특사로서 비공개로 평양에 다녀옵니다. 대단히 건전한 분이죠. 여러 번 우리 회의에도 참석해서 의견을 나누고 그랬죠.

그리고 외무부에서는 최광수 장관이 88년에 장관으로 계셨고, 최호중 장관이 89, 90년 장관으로 계시면서 소련, 동구권 외교 관계 수립과, 실현되지는 못했지만, UN 단독가입을 적극 추진했었죠. 그다음에 91년, 92년에 이상옥(李相玉) 장관이 중국과의 외교 관계 수립 등에 크게 기여했어요. 이상옥 장관은 전향적이고 합리적인 사고방식을 가진 분이었습니다. 제가 이분들을 직접 모셨기 때문에, 토의도 많이 하고 논쟁도 많이 하고 그랬었습니다. 그다음에 통일정책을 수립한 이홍구(李洪九) 전 통일부 장관과, 이홍구 장관을 직접 보좌했던 구본태(具本泰) 통일부 정책실장을 기억합니다. 그리고 또한 주한 미대사로 있던 도날드 그레그(Donald Gregg) 대사가 김종휘 외교안보수석과 긴밀히 협조하며 미국의 지지를 받을 수 있도록 기여했습니다. 전 대개 이런 분들과 접촉을 했고 이런 분들의 도움을 받으면서 일을 했었어요.

김종학: 귀한 말씀 감사드립니다. 아마 교수님들께서 여쭙고 싶은 말씀이 많으실 거라 생각이 드는데요. 장관님 말씀 중에서 비중에 따라서 우선 저희 신종대 교수님과 이정철 교수님께 남북관계에 관한 질의를 할 수 있는 기회를 드리겠습니다. 이어서 이동률 교수님께 북중 관계, 그다음 엄구호 교수님께 대소 관계, 그리고 마지막으로 조동준 교수님께 대미 관계 또는 대UN 외교에 대해서 질의할 수 있는 기회를 드리겠습니다.

사전 질문에 대한 몇 가지 답변

임동원: 몇 가지 추가할 것이 있을 것 같아요. 답변을 간단히 드릴게요. 대개 다 커버가 된 것 같은데. 90년 10월 비공개로 정상회담 추진하고, 92년 4월에는 북측이 요청하고 우리가 반대했던 것이 드러났다, 이런 질문 있지요? 90년, 92년 4월에 북한 윤기복(尹基福) 특사가 서울에 왔었다는데, 그건 사실이 아니다 하는 질문인데, 사실이 아닌 게 아니라 사실이죠. 그건 누군가가 잘못 얘기한 것을 인용한 것 같은데, 92년 4월 1일에 윤기복과 임춘길 두 사람이 서울에 와서 노태우 대통령이 접견해 줍니다. 이들의 요청은 4월 15일이 김일성 주석의 80회 생일인데,

80회 생일을 요란하게 행사를 하고 있는데 여기에 참석해달라는 요청이었어요. 당연히 그럼 남북 정상회담도 열릴 수 있겠죠. 갈 수 있겠어요? 그건 거부했다 이거죠. 그런 사실이 있었습니다. 그건 비밀이었지만 나중에 다 밝혀졌어요. 그러니까 이젠 공개해도 괜찮을 것 같고. 김일성과 김정일 사이에 이견이 많았다고 본다 하는데, 그건 우리 식의 사고방식이지 있을 수가 없지요. 그렇지 않다고 전 생각합니다.

그리고 92년 10월 팀스피리트 훈련 재개 발표가 한국 측의 입장을 반영한 것인가 하는데, 한국 측에서 당시 최세창(崔世昌) 국방장관이 참가한 한미 연례안보회의에서 결정된 건데, 반대하지 않았죠. 그러나 한국 측이 한 게 아니에요. 이건 설명이 좀 필요합니다. 이건 남북대화를 파탄시키는 원인이 되었던 것이기 때문에 중요한데요.

동서냉전이 끝나고 난 다음에, 미국은 탈냉전 시대의 새로운 국가전략, 국가정책을 계속 연구 검토해 오다가, 92년 봄에, '장기 국방기획지침'을 채택하게 됩니다. 미국에서 장기라고 하는 것은 15년을 내다본다는 뜻인데, 우리 운명이 달라지게 되는 대단히 중요한 내용이 여기에 포함되어 있는 거예요. 이 장기 국방기획지침 채택 이후부터 남북관계에 파투가 나기 시작하는 거예요.

무슨 내용인가 하면 이렇습니다. 미소 냉전 종식으로 소련의 위협이 사라진 이후에 새로운 잠재적인 위협은 어디인가를 예상할 때, 중동 지역과 한반도라는 두 지역을 상정한다는 것입니다. 그래서 동시에 두개의 전쟁에서 승리하는 전략을 채택하게 되는 것입니다. 미국은 북한의 위협을 상정하여, 한반도를 장기적인 잠재적 위협으로 설정한 것입니다. 이때 마침 북한의 핵 개발 의혹이 제기됩니다. 그런데 의혹에 불과한 거예요. 나중에 다 알려지지만, 이때 북한의 핵 개발이라는 것은 핵 물질도 생산하기 이전 단계, 재처리를 시작하지도 못하는 단계였죠. 이 단계에서 클린턴 정부와 94년에 제네바 합의를 하게 되는 건데, 이미 강경파들은 북한이 핵폭탄을 만들 수 있다, 만들었다, 뭐 이렇게까지 앞질러 나 갔어요. 그걸 만들게 된 것은 그로부터 약 20년 후의 일입니다. 북한의 핵 개발 의혹을 증폭시키면서 한반도에 냉전을 지속하는 전략을 채택하여 시행해 나갑 니다.

이런 상황을 배경으로 5월 31일에 로버트 리스카시(Robert RisCassi) 한미연합 군 사령관이 "북한이 남북상호사찰을 거부하는 경우, 팀스피리트훈련 재개를 검 토하겠다"는 입장을 표명했습니다. 그리고 10월에 한미 연례안보협의회의에서 공동성명을 통해 팀스피리트 훈련 재개 문제를 합의하게 되는데, 놀라운 것은 팀스피리트 훈련 발표는 매년 12월에 했는데, 이때는 10월에 했다는 거예요. 왜 이랬는가. 남북공동위원회가 열리려던 참이었는데, 미국으로서는 남북관계의 급진전에 제동을 걸기 위해서 그러지 않았는가 생각합니다. 그래서 한국이 팀스 피리트 훈련을 하자고 해서 한 게 아니라는 것을 제가 말씀드리는 겁니다.

그다음에 북방정책 전체 로드맵에 대한 미국의 인식은 무엇이었으며, 구체적 지지가 있었는가 하는 것입니다. 제가 생각하기에 초기에는 미국이 이를 지지했 지만, 아까 말씀드린 92년 봄 탈냉전 시대의 새로운 국방정책이 나온 이후부터 달 라지기 시작했다고 봅니다. 그때부터는 다르게 가는 거예요. 그렇게 저는 판단합 니다. 이상 여러분의 질문서에 나오는 것 중에 몇 가지 답변 드렸습니다.

'통일 지향의 잠정 특수관계'의 의미

신종대: 저는 장관님께서 말씀하셨던, 통일 지향의 잠정 특수 관계에 대해서 간단하게 질문 드리도록 하겠습니다. 통일 지향의 잠정 특수 관계인데요. 거기에서 작은 질문이 한 세 가지 있습니다. 우선, 일반에 알려져 있기로는, 워낙은 남북기본합의서에 UN에 가입을 했기 때문에 그 쌍방이 각기 국제연합 회원국으로 국제연합헌장에 규정된 의무를 수락한 사실에 유의하여, 이걸 우리 측에서는 넣고자 했는데 북이 하나의 조선 논리 때문에 반박을 해서 결국 우리가 못 넣었다 이렇게 알려져 있는데, 이게 사실인지 궁금하고요.

그다음에 남북기본합의서 초안을 만들고 또 주무를 하시면서, 이것이 주권국가로서 UN에 동시가입한 입장에서 법적인 충돌이라든지 국내적인 논란 등을 고려하거나 대비를 하셨는지, 두 번째로 궁금한 거구요.

세 번째로는 이게 1990년 10월에 우리 장관님께서 대표 참여하셨던 이 회의에서, 회의록을 보니까, 장관님께서 이런 얘기를 먼저 하셨더라고요. 남북관계는 잠정적인 과도조치고, UN에 가입한다 하더라도, 그리고 통일을 지향하는 특수 관계라 하셨습니다. 또 장관님께서 방금 말씀을 하시면서도 이걸 본인께서 처음으로 제안을 하셨다 했는데, 이게 장관님 고유의 생각이신지 아니면 회담을 대비를 하면서 통일 지향의 잠정 특수 관계라는 이런 논리, 개념 등을 일종의 브레인스토밍을 통해서 개발을 하셨는지 거기에 대해서 말씀 듣고 싶습니다.

신종대 교수

첫째 질문은 우리는 이제 UN에 가입을 했기 때문에 두 주권 국가라, UN에 가입했다는 이 사실을 유의하자고 남북한 기본합의서에 넣자고 했는데, 북이 하나의 조선 논리 때문에, 통일 원칙 때문에, 극구 반대해서 넣지 못했다, 이렇게 알려져 있거든요.

임동원: 우리 외교부에서 그런 아이디어를 제기했고, 대표접촉에서 의견 교환이 있었던 것 같습니다만 남북 간에는 그 이상 논의되지는 못한 것으로 기억됩니다. 그다음에 아까 세 번째로 통일을 지향하는 과정에서 특수관계라는 얘기는 우리 사이에 논의가 많이 됐어요. 그리고 제가 북측에게 말한 것이 제가 처음으로 공식으로 말했다는 얘깁니다. 두 번째 질문은 뭐였는지?

신종대: 두 번째는 UN에 가입했다는 것과 남북기본합의서의 통일 지향의 잠정 특수관계라는 것이, 모순이거나 또 법적으로, 국내적인 논란 등에 대해 혹시 염려를 하시거나 대비를 하셨는지요.

임동원: 그것은 모순이라고 생각하진 않았어요. 그거 가지고 많은 논의를 한 기억이 없는데요. 다만 이런 건 있었어요. 국가와 국가의 관계로 보지 않는다, 아니다, 국가와 국가의 관계로 봐야 한다 하는 문제에 대한 우리측 내부에서의 논쟁이 있었어요. 1월 초에 제가 불려가서 노재봉 총리한테 보고를 하면서도, 국가와 국가의 관계로 봐야지 않느냐는, 논의가 있었습니다. 회담 전략 회의에서는 문제가 되지 않았어요. 위헌적인 요소를 피하기 위해서도 국가와 국가의 관계로 인정해서는 안 된다는 주장이 우세했던 것으로 기억됩니다.

신종대: 간단하게 여기 이 문서집에 보면, 1990년 아마 8월 시점 같습니다. 주 UN 대사가 외교부 장관께 보고한 이 문서에 보면, 북한이 전쟁 상태에서 UN에 가입하게 되는 것이 상당히 좀 모순적이다, 문제가 된다, 이런 식으로.

임동원: 북한은 그렇게 주장했겠죠.

신종대: 국내 언론에서도 남북한이 UN 동시가입하고 UN군 사령부가 존속한다는 것은 충돌할 수 있다. 이게 일부 보도가 됐었거든요.

임동원: 일부 그런 논리가 국내에서도 있고 북한이 주장한 건 기억이 납니다. 그러나 우리

회담 대표 전략회의 이런 데에서는 그런 거 논의된 바 없어요. 뭐 보수적인 견해가 얼마든지 우리나라에선 있을 수 있죠. 이런 주장도 있고, 저런 주장도 있고.

남북 정상회담 관련 논의

이정철: 장관님, 한 가지만 확인 질문드리겠습니다. 윤기복 건은 92년 4월 한국에 온 게 확실하고요.

임동원: 4월 1일.

이정철: 네. 그리고 쟁점이 되는 게 90년 10월에 장관님께서는 윤기복이 한국에 와서 남북 정상회담 논의를 했고, 남쪽에서 정상회담을 하자고 했는데.

임동원: 90년 10월에는 우리 서동권 부장이 평양을 비공개 방문하여 김일성 주석을 만났고, 11월 초에는 윤기복 비서가 비공개로 서울에 와서 노태우 대통령을 만났습니다. 1차 남북 고위급회담 끝난 후에요. 우리측이 정상회담을 제의했죠. top-down 방식으로 합의하자 하는 것을 제의했죠. 그런데 북측에서 김일성의 주장이 뭔가 하면, 연방제 통일방안을 수락한다면 몰라도, 그렇지 않으면 만나봤댔자 악수나 하고 사진 찍는 것이 무슨 의미가 있겠습니까? 뭐 이런 뜻으로 대답해서, 성공하지 못한 것으로 압니다. 제가 들은 얘깁니다.

이정철: 그렇죠. 그런데 장관님 말씀은 이제 그 남북 정상회담을 북측이 거부하면서, 우리 정부가 회담 지연 전술을 썼다?

임동원: 회담 지연 전술은 우리가 쓴 거예요. 1차, 2차 회담하고 난 다음에 3차 회담하면서 진척을 좀 시킬 수 있는 분위기가 조성이 되었습니다. 남북 실무대표 회담에서는 많이 진척이 이루어질 수 있는 가능성이 보였는데, 서동권 부장이 평양 갔다 오고 난 다음에 사령탑에서 북측이 급하니까 회담에 나올 것이다, 남북 정상

회담을 받아들이게 하는 계기로 만들기 위해서 지연 전술을 쓰자, 해서 지연 전술을 우리가 썼어요.

이정철: 그게 결과적으로 91년 5월에 북한이 UN 가입을 받아들이는 과정에 좀 이렇게 압박 전술이 성공한 거 아니냐, 이런 해석도 가능한가요? 91년 5월에 북한이 성명을 내잖아요. 그러니까 저희가 압박 전술을 쓰는 과정에…

임동원: 우리의 압박 전술로 인해서?

이정철: 네, 그 측면이 있느냐는 것이죠.

임동원: 별로 크게 영향을 받았을 거라 생각 안 합니다. 제일 크게 영향을 받은 것은 중국으로부터죠. 소련과는 틀어져서 북한이 소련 말은 아주 듣지 않던 때였습니다. 중국은 북한을 놓칠 수가 없었죠. buffer zone으로 북한을 확보하고 있어야 되고, 북한의 의견을 존중해야 했습니다. 또 북한 입장에서도 중국마저 틀어지면 곤란해지니까, 중국의 지원을 많이 받고 있었으니까, 중국의 영향을 크게 받게 되는 거예요.

대중 교섭의 경위

이동률: 조금 전에 나온 얘기 그 연장선상에서요. 장관님께서도 말씀해주셨는데, 그러니까 91년 5월에 리펑이 북한을 방문해서 사실상 거부권 행사가 어렵다는 걸 통보한 것이 결정적인 역할을 했잖습니까? 그 과정 속에서 우리 정부와 어떤 중국 간의 의사소통이 좀 있었는지, 그러니까 결국은 한국 입장에서 UN 가입을 실현시키기 위해서는 거부권을 가진 중국을 설득시키는 게 가장 중요했을 것 같은데, 제가 여러 번 다른 대사님과 대화해 보면 사실 우리 정부에서 중국을 설득하려고 했던 노력들을 찾아보기 좀 어려웠어요. 중국이 어떤 계기로 사실은 동시가입을

받아들이지 않으면 안 되며, 그리고 미국이 한국 단독가입을, 북한의 가입을 반대하지 않을 거라는 그런 설득을 시키는 과정에서 우리 정부의 의견이 좀 투입된 게 있는지, 좀 궁금하고요. 그게 첫 번째 질문입니다.

그리고 그 아까 연장선상에서 말씀하시기를, 91년인가요, 김일성의 중국 방문을 통해서 북한의 태도 변화가 시작됐다 하는 굉장히 중요한 얘기를 직접 전해 들으셨다고 하셨습니다. 그게 수교 전이잖습니까. 한중 수교 전인데, 장관님이 어떤 경로로 중국과 의사소통을 이루셨는지. 그게 두 번째 질문입니다.

한 가지만 더 말씀드리면 사실은 UN 동시가입이 이루어지고, 곧 이어서 그게 계기가 돼서 한중 수교가 이뤄졌다고 저는 생각하는데요. 그렇게 되면서 북한은 굉장히 고립 국면에 직면하게 됩니다. 그래서 북방정책이 처음에는 사실 북한을 고립시키고 이렇게 체제 전환을 시키려는 의도가 아니었을지 몰라도 점차 가면서 노태우 정부에서도 혹시 북한의 고립을 이렇게 진전시키는 방향으로 정책 전환이 된 건 아닌지요? 그러니까 UN 동시가입과 한중 수교까지 이룬 다음에 사실은 북한은 굉장한 위기에 처했을 것 같은데 그다음 과정의 스텝에서 그런 진전이 없었던 것 같아요. 예를 들면 교차승인이라든지, 이런 거에 대한 우리 정부의 노력이 그다지 발견되지 않아서 결국 그게 한반도의 불안정을 야기한 측면도 있지 않습니까. 그 상황 속에서 한국 정부는 어떤 입장이었는지 혹시 기억이 나시면 말씀해주세요.

임동원: 리펑 총리가 평양을 방문한 것은 91년 5월이지요. 그런데 한국과 중국과의 관계에는 90년 10월 22일인가 무역대표부를 같이 설치하기로 합의를 했던 것인데, 설치한 게 아니라, 명년 3월에 설치하기로 합의한 거예요. 91년 3월에. 그러니까 90년에는 중국을 움직일 수 있는 뭐 그런 것이 별로 없었던 것 같고, 91년에 양쪽에 무역대표부가 정식으로 설치가 됩니다. 그다음에서부터 중국과 좀 접촉이 있고 그럴 가능성이 있었으리라고 보는데, 저는 거기에 관여가 되어 있지 않기

때문에 잘 모르겠어요. 과정을 잘 모르겠고.

이동률: 김일성의 중국 방문 이후에 북한이 나진, 선봉 개방을 결정하고, 그 과정에서 장관님이 직접 아마 연락을 받으셨다고 그래서, 혹시 그 내용을 알까 좀 궁금해서 질문 드렸습니다.

임동원: 제가 외교안보연구원장으로 있으면서 미수교 국가와의 교류를 여러 번 시도 했어요. 소련, 중국, 헝가리 등등. 초청을 하고 좌담도 하고 학술회의도 했는데, 한반도 문제에 관한 중국 최고의 권위자가 있었어요.

임동원: 타오빙웨이(陶炳蔚)입니다. 이 사람에 대해 제『피스메이커』에 그 과정이 기록되어 있어요. 제가 오늘 말씀드린 내용 중에 상당 부분이『피스메이커』에도 나와 있어요. 타오빙웨이는 김일성대학을 졸업한 뒤 북한에 오래 근무했고 한국말을 아주 잘 합니다. 이분이 외교안보연구원장 초청으로 서울에 왔어요. 그때 중국 정부에서 허가해 알려주는 거라 하면서 정보 제공해준 것이 아까 제가 김일성의 중국 방문에 관해 언급했던 그 내용입니다.

이 말을 믿을 수 있는지 믿을 수 없는 건지 그때는 상황 판단하기가 참 어려웠어요. 이걸 문서로 만들어 통일부, 국정원, 청와대, 외교부에 다 보냈는데, 국정원, 외교부에서는 그 가능성이 희박하다 하고, 통일부도 좀 애매하다고 그러는데, 청와대에서 가능성이 대단히 높다고 판단했어요. 그래서 그것을 믿고 추진하자, 이렇게 결정을 한 거예요. 그런데 나중에 보니까 그게 정확했다 이거예요. 타오빙웨이가 전달한 이 내용은 나중에 이러저러한 경로로 다 확인이 되는 거예요. 정치국 회의한 것은 나중에 발표가 돼서 다 알게 되었죠. 그 질문 하신 것이죠?

세 번째 질문으로는 우리의 북방정책이라는 것이 나중에는 북한을 고립하는 데에 어떤 영향을 미치게 된 건 아닌가 하는데, 그런 취지는 아니었죠. 그런 결과를 초래했는지, 그렇게도 해석할 수 있다고 학자들이 판단할 수 있는 건지, 그건 자유예요. 그건 모르겠어요. 그런데 정부로서는 그렇게 한 게 아니었다, 이건 틀림없습니다.

대소련 교섭 경위

엄구호: 90년 4월에 셰바르드나제 외상이 남북한 동시가입을 UN에 신청하면 거부권을 행사하지 않겠다는 발언이 있었고요. 91년 4월에 노태우, 고르바초프 정상회담이 있었는데, 그 정상회담 신문기사에 소련이 남북한 UN 동시가입을 지지한다 하는 문구가 들어 있었습니다. 그런데 여러 외교관이나 그때 담당하신 대사님들 말씀을 들어보면, 소련의 그런 지지를 얻기 위해 특별한 교섭은 없었다, 그런 교섭을 알지 못한다는 말씀들을 많이 하셨습니다. 남북한 UN 동시가입을 위해서 소련과 어떤 소통이나 교섭이 있었는지, 소련의 입장은 이렇게 언제부터 어떻게 변한 건지, 혹시 장관님께서 알고 계신 게 있으시면 말씀 부탁드리겠습니다.

임동원: 저에게 1990년대에 외교부에서 작성한 서류들이 있어요. UN 가입 문제, 외무부 장관 정례 기자회견, 90년 9월 4일 UN 가입 문제에 대한 북한의 태도 변화 가능성과 우리의 대책 등등. 또한 북한 방송에서 나오는 것들, 안보문서 배포 대응 방안도 있습니다. 셰바르드나제의 평양 방문에 대한 것도 그때 것으로 여기 드리려고 가져왔습니다. 여기 좀 보면 몇 군데에 그게 있어요.

　그런데 재밌는 것은 당시에 소련과의 외교 문제에 있어서는 노태우 대통령이 발 벗고 나섰다는 사실이예요. 노태우 대통령이 고르바초프와 직접 샌프란시스코에서, 모스크바에서, 제주도에서 만나는 등 대여섯 번 만난 것 같아요. 이 과정에서 어떤 얘기가 나왔고 그런 얘기가 다 포함됐을 거라고 봅니다. 중요한 문제라 안 했을 리가 없어요. 그런데 그 기록은 제가 찾아보지를 못했습니다. 그래서 소련과 직접 교섭한 당사자가 누군지, 노태우 대통령을 돕던 외교관이 누구 누구인지 생각이 조금 들지만, 질문하신 내용에 관해서는 제가 자신 없습니다.

북한의 통일 언급 의도와 팀스피리트 훈련의 배경

조동준: 두 개 질문이 있는데, 첫 번째는 장관님이 남북 고위급회담을 할 때 북한은 통일을 전면으로 내세웠습니다. 결국 단일 국호로 가입하자고 그랬잖아요. 그런데 그 당시 북한이 자신의 상황을 판단해보면 좋지 않은 상황인데도 불구하고 왜 통일을 그렇게 내세웠을까요? 요즘 북한이 상황이 진짜 안 좋으니까 통일 얘기가 완전히 사라졌거든요. 왜 그 시기에 북한이 그렇게 통일을 가지고 남쪽을 향해서 얘기를 했는지, 그게 좀 궁금합니다.

임동원: 당시는 국제정세의 지각변동으로 공산권이 다 붕괴되던 때였습니다. 북한도 체제가 붕괴될 가능성이 있다는 말들이 떠돌던 시대 아니었습니까. 그래서 북한은 흡수통일의 공포증에 시달려 있었습니다. 때문에 제1차 남북 고위급회담 때도 통일 문제에 대해서 그렇게 아주 크게 들고 나왔습니다. 살길을 모색하는 것이죠. 우리에게 흡수통일 하려고 하지 말고 연방제 통일로 같이 살자, 하는 주장을 하게 되는 것입니다. 아마 몹시 어려운 처지에서 살길을 모색하는 방법이었지 않았나, 그런 생각이 듭니다.

조동준: 예, 감사합니다. 두 번째 질문은 1992년 10월 팀스피리트 재개 발표 관련입니다. 지금 장관님께서는 이 발표가 미국의 강경파들이 일종의 남북관계의 진전을 막기 위한 거다, 이렇게 해석을 하셨는데요. 그런데 그 시기에 남북관계가 잘 안 이루어지고 있던 시기가 아닌가요? 그렇게 되면 굳이 미국이 팀스피리트 훈련 재개 발표를 통해서, 남북관계의 진전을 막으려고 했던 이유가 있었을까요?

임동원: 미국의 강경파들이 그랬다는 얘기는 제가 한 것 같지는 않고, 미국의 국방정책, 탈냉전 시기의 최초의 미국의 국가전략, 국방정책이 수립이 되어갔다는 거예요. 거기에 잠재적 위협, 항상 안보전략을 수립하는 데 있어서는 위협이 전제가 되는 거 아니에요? 소련이 망해서 위협이 없어졌는데, 앞으로의 위협, 잠재적 위협이 어딘가, 중동하고 한반도다, 북한이다, 이렇게 판단을 해서 들어있다 이거예요. 이렇게 됨으로써 북한에 대한 적대시 정책의 싹이 트기 시작한 거다, 그전부터 없었던 게 아니지만, 그전에 계속 봉쇄정책 썼는데, 냉전 시대에. 탈냉전 시대에도 북한에 대한 봉쇄정책, 적대시 정책 계속하겠다는 뜻이 내포된 것이라고 해석될 수밖에 없지 않습니까? 그래서 이런 것들이 바탕이 되어가지고 한미연합 군사훈련을 중지하여야 될 아무런 이유가 없다고 생각하게 되는 것이죠, 당연히 그렇지 않겠는가 생각됩니다.

이상숙: 한 가지만 질문을 드리겠는데, 그 고위급회담 등 여러 가지 남북 회담을 하셨는데, 그 과정에서 북한과 북미 관계나 북일 관계에 대한 대화를 하신 게 있는지요.

임동원: 당시에 노태우 정부의 기본 입장은 7·7 특별선언에도 언급이 되어 있지만, 한국은 공산 북한과 우리 자유 우방 국가와의 관계 개선에 반대하지 않는다, 오히려 도와주겠다는 것을 우리의 정책 기조로 삼는다, 하는 게 들어있어요. 그리고 남북 고위급회담 때에는 그 문제가 별로 논의되지 않았던 것 같아요. 남북 정상회담에서는 6·15 때 그 이야기가 많이 논의됐어요.

김종학: 예, 감사합니다. 오늘 장관님이 해주신 말씀은 앞으로 저희에게 귀중한 외교 사료가 될 것 같습니다. 무엇보다 저희 외교관 후보자들 교육에도 정말 유용한 가르침 되지 않을까 하는 생각이 듭니다. 오늘 장시간 귀한 말씀해주셔서 감사드리고요. 또 참석해 주신 여러 교수님들께도 감사드립니다. 이상으로 오전 세션을 마치도록 하겠습니다. 수고하셨습니다.

VII

김학준 교수 구술

일   시 : 2021. 6. 10. 16:10-18:10
장   소 : 국립외교원 2층 세미나실
질문자: 신종대(북한대학원대), 엄구호(한양대)
　　　　이동률(동덕여대), 전재성(서울대)

김종학: 지금부터 제3세션 김학준 교수님 인터뷰를 진행하겠습니다. 금일 인터뷰는 저희 가 먼저 김학준 교수님께 사전 질문지를 보내드렸습니다. 그래서 교수님께서 저 희에게 간략한 답변서도 보내주셨는데요. 일단 자유롭게 말씀을 한 삼십 분에서 한 시간 정도 그렇게 해 주시기 바랍니다. 교수님 말씀이 끝나는 대로, 저희 질 문자들이 또 추가 질문을 드리겠습니다. 이제 김학준 교수님의 말씀을 듣도록 하겠습니다.

김학준: 이 뜻깊은 자리에 저를 불러주신 데 대해 감사드립니다. 저는 한소수교와 UN동 시가입 그리고 한중수교에 관련된 정책결정과정에 영향력을 행사하지 못했습니 다. 저의 역할은 제한되어 있었습니다. 그런데도 이처럼 중요한 주제와 관련하 여, 저를 불러주신 것을 고맙게 생각합니다.

　　다시 말씀드립니다만, 제가 원고에서도 썼듯, 이 북방정책이라는 큰 테두리 그리고 그 안에서의 공산권접근, 북한접근, UN동시가입, 이러한 여러 과제에 대한 저의 관여는 제한되어 있었습니다. 그래서 여러분이 알고 싶어 하는 부분 을 제가 얼마나 충족시켜드릴 수 있을지 자신이 없습니다.

　　저한테 보내주신 설문지도 제가 잘 받았습니다만, 그 설문지에 대해서 하나

김학준 교수

하나 대답하기에는 제가 가진 지식이 제한되어 있기 에, 그 설문지를 사실상 무시하고 제 나름대로 노태우 대통령 시절과 그 시절의 저의 행적에 대해 제 나름대 로 한번 정리해 본 겁니다. 또 30년 전 일이기 때문에, 기억이 잘 나지 않는 것이 많습니다. 제가 일일이 그 때마다 메모를 해놨던 것도 아니고, 이제 순전히 기억 을 더듬어서 말하게 되니까 자신이 없는 부분도 있습 니다. 이 점에 대해 양해를 구하고자 합니다.

북방정책의 구상 주체

김학준: 우선 이 북방정책이라는 말에 대해서입니다. 노태우 대통령이 1987년 제13대 대통령 선거 때, 후보로서 북방정책을 강하게 내세웠습니다. 그런데 이때 노태우 후보를 뒷받침해주는 팀들이 여러 개가 있었어요. 그래서 어느 한 사람이 뭐를 했다, 이렇게 말하기는 쉽지가 않다는 점을 강조해 두고자 합니다.

박철언 장관이 많이 알 겁니다. 박 장관에 대한 신임은 아주 달랐습니다. 집안 친척이었잖습니까? 거기다가 또 여러 가지 학력이나 경력, 이런 것에 대한 높은 평가가 있었기 때문에, 북방정책의 입안과 집행 과정에 박 장관이 미친 영향은 컸다고 보고 있어서, 내일 좋은 얘기를 많이 들으시리라고 기대합니다.

그때 박 장관은 월계수회라는 사조직을 가지고 있었어요. 그리고 그 사조직에는 교수, 언론인, 전현직 국회의원을 포함한 많은 사람이 참여하고 있었습니다. 이쪽을 통해서 노 후보에게 여러 가지 제안이 많이 들어갔을 겁니다. 또 저는 뒷날 알았는데, 한가람홍보연구회, 이런 명칭의 사조직이 있었어요. 이 조직에도 교수, 언론인, 문인, 전현직 국회의원을 포함한 여러 사람이 참여했는데, 저는 이 조직이 있다는 사실을 모르고 있었어요. 대선이 끝나고 노 후보가 대통령에 당선되니까, 이제 이 조직에 참여했던 사람들 가운데 저 청와대로 가겠습니다, 저 내각으로 가겠습니다, 저 국회로 가겠습니다, 이렇게 희망을 말하는 사람들이 나타났던 것입니다. 그래서 저는 한가람홍보연구회라는 것이 있다는 것을 그때야 처음 알았습니다.

그리고 제가 알기로, 노 후보가 대선 공약의 하나로 내가 당선되면 중간평가를 받겠다, 이렇게 했잖습니까? 지지를 좀 넓히기 위해서 "내가 싫더라도 일단 나를 찍어다오. 그러면 내가 중간평가를 받도록 할 터이니 그때 다시 심판할 수 있지 않겠느냐."라는 뜻이었는데, 그 공약은 득표에 도움을 주었다고 봅니다. 이것도 월계수회와 한가람홍보연구회에서 내놓은 것이라는 것을 뒤늦게 알았습니다.

그런가 하면, 전두환 대통령 때 체육부 장관을 지낸 분이 계세요. 이영호 교수라는 정치학자, 이분이 또 연구팀을 가지고 있었습니다. 그 연구팀은 박 장관하고 연결되어 있었던 것 같아요. 이 연구팀이 있었다는 것도 대선이 끝나고야 알았습니다. 이 교수가 새로 구성될 청와대 보좌진에 정책실장이라는 자리를 새로 만들어 들어오려고 했고 민정당 쪽의 공조직 팀에서는 그 구상을 반대해서 논란이 일어나는 것을 보면서 비로소 알았던 것입니다. 결국 들어오지 못했습니다.

이렇게 볼 때, 북방정책이다, 소련과 수교해야 한다, 북한과 관계를 개선해야 한다, 이러한 여러 가지 아이디어는 여러 곳에서 나왔을 것입니다.

'북방정책'이라는 용어를 둘러싼 비화

김학준: 그런데 이제 제가 확실하게 말씀드릴 수 있는 것은 노태우 후보에게 저도 북방정책을 강력하게 건의를 드렸고, 그걸 받아들여 주셨다는 사실입니다. 그러면 북방정책의 발상은 뭐냐, 여러분 다 짐작하시듯이, 서독 총리 빌리 브란트(Willy Brandt)가 추진했던 동방정책, 이것을 한국화한 겁니다. 즉 빌리 브란트가 동방정책이라는 말도 만들어내고 동방정책을 통해서 소련과 접근해 나가고 동유럽의 여러 나라와도 관계를 개선해 나갔던 것 아니겠습니까? 그리고 또 그 동방정책의 연장선에서 브란트 총리 재임 때, 동서독은 UN에 가입을 했습니다.

그러니까 "이 모델 괜찮다. 우리로서도 우리 나름의 동방정책, 그러니까 우리로서는 북방정책, 이것을 추진해서 결국 공산권과도 관계를 개선하고, 북한과도 관계를 개선하고, 그래서 UN에 동시가입하자"는 것이었습니다. 이때는 남과 북이 UN에 동시가입하면 긍정적인 파급효과가 상당히 클 것으로 기대를 했습니다.

노태우 후보는 이 건의를 호의적으로 받아주셨습니다. 앞에서 말씀드렸듯이, 다른 여러 조직으로부터도 이러한 건의를 받으셨을 것입니다. 그런데 이것이 일단 언론에 보도가 되니까 반응이 아주 좋았어요. 반응이 좋아서, 우리가 용기를 얻고 추진해 나갈 수가 있었습니다.

그런데 이것이 보도되면서 특히 서해안 지역에서 반응이 아주 좋았어요. 서해안 지역의 큰 도시들, 예컨대 인천, 군산, 목포 등에서 여론조사를 해보니 어느 무엇보다도 "그 사이 중공 때문에 서해안이 죽어 있었는데, 중공과 국교가 열리게 되면 서해안 지역이 다 살아나지 않겠느냐." 이런 기대가 아주 컸습니다. 그래서 이 서해안 지역에서는 북방정책에 대한 지지가 올라가고, 또 그것이 노태우 후보에 대한 지지로 연결되었다는 것을 확인할 수 있어서 특히 서해안 지역 쪽에 유세를 나가실 때는 이것을 강조했던 것이 기억에 남아있습니다.

북방정책을 건의하면서 제가 또 말씀 올렸던 것이 햇볕정책이었습니다. 그 말도 제가 만들었습니다만, 저만 만들어내지 않았을 것입니다. 여러분이 짐작하듯이 햇볕정책이라는 말은 이솝우화에서의 발상이었고 누구나 다 쉽게 내놓을 수 있는 안이었어요.

햇볕을 비쳐 북한이 자신의 중무장한 옷을 벗고 개방으로 나오도록 유도해야 한다—, 이런 뜻이었습니다. 그랬더니 요새 우리가 흔히 쓰는 말로 일부 보수세력에서 반대가 올라오는 거예요. "그 북한이라는 것은 흉악한 존재인데 거길 상대로 무슨 포용정책을 쓰느냐, 노태우 후보 캠프에 빨갱이가 있는 거 아니냐." 심지어 이렇게까지 문제를 삼고 나왔어요.

노태우 후보께서 그러한 반발을 고려하라고 말씀하셔서, 그 대신에 쓴 말이, 맏형정책이라는 말이었습니다. 빅 브라더 팔러시(big brother policy). 독일에서도, 서독 쪽에서는 우리가 경제적으로도 넉넉하고 정치는 물론 여러 가지 면에서 맏형 격이다, 그러기 때문에 동생을 감싸 안듯이 우리가 동독을 상대해 나가겠다,

그런 표현을 썼던 것 아니겠습니까? 아마 서독에서도 공산권에 대한 급진적인 접근을 견제하는 세력을 무마하기 위해서 그런 표현을 썼을 겁니다. 그래서 우리도 곧바로 그 표현을 썼어요.

그랬더니 이번에는 또 "우리가 맏형이라고 자처하고 나오면 북한에서 그걸 받아들이겠느냐, 맏형이란 말을 쓰지 말라. 또 맏형이라 말하면 조지 오웰이 말하는 빅 브라더를 연상케 하니까 적절하지 않다"라는 비판이 제기되었습니다. 그래서 빅 브라더라는 말도 취소를 했습니다. 그러니까 역시 어느 시대나 어떤 새로운 돌파구를 열려고 할 때는 반발이 있고 용어 하나하나 갖고 신경전을 벌이게 되기 때문에, 본질적인 문제에 대한 접근이 쉽지 않았다, 이것을 제가 말씀드리는 것입니다.

그러나 어떻든 북방정책이 상당히 공감을 이루었다는 판단을 노 대통령이 하셨기 때문에, 이제 노 대통령 취임사를 쓰면서도 이 북방정책이라는 말을 강조했어요. 그런데 이 취임사도 그렇습니다. 저 혼자 쓰는 게 아닙니다. 취임사가 얼마나 중요합니까? 그러니까 여기저기서 초안들이 올라오는 겁니다. 어떻게 보면 공을 세우고 싶은 사람들이 많은 거죠. 그래서 저는 그러한 공 다툼에 끼고 싶지 않아서 선거가 끝나자 "저는 다시 학교로 돌아가겠습니다. 그러니 일체 청와대든 국회든 행정부든 어디로든지 갈 생각이 없이 그저 학교로만 돌아갔으면 좋겠습니다."라고 말씀드렸어요. "그렇게 하는 게 좋겠다. 내가 그 사이 당신을 접해보니까 당신은 학교가 제일 적임인 사람이다. 그렇게 되도록 나도 돕도록 하겠다." 이렇게 말씀해주셨어요.

그래서 마지막 봉사라는 뜻에서 취임사를 쓰는데 취임사 초안이 다섯 군데, 여섯 군데에서 올라와 있는 거예요, 제가 지금은 이름을 얘기하지 않겠습니다만, 정말 여러분 들으시면 깜짝 놀랄 만한 교수들과 언론인들이 기초한 취임사들이 다 올라왔어요. 처음부터 끝까지 일관된 취임사죠. 그것들을 정리한 것이 노태우 대통령의 취임사였습니다.

여기서 제가 여담을 하나 말씀드리겠습니다. 뭐냐면 그 북방정책에 대한 반대도 사실 권력 내부에서 만만치가 않았습니다. 특히 공안당국 일각, 군부 일각에서는 "갑자기 소련이나 중공이나 북한에 접근하겠다고 말하면 적·아의 구별이 흐려진다. 군에게 가장 중요한 것은 누가 적이다, 이것을 뚜렷하게 해 주는 건데, 소련과도 수교하겠다, 중공과도 수교하겠다, 북한과도 관계를 개선하겠다, 더구나 중공과 북한은 우리하고 6·25전쟁 때 서로 총을 쏘면서 싸웠던 적인데, 이거 도대체 뭐하는 것들이냐."라고 거세게 반발했습니다. 이 반발이 만만치가 않았습니다.

비판하는 분들도 염두에 두면서 그들을 너무 자극하지 않는 방향으로 어떻게 잘 표현하느냐 고민할 때 제 머릿속에 푸쉬킨이 떠올랐습니다. 피터 대제가 상트페테르부르크라는 새 도시를 세울 때 러시아 조정 안에서도 반대가 많았잖습니까, 그래서 푸쉬킨이 상트페테르부르크는 유럽으로 나가는 창이다, 이런 표현을 썼잖아요? 그때 제정 러시아는 유럽의 일원으로 대접을 못 받고, 낙후하고 음울한 비잔틴적 세계, 이런 인상을 주고 있을 때였으니까, "우리가 유럽으로 나가야 된다. 그래서 유럽으로 나가는 창이 바로 상트페테르부르크다."—이렇게 했잖습니까? 그래서 저도 그것을 연상하면서 우리의 북방정책은 지난날 우리와 적대 관계에 있었던 북방 세계로 나가는 창이다, 이렇게 표현을 했어요.

이제 당선자를 모시고 독회라는 걸 하잖습니까? 그 독회를 몇 번을 했는데, 거기 참석한 분들 가운데 몇 분은 제 뜻은 모르고, "창은 너무 작다. 문이라고 고치는 것이 좋겠다." 이렇게 제안했습니다. 창보다 문이 더 크다 이거죠. 그러니까 또 어떤 분은 "문 가지고도 안 돼. 대문을 연다."라고 하자고 제의하고 또 어떤 분은 "대문 가지고 되겠어?"라고 했어요. 이분들은 북방정책에 대해 반대하는 분들과는 달리 옹호하는 분들이었습니다. 그래서 결국은 통로라고 낙착이 됐습니다, 그러니까 창에서 시작해서 문을 거쳐 대문을 거쳐 나중엔 통로로 확대되기에 이르렀습니다.

노태우 대통령이 취임한 뒤에도 북방정책에 대한 비판은 끊이지 않았습니다. 취임 1년 뒤인 1989년 봄의 육사졸업식에서 민병돈 교장께서 북방정책을 비판한 것이 그 한 사례였습니다. 훗날 여러 차례 대해보니 인격적으로 훌륭한 분입니다만, 군인으로서 못마땅하게 생각된 점을 말한 것이었죠. 북방정책에 대한 공격은 끊이지 않아, 심지어 『러시아혁명사』를 쓴 제가 빨갱이여서 저런 발상을 했다고 비난하기도 했습니다. 그 비난에 선봉에 섰던 분은 이후 영남에서 국회의원을 세 차례 역임합니다. 그 뒤에도 저는 몇 차례 '빨갱이'라는 비난에 시달렸으나, 대통령께서 적극 감싸주셨습니다.

뮌헨대학교에서의 경험

김학준: 저는 노태우 대통령이 취임하시는 것까지 보고, 독일로 떠났어요. 사실 제가 1985년 3월에 독일 훔볼트재단으로부터 공식초청장을 받았습니다. 하지만 그때는 막 국회의원이 됐기 때문에, 독일로 갈 수가 없었어요. 그런데 훔볼트재단이 고맙게도 그러면 연기를 해 놓으라고 권고를 해서 제가 계속 1년씩, 1년씩 연기하다가 88년에는 국회의원직에서 풀리니까 예정대로 독일 뮌헨대학교에 가서 공부를 할 수 있었어요.

그런데 제가 제 원고에는 쓰지 않았습니다만, 어느 정치평론가라는 사람이 저를 주제로 칼럼을 썼어요. 그 사람이 뭐라고 썼는가 하면, '6공 국정 운영의 기본 틀을 마련한 김 아무개가 지금 청와대로도 안 들어가고 내각으로도 안 들어가고 국회로도 안 가고 홀연히 유럽으로 떠난다. 이것은 뭘 의미하느냐. 이것은 노태우 정부가 의원내각제 개헌을 염두에 두고 있는 거다. 그래서 김 아무개를 유럽으로 보내서 유럽에서 의원내각제가 어떻게 운영되고 있는가. 현지에서 연구하게 하기 위하여 보내는 거다', 이런 요지의 칼럼을 아주 크게 썼어요. 저한테 한번 물어보지도 않고 쓴 겁니다. 저는 그때 훔볼트재단에 초청으로 몇 년 전에 받은 걸 연기, 연기해서 간 건데, 그 사람은 풀브라이트재단의 초청을 받아 독일로 간다고 썼어요. 훔볼트재단과 풀브라이트재단도 구별하지 못하는 엉터리 칼럼이었습니다.

그건 여담이구요. 예정대로 뮌헨대학교 동유럽연구소로 갔습니다. 여러분 잘 아시겠습니다만, 훔볼트재단에 신청할 때에는 반드시 어느 대학에서 어느 교수가 나의 상대역이 되어 준다는 확인을 받아놓아야 합니다. 그래서 그 교수의 확인서를 동시에 제출해야만 됩니다. 저를 받아주겠다고 한 분이 뮌헨대학교 동유럽연구소 소장 베르네르 굼펠 교수였어요.

저는 굼펠 교수로부터 정말 많은 걸 배웠습니다. 어려서부터 아주 독실한 기독교인으로, 동독에서 성장하다가 동독정권 때에 자신의 기독교 신앙과 정권이 충돌해서 감옥에도 갔던 사람입니다. 그런데 제가 상당히 감명 받은 것은 자기는 감옥에 있으면서도 매일같이 기도를 했다는 말씀이었어요. 하느님께서 반드시 자신을 구원해주시고 인도해주실 것이라는 믿음으로 버티면서 자신의 앞날에 대해서 걱정을 안 했답니다. 그 얼마나 수양됐으면 그렇게 할 수 있었겠습니까?

그러다가 흐루쇼프(Nikita Sergeyevich Khrushchev)의 스탈린 격하 연설이 있고 나니까, 동독정권도 무리하게 투옥했던 정치범들을 석방하게 됐고, 자기도 그때 석방이 됐답니다. 석방이 돼서 어떻게 어떻게 해서 서독으로 넘어오고, 그래서 서독에서 박사학위를 받고 또 그 어려운 교수자격획득과정, 소위 하빌리타치온(habilitation) 과정을 거쳐서 교수가 된 거예요.

김학준 단국대 석좌교수 구술회의 사진1 (2021.6.10)

굼펠 교수가 그때 저한테 늘 강조하는 것이, "동독정권은 반드시 망한다, 왜냐면 저것은 인권을 탄압하는 비민주적 억압체제이기 때문이다. 세상에 인권을 탄압하는 비민주적 억압체제는 오래 존속할 수가 없다. 나는 그것을 확신한다. 특히 기독교적인 신앙으로 볼 때, 동독정권은 반드시 무너진다. 그리고 서독에 의하여 흡수통일될 것이다."라는 것이었어요. 그러면서 자기는 "북한에 대해서는 잘 모르지만 다만 김일성정권이 아주 폭압적이라는 것을 알고 있다. 그렇기 때문에 김일성정권도 더 이상 가지 못할 것이고, 결국 대한민국에 의하여 통일될 것이다."—이렇게 저한테 자신감을 불어넣어 주었습니다. 저는 굼펠 교수와의 대화를 통하여, 저보다 한 열 살 웃어른이었는데, 정말 많은 걸 배웠어요. 그래서 한반도 문제를 보는 눈도, 그러니까 동서독 문제를 통하여 한반도 문제를 보는 눈도 제가 이 어른에게 일정하게 영향을 받은 것이다, 이렇게 덧붙이도록 하겠습니다.

굼펠 교수의 주선으로 저는 동독을 여행할 수 있었어요. 그때는 아직 통일되기 전이죠. 동독 여러 곳을 다니면서 정말 서독과는 너무나 다르다는 것을 실감할 수가 있었습니다. 원래 동서독 사이에는 지역적인 차이가 있었지만, 동독으로 들어가니까 낙후성을 곧바로 확인할 수 있었습니다. 분위기도 뭔가 우울해요. 분위기가 가라앉아 있었습니다. 사람들이 좀 무뚝뚝하고, 그래서 '아, 역시 억압 체제 아래서의 사람 사는 모습은 이렇게 되는구나.' 하고, 자유민주주의 체제가 문제는 있다 하더라도, 얼마나 좋은 체제인가 하는 것을 다시 실감할 수 있었습니다.

이때 뮌헨대학교에 국제정치연구소가 따로 있었어요. 여기 소장이 우리나라에도 널리 알려진 칼 킨더만(Karl Kindermann) 교수입니다. 지금까지 생존해 계실 거예요. 원래 오스트리아 분입니다. 그래서 오스트리아 국적을 가지고 있었어요. 미국으로 유학 가서 시카고대학교에서 한스 모겐소(Hans Joachim Morgenthau)

교수의 지도를 받아 박사학위를 받았습니다. 그러나 교수가 되려면 독일어권에서는 반드시 하빌리타치온을 밟아야 하기 때문에 시카고대학에서 박사학위를 받은 다음에 자기 모국인 오스트리아의 빈대학교에 와서 하빌리타치온 과정을 밟았어요. 그걸 통과하고 나서 뮌헨대학교 교수가 된 것입니다. 그런데 부인이 대만 여성이어서 중국을 비롯한 동북아시아에 대해 관심이 많았고, 또 이미 한국의 여러 대학과 공동 세미나도 연 적이 있어서, 한국에 대해 상당히 친밀한 분이었는데, 저를 반갑게 맞이해 주었습니다.

하나 기억나는 것이 있는데, 빈 주재 소련 대사관에 있던 크샤잔이란 분을 저에게 연결시켜 주었습니다. 지금 정확하게 기억이 나는 것은 아니지만 크샤잔이란 분은 참사관 또는 문정관이었던 것 같아요. 제가 킨더만 교수와 함께 빈으로 가서 여러 차례 만났어요. 이때는 서울 올림픽 전이었습니다. 크샤잔이란 분은 소련 외교관으로서는 '이럴 수 있나' 싶을 정도로 대한민국을 극찬하는 거예요. "한국은 정치적으로도 서유럽 자유민주주의 수준에 올라섰고, 경제적으로도 잘 사는 나라가 됐다. 아주 부럽다." 이런 말을 서슴지 않고 하는 겁니다. 그러면서도 북한에 대해서는 혹평을 하는 거예요. 그것도 나라냐 이런 식으로 말이죠. 그때가 1988년인데, "소련에서 한국을 이렇게 좋게 생각하나." 하는 생각이 들어 저한테는 하나의 충격이었습니다. 그런데 이것이 한 개인의 시각이 아니라 고르바초프 체제의 시각이라는 것을 확인할 수 있었어요. 그러니까 그 한소수교가 빠르게 이루어질 수 있었던 기반이 부분적이기는 하나 형성되어 있었다, 이렇게 말씀드릴 수 있겠습니다.

빈 대학교에서의 연구

김학준: 이제 크샤잔과도 만나고 하면서 제가 소속을 빈대학교 국제법연구소로 옮겼습니다. 원래 훔볼트재단에 연구계획서를 제출할 때 두 개를 냈어요. 하나는 동서독 관계와 남북한 관계의 비교연구, 그다음 두 번째는 통일을 위한 오스트리아 모델에 대한 연구였습니다.

여러분이 기억하리라 생각하는데, 우리나라에서 통일 문제에 대한 토론이 제기되면 늘 오스트리아식 통일 모델이란 말이 나오지 않습니까. 특히 미국 상원 의원이었던 마이크 맨스필드(Mike Mansfield)가 장면 정권 때 한반도를 오스트리아 모델에 따라 통일시키는 것이 바람직하다는 안을 공식으로 제기해서 우리 국내에서 파문이 엄청났습니다. 그래서 저는 과연 우리나라에 오스트리아식 모델을 적용하는 것이 가능할지 연구하고 싶어서 훔볼트재단에 제안했던 것입니다. 그랬더니 킨더만 교수가 "그러면 빈대학교 국제법연구소에서 3개월 정도 연구하는 것이 좋겠다."라고 권하면서 훔볼트재단의 동의를 받아내줬어요.

그래서 제가 굼펠 교수, 킨더만 교수의 추천을 받고 훔볼트재단의 동의를 받아서 빈대학교 국제법연구소에 3개월 가 있었습니다. 왜 국제법연구소냐 하면 이유가 있습니다. 여러분이 아시듯이, 오스트리아는 히틀러의 제3제국을 추종하다가 거기에 합병됐기에 2차 대전이 끝나면서 패전국가가 되었던 것 아니겠습니까. 그래서 미국, 영국, 프랑스, 소련 네 연합국이 분할 점령을 했었죠. 10년 뒤에 그 분할 점령을 끝내고 연합군이 다 물러나면서 오스트리아를 독립국가로 만들어 준 것입니다. 이것이 '오스트리아 국가조약'이었는데, 따라서 오스트리아 모델에 대한 연구는 국제법연구소에서 하게 돼 있었어요. 그래서 3개월 동안 국제법연구소의 교수들과 대화하면서 공부를 했는데, 이 모델은 한국에는 적용되기 어렵다는 결론을 냈습니다.

제가 빈에 있으면서 소련 사람들과 특히 동유럽 사람들을 많이 만날 수 있었어요. 1차 세계대전 이전에, 그리고 패전 이전에 오스트리아는 헝가리를 병합해서, 오스트리아—헝가리제국(Austro-Hungarian Empire)을 형성하고 있었습니다. 그 오스트리아—헝가리제국 속에 보헤미아, 모라비아, 슬로바키아 등 이웃의 여러 작은 나라들을 다 병합시키고 있었습니다. 그래서 이쪽 사람들은 뒤에 독립한 뒤에도 오스트리아를 상당히 가깝게 느낍니다. 여러분 기억나시죠? 헝가리에서 처음 민주화, 자유화 운동이 일어났을 때, 헝가리 사람들이 헝가리를 떠나서 몰려 들어온 나라가 오스트리아였잖습니까. 그러한 친근감이 있었기 때문입니다. 제가 가 있을 때, 소련 사람들도 많이 와 있었지만 동유럽 사람들이 많이 와 있었어요. 그 사람들과 만나서 얘기를 하면, 특히 동유럽 사람들은 대한민국을 아주 선망하는 거예요. 저를 만난 것을 무슨 물에 빠진 사람이 동아줄 잡은 것처럼 생각하는 사람도 있었어요. "나는 청소부인데, 어떻게 너희 나라에 가서 살 수 없느냐", 이런 사람도 만났어요. 제 얘기를 종합하면, '소련과 동유럽에서 대한민국에 대한 인식은 엄청나게 좋구나. 그러니까 이 나라들과 국교를 세우는 것이 그렇게 어려운 일이 아니겠구나.' 이것을 확신하고 돌아올 수가 있었습니다.

그러면 무엇이 이 사람들에게 대한민국에 대한 인식을 좋게 심어줬을까요? 저는 기업이라고 봤습니다. 제가 이 사람들하고 만나서 얘기하면 우선 나오는 말이 쌈송이었어요. 자기들이 텔레비나 냉장고나 가전제품을 써보니까 쌈송이 최고다 이거에요. 삼성을 쌈송이라고 발음하는 거죠. 그다음에 엘지(LG), 그리고 헝가리의 경우에는 에스케이(SK)의 인기가 아주 높았습니다. 그때 저는 "역시 기업의 역할이 국제정치적으로도 외교적으로도 이렇게 중요하구나." 하는 것을 다시 실감할 수 있었습니다.

그래서 제가 여기에 쓰진 않았습니다만, 여름방학 때인 1988년 여름에 잠시 돌아와 노태우 대통령을 뵙고 소련하고 동유럽과 국교 수립을 추진할 만 하다는 걸 강력히 말씀드렸어요. 그랬더니 "소련하고 벌써 될까?"라고 반문하셨는데, "제가 보니까 우선 국민적인 분위기는 형성되어 있습니다. 그러니까 위에서만 잘 애기하면 가능하겠습니다."라고 대답했죠.

특히 중요했던 것이 88올림픽입니다. 이것이 동유럽에 미친 영향이 크다고 생각합니다. 89년에 동유럽에서 정말 혁명이 일어나는 것 아닙니까. 공산 정권을 다 무너뜨리는데, 저는 서울올림픽의 영향이 상당히 컸다고 봅니다. 서울올림픽에 참석했던 선수단, 또 그 선수단을 인솔하고 들어왔던 임원들, 이런 사람들 전원이 대한민국의 현실에 압도된 겁니다. 자기들은 늘 "대한민국은 미 제국주의의 식민지고 소수의 특권층을 빼고 나면 다 거지나 마찬가지다."라고 생각했는데, 그게 아니잖습니까? 그래서 서울올림픽을 통해서 이 사람들이 보았던 대한민국에 대한 인상, 이것이 준 충격이 컸다는 것입니다. 이것이 소련과 동유럽에서 '이거 우리 이렇게 살아서는 안 되겠다' 하는 심리적 변화에 상당한 영향을 줬을 것이다, 이렇게 저는 지금도 믿고 있습니다.

실제로 1989년에 들어서서 동유럽에서는 혁명이 일어납니다. 동독 사람들은 동베를린 장벽을 무너뜨렸잖습니까. 그러면서 동독 사람들이 서독으로 밀려들어오고, 그 뒤에 폴란드를 비롯한 많은 동유럽국가가 다 공산 정권을 무너뜨리는 것 아니겠습니까? 특히 루마니아에서는 차우세스쿠(Nicolae Ceaușescu) 같은 폭압자를 아예 처형해버립니다.

북한의 비상사태에 대한 두 가지 계획

김학준: 실제로 이런 일이 일어나니까, 대통령께서도 그랬지만, 정치인들과 외교관들 그리고 지식인들 가운데 적지 않은 사람들이 "이거 북한도 망하는 것 아니냐."하는

생각을 갖게 되었어요. 사실 북한이 망하리라는 기대가 막 자라났어요. 그런데 이때 정책 건의를 위해서. 특히 외국에서 활동하는 몇몇 교수들의 의견을 물어보았습니다. 그랬더니 "북한의 상황은 동유럽의 상황과 다르다. 김일성 정권은 쉽게 안 무너진다. 그러니까 김일성 정권이 무너질 것이라는 전제 위에서의 정책 수립은 바람직하지 않다."라고 하는 건의를 외국에서 활동하는 우리 한국계 몇몇 교수들로부터, 그리고 랜드(RAND)의 몇몇 교수들로부터 받았습니다. 저도 그걸 통해서 '아, 그거 쉽지 않겠구나,' 하는 판단을 내리고 대통령께도 그렇게 보고를 드렸어요. 그런 보고에 대해 "그거 잘못 보는 거 아니야?" 하는 말씀을 제가 듣기도 했습니다. 그만큼 당시 분위기는 '동유럽 다 무너지듯이 이제 북한에도.' 하는 기류가 상당히 컸다는 점을 제가 덧붙이도록 하겠습니다.

이때 계획이 두 개가 나왔어요. 하나는 국가안전기획부의 한 연구파트가 세운 이른바 충무계획이었습니다. 이때 충무는 물론 충무공 이순신 장군입니다. 그 파트는 아무래도 훨씬 좀 보수적이니까, "북한에서 반드시 인민 봉기가 일어난다. 그래서 인민 봉기가 일어나면 김일성 정권은 이걸 탄압해야 되는데, 탄압하려면 구실이 필요하다. 또 인민 봉기 일으킨 사람들의 관심을 돌려야 하기 때문에 대남 무력도발을 할 것이다. 대남 무력도발을 하게 되면 우리는 충무공 정신에 따라서 군사적으로 대응해야 된다." 이게 충무계획의 핵심이었습니다. 그런데 저도 보고는 받았습니다만, 충무계획이 얼마나, 어느 정도까지 진전됐는지에 대해서는 지금 회고할 것이 없습니다. 아마 구상 정도로 끝난 것인지도 모르겠습니다.

그런데 다른 하나가 있었습니다. 노태우 대통령은 상당히 신중한 분이세요. 그래서 한쪽으로는 국가안전기획부 연구파트의 충무계획은 충무계획대로 연구를 계속하게 하되 국토통일원으로 하여금 평화계획을 수립하여 추진하도록 했습니다. 북한에서 인민 봉기가 일어났을 때, 우리가 그걸 군사적으로 대응하기

보다 경제적 지원이나 정신적 지원을 통해서 어떻게 북한을 민주화시킬 수 있는 지, 어떻게 민주화의 방향으로 유도할 수 있는지, 이것에 대해서 연구를 했으면 좋겠다고 해서 국토통일원은 평화계획을 세웠습니다. 이 용어에 대해서는 제가 기억이 정확하지는 않습니다. 그리고 어느 정도까지 진전됐는지는 모르지만, 어 떻든 두 개의 대조되는 계획이 정부 안에서 입안되었다, 이렇게는 말씀드릴 수 는 있겠습니다.

샌프란시스코 정상회담의 비화

1990년에 들어서 노태우 대통령은 북방정책에 대해 훨씬 자신감을 갖게 되 는 일련의 외교적 이벤트를 경험하게 됩니다. 우선 6월 4일 샌프란시스코에서 고르바초프(Mikhail Gorbachev) 소련 대통령과 정상회담을 열 수가 있었습니다. 그 런데 이건 정말 놀라운 일이었습니다. 제가 그때 그걸 옆에서 관여했다고 놀라 운 일이라 이렇게 과찬하는 게 아닙니다. 영국의 그 유명한 시사주간지 이코노미 스트가 '노태우의 외교 쿠데타'라는 큰 제목으로 표지에 넣었어요. 북방정책을 밀 고 나가는 기관차, 기관차가 영어로 locomotive 아닙니까? 그 locomotive의 엘(L) 자를 알(R)로 표시해 주었어요. 그러니까 노태우 대통령을 빗대어 Rocomotive가 강력히 추진해서 성사시켰다는 의미죠. 이렇게 평가가 좋았습니다.

사실 처음에 이 계획을 지시한 분은 대통령이었습니다. 그 계기는 슐츠 (George Pratt Shultz) 미 국무장관이 마련해 주었습니다. 노 대통령과 슐츠 장관의 관계는 아주 좋았습니다. 그래서 슐츠가 가끔 여러 가지 조언을 해 오기도 했는 데, 고르바초프가 워싱턴에 와서 부시(George Herbert Walker Bush)와 회담하고 샌 프란시스코를 거쳐 소련으로 돌아간다는 정보를 알려준 겁니다. 슐츠가 한 건 그거뿐이에요. 그런데 노 대통령은 그 뒤에도 여러 번 "그때 슐츠가 나하고 고르바초프와의 회담을 다 arrange해줬어." 이렇게 말씀하셨는데 그건 사실이 아닙니다. 그냥 슐츠는 알려만 준 거예요. 고르바초프가 워싱턴에서 부시하고 회담하고 그다음에 샌프란시스코를 거쳐서 소련으로 돌아간다는 일정만 알려준 거예요. 그러니까 그때 만나봐라 이런 말도 없었어요. 그래서 슐츠의 회고록을 보면 노태우-고르바초프 회담에 대해서는 일언반구도 없습니다.

어쨌든 노 대통령은 그 전언을 듣고는 비서실에 즉시 지시를 했어요. "내가 고르바초프하고 샌프란시스코에서 회담할 수 있도록 추진하라." 그런데 외교보좌관실에서 처음에는 불가능하다고 봤어요. 이때 암호명이 5퍼센트였습니다. 저한테 보내주신 여기 자료집에 보니까 그때 암호명이 태백산으로 돼 있더라고요. 저는 그거 전혀 몰랐어요. 그때 청와대에서 알기로는 암호명이 5퍼센트였어요. 추진해야 할 시간이 너무 짧기도 하고, 그래서 그 실현될 가능성은 5퍼센트밖에 안 된다고 봤기 때문에 그렇게 붙였던 겁니다. 그런데 이게 성사가 된 거예요. 노태우 대통령에게는 축복이었다, 이렇게 볼 수가 있어요.

고르바초프는 스스로 지난날 소련공산당이 해 온 것을 아주 못마땅하게 여기고 있었어요. 쉽게 표현한다면, 반소적인 사람이었습니다. "소련공산당은 무너져야 된다." 이런 생각을 가지고 있던 사람이에요. 반면 코리아에 대해서는 좋은 인상을 가지고 있었다고 그래요. 이건 제가 본인한테 직접 들은 이야기입니다. 자기가 어느 지역 당에서 제1서기를 하고 있었답니다. 그때는 흐루쇼프 시대였죠. 그 흐루쇼프 시대에 중앙당에서 소련의 모든 지역 당에게 계속 내려오는 지시가 다른 게 아니라 너희 지역에서 제일 좋은 과일과 채소, 이것은 무조건 모스크바로 보내라 이거였답니다.

소련 통치자도 우선 수도를 안정시켜야 하는 것 아니겠습니까? 그러니까 수도를 안정시키기 위해서는 모스크바에 사는 사람들, 이 사람들의 입맛에 맞춰줘야 하는 거예요. 그때 소련에서 안정되게 산다는 사람들이 원하는 게 과일하고 채소였다는 거예요. 고기는 됐다는 겁니다. 그런데 채소하고 과일이 쉽지가 않았다는 거예요. 그래서 흐루쇼프가 계속 내려 보낸 지시가 그거였다는 겁니다. 고르바초프 자신도 그 지시를 받고, "어디 가서 과일하고 채소를 구하느냐?"라고 했더니 실무자가 "걱정하지 마십시오. 여기 어디 가면은 좋은 과일과 좋은 채소가 많습니다." 그러더래요. "그래, 어디야?" 물었더니 바로 까레이스키, 우리 고려인의 운영하는 집단농장이라는 거예요. 실무자는 알고 있었던 겁니다.

그래서 고려인들이 하는 집단농장에 들어가니까 벌써 분위기가 다른 것을 느낄 수 있었다고 합니다. 열심히 일하고, 과일과 채소가 다른 지역하고는 비교가 안 되게 양질이더랍니다. 또 본인이 관심 있어서 알아봤더니, 그렇게 자녀들의 교육에 열성적이고, 소련 같은 체제 안에서도 이 사람들은 돈을 가지고 있다 이거예요, 그래서 까레이스키에 대해 좋은 인상을 가졌다고 합니다.

고르바초프 자신은 반소적인 성향을 가진 사람이고 까레이스키에 대해서는 좋은 인상을 가지고 있었는데, 이제 노태우 쪽, 대한민국 대통령 쪽으로부터 회담하자는 요청이 들어오니까 호의적으로 생각했다는 거예요. 한번 만나봤으면 좋겠다고 봤다는 거죠. 그리고 그 전제는 대한민국이 경제적으로 굉장히 발전했다더라, 흔히 말하는 미제의 식민지가 아니라 또 종속국가도 아니고, 경제적으로 엄청나게 발전했다더라, 그럼 대한민국은 어떻게 해서 이렇게 경제적으로 발전했는가, 이걸 알고 싶었다는 겁니다. 그래 한번 만나보자 한 거죠. 글자 그대로 이건 top-down 방식이었습니다.

고르바초프 자신이 회담을 결심했는데 KGB에서는 이를 늦게 압니다. 샌프란시스코회담에서 회담이 열린다는 것을, KGB도 늦게 알았지만 이미 늦은 거예요. 소련 외무부도 반대했다고 그래요. 그런데 이게 이미 다 성사가 된 겁니다. 여기에서 고비가 있었어요. 뭐냐 하면 고르바초프 쪽에서는 자꾸 내부에서 반대가 올라오니까 좀 당황했던 모양이에요. 그래서 청와대로 직접 전화를 걸어 왔어요. 뭐냐 하면, 샌프란시스코에서 회담이 열린다는 것을 노 대통령이 출국 할 때나 발표해 달라는 거였습니다. 미리 발표하면 절대로 안 된다, 미리 발표하 면 우리 안 만난다 이거예요.

노 대통령 쪽에서 당황스런 일이었죠. 벌써 소문은 났는데, 그 회담이 성사 가 안됐다 그러면 국민과 국제사회 앞에 면목이 없어지는 것 아니겠습니까? 그 래서 당황했죠. 그때 청와대 쪽에서 당신들은 민주국가의 국가 운영, 사회 운영 을 알아야 한다, 벌써 일이 이렇게 상당히 진전된 상황인데 이것을 출국할 때야 발표한다는 건 있을 수 없다, 우리 차라리 안 가겠다, 하면서 배짱을 부렸어요. 그랬더니 고르바초프가 좋다고 해서 겨우 발표했던 겁니다.

그뿐만이 아니었습니다. 회담 장소도 문제였어요. 처음에는 소련에서 샌프 란시스코 주재 소련 총영사관에서 만나자는 거예요. 노 대통령이 즉각 반대했어 요. "그렇게 하면 국민들이 우리가 무슨 아관파천 하는 걸로 생각할 거다, 그건 절대로 안 돼." 그건 저쪽에서도 이해를 해줬어요. 그래서 페어몬트 호텔로 정해 졌습니다. 이 페어몬트 호텔은 레이건(Ronald Wilson Reagan) 대통령이 사용하던 호텔이었습니다. 슐츠 장관이 그 호텔을 알선해 줬기 때문에, 거기서 만난 겁니 다.

겨우 발표를 하고 나서도 성사가 안 될까봐 걱정했어요. 그래서 그 대표단이 갔을 때, 저는 그때 대표단의 일원이 아니고 그냥 청와대 안에 있었습니다만, 끝 까지 마음 졸였다고 합니다. 약속된 시간에 고르바초프가 안 나타나는 겁니다.

대표단이 드디어 호텔에 도착하자, 이제는 성사되는구나 하며 다들 마음을 났다고 해요. 그런데 또 새로운 일이 벌어집니다. 소련 쪽에서 경호실 사람들이 내려오더니, 노 대통령을 포함해서 다섯 사람만 올라오라는 겁니다. 그래서 올 라갔더니, 그냥 어둑어둑한 몇 층 복도의 긴 소파에 앉히더라는 겁니다. 잠시 후 누가 내려왔는데 소련에서 미국 대사하던 도브린(Anatoly Dobrynin)이었습니다. 도브린이 내려오더니, 경호원들을 막 나무랐답니다. "이 귀빈을 누가 이런 데로 모시라고 그랬어?" 이렇게 하면서, "올라가십시다." 하기에, 비로소 엘리베이터를 타고 고르바초프가 있던 호텔방으로 간 거예요.

엘리베이터를 타는 도중에도 해프닝이 있었습니다. 경호원들이 막 무례하게 원, 투, 쓰리 숫자 세며 자르는 겁니다. 다섯 사람 이상 못 탄다는 겁니다. 그래서 최호중 외무부 장관도 못 타게 됐어요. 그때 최호중 외무장관이 소련 말은 못 하지만 영어로 "I am foreign minister!" 하면서 그냥 엘리베이터 안으로 뛰어 들어간 겁니다. 그렇게 들어가서 이제 회담을 한 거예요.

회담 중 사진 찍는 문제도 논란이었습니다. 사진은 안 된다 이거예요. 왜냐면 국내에서 반발이 보통이 아니다, 그러니 사진은 찍지 말고 회담만 하자는 것이었습니다. 이에 노 대통령이 강하게 밀었어요. "지금 이 회담 한다는 건 세상이 다 아는데 사진도 없으면 무슨 일이 벌어졌느냐고 다들 의심할 거다. 사진은 찍어야 되겠다." 그러니까 고르바초프가 응하고, 그래서 청와대 출입기자가 스쿠프(scoop)를 한 겁니다. 다른 신문사 사진기자들은 일체 못 들어갔기 때문에. 청와대 사진기자는 대통령을 수행하는 사람이다 해서 들어갔기 때문입니다.

제가 뒷날 고르바초프 대통령에게 직접 듣기로는, 자기는 그 자리에서 노태우 대통령에게 상당한 호감을 갖게 됐다고 합니다. 우선 인물이 좋고, 아주 인물이 환하고, 개방적이고, 그래서 '내가 앞으로 상대할 만한 한국의 지도자구나' 하는 생각을 본인이 했다는 겁니다.

러시아 및 중국의 지지와 북한의 태도 변화

김학준: 샌프란시스코 정상회담이 일단 이루어지니까 그다음부터는 정말 빠르게 진행이 됐어요. 그래서 한소 수교가 9월 30일 자로 이루어지고, 그해 12월에 노태우 대통령이 외무장관 등을 대동하고 모스크바를 방문해서 고르바초프와 함께 두 나라 관계에 관한 일반 협정을 체결합니다. 다음해에 고르바초프가 다시 한국에 옵니다. 이때는 고르바초프가 일본에서 어떤 회담에 참석한 뒤, 나가사키에서 출발해서 블라디보스토크를 통해 모스크바로 가는 길에 제주도에 들린 거예요. 그때 이 사람들이 참 비싸게 굴었어요. 그냥 공항에서만 만나자는 거예요. 공항에서 인사나 나누고 거기서 그냥 떠나겠다는 겁니다. 우리로서는 공항에서 만나고 공항에서 헤어진다는 건 말도 안 된다고 했고, 결국 신라호텔에서 회담을 합니다.

그런데 이때 제주도 회담에서 고르바초프가 우리한테 중요한 발언을 합니다. 오늘의 주제와 관련된 내용입니다. 요지는 이렇습니다. 자기는 대한민국의 UN 가입을 지지한다, 단독가입도 지지하겠다. 그래서 그해 가을에 열리는 UN 총회에서 동시가입은 물론 절대적으로 지지하고, 동시가입에 대해 중국이 반대하는 경우, 즉 중국이 안전보장이사회 상임이사국이니까 veto권을 행사하는 경우에는 우리가 설득을 해보겠다. 그러나 중국이 버틴다고 해야 1년 이상을 더 버티겠느냐, 그러니 내년으로 동시가입을 추진해봐라. 그런데 당신네가 금년에 굳이 단독가입이라도 하겠다고 한다면, 나는 도와주겠다. 이런 약속을 분명히 했어요. 이게 우리에게 상당히 격려가 되었습니다.

그즈음에 중국 쪽으로부터도 메시지가 왔어요. 우리에게 금년에 동시가입 신청을 하라, 단독가입은 절대 하지 마라, 그러면 우리가 비토권을 행사하겠다, 그러니 동시가입을 하라는 것이었습니다. 그런데 그때 북한은 분단을 고착화시킨다는 이유로 동시가입 자체를 반대하지 않았습니까. 그러니 자기들이 북한을 설득을 하겠다, 그러니까 금년 가을에 동시가입을 하도록 하라는 것이었습니다. 그리고 수교는 그다음 해에 하도록 하자, 동시가입을 해 놓으면 국제사회가 대한민국의 실체를 인정한 것이 되고, 그러면 자기들이 대한민국과 수교하기가 훨씬 편해진다는 것이었습니다. 그러니까 중국으로부터 수교는 1년 뒤로 미루고, 남북 동시가입을 금년에 하라는 메시지를 받은 것입니다. 그래서 상당히 고무됐었죠.

소련이 top-down 방식으로, 속도를 내서 한국과의 수교를 성사시킨 것과는 대조적으로 중국은 bottom-up 방식으로, 만만디 자세로 한국과의 수교를 결심했습니다. 수교가 성사된 뒤에도, 당시 중국공산당 주석이던 강택민(江澤民)의 표현으로, '개천이 늘러 냇물을 이루고 냇물이 강으로 닿았다가 바다에 이르는' 자세를 보였습니다.

남북한 UN 가입 문제가 이렇게 흘러가자 북한이 상당한 위기의식을 느꼈습니다. 그래서 우리가 제의한 남북 총리 회담에 응하고 들어왔습니다. 그리고 남북한 UN 가입이 있기 전에, 또 총리 회담이 열리기 전에, 동유럽에서 공산 정권이 계속해서 무너져 나갔습니다. 그때 일본의 마이니치 신문이 김일성과 직접 회견을 했는데 그 내용이 아주 시사적이었습니다. 마이니치에는 그 전문이 실렸는데, 북한에서는 물론 뺄 거 빼고 이렇게만 했어요.

마이니치가 물은 겁니다. "지금 세계정세가 급변하고 있습니다. 공산 정권은 다 붕괴하고 있습니다. 그래서 북한의 장래를 어떻게 보십니까?" 대체로 그런 취지의 질문이었어요. 그때 김일성의 대답에 이 말이 들어가 있었어요. 이게 우리나라 신문에도 안 났어요. 제가 마이니치 원본을 보고 확인한 겁니다. 김일성이 이렇게 말했어요. "우리 조선 속담에 '하늘이 무너져도 솟아날 구멍이 있다.'라는 게 있습니다. 그러니까 우리가 살길이 있다고 봅니다." 이렇게 얘기를 했어요. 얼마나 다급했으면 하늘이 무너져도 솟아날 구멍이 있다는 말을 김일성이 했겠습니까. 그래서 그걸 보면서 지금 북한이 보통 다급한 게 아니구나 하는 걸 실감할 수 있었습니다. 그런 상황이다 보니 북한이 남북 총리 회담에 나오는 거예요. 북한으로서는 공산권이 흔들리는 이런 판에, 그래도 대한민국과의 대화를 유지해 나가는 것이 자기네에게 유리하다고 본 겁니다.

이제 남북 총리 회담이 진행이 되었는데, 이 회담을 통해 우리가 확인한 게 있었어요. 김일성의 건강이 안 좋다는 사실이었습니다. 그때 김일성이 남쪽 대표단을 직접 만나줬습니다. 그분들이 낸 보고서를 보면, 김일성이 자꾸 침을 흘리더라는 거예요. 맥주 한 잔을 마시는데도 좌우에 전속 부관이 서서 맥주잔을 들어 손에 쥐어주면 맥주를 마시는데 자꾸 흘리고, 흘리면 전속 부관이 수건으로 입을 닦아주었어요. 그래서 김일성의 건강이 상당히 안 좋구나 하는 걸 느꼈답니다. 그다음에 귀가 벌써 어두웠어요. 귀가 어두워서 이 역시 전속 부관이 큰소리로 복창을 해주었다는 거예요. "지금 저 남쪽 대표단이 이렇게 말했습니다." 라고 하면, "어, 알겠어."라고 할 정도였습니다. 우리 속담에도 있잖습니까? 나이 많아지고 죽음이 가까워지면 귀가 어두워진다고요. 그런데 1990년인가, 스위스의 심장전문의가 평양으로 들어가 김일성을 직접 진단하고 치료했다는 첩보도 받았습니다. 그래서 저는 김일성이 죽었다고 했을 때, 저건 자연사일 것이라고 보았는데, 제가 그렇게 믿었던 것도 이런 보고를 접했기 때문이었죠.

노태우 대통령의 북방정책의 정점은 한중 수교였습니다. 한중 수교는 우리가 기다린 대로 중국이 약속을 지킨 겁니다. 제가 아까 기업 얘기를 했잖습니까? 여러분이 다 알고 계신 얘깁니다만, 덩샤오핑(邓小平)이 한국의 경제발전을 높이 평가했어요. 그래서 전혀 언론에 노출을 안 시킨 채, 자기 팀들을 한국에 보내서 경제 발전 상황을 알아오게 했습니다. 그때 등소평이 반드시 이곳은 가서 보고 와라, 한 곳이 어디였겠습니까? 예, 그렇습니다. 포항제철이에요. 포항제철을 반드시 보고 오게 했습니다. 포항제철로부터 많은 좋은 인상을 받았다는 겁니다. 그래서 제가 소련 얘기할 때 말씀드렸듯이, 기업의 활동이 그렇게 중요하다는 점을 제가 역설해 보고자 합니다. 자, 그러면 제 이야기는 여기서 마치도록 하겠습니다. 그래도 이렇게 끝까지 경청해 주셔서 대단히 감사하다는 인사를 드립니다.

김종학: 오늘 김학준 교수님께서 해주신 말씀은 그야말로 노태우 대통령을 지근거리에서 모시면서 중요한 정책결정 과정이라든지 또 저희가 몰랐던 그러한 일화들을 많이 소개해 주셔서 궁금증이 많이 해소되는 것 같습니다. 이제 교수님들 질의를 받을 텐데, 전재성 교수님과 이동률 교수님 두 분께 먼저 질의 기회를 드리겠습니다.

전재성: 아까 처음에 북방정책 전반에 대해서 말씀하실 때 그때도 국내에 여러 스펙트럼들, 극우 보수라든지, 또 정부 내에서 북방정책에 대한 반대가 존재한다고 말씀해 주셨는데, 저희도 북방정책에서부터 지금의 대북정책이나 또는 외교정책에 대한 보수, 진보 스펙트럼 이런 게 좀 생겨나지 않았나 그런 느낌이 좀 있거든요. 그래서 혹시 북방정책을 계기로 대북정책에 대해 주로 정부 내 또는 정치권

전재성 교수

내의 갈등 구도가 어떠했는지, 스펙트럼이 어떠했는지를 좀 말씀해주시면 좋을 것 같고요. 지금하고 딱 맞지는 않겠지만요.

두 번째로 굉장히 흥미로운 말씀으로 인민 봉기 가설, 충무계획에 대해 말씀해 주셨는데, 89년, 90년 그 즈음에 체제로서 북한의 미래 생존 가능성, 그것이 사실 북방정책 수립에 굉장히 중요한 전제가 되었던 것 같다는 생각이 들었습니다. 지금도 마찬가지이긴 한데요. 그래서 과연 그 당시에 북한에 대한 논의가

노태우 정부 하에서 어떻게 되고 있었는지, 인민 봉기 가설은 굉장히 흥미로운, 저도 별로 주목하지 못했던 부분이라 혹시 추가하실 말씀 있으면 해주시길 바랍니다.

그 다음에 동시가입은 직접 입안을 하시거나 기획하시지는 않은 것으로 말씀을 해 주셨는데, 당시 문서를 보면 전체적인 분위기상, 청와대에서 단독가입안과 동시가입안을 다 90년대에 논의를 하고 있었던 것 같아요. 90년 11월 문서쯤 보면 우리는 단독가입도 생각은 했는데, UN에서 성공할 수는 없을 것 같다, 한국 가입에 70개국 이상이 찬성하는 모습을 보이긴 했지만, 단독가입으로 갔을 땐 꼭 성공을 못할 것 같다, 이런 문서가 있더라고요. 그래서 전체적인 분위기에서 단독가입과, 또는 그게 어려우면 동시가입으로라도 가자, 하는 내용들이 논의되는 걸 들으신 적이 있는지, 그것도 좀 여쭤보고 싶습니다.

왜냐하면 좀 다른 얘긴데, 이번에 한미 정상회담에서 대만 문제로 우리가 얘기하니까 중국이 국내 문제라고 굉장히 반발했잖아요. 이게 하나의 중국 정책 때문에 대만 문제가 중국의 국내 문제가 돼버린 셈입니다. 우리는 UN 동시가입을 하게 되면서 남북한 문제가 사실 국제관계 문제처럼 보이기 때문에 중국은 항상 한반도 안정 얘기를 하는데 우리가 볼 때는 등가성이 없는 얘기를 하는 걸로 생각됩니다. 중국은 한국 얘기해도 아무 말도 못하는데, 우리가 대만 얘기하면 중국한테 야단을 맞아야 되는 그런 상황이라는 거죠. 동시가입이 당시로서는 굉장히 큰 외교적 성과였는데, 지금 보면 남북이 이제 동등한 입장도 갖게 되었고, 그만큼 북한이 국제적인 영향력이 생긴 부분이 있어서, 동시가입이 갖는 의의와 관련하여 후세의 판단들은 또 다양하게 존재할 수 있을 것 같습니다. 다시 돌아가 보면 90년, 91년에 고르바초프가 찬성할 정도였으면 90년 후반, 91년 초반 어귀에 동시가입안이 국내에서 상당히 쿠킹이 됐을 것 같은데요, 그에 관해서 혹시 알고 계신 바가 있으면 또 말씀해주시면 도움이 많이 될 것 같습니다.

북방정책에 대한 국내의 반발

김학준: 네, 그렇게 하죠. 북방정책이 지금은 뭐 새로운 것도 아니고 다 좋게 받아들여지고 있습니다만, 앞에서 제가 말씀드렸듯이 그리고 또 지금 또 지적해 주셨듯이, 그때는 특히 군 내부에서 '야, 이거 제대로 가는 거야?' 이런 회의는 많이 표출이 됐었습니다. 또 그때 안기부 쪽에서도 주로 대공 파트를 맡고 있던 부서들, 거기서도 '이거 뭔가 너무 공산권에 대하여 환상을 가지고 있는 건 아니야?' 이런 문제 제기라고 할까, 의문 제기가 있었어요.

그래서 심지어 이제 노태우 대통령이 들어서고 나서, 전두환 대통령 쪽하고의 관계가, 일정 부분 아주 나빴어요. 대통령 쪽에서는 특히 북방정책을 비판의 초점으로 삼았습니다. 그 쪽의 어떤 분은 고르바초프와의 회담까지 문제로 삼았습니다. 그러면서 제 개인적인 얘깁니다만, 저 같은 사람도 비판하고 나오는 거예요. "저거 김학준이 빨갱이야.' 이러면서. 지난날 공산권을 연구하던 사람들이 공산주의의 정체를 제대로 파악하지 못하고 순진하게 접근을 해서 국민들의 반공 의식도 흐리게 하고 무엇보다 군의 주적 개념을 흐리게 하고 있다, 이게 비판의 초점이었습니다. 그런데 그런 점들은 우선 고르바초프의 주도 아래 소련이 변모하고 하면서 많이 희석이 됐습니다.

만일 고르바초프가 비록 개혁 정치를 추구했다 하더라도, 그 인상이 스탈린 같거나 흐루쇼프 같았으면 세계에 주는 효과가 덜했을 거라 봅니다. 고르바초프는 개인적으로 대해 보면, 서구 정치인보다도 더 부드럽고 더 유연하고 호감을 주는 사람이에요. 우리나라에서도 고르바초프에 대한 인상은 좋았잖습니까? 그런 점이 상당히 중요했다고 보는 거예요. 그래서 북방정책에 대한 초기의 문제 제기나 회의감은 서서히 사라져 갔고, 서서히 사라지는 데는 고르바초프의 좋은 인상도 한몫을 했다, 이렇게 말씀드릴 수 있습니다. 그다음에 실제로 실적이 생기고 또 우리 국민들이 자연히 지난날의 공산권에도 가보니까 '아, 이거 참 공산권에서 대한민국에 대한 인상이 상당히 높구나,' 이걸 또 깨닫고, 그러면서 북방정책에 대한 경계심은 자연스럽게 해소되었다고 말씀드릴 수 있겠습니다.

북한 붕괴설과 충무계획

김학준: 그다음에 인민 봉기에 대처한다는 그 충무계획에 관한 겁니다. 우선 공산정권이 줄줄이 무너지니까 자연스럽게 떠오르는 게 북한도 저 꼴 난다, 이거였어요. 그러니까 어떤 사람들은 좀 성급하게는 '저 북한 정권이 무너질 터이니까 그거 접수하는 계획을 세워야 된다.' 이런 건의를 해오는 사람들도 있었습니다. 그래서 제가 그때 급히 서둘러서 외국 전문가들한테 자문을 구한 겁니다.

특히 그때 미국의 랜드에 레빈이라는 교수가 있었어요. 레빈이라는 분이 논문을 하나 써서 보내줬어요. 북한의 상황은 동유럽의 상황하고 너무 다르다는 것이었습니다. 거기서 제가 지금 기억에 남는 것이, 우선 동유럽은 서유럽과 가까이 있다, 그러니까 서유럽의 분위기, 이것을 쉽게 전달받는 사람들이며, 특히 1975년에 헬싱키 합의를 통해서 서방 세계의 정보가 동유럽으로 자연스럽게 들어갈 수 있었다, 이것이 큰 효과가 있었다. 그런데 북한은 소련과 특히 중국이라는 일당 독재 체제에 포위되어 있기 때문에 그러한 영향을 거의 볼 수가 없을 뿐 아니라 특히 중공은 북한이 무너지는 것을 결코 원하지 않을 것이므로 인민 봉기가 일어난다든가, 이런 개연성, 가능성은 거의 없다." 이게 레빈 교수의 진단이었어요. 저도 레빈 교수의 진단에 아주 공감을 했습니다.

그래서 대통령께 그런 보고도 드리고 "당장에 기대 안 하는 게 좋을 것 같습니다."고 말씀드렸습니다. 그런데 제가 여기서 하나 말씀드리고 싶은 게 있어요.

뭐냐면 대통령이 되면 누구나 다 공명심을 갖습니다. 또 실제로 정치를 하는 사람들의 특징의 하나가 공명심 아닙니까? 그런데 대통령까지 되니까 '내가 역사에 뭘 남겨야지.' 하는 생각에 사로잡힙니다. 이게 좋게 보면 좋은 거고 안 좋게 보면 대통령을 그르치게 되는 거예요. 공명심에서 벗어나질 못하는 거예요. '내가 대통령인데 말이야. 더구나 임기가 5년밖에 안 돼. 이 5년 동안 내가 역사에 남는 일을 해야지.' 하는 겁니다. 그러니까 역사에 남는 일, 이거에 매달리다 보면 다른 것들은 보이지도 않아요.

그러니까 주로 남북정상회담 같은 것에 매달리는 거예요. 저는 그걸 나쁘게 보질 않습니다. 그만한 공명심을 가지고 또 그만한 목표를 가져야 그게 대통령인 거죠. 그런데 그것에만 너무 매달리지 말고, 상황판단을 제대로 해야 되는 것이죠. 대통령의 공명심을 어떻게 상황에 맞게 통제하느냐 하는 것이, 대통령과 대통령을 모시는 사람의 중요한 과제다, 그렇게 말씀드리고 싶습니다.

단독가입안의 검토 여부

김학준: 그 다음으로 가입안에 대한 질문인데, 단독가입안은 거의 검토를 안 했다고 봅니다. 단독가입은 너무 무리한 일이고 역시 동시가입이 가장 좋은 방법이라고 보았죠. 물론 동시가입에 대해서도 비판하는 사람이 있었죠. 북한이 기를 쓰고 비판하고, 이건 분단 현실을 고정화시키는 것이라고 비난했죠. 제가 이 대목과 관련하여 꼭 하나 말씀드리고 싶습니다. 뭐냐면 박 대통령 이후 특히 유신 체제 이후 남북관계와 관련해 우리가 심리적으로 눌려 있는 게 하나 있었어요. 북한은 통일을 지향하는데, 대한민국은 분단을 지향하고 있다고 하는 비판, 그 프레임에 우리가 짓눌려 있었어요. 그래서 '아니야, 우리는 절대로 분단을 지향하는 게

아니야. 또 분단을 합법화시키려고 하는 세력이 아니야. 우리도 통일 지향 세력이야', 이것을 보여주고 싶어서 나온 정책이라고 할까, 발상들이 많았습니다. 그건 완전히 그 프레임에 우리 스스로가 말려들어간 것이다, 이렇게 저는 말씀을 드리고 싶습니다.

김종학: 다음 이동률 교수님 부탁드립니다.

북방정책의 궁극적 목표

이동률: 여기 자료 주신 것에 보면 노태우 대통령이 북방정책 성과에 굉장히 만족해하면서 공산 정권 붕괴 물결이 북한에도 파급될 것이라는 기대를 했다는 표현이 있어요. 사실은 이 구술을 진행하면서 조금 확인 안 되고, 서로서로 다른 엇갈린 반응들이 나오는 것이 북방정책의 목표가 뭐였는가 하는 것이었습니다. 그러니까 쉽게 얘기하면 소련과 중국을 거쳐서 북한으로 간다, 이렇게도 많이 얘기했는데, 노태우 대통령이 생각한 북방정책이라는 게 결국 궁극적으로 북한을 붕괴시키는 시나리오로 상정한 건지, 아니면 북한에 대한 햇볕정책의 측면으로 봐야하는지요. 어떤 분은 노태우 정부는 김대중 정부, 노무현 정부로 이어지는 햇볕정책의 출발이었다, 그렇게 해석하시는 분도 계셨어요. 그래서 워낙 가까이 계셨으니까, 노태우 대통령의 머릿속에 북방정책의 목표는 어떤 거였는지 말씀해 주시면 좋겠습니다.

또 하나는 이제 여기서는 기억을 명확치 않다고 말씀하신 건데, 이것도 많은 분들이 조금 서로 엇갈리는 얘기가 나오는 대목입니다. 그러니까 중국에서 UN 가입을 1년 유예시켜 달라는 메시지를 전달했다, 노태우 대통령이 직접 전달한 걸로 교수님이 쓰셨어요. 그런데 사실 그 당시는 아직 수교 전이라서, 도대체 어떤 경로로 중국의 메시지가 우리에게 전달됐는지에 대해서는 명확하지 않아요. 그 당시 UN에 계셨던 분도 UN을 통해서 받은 것 같진 않다고 하셨어요. 그러니까 우리가 받을 수 있는 상식적인 통로는 UN 통로 아니면 홍콩 통로였던 것 같은데, 홍콩 쪽에서도 그 당시 홍콩을 통해서 중국이 중요한 메시지를 전달할 만한 통로나, 기능은 못했다고, 구술하신 선생님들이나 대사님들이 말씀하셨어요. 그래서 이게 받았다는 얘기들은 많이 하셨는데, 어떤 경로로 어떻게 받았는지에 대해서는 전혀 지금 확인이 안 되고 있습니다.

김학준: 햇볕정책이라는 말은 정말 노태우 대통령 때 처음 나온 말입니다. 공식적으로는 처음 나온 말입니다. 그것이 뒷날 이제 김대중 대통령에 의해서 더 널리 쓰이게 되었습니다. 그리고 노태우 대통령이 궁극적으로 본인 임기 중에 정말 김일성 정권이 붕괴하기를, 아마 기원은 했을 거예요. 기원은 했지만 그것이 현실로 나타나지는 않을 것이다, 이렇게 판단하고 있었다고 볼 수 있어요. 그다음에 아까 왜 '모스크바와 북경을 거쳐 평양으로'라는 말씀을 인용을 하셨잖습니까. 이 교수님께서. 그렇죠?

이동률: 예.

김학준: 그런데 연설문은 조금 화려하고 그러니까 수사적인 게 들어가기 때문에 반드시 그 본인의 생각과 일치하는 것은 아닙니다. 제 경험으로 볼 때 노 대통령은 좀 화려한 어법을 좋아하셨어요. 화려한 어법을. 그래서 표현을 좀 멋지게 하려고 사실과는 좀 차이가 있는 표현이 들어갈 수 있습니다. 우리 연구하는 사람들은 그 연설문을 분석하면서 이건 이런 뜻이라고 해석하지 않습니까? 어떻게 보면 그렇게까지 주의를 안 기울여도 될 것입니다.

노 대통령 역시 동유럽 공산권이 그냥 줄줄이 무너지고 차우세스쿠도 처형되고, 더구나 베를린 장벽이 무너져 독일 통일이 되고, 이러니까 이 물결이 아마 북한으로까지 올 것이라는 기대는 가지셨어요. 그렇게 기대를 가지셨는데, '그것은 한 쪽 측면입니다.'라는 보고를 받으시고는 언짢아하셨어요. '다 그렇게 될 거라고 그러는데 왜 이 사람들은 이렇게 보지?'라는 생각을 가지셨을 겁니다. 그런데 노 대통령은 과묵한 분입니다. 그래서 자세하게 털어놓고 말씀하는 분은 아니시거든요.

여담 하나를 말씀드릴게요. 그때 이춘구(李春九) 의원이라고 계셨어요, 충청북도 제천 분이죠. 이분은 육사 출신으로 직업군인으로 성장하다가 5공 때 원하지 않게 정치에 끌려 나온 사람이에요. 늘 그걸 언짢아했어요. 육군 준장으로 예편하면서 민정당 사무총장도 하고 내무장관도 했던 사람입니다. 그런데 이분이 제가 겪어보니까 아주 솔직한 사람이에요. 저는 그분만큼 직언하는 사람을 못 봤어요. 다들 훗날 '그때 내가 직언을 했어.'라고 하지만, 대통령에 대한 예의도 생각해서 우회적으로 말씀드리는 것이지요. 그런데 이 의원은 우회적인 수사가 없이 그냥 직설적으로 말씀하는 분이에요.

제가 지금도 기억나는 회의 장면이 있어요. 노 대통령이 고르바초프하고 회담하고 와서 기분이 아주 좋을 때였는데, "각하, 발을 땅에 디디십시오."라고 아주 직설적으로 얘기했어요. "각하는 지금 떠 있습니다. 현실은 그렇지가 않습니다. 발을 땅에 딛고 생각하십시오." 그렇게 말하는 겁니다. 저는 그렇게 직언하는 사람은 보지를 못했어요. 제가 나중에 공보수석이 된 뒤 그분이 이렇게 말씀하셨어요. "연설문 절대 화려하게 쓰지 마십시오. 연설문에. 대통령이 취해버려, 자기가 무슨 정말 동서 냉전을 해소하고 온 것처럼 착각합니다. 될 수 있는 대로 화려한 문구를 쓰지 마세요." 이렇게 좋은 의미에서 저한테 권고해주시던 분이었어요.

그리고 다음 질문이었던, 그 중국으로부터 메시지는 아주 그 핵심적인 질문인데, 저도 정확히는 모르겠습니다. 확실한 것은 중국과의 수교에 엄청난 힘을 쏟으셨다는 사실입니다. 소련과 수교했다, UN에 동시가입했다, 그 뒤엔 중공과도 수교했다, 그래야 내 북방정책이 완성이 되는 거다, 이렇게 생각을 하셨기 때문에 중국과의 수교에 강한 집념을 가지셨어요. 그래서 그 일환으로 개인적인 밀사라고 할까, 개인적인 특사들을 여럿 활용하셨어요. 저는 그 어떤 개인적인 특사로부터 전달받은 게 아닌가 이렇게 생각을 하고 있습니다.

UN 동시가입과 한중수교, 북방정책의 공과

김종학: 예정된 시간이 거의 다 됐기 때문에 세 분 질문을 다 모아서 받은 다음에, 한꺼번에 답변을 요청을 드리겠습니다.

이동률: 지금 교수님께서 얘기하신 대로, 노태우 정부의 가장 중요한 마지막은 한중 수교였습니다. 그런데 뜻밖에도 UN 가입이 먼저 됐고 한중 수교로 갔는데, 사실은 한중 수교로 가는 길에 UN 가입은 굉장히 중요한 역할을 했습니다. 중국 입장에서 볼 때 그렇습니다. UN 가입을 했기 때문에 중국이 한국과 수교할 수 있는 큰 장애가 돌파된 거거든요. 청와대에서 UN 가입을 하고 한중 수교로 가는 그 스케줄을 가지고 있었는지, 그러니까 그 당시 상황에서 UN 가입이 더 중요했는지, 한중 수교를 더 중요시했는지, 그게 조금 궁금합니다.

신종대: 북방정책의 사령탑, 그리고 핵심 참모가 누군지에 대해서 좀 다 얘기가 엇갈리는 것 같습니다. 그래서 그래도 비교적 객관적인 입장에서 말씀을 주실 수 있을 것 같아서 제가 여쭈어보도록 하겠습니다. 노태우 대통령 회고록에 보면, 언론에서는 북한과 동구권은 박철언 보좌관이 맡고 그다음에 그 밖의 서방 외교는 김종휘 수석이 맡은 걸로 이렇게 돼 있지만, 노태우 대통령 본인이 말씀하시기는 그런데 딱히 지역을 이렇게 구분하지는 않았다, 공식적인 외교안보 이런 사안은 김종휘 수석이 맡고, 그다음에 밀사라든지 특사라든지 이런 비공식적인 것은 박철

김학준 단국대 석좌교수 구술회의 사진2 (2021.6.10)

언 보좌관이 맡았다, 이렇게 얘기를 하고 있거든요. 그런데 저번에 2019년도에 우리가 북방정책 구술사 작업에서 박철언 팀과 같이 일을 하셨던 분은 그게 아니고 박철언 보좌관께서 파악을 하셨다, 오히려 그 회고록이 잘못된 것이다, 이런 평가를 하고 있거든요. 그거에 대해서 혹시 말씀해주시면 좋겠습니다.

엄구호: 남북한 UN 가입, 한소, 한중 수교, 비핵화 선언, 북방정책이 사실 우리 외교사의 획기적인 정책임에는 틀림이 없는데, 한편 결과적으로 보면 이제 북한이 고립되고, 또 핵 개발도 더 가속화하게 되는 그런 결과도 낳았습니다. 혹시 우리가 좀 북한이 쉽게 붕괴되지 않도록 또 sustainable한 정권이 되도록 우리가 좀 장기적으로 계속 해나가야 한다는 관점을 가졌다든지, 또는 7·7선언에서처럼 북한이 미국이나 일본하고 교차승인을 하도록 한국 정부가 더 적극적으로 좀 나섰다든지, 그런 보완책이 있었다면 북방정책이 좀 더 큰 성과를 혹시 거둘 수도 있지 않았을까 하는 생각도 해봅니다. 혹시 북방정책의 공과 과를 학자로서 평가한다면, 식견을 듣고 싶습니다.

김학준: UN 가입과 한중 수교 가운데 뭐라고 딱 잘라 말하긴 어렵지만 UN동시가입을 굉장히 중시했어요. 앞에서 제가 말씀드렸듯이, 그리고 중국 쪽에서도 UN 동시가입을 먼저 하라고 했듯이, UN 동시가입이 이루어지면 우리가 한중 수교로 가기가 편해진다, 이런 점이 있었습니다. 그래서 UN 동시가입과 한중 수교 가운데 어떤 걸 먼저 해야 하느냐의 순서를 정하는 것은 그다지 어려운 문제가 아니었다, 이렇게 회고를 해 볼 수 있을 것 같습니다. 그 UN 동시가입이 이루어지니까 그다음에 중국도 우리에 대한 태도가 훨씬 더 우호적이 되었다, 이렇게 생각합니다.

그다음에 김종휘, 박철언 역할의 문제인데, 박 보좌관의 영향력은 정말 컸어요. 박 보좌관과 일했던 사람이 그런 말을 한 것이 저는 절대로 잘못된 견해라고는 말하고 싶지 않습니다. 박철언 보좌관은 정치적인 야심이 있었기 때문에 뭔가 이 북방정책, 남북관계, 이런 쪽에서 큰 돌파구를 자신이 열었다 하는 업적을 보이려고 하는 마음이 컸다고 생각합니다.

김종휘 보좌관은 처음 청와대에 들어올 때 안보보좌관이었습니다. 그러다가 외교안보보좌관으로 바뀌고, 그다음에는 장관급인 외교안보수석비서관이 됩니다. 그러니까 청와대에 있을 때에 직함이 세 번 바뀌어요. 차관급 안보보좌관으로 시작해서 장관급 외교안보수석비서관 이렇게 됩니다. 이건 그만큼 이분의 영향력이 커졌음을 말해주는 겁니다. 처음에 안보보좌관 때보다는 차차 자신의 영향력을 확대해 나갔고, 그러면서 후반에 와서는 박철언 보좌관의 영향력이 줄어듭니다. 그러니까 그게 겹쳤기 때문에 노태우 대통령의 회고록 그 자체에 나온 그러한 설명이 현실과 크게 다른 것은 아니었다, 이렇게 저는 생각해 볼 수 있습니다.

그다음에 엄구호 교수님께서 아주 중요한 질문을 해주셨어요. 실제로 하와이대학교의 서대숙(徐大肅) 교수 같은 분은 한중 수교는 좀 미뤄라, 이런 충고도 해 주신 걸로 제가 기억합니다. 한소수교, 그리고 UN동시가입에 대해서는 북한이 끝까지 반대했잖습니까. UN동시가입 때도 원칙적으로는 반대하지만 상황 때문에 마지못해 들어온다는 성명을 냈던 것이죠. 그런데도 국제상황과 한반도 상황이 대한민국 정부의 페이스대로 움직여 나가니까 북한에서의 위기의식은 대단했을 것인데 거기에 한중수교까지 성사가 되면 북한은 핵 무장 쪽을 생각할 가능성이 높다, 그러니까 그건 좀 연기해 놓는 게 좋을 것 같다고 건의를 하셨던 분이 서대숙 교수였습니다. 그런데 그때는 노태우 대통령으로서는 내 임기 중에 모든 걸 마쳐야겠다는 생각이 훨씬 컸습니다. 또 실제로 만일 한중 수교를 늦췄다고 할 때, 과연 북한이 핵 무장 쪽으로 안 나갔을지에 대해 저는 확신이 서지 않습니다. 북한이 핵무장을 결심하고 일관되게 추진하기로 결정한 것은 아무리 늦게 잡아도 1980년대 중반이었던 것으로 저는 생각합니다.

김종학: 긴 시간 동안 정말 귀한 말씀해 주신 김학준 교수님께 다시 한번 깊은 감사를 드립니다.

김학준: 여러분, 불러주셔서 고맙다는 말씀을 거듭 드립니다. 과연 제가 여러분들의 이 연구 프로젝트에 얼마나 기여했는지 자신이 서지 않습니다. 지금 제기해주신 여러 질문은 제가 앞으로 이 문제를 공부하는 데 좋은 도움이 되리라고 생각합니다.

VIII

노재봉 총리 구술

일   시 : 2021. 6. 11. 10:00-12:00
장   소 : 국립외교원 2층 세미나실
질문자 : 신종대(북한대학원대), 엄구호(한양대)
　　　　이동률(동덕여대), 이정철(서울대)
　　　　전재성(서울대), 조동준(서울대)

김종학: 오늘 회의 진행 방식은 한 30분에서 1시간 정도, 총리님께서 남북한 UN 동시가입에 대해서 자유롭게 말씀을 해 주시고, 이어서 여기 계신 위원들께서 추가 질의를 하는 식으로 진행하겠습니다. 총리님, 말씀 부탁드립니다.

남북 고위급 회담에서의 UN 가입 제안

노재봉: 벌써 UN 가입 30년이 되었다고 하니까 참 기억이 새롭습니다. 내가 써놓은 게 아무 것도 없습니다. 정부의 특보, 실장, 그런 걸 했는데 써놓은 게 아무 것도 없어요. 남길 만한 것도 아니고 남길 만한 사람도 난 아니라고 생각하고 그런 기록을 일체 남기지 않았습니다. 그런데 오늘 UN 가입 30주년을 맞이해서 구술을 하라고 하는데 짧게 하면 한 5분이면 끝나고 길게 하면 몇 시간이고 그럴 겁니다.

배경부터 이야기를 하자면 서울에서 올림픽이 열립니다. 이게 세계적으로 엄청난 충격이었습니다. 특히 충격을 많이 받은 게 러시아입니다. 이건 전혀 못

노재봉 총리

사는 나라인줄 알았더니 전혀 달랐던 거죠. 박철언 씨가 그때 청와대에서 보좌를 하면서 헝가리하고 수교를 한 적이 있잖아요? 그게 공산권하고 처음 수교인데, 한 마디로 노태우 대통령의 외교정책은 원교근공이었습니다.

그때 무슨 일이 있었냐 하면 남북 고위급회담이 있었습니다. 지금은 없어졌죠. 평양 3회, 서울 3회, 이렇게 바꿔가면서 남북 고위급회담을 하는데 서울에서 했을 적에 그때 내가 실장이었어요. 그러니까 이제

북한 대표 둘이 들어오고 나하고 대통령하고 네 사람이 만났어요. 그때 북한 총리 연형묵(延亨默)하고 동계 올림픽 때 왔던 대표 김영철(金英哲)이 서울로 와서 그렇게 네 사람이 만났어요. 김영철은 아무 말도 안하고 연형묵은 경제통으로 알려져 있었는데 국제정치가 어떻게 돌아가는지는 전혀 모르고 우리 쪽에 부탁하는 얘기만 했어요. 부탁이 뭐냐면, 하나는 임수경을 석방을 시켜 달라는 것, 두 번째는 UN 가입을 보류해 달라는 것, 이 두 가지야.

거기에 대해서 대통령이 "임수경은 당신네들이 걱정하기 이전에 내 딸이다. 그건 나한테 맡겨놓으시오."라고 했어요. 그래서 연형묵이 "감사합니다." 하고는, UN 가입 문제를 또 얘기를 해요. 그래서 대통령이 "UN 가입이요? 고려해봅시다."라고 하자 "감사합니다." 하고 넘어갔어요. 그 다음해 12월 말인가 해서 내가 총리로 가게 됩니다. 그래서 남북 고위급회담이 서울에서 3월에 열리게 되어 내가 나가게 됐습니다.

그 후 노 대통령이 저에게 총리로 가라고 해서 총리로 갔죠. 그게 정월인가 그렇습니다. 총리로 간 뒤 2월에 관훈클럽 토론이 있었습니다. 거기에 나가서 언론계 중진들이 질문하면 답변하기로 되어 있었죠. 나는 언론에 자유롭게 상황을 알리고 협조를 얻는다는 기분으로 갔기 때문에 종잇조각 하나 없이 맨손으로 가서 그걸 했어요. 그런데 다음날 온 신문에 모두들 내 얘기로 도배가 된 거예요. 언론들이 총리를 공격을 하지 못하고 완전히 졌다며, 언론계 내부적으로 부글부글 난리가 난 거야.

문제가 된 것은 남북관계에 대한 것이었어요. 그때 북이 무슨 제의를 했느냐면 남북 불가침 협약을 맺자고 들고 나왔어요. 그래서 내가 관훈 토론에서 "불가침 협약이라는 것은 외교사에서 보면 그대로 준수된 예는 없다. 지금이라도 내가 대통령 허가 없이 사인할 수 있다. 그러나 이것이 지켜진다는 보장이 어디 있느냐? 이것이 지켜지려면 국제적 보장이 뒷받침 되어야 한다. 그래서 국제적 뒷

노재봉 전 국무총리 구술회의 사진 (2021.6.11)

받침이 되려면 UN에 가입하라. 뒤에 숨지 말고."라고 발언한 겁니다. 그런데 어느 언론도 UN 가입 문제에 대해서 관심이 없더라고요. 신문에 한 마디도 안 다뤘어요. 그런데 북에는 이게 엄청난 충격이었어요. 연형묵이 그때 부탁한 것도 있고 해서 더욱 그랬죠.

그렇게 가다가 고위급회담을 위해 총리가 오픈 세션에서 읽어야 될 원고가 다 마련되었다고 하더라고요. 그때 통일부 산하 남북교류협의회가 삼청동에 있었어요. 마지막 독회를 한다고 관여한 사람들을 전부 다 모았더라고. 외교부, 안기부 등등 청와대도 안보수석이니 뭐니 다 오고 방에 꽉 찼어요. 그때 그 일을 맡고 있던 친구인 구본태(具本泰)가 나와서 인사하고 낭독을 했습니다. 내가 그걸 다 듣고 나서 고의적으로 비판을 세게 했어. "당신 지금 남쪽 총리를 보고 얘기하냐, 북한 총리를 보고 얘기하느냐. 지금 인사말 중에 북한에서 쓰는 언어가 거기 왜 들어가 있어?" 예를 들자면 연결고리라든가, 담보라든가, 안전담보이사회라고 하는 것이 북한 용어잖아요? 이거 가지고 나보고 나가라고 하는데 난 받아들일 수 없다고 하고, 전면적으로 뜯어고치라고 하면서 거부 의사를 밝혔어요. 안기부고 뭐고 다 나와서 했는데 내가 전면적으로 안 된다고 거부를 하니까 난감하게 됐지.

그래서 내가 자꾸 유도를 하는데도 답이 안 나와요. 통일부에 노동신문만 평생 읽던 국장들도 있었는데, "총리는 그러면 무슨 안을 가지고 있습니까?"라고 묻는 거예요.

그래서 내가 "오케이. 그럼 좋다. 내 답은 UN 가입이다. 북한이 UN으로 들어와. 그걸 내가 주장할 작정이다."라고 했습니다. 그런데 그 UN 가입이 무슨 의미를 가지고 있는지 별로 의식을 또 못해요. 안기부 소속 총리보좌도 있는데 소극적으로 일리가 있는 것 같다 이런 식으로 나오더라고. 그래서 그렇게 고치라고 하고 끝내버렸어요.

그런 뒤 대통령한테 가서 이번 고위급 회담에서는 "북한 UN 가입하라는 식으로 들고 나갑니다." 하니까 대통령이 "좋다. 그걸 널리 알리지 말고 비밀로 가지고 있어라."라고 했습니다. 나랑은 자주 얘기를 하니까 무슨 의미인지 자기는 잘 알고 있죠. 그런데 그 비밀이 지켜지겠나. 이미 관훈에서 얘기했는데, 국내에서는 언론들이 그게 무슨 의미인지 비중을 안 두지만 북한에서는 다 보고 다 알고 있고. 전체 모임에서 최종 독회 한 것 역시 새어나가지 않겠나. 어쨌든 그렇게 3월에 나갈 예정이었고, 정 준비가 안 되면 내가 바로 써서 나가려고 했어요.

도브리닌, 마슬류코프와의 회견

노재봉: 그 일이 있기 이전에 그러니까 내가 비서실장 말기 때입니다. 서울에서 소위 OB 서밋(OB Summit, 전직국가수반회의)이라는 회의가 열렸어요. 각국의 정상이나 총리를 했던 사람들이 모여서 세계 문제를 협의하고 하는 모임이 있었는데 한국에서는 신현확 전 총리가 실무를 맡고 있었습니다. 이 회의에 누가 들어왔냐 하면, 공표는 안 됐는데 소련에서 도브리닌(Anatoly Fyodorovich Dobrynin)이 왔어요. 소련 거물로서는 처음 들어온 거지. 도브리닌이 대통령을 만나겠다고 해서 청와대에서 만났어요.

내가 들어가고 외교안보수석, 경제수석, 대통령, 정보부장인가 하고 다섯 사람이 들어가고 도브리닌이 왔어요. 비공개 회담을 했는데 돈 좀 빌려달라는 고르바초프 심부름으로 온 거예요. 그래서 얼마를 빌려달라고 하는 거냐 했더니 처음에 50억 달러 빌려달라고 하기에, "당신도 여기 올 적에 한국 경제사정을 훤히 알고 왔을 텐데 외교에서 그런 문제는 보통 흥정을 하는 게 아니냐? 그러니까 30억 달러로 하자."라고 하자 도브리닌이 이의 없이 30억 달러를 받아들였어요.

도브리닌은 숙소를 신라호텔에 잡고 있었는데 주미 대사를 이십 몇 년 했던 사람이니까 아주 능수능란하더라고. 아주 농담도 잘하고.

그런데 도브리닌이 서울에 있는 동안에 노태우 대통령이 일본에 국빈 방문을 하게 됐어요. 그래서 일본 대사관과 전부 다 협의해서 현안 문제 같은 거 조정을 했습니다. 대통령이 일본을 가는데 비서실장이 수행을 해야 되잖아요. 그런데 이번에 수행을 못하겠다고 했어요. 사실 그런 일은 거의 전례가 없어요. 저는 "국내가 시끄럽고 해서 여기서 뭘 명령이라도 할 수 있는 센터가 있어야지 총리에게만 뭘 맡겨놓을 수 없는 형편이고, 도브리닌이 와 있는데 이것을 마지막으로 처리를 해야 되고 하니까 대단히 죄송합니다만 다른 사람을 대동을 해서 가도록 하십시오."라고 했어요. 이에 그 말도 일리가 있다고 하셔서 내가 일본에 따라가지 않았습니다.

그리고 한국에 나와 있던 도브리닌을 신라호텔 별실로 찾아갔어요. 외교안보행정관인 민병석(閔炳錫)을 데리고 둘이 같이 갔어요. 도브리닌과 얘기하면서 가볍게 오늘 한 잔 하러 나가자, 별일도 없고 할 테니 갑갑하지 않느냐, 해서 조그마한 식당으로 데려갔어요. 도브리닌은 옆에서 전화기를 들더라고요. 모스크바로 전화를 거는 거였어요. 한참 하더니 끝이 났어요. 난 러시아어를 몰라서 무슨 얘기를 그렇게 했냐고 물으니, 여기에서의 결과를 고르바초프 비서실장한테 전화했다는 것입니다. 이번 일을 아는 사람은 고르바초프, 자신, 그리고 비서실장인데, 소련 외무부가 알면 다 깨질 일이다, 그래서 호텔 전화를 안 쓰고 식당 전화를 가지고 최후 통보를 한 거라는 겁니다. 그렇게 끝났고, 도브리닌이 "비밀이 안 새도록 해 달라."며 신신당부했어요.

그렇게 내부적으로 합의를 한 일이 있은 뒤, 마지막 순서로 두 정상의 만남이 남아 있었습니다. 그 정상회담이 샌프란시스코에서 이루어졌어요. 이것을 위한 미국의 도움도 컸습니다. 노 대통령은 레이건 전 대통령 그리고 슐츠 전 국무장관의 예방도 받았습니다. 그 회담에 저도 수행했는데, 그때 처음으로 당시 소련의 경제부총리를 맡고 있던 마슬류코프(Yuri Dmitriyevich Maslyukov) 경제부총리를 우리 경제수석과 함께 자리를 같이하고 현안에 대한 원만한 최종 합의를 이루게 되었어요. 이어서 고르비와 노 대통령과의 정상회담이 열리고, 그 자리에서 고르비는, 봄에 눈이 녹기 시작하면 그건 계속 녹기 마련이라는 의미심장한 얘기를 했어요. 결국 한소수교가 이루어졌던 겁니다.

이렇게 되니 한국의 UN 가입에 관한 장애요소는 모두 없어졌던 것입니다.

그런 진행 가운데, 흥미로운 일이 하나 있었는데, 그게 당시 소련 외무상이었던 셰바르드나제(Eduard Shevardnadze)의 평양 방문이 있었어요. 그게 동독이 무너진 다음이었습니다. 이 방문을 두고 북한에서 그 방문과 관련한 메모랜덤을 발표했습니다. 그 내용을 보면, 셰바르드나제는 북한에게 소련도 더 이상 오일에 대한 무상 지원은 불가능하다고 통고하고 강력히 북한의 개방을 요구한 것이 드러나 있을뿐더러, 그러지 않으면 동독처럼 대한민국에 흡수통일될 것이란 점을 시사했던가봐요. 그 메모랜덤에서 북한이 처음으로 "흡수통일"이란 용어를 쓰면서 자기네들은 그런 것을 강력 반대한다는 글귀가 나옵니다. 그때까지 서울에서는 공식적으로 그 용어를 쓰지 않고 있었습니다. 놀라운 일이었지요.

소련과 중국의 대북 압력

노재봉: 좌우간, 이렇게 해서 대한민국의 UN 가입은 거의 기정사실로 바뀌어 가고 있었습니다. 남은 문제는 안전보장 이사회 상임 이사국의 하나인 공산국가 중국의 거취였어요. 여기서 장황한 얘기는 할 필요가 없다고 여겨집니다. 소련이 그렇게 방향을 잡고 있고 중국은 중국대로 대한민국과의 긴밀한 협조를 절대적으로

변경할 수 없는 처지에 있었다는 건 여러분들도 다 아는 사실이잖아요.

이와 관련해서는 책임 있는 우리 측 인사한테서 나중에 들은 얘기지만, 중국의 한 고위 인사가 평양으로 날아가서 김일성을 만났다고 하더라고요. 문제는 UN 가입에 관한 것이었다고 해요. 대한민국은 이번에 UN에 가입하게 되는 것이 틀림없는데, 만약에 평양이 이 기회를 놓치고 UN에 가입 못하면, 평양은 영원히 국제적 미아가 될 수밖에 없다는 점을 강력하게 주장했다고 하더라고요. 김일성은 그때 대단한 충격을 받았다고 전하더라고요.

그런데, 이게 그리 간단하지 않았어요. 갑자기 서울에서 대대적인 데모가 일어나고 육칠 명이 자살소동까지 벌이는 판이 벌어졌어요. 내가 총리로 있으면서, 직원들을 동원해서 유인물이 하나라도 있으면 찾아오라고 했어요. 아무것도 없어요. 구호도 없고요. 언론에서는 지금 무슨 큰 문제가 있어서 이런 데모냐는 논설이 계속 나오고. 시인 김지하 씨는 이때 조선일보에 "죽음의 굿판을 집어치워라"라는 폭탄 시론을 썼지요.

그런데, 저는 그때 육감적으로 이 데모가, 나라 밖을 두드릴 수 없어서 안으로 파고드는 UN 가입 반대 데모라고 파악하고 있었고 대통령에게도 그렇게 저의 판단을 보고했어요. 그 근거는 아주 자세하게는 지금도 얘기할 계제가 아니라서 생략합니다마는, 북이 움직이는 자금의 흐름을 보고 4월 아니 5월에 뭔가 대대적으로 터질 것을 짐작했었습니다. 그리고 대한민국의 UN 가입은 영구분단을 획책하는 것이란 구호도 빈번했었어요. 그런 와중에 평양 측이 불가항력적인 상황이라고 인식했는지, 갑자기 6월에 UN 가입 신청을 하고 나왔습니다. 이러자 데모는 일시에 사그라들고 북이 오히려 자기네들 말처럼 영구분단을 지향하는 꼴이 되었지요. 그리고 대한민국은 서둘 필요 없이 그냥 기다리면 되는 형편이었어요.

이와 관련하여, 오늘 이 자리가 외교부 소속 기관에서 기록을 하기 위한 모임이니까, 한 가지 남기고 싶은 얘기가 있어요. 그건 이런 얘기입니다. 당시의 외무부 장관이 최호중 씨였는데, 전직 외교관 모임에서 내는 "외교"라는 잡지가 있었지요? 지금도 있는지 모르지만. 거기에 최호중 씨가 기고한 글이 있어요.

거기 보면, UN에서 소련 외무장관이었던 셰바르드나제와 만나 UN 가입에 대해서 얘기를 잠깐 나눴는데, 대한민국의 가입에 아주 적극적이더라는 얘기를 쓰고, 한국의 UN 가입은 외무부가 주관해서 이룬 것인데, 대통령 비서실의 노모 실장이 마치 청와대가 다 한 것처럼 그 공적을 비틀어 놓았다는 내용이에요. 이거야말로 전혀 사실과 다른 얘기입니다. 저는 저의 정치학과 동기인 이상옥 전 외무부 장관을 만나, 이에 대해 반박 글을 쓰겠다고 했더니, 최 장관을 만나 볼 테니 좀 기다려 달라고 해서 그렇게 하고 나중에 만났더니, 최 장관에게 뜻을 전했는데 알았다고만 하더라면서, 이 장관은 그 정도로 하고 참으라고 충고하길래, 그 뒤 그냥 지나갔어요. 앞서 설명했다시피, 외무부는 당시 전혀 관여할 처지가 아니었습니다. 이 기회를 빌려, 기록으로 남기고 싶네요.

마지막으로 UN 가입 문제와 관련해서, 이론적 설명을 좀 하고 싶은 생각도 듭니다마는 오늘은 사실만을 밝히는 자리이기 때문에 그건 생략하고, 여기서 마감하고 질문을 받겠습니다.

UN 단독가입과 남북한 동시가입에 관한 논의 여부

김종학: 바로 질의를 시작하도록 하겠습니다. 엄구호 교수님 먼저 부탁드립니다.

엄구호: 90년 9월이 남북 고위급 1차 회담입니다. 총리님께서 아마 그즈음에 UN 가입 문제를 공식화, 의제화 시킨 느낌이 드는데요. 저희가 기억하기에 당시 최광수(崔侊洙) 외무장관은 UN 단독가입을 주장하거나 추진하고 있었다고 알려져 있고요.

외무부의 입장은 단독가입을 추진했다고 알려져 있습니다. 그런데 저희는 91년 5월에 리펑 총리가 평양 방문 때 북한이 UN 동시가입 하지 않으면, 남한 단독가입에 대해 거부권을 행사하기 어렵다고 한 점이 급반전의 계기가 돼서, 9월에 북한도 UN 가입을 합의하게 되는 그런 과정이라고 기억을 하고 있습니다.

제가 여쭙고 싶은 것은 아마도 청와대에서 우리가 UN 가입을 단독으로 할 거냐 동시가입을 할 거냐 논의가 있었을 것 같고요. 제 판단으로는 중국이나 소련이 그래도 북한을 의식해야 하기 때문에 동시가입을 하는 방향으로 생각했을 것 같고, 또 한국도 그런 현실을 받아들여서 동시가입을 결정했을 것 같습니다. 아까 가급적 외교부가 모르도록 일을 결정하고 추진하셨다고 했기 때문에 언제쯤 청와대가 동시가입을 추진하기로 하고 또 그런 결정 하에서 일을 추진해 나가셨는지 혹시 기억하시는지.

노재봉: 청와대에서 비서실과 대통령 사이에서 공식적으로 동시가입이니 이런 것이 논의된 일이 없습니다. 우리가 UN 가입을 아주 원하고 있었지만 국제적인 조건이 안 됐거든. 안보이사회가 갈라져 있었는데 올림픽을 계기로 해서 이제 여건이 달라졌어요. 특히 북방 외교를 통해서 전방위 외교 무대가 확보되지 않았어요? 그러면서 완전한 찬스가 생겼거든요. 그래서 대한민국에는 국제사회의 준회원 지위에서 정회원이 되는 기회를 확보하게 된 것이고, 북한은 어쩔 수 없이 가입신청을 하면서 국제사회의 간섭 대상이 된 거지요. 그리고 아까 최장수 장관 시절 얘기했습니다마는, 사실 대한민국만의 UN 가입 문제는 건국 이후부터 줄곧 이어져 온 것 아닙니까.

도브리닌의 방한과 경협 차관

신종대: 아까 말씀을 하시면서 샌프란시스코 정상회담 전에 도브리닌이 한국에 왔을 때 50억 달러를 얘기해서 30억 달러로 낙찰을 봤다는 식으로 말씀하셨습니다. 저희들이 지금까지 알고 있기로는 샌프란시스코 정상회담에서 경협 지원 얘기를 했을 때 고르바초프 대통령이 오히려 불쾌하게 생각했고, 소련이 전혀 얘기를 하지 않았는데 나중에 6월에 정상회담을 하고 나서 김종인 보좌관이 소련을 방문했을 때 수교 교섭 촉진을 위해서 그걸 했다고 알려졌는데, 오늘 새롭게 들은 말씀입니다.

제 질문은, 지금 말씀을 들어보니까 노태우 대통령님과 여러 분야에 맞춰서 정책 조언도 하시고 비판도 하셨는데 오늘 주제인 UN 동시가입이라든지 북방정책에 대해서는 큰 이견이 없었던 것 같습니다. 그런데 기록을 보니까 1989년에 정책 특보하실 때 북방정책의 속도 조절이 필요하다, 이렇게 대통령 주재 수석회의에서 주장하신 내용이 있더라고요. 1989년 2월 8일 대통령 주재 수석회의에서 정주영 회장의 북한 방문 이게 좀 문제가 있다, 그리고 고르바초프 어록 이런 것이 출간되는 것도 문제가 있다, 김일성 전집 같은 건 어떻게 되느냐 하는 발언을 하신 게 나옵니다. 이게 처음에는 그랬는데 나중에 가서 공감대가 넓어진 것인지, 어쨌든 전반적으로 북방정책에 대해서 당시에 어떻게 생각을 하셨고 어떻게 평가하시는지 알고 싶습니다.

노재봉: 질문의 첫째로, 고르비가 타협된 액수에 대해 불만을 표했다는 얘기는 처음 듣는 것이네요. 마실리우코프와 우리 측에서 저와 김종인, 김종휘 수석이 앉은자리에서 실무적으로 모두 합의를 마치고 나서 두 정상의 만남이 있었습니다. 둘째로, 북방정책에 대해서 제가 속도 조절의 필요성을 언급했다는데, 이것도 무슨 얘기인지 잘 모르겠네요. 출처는 모르지만, 다만, 현대의 정주영 회장이 방북하고 나

서 조순 부총리도 함께 한 자리에서 정 회장께서 간단히 경위를 얘기하고 나갔는데, 아무런 실질적인 내용을 말씀하지 않으시더라고요. 그래서 제가 이런 중대한 행위에 대해서 정부가 구체적인 내용을 잘 넘어가는 식이 되어서는 안 되는 것 아니냐고 불평을 말한 것은 기억이 납니다. 이에 대해 정 회장의 방북을 지원했던 것으로 알려진 박철언 씨가 저의 언급에 대해서 좀 섭섭하다는 표시를 한 것은 기억하고 있어요. 그러고 저는 그때나 지금이나 북한에 대해서 유화정책을 쓰는 것에 대해 이견을 가지고 있습니다. 그런데 정 회장이 한참 나중에 대통령 입후보를 들고 나오셨을 때, 정 회장께서는 그때부터 다른 정치적 목적이 있었구나 하고 짐작을 했습니다. 박철언 씨는 공산권 국가에 대한 경험이 있었으므로 그 나름의 판단이 있었다고 여깁니다. 대북 정책에 대해 제가 조절 운운했다는 건 전혀 처음 듣는 얘깁니다. 그리고 정상회담은 사전에 모든 걸 조율하고 나서 보통 의전적 절차를 밟는 게 상례 아니겠어요.

그런 뒤, 두 정상이 만난 자리에서, 고르바쵸프가 "봄이 되면 얼음이 녹기 시작하는데 한 번 녹기 시작한 얼음은 다시 얼지 않는다."는 언급이 있었고, 이것이 수교로 이어지는 의미였다고 모두 이해했어요.

신종대: 박철언 보좌관과도 크게 이견이 없으셨습니까?

노재봉: 박철언 보좌관도 많이 노력했고 그의 공도 큽니다. 그런 노력이 모두 좋은 영향을 미쳤다고 생각하고 있습니다.

엄구호: 한 가지만 꼭 확인해보고 싶은 게 있습니다. 아까 90년 4월에 도브리닌이 정상수반회의에 왔었고 총리님 만나시고 그때 50억 달러를 얘기했는데 30억 달러에 합의했다고 하셨고요. 그때는 마슬류코프 부총리가 서울에 안 왔습니다. 아까 김종인 수석도 확인했다고 하셨던 것은, 마슬류코프가 샌프란시스코 정상회담에 따라왔고 김종인 씨가 마슬류코프와 그 언저리에 30억 불로 협의를 했다 이렇게 얘기가 돼있습니다. 그래서 지금 정확히 좀 확인을 드리고 싶은 거는 도브

리닌이 왔을 때는 그 당시 비서실장이시고 김종휘 외교안보수석이 같이 배석해서 만났다 이렇게 돼 있고요.

노재봉: 맞아요. 경제수석도 같이 있었어. 김종인도 있었고 김종휘도 있었고. 수차 말했다시피 30억 불은 그전에 도브리닌과 합의 했던 것이고, 실무 차원에서 마슬류코프와 샌프란시스코에서 처음 만났던 겁니다.

엄구호: 청와대 들어갔을 때 다 같이 있었다는 말씀인가요?

노재봉: 도브리닌이 왔을 적에 만났는데 실장인 나하고 김종휘 외교안보수석, 김종인 경제수석 세 사람 다 있었다고요.

엄구호: 이미 그때 30억 달러를 합의했다 그 말씀인가요? 샌프란시스코 가기 전에.

노재봉: 그래요. 맞습니다.

엄구호: 김종인 씨 말로는 샌프란시스코에서 그렇게 자기가 얘기했다.

노재봉: 그건 아닐걸요. 그 자리에 저도 있었는데. 최고 실무보좌역을 맡은 사람들이 처음 만나 외교적 결정사항을 확인하는 건 당연하지 않아요.

엄구호: 청와대에서 김종인 씨도 이미 도브리닌과 만난 적이 있었다. 도브리닌은 30억 달러를 합의하고 갔다는 거죠?

노재봉: 그렇죠. 이의 없이.

남북문제는 유화정책으로 해결 불가

이정철: 제가 질문 드리겠습니다. 총리님이 비서실장 재임 중이실 때 일인데요. 90년 10월에 서동권(徐東權) 안기부장이 평양을 갔다. 그리고 임동원 장관님 회고록에는 90년 11월에 윤기복(尹基福)이 북한에서 남쪽으로 왔다. 그래서 두 방북 방남 과정에 정상회담 논의를 우리가 북한에 제안했고 북한이 거절했다. 그런데 그걸

거절한 이후에 우리는 북한과 협상을 중단하고 압박기조로 가게 됐다는 말씀이 있었어요. 확인을 부탁드립니다.

노재봉: 글쎄요. 내가 안기부 활동에 대해서는 잘 모릅니다. 다만 윤기복이 여기 온 거는 사실이에요. 안기부가 관련된 비밀 외교라, 저는 알고는 있었지만 언급은 전혀 안 하고 있었는데, 얼마 후 대통령께서 알려 주시더라고요. 저는 듣고만 있었고 아무런 언급도 하지 않았습니다. 다만 나 혼자 생각으로는, 만약 그것이 유화정책적 접근이라면, 성과를 기대하기는 어려울 것이라고 판단하고 있었죠.

이정철: 총리님 그럼 저희가 정상회담을 제안한 것은 사실입니까?

노재봉: 그건 내가 처음 듣는 얘깁니다. 모릅니다.

이정철: 서동권 부장이 방북한 건 사실입니까?

노재봉: 서동권 부장이 방북했다는 것도 소문으로 들은 일은 있지만 확인은 못해봤어요. 그럴 필요도 느끼지 않았으니까.

IX

김장환 총영사 구술

일   시 : 2021. 6. 11. 13:00-14:30
장   소 : 국립외교원 2층 세미나실
질문자: 신종대(북한대학원대), 엄구호(한양대)
　　　　이동률(동덕여대), 이정철(서울대)
　　　　전재성(서울대), 조동준(서울대)

김장환 총영사

김장환: 저도 중국 관계 업무를 오래 했습니다. 처음에 안기부에 있으면서 중국 정세 분석 업무를 했어요. 그러다가 대만에 가서, 대만 정치대학에 동아연구소라고 있는데 거기서 중국 공산당 공부를 4년 정도 하다가 왔어요. 그때 청와대에서 북방정책업무분야 적임자를 찾는다는 연락이 왔어요. 그래서 청와대에 갔습니다. 그전 80년대 초반 한중 체육교류할 때 제가 우리 한국 선수단 임원 신분으로 많이 왔다 갔다 했죠. 그렇게 중국하고 체육교류협력라인을 만들어줬고, 그 이후에도 제가 서울에 있을 때는 중국 국가체육운동위원회 간부들이 오면 항상 연락을 했어요. 제가 은퇴하기 전까지 이렇게 친분 관계를 유지했습니다. 그럼 지금 말씀드릴까요?

김종학: 예. 저희 그 30분 정도 사전질문지에 따라서 자유롭게 UN 동시 가입 문제에 대해서 발언해주시면 되고요. 끝난 이후에 저희가 1시간 정도 추가 질의를 하는 것으로 진행하겠습니다.

남북한 UN 동시 가입에 대한 중국의 메시지

김장환: 알겠습니다. 제가 제주에 있으면 『한라일보』에 칼럼을 써야 되는데, 남북의 UN 동시 가입에 대해서 회고하며 쓴 것이 있어요. 4월에 썼습니다. 동시 가입은 제가 알기로 청와대 외교안보 라인에서 처음 중국 지도부 측에 제기했습니다. 제가 90년 8월에 홍콩총영사관으로 근무를 나갔습니다. 그전에 이미 중국과 한국의 비밀 창구 라인을 만들어놓고 나갔어요. 중국 국무원 대남조선지도소조, 약

칭으로 대남소조라고 얘기를 하죠. 톈지윈(田紀雲) 부총리가 조장으로 있었어요. 그리고 제가 나가면서 중국과의 대화 창구 라인에서 벗어나죠. 벗어나면서 선경이 계속 그 역할을 했어요. 처음부터 역할을 했어요.

처음에 선경에서 대남소조 관계자를 초청해왔습니다. 그때 저한테 연락이 와서 이 사람들이 신분이 맞는지 모르겠다는 거예요. 국가주석 딸하고 사위라며, 연락이 와서 같이 만났어요. 제가 89말에 두 차례 만났죠. 천안문 사태가 일어나면서 제가 두 차례 참여한 무역사무소 회담이 중단 됐거든요. 중국에서 그동안 사람들이 많이 왔어요. 많이 왔는데 거의 다 만났었죠. 대남소조 핵심 관계자는 제가 홍콩총영사관으로 나간 2개월 후인 90년 10월부터 계속 만나게 되었지요.

그동안에는 선경의 이순석(李順石) 사장이 북경을 여러 번 왔다 갔다 했어요. 그러면서 청와대 메시지를 갖다 주고받아오고 했는데 그때 중국 측 관계자는 홍콩에 있는 저한테 와가지고 이런 얘기를 하는 거예요. 우리 현안이 지금 두 가지가 있다. 하나는 한국에서 고위 인사 파견을 하려고 하는데 누구 만나게 해 달라, 즉 중국 측 고위 인사인 톈지윈 부총리를 만나게 해 달라는 거였습니다. 그거 하고 또 하나는 UN 가입 문제였습니다. 제가 10월 달 만났으니까 시기적으로는 아마 직전인 8~9월경이 될 것 같습니다. 청와대 외교안보수석실 측에서 UN 가입, 동시 가입에 대해서 제기를 했어요.

그러니까 저기서 뭐라고 했는가 하면, 제가 있는 대로 말씀드립니다. UN 가입 추진과 관련해서 이제 중국 당국이 메시지를 받아서 검토하고 있다. 그러면서 다음 해 2월에 홍콩에 왔을 때 만나서 뭐라고 하는가 하면, "한국의 UN 가입 추진 관련해서 중국이 종전 단독가입 반대 입장에서 남북한 동시 가입을 찬성하는 쪽으로 입장이 공식으로 바뀌었다", 이렇게 얘기했습니다. 그러니까 단독가입 반대 여부를 말하지 않고 동시 가입에 찬성한다. 그러니까 그걸 인정한다는 식으로 받겠다고 이야기를 했어요.

그리고 그 이후에 또 무슨 얘기를 했는가 하면 리펑(李鵬) 총리가 91년 5월에 평양을 방문합니다. 김일성을 만나 "한중 무역이 부단히 증가하고 있다. 이제는 결코 줄어들 수 없다."라고 하면서, "한국이 작년에 UN 가입을 추진하다가 올해 가입키로 했는데 이미 미국, 소련이 이를 지지하고 나서서 중국만이 거부권을 행사하는 것은 거의 불가능하다."라고 얘기했어요. 또 "중국이 거부권을 행사할 경우에 중미 관계 손상은 물론 국제관계에서 어려움에 처할 수 있다. 그래서 중국의 입장을 좀 이해해 달라," 이렇게 북측에 얘기를 했다고 해요. 북측에서는 처음에 망설이다가 김일성이 이렇게 얘기했다고 해요. "우리가 동시 가입하겠다."면서 이제 가입 신청을 빨리 하게 돼요. 그리고 중국 측에 '중국의 부탁을 들어서 우리가 가입한다.'는 식으로 얘기했다는 거예요. 중국에 부담을 준 거죠. 그렇게 하여간 가입이 됐다고 해요.

나중에 보면, 우리나라 한국분들이 첸지천(錢其琛)의 외교십기(外交十記)를 많이 얘기합니다. 그걸 무슨 바이블처럼 여기는데 그것은 중국 입장에서 본 겁니다. 중국에서는 자기들이 불리한 내용이나 한국과의 관계에서 체면이 손상되는 일은 일절 안 씁니다. 그러니까 그런 내용들은 다 뺐어요. 그런 점을 참고하고 볼 필요가 있습니다.

어쨌든 이제 대통령 외교안보수석실 실무자들로 하여금 검토를 거친 다음 외교부에 지시를 한 거 같아요. 아마 말씀하신 90년도 말에 그 지시가 있었다는 것은 시기적으로 보아 정설로 보입니다. 청와대는 지시하기 전 중국 측에 의사 타진을 한 것 같아요. 중국과 만들어진 비공식 라인을 통해서 중국 측 입장을 어느 정도 확인했던 것이지요.

UN 가입과 한중수교 협상

김장환: 그다음으로 이것이 중국과 수교 협상에 어떤 영향을 미쳤느냐 하는 겁니다. UN 동시 가입은 현안이고 우리 외교 업무 중에 외교부가 전담해온 중요한 문제였습니다. 그런데 거부권을 행사할 수 있는 중국과는 외교 관계가 수립되어 있지 않기 때문에 사실 이런 걸 직접 협의할 수 있는 처지가 아니었죠. 그리고 우리가 감안해야 되는 게 이런 점이 있습니다. 저도 경험을 통해서 안 겁니다. 사회주의 국가의 외교부는 당의 방침을 집행하고 수행하는 집행기관입니다. 재량권이 없어요. 방침 내에서 덜 양보하고 협상할 수는 있겠지요. 그런 점에서 중국과 협상하기 좋은 점이 있기도 해요. 그 사람들의 방침을 알 수 있으면 협상을 빨리 진행할 수 있죠. 그 사람들도 신이 나서 빨리 하려고 합니다. 물론 협상을 한 다음에 잘못되면 자기들이 책임을 져야 됩니다.

이제 그 91년 초에, 91년 4월에 상호 무역사무소가 북경과 서울에 설치가 되죠. 이제 중국은 수교에 앞서서 해결해야 될 과제에 직면하게 됩니다. 우리 한국 정부가 추진하는 UN 동시 가입 또는 단독가입에 대해서 중국이 홀로 거부권을 행사하기 곤란한 겁니다. 그리고 또 중국이 그 당시 상황을 한번 돌이켜보면 천안문 사태로 굉장히 어려웠어요. 그때 중국에 외화가 거의 없었어요. 그 사실을 사람들이 잘 몰라요. 중국이 그때 천안문 사태로 인해 미국을 비롯한 UN 제재 하에 있었죠. 이렇게 어려운 상황을 맞아 중국이 국제관계에서, 국제적으로 손상된 입장을 좀 만회해야 했어요. 경제적인 교류라는 점 때문에라도 한국과 관계를 개선하는 것이 필요했죠.

그리고 북한으로서는 준비가 안 된 상태에서 가입 여부를 가늠하다가 신청을 하게 되는데 우리보다 훨씬 빨리하게 되죠. 중국으로서는 남북한의 UN 동시 가입 이후에 북한이라는 요인에 대한 부담이 많이 줄어들었죠. 그래서 중국은 한중 수교 협상에서 오는 부담을 좀 감소할 수 있었고, 또 한국으로서는 북방 외교에 역량을 더욱 집중할 수 있게 된 것이 아닌가 생각합니다. 우리 북방정책도 상당 부분 진척을 이루는 계기가 되었다고 볼 수가 있겠습니다.

북방정책의 로드맵과 부처 간 의견 조정

김장환: 다음으로 노 대통령의 전체 로드맵이 있었는지 얘기하려 합니다. 북방정책은 당시 국제 환경 변화와 맞물리면서 진전을 볼 수 있었습니다. 비전을 만들고 정책 방향을 설정할 때는 좀 추상적일지라도 현실과 연결해 큰 그림을 그려야 하지 않겠습니까. 그래서 당면한 어려운 과제의 해결도 중요하지만 우리가 추구해야 할 목표와 방향을 미리 설정할 수 있는 게 있어야 한다고 봅니다.

그다음으로 UN 동시 가입 결정 시 청와대, 외무부, 안기부 간에 어떤 조정 과정을 거쳤는가의 문제입니다. 이에 관련해서, UN 동시 가입 문제에 대해 안기부에서는 별도로 한 게 없습니다. 외교부와 안기부 간의 힘겨루기 뭐 이런 얘기가 있는데 국제적 교섭과 협력은 원래 외교부가 담당을 하고 청와대는 외교부 보고를 바탕으로 비공식 채널을 통해 중국 지도부와 교감을 가졌던 걸로 알고 있습니다. 대통령의 의사가 중요하지 않나 생각이 됩니다.

외교부와 안기부의 역할 차이는 분명히 있습니다. 안기부는 미수교 사회주의 국가와의 관계에서는 보안상에 여러 가지 문제가 있어 참여하게 됩니다. 그러나 양 기관 간의 의견 차이는 있을 수 있으나 힘겨루기는 없었다고 봅니다. 그리고 제가 서울에 있는 동안은 청와대에 있으면서 다 같이 협력토록 했거든요. 안기부 쪽으로 가서도 정보를 항상 다 공유를 했어요. 그래서 북방정책 추진과정에서 상대국과 협상하기도 어려운데 우리끼리 이견이 있으면 곤란하지 않습니까? 그래서 서로의 역할을 다 하도록 하는 거였습니다.

UN 동시 가입이 분단을 강화한다는 국내의 반대 시각도 있는데, 이건 어떤 일이든 입장에 따라 이견이 있을 수 있다는 생각이 듭니다. 그 당시에 국제정세 흐름에 대한 정보가 부족하기 때문에 사람들이 이렇게 부정확하게 어떤 의견을 갖고 얘기하는 경우인 것 같습니다.

남북한 UN 동시 가입 과정에서의 중국의 역할

김장환: 그다음에 대만 사태 관련해서는 중국이 민감하게 받아들이는 문제죠. 만약 우리 대통령이 갔을 때 대만 문제를 얘기하고 그러면 중국은 하나의 원칙에서 반발하는 것이 당연한 거죠. 그거는 우리가 충분히 감안할 수 있는 범위라고 생각됩니다. UN 가입 문제와 비교해서 말할 수 있는 건 아니라는 생각이 들고요.

그런데 나중에 북한이 UN 동시 가입을 수용하는 것으로 전환하는 것에서 결정적 요인은 중국입니다. 리펑 총리가 가서 얘기한 것에 대해서, 자기들이 만약 이때 동시 가입 안 하면 나중에 가입하기 힘들겠다는 중국 측 의견을 수용한 것 같아요.

당시 북한에 핵 문제가 있었는데 이 문제를 미국에서도 분리해서 다루었지요. 분리한 덕에 쉽게 가입이 됐습니다. 나중에 첸치천 회고록에도 나오지만 북한이 만약 그때 동시 가입을 안 하면, 즉 UN 가입을 안 하면 나중에 자기들은 어려워질 거라고 판단한 것 같아요. 그밖에 남북이 한 나라 명칭으로 가입하자는 얘기는 술책을 계속 부리는 거죠. 자기들의 기존 입장을 유지하려고 한 것인데, 실은 이에 대해 중국에서도 타당성이 없다고 본 것이지요.

소련 및 중국과의 관계

김장환: 그다음 질문에는 한소수교를 전후하여 북한과 미국, 일본 간 수교 가능성에 대해서 외무당국은 어떻게 판단하고 있었느냐는 것입니다. 당시 대부분의 의견으로는, 우리가 북방외교를 추진하면서 궁극적으로는 교차승인으로 가야 한다고 생각했던 것으로 알고 있습니다. 또한 UN 동시 가입과 교차승인은 북방정책과 부합한다고 보고 있었습니다.

한소관계에 있어, 91년 4월 한소정상회담에서 남북한 동시 가입에 관한 어떤 논의가 있었고 이것이 중국에 어떤 영향을 미쳤는지 말씀드릴게요. 중국은 이미 90년 말 UN 동시 가입을 지지한다고 입장을 변경했습니다. 고르바초프(Gorbachev)의 공식적 입장 표명은 중국의 입장을 공식화하는 데에 영향을 주었던 것으로 보입니다. 리펑 총리가 91년 5월 평양 방문 시 김일성에게 한국이 작년에 UN 가입을 늦춰서 금년에 가입하게 됐는데 중국만 거부권을 행사하기 곤란하다고 해서 중국의 입장을 이해토록 설득했어요. 그래서 한소정상회담이 중국에 직접적 영향을 주었다고 생각합니다.

다음으로 한중 관계를 말씀드리면, 앞에서 얘기했듯 남북한의 UN 동시 가입에 대해서 청와대 외교안보수석실은 이순석 선경 사장에게 미션을 주어 중국 국무원 대남소조 측에 중국 입장을 문의하고 변화를 확인했습니다. 그런데 중국으로서는 국제적인 협력이 절실했고 한국과 관계를 개선해야 하는 처지였습니다. 따라서 거부권을 행사할 수 없었기 때문에 91년 5월에 리펑 총리가 북한을 방문하게 된 것으로 알고 있습니다.

다음으로 '중국은 북한 UN 가입을 어떤 계획 하에 주도하였나?'에 대한 제 의견입니다. 천안문 사태 이후 중국은 국제적 압박을 오랫동안 받아왔습니다. 미국, 구라파를 포함해서 국제사회와 협력 관계를 회복하여야 하는 어려운 시기에 있었습니다. 또한 중국 지도부는 실사구시의 입장에서 한국과의 관계를 정상화시켜 경제 발전을 모색해야 할 처지에 있었습니다. 그래서 중국 지도부 또한 북한의 주장이 합리적이지 않다, 자기들의 실사구시 입장과는 어긋난다, 이렇게 보고 있었던 것 같습니다. 그리고 이제 중국도 북한과의 관계에서 자기 나라의 국익이 우선이지, 북한과의 과거 관계가 중요하지 않다고 판단한 것 같습니다. 좋은 사례가 아닌가 싶습니다.

그다음에 '중소 양국이 한국 UN 문제 상정에 대해서 서로 조율하고 있지 않았느냐?'에 대한 제 의견입니다. 한소수교가 이루어지면서 중소 간에도 한국에 대해 수시로 대화했던 것으로 압니다. 중국은 한소관계 개선에 상당한 관심을 갖고 있었습니다. 소련 측에도 그 진전 상황을 확인하였고, 기회 있을 때마다 한국 측에도 한소관계의 진전 여부를 문의한 적이 있었습니다. 그 실례로 89년 5월에 천안문 사건이 진행될 때의 일이 있습니다. 천안문시위 확산이 되는 무렵에 한중 무역사무소 2차 회의가 서울에서 개최됐습니다. 그때 중국 측에서는 한소관계가 어떻게 진행되고 있는지를 문의한 적이 있습니다. 그때 제가 청와대에 있었고, 관계부처의 요청도 있었기 때문에 한소관계 진전이 잘 되고 있다는 식으로만 얘기했습니다. 중국이 거기에 관심을 가졌던 것은 아마 경협 문제 때문에 그런 게 아니었던가 하는 생각이 들었습니다.

홍콩 신화사를 통한 의사소통

김장환: 그다음에 이제 추가질의로 가서 보면 민항기 사건, 어뢰정 사건 이후에 홍콩하고 신화사를 통한 의사소통에 대해 질문을 주셨는데요. 홍콩 라인이 어떤 역할을 했는가를 보겠습니다. 홍콩 라인 가동은 중국 당국의 지시와 중국의 필요에 따

라 이루어진 것으로 볼 수 있습니다. 신화사(Xinhua News Agency) 외사판공실이 교섭 권한이나 재량이 없기 때문에 긴급 상황 발생 시 연락 업무를 주로 담당했던 걸로 알고 있습니다. 서로 연락을 유지하는 일반적인 교류는 진행됐지만, 주요 현안에 대한 교섭과 이를 위한 창구로 보는 것은 무리가 있을 수 있다고 봅니다. 그리고 한중 양국은 미수교국 상태로 외교 경로를 통한 교섭이 용이하지 않았습니다. UN이나 제3국에서 양국 외교 인사 간에 개인적인 친분을 바탕으로 양국 공동 관심사에 대한 의견교환은 비공식으로 진행되었으리라 봅니다. 홍콩 신화사 외사판공실은 중국 외교부 지시를 받는 게 아니라, 중국 국무원으로부터 직접 지휘를 받고 있었습니다. 따라서 홍콩 라인의 기능과 역할은 제한적일 수밖에 없습니다.

그다음에 1983년 이후 홍콩 라인에 대해서 국내 보고는 어떻게 했는가에 대해서 말씀드리겠습니다. 교섭 또는 대화 창구가 아니기 때문에 창구 유지 수준의 역할을 한 것으로 이해하고 있습니다. 그런데 83년 민항기 납치 사건, 85년 어뢰정 사건의 발전 과정에서 연락 업무를 담당했는데 당시에도 중국 외교부가 아니라 중국 국무원을 통해서 중국 군부의 요청을 전달했던 것으로 압니다. 당시 중국 당국이 홍콩에 가지고 있는 중국 관방 기구는 신화사가 유일했습니다. 신화사 외사판공실은 사건 발생 당시 중국 당국의 지시를 받아서 연락 업무를 수행한 것으로 알고 있습니다. 그다음에 우리 홍콩 총영사관의 국내 보고와 연락은 잘 아시겠지만 외교 통신망과 파우치를 통해 이뤄지게 됩니다. 저는 중국 국무원 대남소조 관계자로부터 들은 내용과 정보에 대해 우리 총영사관 정무과와도 공유를 했습니다. 그 내용이 일부 서울에도 보고되고 했습니다.

그다음에 이상옥(李相玉) 장관 회고록에 의하면 홍콩 라인을 통해 뭐가 있었다고 얘기를 하는데, 저는 그걸 보고 안 그래도 그 당시에 같이 근무했던 외교부 관계자들과 의견을 나눈 적이 있어요. 동 내용은 확인이 더 필요할 것으로 보입니다. 신화사 채널에서 90년도에는 안 되고 1년 후에 추진하는 게 좋겠다고 한국 정부에 전달했다고 한 것은 출처 문제 때문에 그렇게 기술한 것이 아닌가 하는 생각이 듭니다. 시간적으로 청와대 외교안보수석실에서 이순석 사장을 통해 중국 국무원 측의 초보적인 의견을 받은 시점입니다.

북방정책 홍보

김장환: 그다음에 한중 관계에 대해 제가 간단하게 몇 가지만 말씀드릴게요. 제가 알고 있는 내용은, 아마 기존에 알고 계시는 거하고 다른 것도 있을 겁니다. 제가 88년 8월에 북방정책 실무자로 청와대에 들어갔어요. 저는 당시 대만에서 돌아온 때였는데 바로 오라고 해서 갔습니다. 제가 청와대에 갈 때, 그동안 중국과 체육교류 등 비공식적으로 교류한 경험도 있어, 제 의견이 한중관계 개선에 기여할 수 있기를 기대했습니다.

가서 보니까 그런 게 있습디다. 그때 북방정책에 대해서 우리 언론이 호의적이지 않았습니다. 주돈식 조선일보 논설위원이 북방정책에 대해 글을 썼는데 너무 비판하는 글을 썼어요. 그때 제가 모시고 있던 염돈재(廉燉載) 북방 비서관하고 같이 가서 그분을 만났어요. 염 비서관이 북방정책이 이런 거라고 설명했더니 왜 이런 걸 안 알려줬냐고 얘기를 합디다. 가만히 있으면 이거 안 되겠다 싶어 문공부에 연락해서 관계부처 회의를 열기로 하고, 북방정책을 어떻게 해야 우리 사회에 알려줄 수 있느냐에 대해 논의를 했습니다. 알려주고 난 다음에 비판을 받아야지, 실제 내용을 모르기 때문에 언론에서는 비판만 보도했던 것입니다.

그 당시 언론 환경이 굉장히 어려웠습니다. 그래서 논의 끝에 하나의 방법을 찾아냈습니다. 전문가들 기고를 받아서 출판하면 좋겠다고 해서 그렇게 하기로 했습니다. 50명 정도의 학자 및 국제문제 전문가로부터 엄청난 량의 원고를 받아왔어요. 이걸 어떡하지 하다가 전부 다 게재토록 했어요. 그래서 지금은 없어진 월간지 『현대공론』 89년 1월호에 특집으로 북방정책에 대한 내용을 실어 발간합니다. 그것이 실린 신년특집 별책부록의 제목은 '북방정책의 전망과 과제'로 되어 있었습니다. 그 안에는 비판적인 얘기를 포함하여 많은 내용이 들어 있었습니다. 그래서 지금 그걸 저도 다시 봤으면 좋겠는데 이사 다니다가 없어졌어요. 그런 역할을 했고요.

대중 경협 차관의 미성사

김장환: 그다음으로 말씀드릴 게 중국 경협 제공 문제에 대한 것입니다. 중국이 한국에 공식인지 비공식인지 경협 제공을 요청했어요. 규모가 20억 불이었습니다. 그때가 88년 11월쯤 됩니다. 중국에서 한국과 교류를 할 때 CITIC(국제투자신탁공사)도 참여했습니다. 그 명함을 가진 사람들이 많이 왔어요. 나중에 덩샤오핑 아들 덩즈팡(鄧質方)도 왔습니다. 이들을 다 만나봤는데 그때 차관 요청을 어떻게 했는가 하면, 김복동 장군이 코트라 고문 직함을 갖고 중국을 왔다 갔다 했어요. 그런데 그전 일들은 확실히는 모르겠습니다만 아마 경협 제공이 가능할 수 있다는 의미로 중국 측에 얘기한 것 같아요. 그래서인지 중국 측에서 국가 부주석 편지 하나와 차관 요청 구두 메시지를 가져왔어요. 편지 내용은 "이 사람 얘기가 맞다. 보증한다."는 것이었습니다. 그걸 김복동 고문이 대통령께 보고 드렸어요. 그래서 대통령께서 그 내용을 박철언 정책보좌관에게 검토토록 했고, 저한테 전달되어 대응책을 보고하게 되었어요. 지시를 하면서 아무런 전제도 없었고, "네가 알아서 해라. 객관적으로 해라."하는 과제만 있었습니다.

제가 당시 검토한 내용은 다음과 같이 기억됩니다. "우리가 정경 일치로 가는데 중국에게 민간 형태로 차관을 제공하는 건 곤란하다. 만약 주려면 국회 동의도 필요하고 그런 문제가 있으니, 차라리 경협보다는 중국하고 관계 개선을 늦추는 게 좋겠다는 결론을 보고 드렸어요. 우리는 소련과 헝가리와 관계 개선 시 수교를 전제로 차관을 주었거든요. 그런데 중국에 대해서 그런 일도 하기 전에 차관을 제공하는 건 곤란하다고 했어요. 이어서 그 일로 청와대에서 관련 부처 장관회의도 개최했고, 보안상의 문제가 발생할 수 있을 것으로 판단되어 회의자료 전부를 회수한 바 있습니다. 그런 내용이 아마 일부만 흘러 나갔을 겁니다.

그때 저는 개인적으로 그 생각을 했어요. 만약에 경협자금을 제공하면 나중에 한중 관계에서 우리에게 큰 자산이 될 수 있을 텐데 하는 생각을요. 우리 정부 임기가 짧잖아요. 단임 정부이기 때문에 그걸 견디기가 힘들었겠지만, 여론도 그렇고 해서 안타깝게 되었습니다. 하여간 그 당시 우리 전반적인 여론과 전문가들의 의견을 수렴하여 제공하지 않은 것으로 했습니다. 그런데 나중에 알게 됐습니다만, 그때 중국에서는 이미 국무원 대남조선지도소조가 만들어져 있었습니다. 그걸 우리는 몰랐죠. 중국 창구는 일관성 있게 다 통제되고 있었지만, 우리는 중구난방으로 하고 있었습니다.

무역사무소 개설 이전 비공식 채널

김장환: 중국에 양국 간 긴급 상황을 협의할 수 있는 채널이 만들어지는 것은 89년 말입니다. 중국 국무원 대남소조와 연결입니다. 류야저우(劉亞洲)라고 리셴녠 국가주석 사위죠. 그 사위가 한국에 부인과 같이 왔죠. 아까 말씀드린 대로 선경의 초

청으로 와서 만들어졌습니다.

제가 그전까지는 중국 개최 국제체육대회와 무역사무소 회담 때문에 중국을 다녀오곤 했는데, 90년 북경 아시안게임 전에 혹시 아타세(attaché)로 북경에 갈지 모르겠다는 생각을 하고, 류야저우에게 내가 혹시 90년 봄에 북경에 갈지도 모르겠다고 얘기를 했더니만 선경을 통해서 계속 연락이 왔어요. 언제 오냐고 계속 물어 오는 거예요. 그래서 잘 모르겠다, 못 갈지도 모르겠다고 얘기했어요. 그때 이 친구가 저에게 자기가 중국에 돌아가서 최고위층에 보고를 해야 한다는 거예요. 그래서 누구 결재를 받고 하는 거냐고 했더니 리펑 총리하고 그 위에까지 다 간다는 거예요. 자기가 갖고 온 메시지를 한국 정부에 전달하고 회신을 받아가야 된다는 겁니다. 그래서 그 친구가 김복동 장군을 만났는데 그는 "당신하고 그런 건 얘기 못한다."라고 했어요.

그렇게 되자 그 친구로부터 다시 연락이 왔어요. 처음에 잠깐 만났다가 다시 연락이 와서 89년 12월 말에 만났습니다. 내가 당신 얘기를 어떻게 이해해야 되느냐니까 많은 것을 얘기를 해요. 대남소조가 만들어져 있고 모든 것이 여기를 통해 움직였다고 얘기를 합디다.

그러면서 자기가 가져온 메시지가 뭔가 하면, 지금 중국군에서 도망쳐온 군인, 그리고 전투기로 우리 쪽에 망명한 군인들에 대한 송환 협상도 하고 싶다는 거였어요. 그래서 제가 "그거는 우리가 비공식으로 얘기할 수 있는 문제가 아니다. 우리가 중단된 무역사무소 협상을 재개하고, 무역사무소가 설치되면 그 통로를 통해서 얘기를 시작할 수 있다. 그다음에 외교 관계가 수립되면 그걸 얘기할 수 있지 지금은 그런 얘기를 할 수 없다."라고 그랬죠.

그리고 내가 "그런 걸 제기하려고 하면 중국 외교부의 자문도 안 받느냐"라고 물으니까 "이건 중국 외교부보다 그 위에서 하고 자기들의 방침이 결정되면 외교부에 지시를 한다." 이렇게 얘기를 했습니다. 그러면서 대남소조에 총 8명이 있고, 자기는 당측 대표로 참여하고 있다는 겁니다. 또 웨펑(岳楓)이라는 사람도 거기에 참여하고 있고, 진리(金黎)라고 해서 김려라는 사람이 있다고 했습니다. 이 사람은 한국에 고려합섬과 함께 많이 왔다 갔다 했어요.

그런데 중국에서는 이 조직에 대해 대외적으로 위장 명칭이 따로 있었습니다. 국제우호연락회라는 겁니다. 중국도 우리와 마찬가지로 비공식 교섭이다 보니, 이 기구 명칭을 사용해 온 것 같습니다. 그리고 국무원 내 전담 소조를 만들게 된 겁니다.

그래서 그때 저하고 얘기한 게 뭔가 하면, "협력 가능 범위는 제시해 줄 수 있다. 방향을 이렇게 하면 안 되겠냐?" 같은 것이었습니다. 저도 얘기했습니다. "내가 이쪽에서 북방정책 실무를 다루고 있었다. 그러면 당신도 한중 관계를 한다고 하니 우리가 공감할 수 있는 게 많다. 이제 그러면 우리가 중단된 코트라와 CCPIT(The China Council for the Promotion of International Trade, 中国国际贸易促进委员会) 간 협상을 재개해서 무역사무소를 빨리 설치하자." 그래서 그때 우리가 원칙적으로 의견 접근을 이룬 것은 90년 북경 아시안게임을 개최한 직후에 무역사무소를 설치하자는 것이었습니다. 그 후 상호 간 교류가 진행이 되어야 하는데, 제가 북경에 못 가게 되니까 중국 국무원 대남소조 측에서 고민을 하게 된 겁니다.

그런데 저는 그때 중국에 갔더라면 아주 곤란할 뻔했어요. 제가 중국 정부의 제안을 직접 받아왔더라면 업무처리가 복잡해질 수 있었을 겁니다. 그때까지 제가 한 일들은 청와대에 보고를 다 했는데, 이런 일은 제가 담당하는 것이 적합한지 여부를 제가 모르잖아요. 그래서 중국 측에서 고심을 하다가 90.4월 이순석 사장을 초청해요. 북경으로 초청을 하면서 국빈 대우를 해줍니다. 조어대에 투숙시키고 톈지원(田紀雲) 부총리가 만납니다. 만나는데 그때 류야저우하고 웨펑이 배석하게 되었습니다.

이 자리에서 또 무슨 일이 있었냐면, 기업인들이 중간에 메시지를 하면 왜곡

김장환 전 주광저우 총영사 구술회의 사진 (2021.6.11)

할 수 있다면서, 자기들 대화 내용을 문서로 만들었어요. 이순석 사장은 홍콩으로 나와서 일본을 통해 바로 들어왔고, 같이 따라갔던 과장 한 사람이 그 문서를 받아서 왔어요. 그 문서를 저한테 전달하라고 한 거예요. 그 문서를 서울에서 받았죠. 제가 받고 나서 이순석 사장도 만나 재확인을 했지요. 중국 측 메시지를 검토한 후에 관계부처 국장회의를 하게 됩니다.

그때 저는 안기부 소속이기 때문에 거기서 할 수밖에 없었지요. 참석한 각 부처 국장들에게 경과와 내용을 설명토록 했고, 혼선이 생길 수 있으니 이 내용을 관련 기업에다 직접 확인하지 말라고 당부했습니다. 우리 정부 내에서도 창구를 하나로 해야 할 필요가 있었어요. 청와대로서도, 이순석 사장이 최종현 회장한테 보고한 것이 또 대통령께 바로 들어가잖아요. 들어가더라도 이게 체계적으로 돼야죠. 청와대 외교안보수석실 측에서는 대통령 보고는 직접 하겠다고 했습니다. 그러나 이 일에 대해 회신하는 데에서 있어서 일부 문제가 생겼습니다.

회의 안건이 된 내용, 즉 그때 중국 측에서 제기한 내용은 첫째, 호혜평등 입장에서 관계 증진을 희망한다. 둘째, 중단된 무역사무소 협상을 재개하자. 세 번째는 도망 군인들 처리하는 건에 대해 협의할 수 있는 시스템을 만들자 였습니다. 그때 회의 결과는 그랬습니다. 앞의 두 개는 좋고, 중국 도망병 문제는 나중에 얘기하자고 결론이 났습니다. 그렇게 해서 회신을 보는데 그 과정에서도 에피소드가 있습니다.

청와대에서는 중국 관계를 어떻게 다루어야 하는지 업무 경험자 부재로 사실 잘 몰랐어요. 이 회신을 홍콩 신화사 라인을 통해 통보하라는 연락이 왔어요. 그래서 제가 설명했어요. "아니, 홍콩 신화사 라인으로 왜 통보를 하느냐? 홍콩 라인은 이 내용을 모르고 있고 이건 국무원에서 하는 일이다. 거기서 지시해야 그 사람들이 움직이는 거지. 홍콩 라인에서는 무슨 소리를 하는 건지 모른다. 혼선이 생긴다." 또 그 의견을 외교부에도 물어봅니다. 외교부에서도 부정적인 의견을 주었습니다. 하여간 서로 오해가 없도록 해서 중국 측에 회신이 되었습니다.

중국 측에 회신한 다음, 청와대 김종인(金鍾仁) 경제수석은 코트라 사장에게 무역사무소 협상을 재개한다는데 빨리 진척시키라고 한 것입니다. 그러자 코트라에서 저를 찾아왔어요. 제가 청와대에 있을 때 소련과 관계 개선 시 코트라 사장도 왔다 갔다 했었어요. 코트라 홍지선 부장은 찾아와서 얘기를 하는 거예요. 이 무역사무소 문제를 보안 속에 추진하라는 거였죠. 그래서 코트라 이선기 사장과 홍지선 부장 등 2명, 그리고 안기부에서 2명으로 담당을 정했습니다. 그리고 나중에 언론에 보도되면 책임지라고 해서 알았다고 했습니다.

그 뒤 코트라 홍지선 부장을 중국에 보내기로 합니다. 보내는 과정에 문서를 어떻게 할지 고민하면서, 코트라 사장 서한 내용을 저랑 같이 협의했지요. 그동안의 양국 관계를 압축해서 무역사무소 회담을 재개하자는 내용이었습니다. 그런데 중국 측에서 얘기 나온 게 뭐냐면 자기들이 CCPIT에다 지시를 했고, 아마 그 연락이 2-3일 사이에 갈지 모른다는 겁니다. 암튼 그해 7월 초에 우리 코트라 부장이 북경을 갑니다. 가서 정홍위에 CCPIT 회장을 만났는데 좋다고 했습니다. 실무 협상은 북경 아시안 게임 직후에 두세 번 하고 바로 개설하기로 합의를 했습니다. 그래서 그때 무역사무소 설치 합의가 됐습니다. 그리고 대외적으로 발표는 안 했죠.

그리고 제가 또 하나 말씀드릴 것이 있습니다. 당시 김영삼 대표가 이쪽의 여당 대표를 하지 않았습니까. 제가 청와대에서 무슨 지시를 받았느냐 하면, 중국에서 양상쿤(楊尚昆) 주석이 김영삼 당 대표를 초청했다고 하는데 이 내용이 맞는지 확인을 하라는 것이었습니다. 그래서 91년 1월 초에 제가 홍콩에서 북경으로 바로 들어갔습니다.

국무원 대남소조 류야저우를 만나서 사실여부를 물어봤죠. 양상쿤 국가주석이 김영삼 당 대표를 초청했다는데 맞느냐, 그랬더니 자기는 모른다는 겁니다.

한국 관계를 자기가 통제하는데 모르는 일이라는 거였어요. 그래서 톈지원 부총리한테 확인해보라고 했는데 그때 부총리가 맹장 수술하고 병원에 있었어요. 병원에 가서 확인해보니까 아니라고 했습니다. 그다음 날 양상쿤의 아들 양사오밍(楊紹明)에 물어보니까 그런 거 한 적이 없었답니다. 다만 재미교포라는 사람이 만나 달라고 사정을 했는데 안 된다고 했다는 일이 있었답니다. 하여간 그런 얘기가 어떻게 한국 측에 전달되었는지 모르겠지만, 자기는 안 된다고 했다 했습니다. 초청은 와전된 것으로 확인했습니다.

그리고 90년 9월에 김종인 경제수석과 구본무 LG 회장이 북경에 갔어요. 톈지원을 만나려고 했는데 못 만났다고 해요. 만나려면 리펑 총리 동의를 얻어오라고 했는데 안 됐거든요. 그 얘기를 류야저우가 와서 저한테 다 말해줘요. 그런데 그때 중국의 입장이 뭐냐면 특사가 와서 고위층을 만나려면 27억 달러를 가져오라는 거였어요. 왜 27억 달러인지는 모르겠어요. 차관 27억 달러를 가져오면 만나주겠다, 그러면 그 위에 있는 사람도 만나도록 해 주겠다 그랬거든요. 그래서 이게 복잡해졌구나 생각했어요. 중국에서는 창구가 일원화돼 있다는 사실을 사람들이 잘 몰라요. 우리는 통제하는 게 없잖아요. 그래서 혼선이 많이 생겼습니다. 저는 그때 우리가 좀 서로 교훈으로 삼아야 될 것이 많지 않을까 이런 생각을 했습니다.

중국이 UN 가입 지지 의사를 한국에 전달한 경위

이동률: 아까 대사님이 말씀하신 것 중에서 굉장히 중요한 얘기 중에 하나가 중국이 "우리는 거부권 행사 안 할 거다. 우리는 입장이 바뀌었다. 한국 UN 가입에 대해서 찬성으로 입장이 바뀌었다."라는 얘기를 전해 들으셨다고 했잖아요? 그걸 누구

이동률 교수

로부터 언제쯤 들으셨는지? 그리고 그게 중국이 한국에게 공식적으로 처음 얘기한 것이 그 자리였는지 궁금합니다. 왜냐면 이 얘기를 들었다는 얘기들은 있는데 누가 어떻게 전했는지에 대해서는 누구도 확인을, 기억을 못 하고 있는 상황입니다. 그런데 어떤 분들은 중국이 비토를 행사하지 않을 거라고 막연하게 생각하고 UN 가입을 추진했다고 하는 분도 계셨어요. 그래서 그 얘기를 일단 먼저 좀 부탁합니다.

김장환: 제가 아까 말씀드린 대로. 우리 UN 가입에 대해서 청와대 외교안보수석실에서 이순석 사장을 통해 입장 타진이 중국 측에 전달이 되지 않습니까.

이동률: 중국 측에는 누구한테 연락이 된 건가요? 몇 년도쯤에?

김장환: 국무원 톈지윈 부총리한테 전달이 되었습니다. 그 양국 지도부 간 비공식 라인이 만들어진 다음이거든요. 우리 UN 가입이 91년이잖아요. 그러니까 90년입니다. 90년 10월에.

이동률: 청와대하고 중국 국무원 대남소조하고 이미 네트워크를.

김장환: 그때 제가 서울에 있다가 홍콩으로 나가면서 네트워크를 이미 만들어놓고 나왔거든요. 그러면서 나갈 때 홍콩 가서 한국과 비밀 라인을 어떻게 유지하는 게 좋겠느냐고 중국 측이 물어보기에, 청와대 라인과 안기부 라인을 이용하라고 했어요. 외교부 라인은 할 수가 없잖아요. 왜냐하면 중국 외교부와 얘기해야 격이 맞는데 그 위에서 움직여야 되잖아요. 그 얘기를 해줬어요. 그래서 제가 나가면서 청와대에서는 바로 활용을 한 거예요. 이순석 사장을 불러서 바로 활용을 했지요.

이동률: 중간에 매개 역할을 이제 SK 이순석 사장이 한 건가요? 이순석 사장이 톈지윈과

라인이 맺어진 건가요?

김장환: 그러니까 그 연락하는 조원인 류야저우가 있고, 또 북경 가면 이순석 사장이 텐지원 부총리하고 중요 계기 때는 만났지요.

이동률: 죄송합니다. 이순석 사장이 중국 측 얘기를 듣고 청와대에 전해줬다는 거죠? 중국이 거부권을 행사 안 하기로 했다는 것을요. 그전에 우리가 UN 가입 신청할 거라고 먼저 얘기를 했고.

김장환: 그렇죠. "우리가 가입을 하려고 그러는데 중국의 입장을 좀 알려 달라, 우리는 지금 소련과의 관계가 개선되고 있기 때문에 UN 가입을 진행하겠다." 이런 얘기가 오갔습니다. 제가 홍콩에 간 다음 중국 국무원 대남소조 측 인사가 저에게 그 얘기를 해줬어요. "지금 이순석 사장이 와서 메시지 두 개를 주었다. 하나는 김종인 경제수석이 중국 고위인사를 만나게 해 달라는 것, 또 하나는 UN 가입 문제다." 그래서 중국이 그걸 검토했습니다. 검토하고 결정이 언제 났는지는 불확실합니다. 91년 2월에 이 친구가 와서 저한테 얘기를 해주었는데, 중국에서 언제 입장이 바뀌었는지 모르겠어요. 그때 10월에 얘기를 한 뒤, 이순석 씨한테 통보를 한 시기는 확실치 않습니다만, 그걸 감지하고 대통령이 UN 동시 가입을 연내로 추진하라고 지시한 것 같습니다. 왜냐하면 그러한 과정 없이 추진하기는 곤란하잖아요.

이동률: 지금 계속하면서 제일 큰 미스터리가 그거였어요. 한국이 중국의 의사를 어떻게 타진하지 않은 사태에서 UN 가입을 밀어붙였을까?

김장환: 그리고 아까 말씀드린 대로 그 중국 리펑 총리가 91년 5월에 평양을 가거든요. 김일성을 만났는데 그것 때문입니다.

이동률: 그게 우리가 설득했거나 요청했다기보다 중국 스스로 필요해서 간 겁니까?

김장환: 중국 스스로 한 겁니다. 우리가 제의를 하니까 중국이 가만히 있으면 안 되겠다 해서 중국 스스로 판단한 걸로 알고 있어요.

이동률: 민간인이었던 이순석 사장이 굉장히 중요한 역할을 했네요.

김장환: 그렇죠. 그건 대통령 자서전에도 나와요. 그런데 그 라인을 다른 곳에서 끊으려고 많이 노력을 했죠. 그런 게 있습니다.

이동률: 그러니까 노태우 대통령도 그 라인을 되게 신뢰한 거네요. 다른 여러 라인을 움직였거든요, 사실.

김장환: 중국에서 인정을 하는 건 그 라인 밖에 없어요. 저도 그 라인을 중시했습니다.

중국의 경제적 어려움과 외교적 협조

신종대: 말씀 잘 들었습니다. 남북한 동시 가입이 91년 9월에 되잖아요. 동시 가입이 된다는 것은, 말을 바꾸면 한중 수교가 시간문제였다고도 볼 수 있겠죠. 그런데 이제 어떻게 보면 중국 측은 사실은 92년 8월이라고 그렇게 서두를 이유가 없었고 노태우 정부가 자신의 임기 내에 이 과제를 완수하려고 서둘렀다 이런 얘기도 있습니다. 또 다른 얘기로는 대만 측이 한중 수교 조짐을 알고 명동에 있는 대사관 부지를 시장에 내놓는다는 정보를 중국 측이 입수하고, 그래서 중국 측이 오히려 서둘렀다 이런 얘기도 있거든요. 혹시 당시 그런 내용을 알고 계셨는지요?

김장환: 그런데 이제 그거는 사실 우리가 추정해 볼 수 있는 것 같아요. 예전에 우리가 소련하고 수교할 때도 소련과 사이에 대화의 장을 만들기 위해서 뭐 소련 자산이 남아 있는 것 같다고 얘기해 주고 그랬어요. 그랬는데 중국하고는 사실 대사관 문제는 미리 검토를 했던 겁니다. 나중에 대표권 문제가 돼서. 그래서 제가 알기로는 확인된 것은 아니지만, 대만에서 그 땅을 팔려고 했었다는 이야기도 있었어요. 그렇지만 땅 규모가 크기 때문에 움직이기 힘들잖아요. 그리고 그 당시에 중국으로서는 UN 동시 가입으로 한국한테 환심을 사려고 노력을 많이 했어요.

중국이 그때 사실 경제가 어려웠습니다. 그 사정을 사람들이 잘 몰라요. 지금도 제가 중국 분들 만나서 그때 얘기를 들어보면 외화가 하나도 없을 때예요. 89년 천안문 사태 이후에 UN 제재에 의해 굉장히 어려웠다고 해요. 그래서 그때 그 사람들이 유치하려고 그런 게 팬더(Panther) 자동차였어요. 나중에 문제가 생겼지만. 중국이 한국과 북한의 UN 가입을 도와주면 경협 자금을 주지 않을까 생각했던 것 같아요. 그런 점들이 있었습니다.

참고로 말씀드리면, 제가 청와대에서 모시고 있었던 박철언 정책보좌관이 체육부장관을 할 때 중국에 들어가게 됩니다. 그래서 중국하고 여러 가지 일이 많았어요. 제가 홍콩 있을 때 중국 대남소조 측에서도 박철언 장관에 대해서 얘기했어요. 그때 그 얘기를 했죠. 한국에서 누가 특사로 온다고 하면 차관을 생각하거든요. 그런데 차관 제공 협상을 할 수 있는 사람이 없잖아요. 그리고 이 차관 문제는 우리나라 경제 사정과도 관계가 있고, 대통령과 교감 없이는 어느 누구도 협의하지 못합니다.

91년 7월로 기억됩니다. 그 전에도 중국 측에서 박철언 장관에 대해서 얘기를 하는 거예요. 7월 말, 91년 8월에도 저한테 와서 자꾸 차관 얘기를 합니다. 그 대남소조 쪽에서 와서 그걸 좀 받을 수 없냐고요. 그런데 중국에서는 일단 방침이 차관 받기로 정해졌는데 그걸 못 받으면 기회 될 때마다 그걸 추진해야 해요. 그래서 제가, 그럼 그때 박철언 장관 갔을 때 얘기 좀 하지 그랬냐고 하니까 이제 아쉽다 이겁니다. 그러면서 자기들에게 좀 착오가 있었다, 이런 얘기를 합니다. 무슨 착오였냐고 물어봤습니다.

혹시 박철언 장관 회고록 보신 분 있습니까? 「바른 역사를 위한 증언 2」을 보면 톈지윈 부총리를 만나기로 했다가 못 만났다는 얘기가 나와요. 그 직후입니다. 그래서 그거 보니까 중국에서도 자기들이 좀 착오가 있었다고 한 것이, 못 만난 걸 얘기하는 것으로 후일 알게 되었습니다. 당시에는 제가 그랬어요. 박철언 장관을 만나서 경협 관계 얘기를 하면 헝가리 및 러시아와 관계의 일도 있기 때문에 다시 한번 대통령께 제기해 볼 수도 있을지 모르겠다. 그런데 우리 방침이 정해졌기 때문에 번복하기 힘들기는 하지만. 그렇게 말하니까 "기회를 놓쳤다."라고 하는 거예요. 이게 뭔가 하면, 그 당시 한국 측에서 박철언 회고록을 보면 못 만나게 한 거예요. 특사 아니라고. 그게 나옵니다. 그래서 중국 측이 아쉬워했죠.

그리고 나중에 문제가 뭐가 있는가 하면, 한국과의 대화 라인에 문제가 생겼습니다. 그래서 어떻게 하면 좋을지를 저에게 물어왔습니다. 그래서 지금은 방법이 없다. 이제는 양국 간의 외교부가 들어가서 주도적으로 협상하지 않으면 안 된다 하는 걸 계속 얘기했죠. 제가 그걸 91년 7월부터 얘기를 했죠.

대중 경협 차관 관련 교섭

이동률: 그러니까 경협 문제가 굉장히 논란이 됐잖습니까. 차관. 아까 말씀하신 대로 첸치천 회고록을 다 믿으면 안 되기는 합니다만 어쨌든 그게 뭐 근거가 되고 있으니까. 중국 측 얘기는 중국 측에서 제안한 적은 없다, 한국에서 라인들이 서로 얽히면서 서로 경쟁적으로 하는 과정 속에서 그런 일이 벌어졌다는 거죠. 김복동 씨가 제안했던 얘기에 대해서는 어느 외교관이 회고록에 썼어요. 그런데 중국 측에서도 라인 하나에서 27억 달러를 일관되게 요청한 게 맞는지 그거 하나 궁금합니다.

그리고 노태우 대통령이 그 부분에 대해서는 이미 소련하고 할 때 했던 관례가 있는데 왜 중국에 대해서만은 차관 제공을 선뜻 결정하지 못했는가 하는 게 조금 궁금하고요. 당시에 박철언 보좌관이 사실은 국내 정치적 권력구도에서 밀려 있었던 건 아닌가, 그래서 중국이 그걸 알고 그 라인을 선택 안 한 건 아닌가 하는 점도 궁금합니다.

마지막으로 사실은 중국 전투기들이 망명한 사건이 있죠. 83년 하고 85년 그 사건이 전범이 돼서 그때 해결했던 방식이 있었거든요. 그게 이제 사실 소위 말하는 홍콩 라인이라는 겁니다. 그래서 그렇게 많이 해결해 왔는데, 90년 다 돼서 중국이 그 얘기를 자꾸 강조했던 이유는 뭔지? 그 문제 해결에 대해서 우리가 굉장히 협조적이었잖아요. 83년도, 85년에도 중국이 해달라는 거 다 해주면서 해결했는데 그 이후에 왜 다시 중국이 그걸 중요한 의제로 했는지 의문이 들어서 질문드립니다.

김장환: 그게 아마 그런 것 같습니다. 처음에 중국 내에서도 대남소조가 생기기 전에 그때 양상쿤, 양바이빙(楊白冰) 계열에서 군부를 통제하고 있었거든요. 그래서 한국에 접근한 많은 사람들이 중국 군부였습니다. 중국 국제우호연락회도 중국 군부의 총참모부, 총참 2부인가요, 거기의 외곽 단체로 되어 있는 걸로 알고 있습니다. 그 보고가 양상쿤 계열로 올라갔습니다. 그 사람들이 많이 관여를 하려고 했어요.

그런데 그 사람들이 할 수 있는 것은 한중 관계에서 외교 관계가 아니고 그 전투기 문제밖에 없잖아요. 그래서 전투기 문제를 그렇게 해야 된다고 해서 톈지원 부총리가 이순석 사장을 만날 때 웨펑이 참석한 이유가 그겁니다. 군을 대표해서 전투기 문제 도망병을 돌려 달라. 그동안 고마웠다, 돌려준 거는. 고마워하는데, 앞으로는 사람도 좀 돌려주고, 우리가 사람을 대만으로 좀 많이 보냈잖아요. 그때 조사할 때 제가 많이 나갔어요. 민항기 사건 때만 안 나가고 제가 다 나갔습니다. 현장에서 처리 방향을 설정했는데. 그때 그런 문제가 있었습니다.

그래서 중국 국무원에서 나올 얘기는 아니고요, 중국 군부에서 나온 얘기입니다. 그건 타협하면서, 군부 의견을 받아들인 걸로 알고 있습니다. 그렇게 설명을 합디다.

그리고 김복동 장군이 코트라 고문으로 있으면서 중국에 가끔 왔다 갔다 하지 않았습니까. 88년도에도 가고. 그런데 그때 저는 그 내용을 잘 모릅니다만, 중국에 가서 차관을 줄 수 있다는 얘기를 한 것 같아요. 경협을 제공할 수 있다는 것은 소련과 마찬가지 경우겠죠. 그런데 우리는 그걸 민간 관계가 아니라 수교 교섭을 전제로 한 게 아닌가 싶습니다. 제가 중국 측의 차관 제공 요청에 대한 검토보고를 드린 다음 코트라에서 무역사무소 협상 관련 관계부처 회의를 한 적이 있어요. 그때 김복동 장군이 저한테 불만스러워했어요. 왜냐하면 그 검토 보고서를 제가 한 걸로 알고 있기 때문에 제가 미움을 많이 받았어요.

하여간 시작은 김복동 고문이 운을 띄운 것 같아요. 운을 띄운 걸 가지고 중국에서는 "아 됐다."라고 판단한 것 같아요. 국가 부주석 명의의 친서를 보내옵니다. 중국은 나중에 이게 외교 문서로 공개될 걸 우려했던 것 같아요. 룽이런(榮毅仁) 국가 부주석의 명의로 왔습니다. 내용은 "이 사람이 하는 얘기를 보증한다."라는 것이었습니다. 차관 얘기는 그 친서 안에는 없었어요. 메신저를 보증한다는 친서와 구두 메시지를 가져온 거예요. 그래서 구두로 김복동 고문한테 얘기하니까 김복동 고문이 그걸 문서로 작성해서 대통령께 보고 드렸어요. 제가 그걸 검토했거든요. 검토해보니 "이거는 공식적인 것도 아니고 구두로 요구하는 건 좀 곤란하다. 만약 이걸 우리가 제공하게 되면 미수교 상태에서 국회 동의 얻기도 힘들고 좀 문제가 있을 수 있다." 는 방향으로 검토했습니다.

그래서 중국에서 박철언 장관에 대해 아쉬워한 겁니다. 북경 아시안게임 때도 박철언 장관이 가서 웨펑과 진리를 만났어요. 만나서 북방정책에 대해 여러 가지 설명한 것을 다 들었답니다. 중국 측도 다 알고 있었습니다.

박철언 장관 회고록을 보면 특사가 아니다 라고 해서 톈지윈이 만나려고 했다가 못 만난, 안 만난 걸로 나와요. 그러면서 중국은 한국과의 라인을 다 잃은 거예요. 뭔가 하면 김종인 경제수석 갔을 때도 한국 측에서 차관 문제를 거론하지 않았잖아요. 코트라 무역사무소 재개 협상을 지휘했지만. 그러니까 기대가 어긋난 것이지요. 그런데 거기서 핵심은 뭐냐면, 경협자금이었습니다.

중국은 수교가 될 때까지 경협자금을 받고 싶어 했어요. 그런데 그걸 표면적으로 드러내지는 않았어요. 나중에 역사가 흐른 후에 체면 문제가 있으니까 피해가려고 했죠. 그리고 첸치천 회고록은 중국 입장에서 쓴 겁니다. 중국은 체면을 굉장히 중시하잖아요. 그런데 우리가 그것에 대해 많은 분들이, 바이블처럼 얘기하는 분들이 있어요. 그건 중국 입장에서 자기들 유리하게 쓴 겁니다. 지금 얘기하는 차관 문제라든가 이런 문제를 중국이 공개될 것을 우려해서 그렇게 한 거예요. 그래서 구두 메시지를 활용했습니다. 차관 주면 누구든지 오케이, 특사를 받아주겠다. 그런데 중국 측 저의도 모르고 우리가 특사 제의를 많이 했어요. 보내겠다고. 그런데 안 받은 이유는 이거 가지고 와라, 그래서 이루어지지 않았습니다. 그러면서 나중에 중국에서 이 라인이 잘 안 되고 이러니까 안 되겠다, 이제는 외교부로 가야겠다고 한 겁니다.

저는 그 이후에도 홍콩에 있으면서 북경 친구를 한 달에 한 번씩 와서 계속 만났어요. 올 때마다 한국과 관계 개선 업무를 어떻게 하면 원만히 진척시킬 수 있을지를 알기 위해 현안사항을 대부분 얘기해주었지요. 그리고 저의 의견을 물어 왔습니다. 일본과 수교 시에는 쌍방 간에 담당관을 지정하고 그 채널을 통해 모든 문제를 협의함에 따라 교섭을 쉽게 진행할 수 있었다고 했어요. 한국과도 그런 채널을 만들 수 있기를 처음부터 기대했었다고 몇 차례 말한 적이 있어요.

이동률: 그때 카운터파트가 누구였나요?

김장환: 저는 그때 중국 국무원 대남소조원이지요. 그 친구가 홍콩으로 와요. 매월 오거든요.

이동률: 아, 신화사가 아니고?

김장환: 그 친구는 당측의 대표로 있었는데 나중에 제가 북경 근무할 때도 가끔 만났습니다. 그때, 제가 북경 갔을 때는 장쩌민 총서기의 군사보좌관을 하고 있었어요. 나중에 그는 중국 공군 상장까지 하고 퇴임을 했죠. 그리고 중국 사람은 그런 게 있습니다. 한번 친해지면 오랜 친구가 됩니다. 그런 의미에서 서로 보호해줘야 돼요. 그런 게 있습니다.

엄구호: 외교부로 채널이 전환된 게 언제쯤입니까?

김장환: 그러니까 제가 중국 측에서 난감해하기에 이제는 양측 외교부로 넘어가야 한다는 점을 계속 얘기를 했습니다. 그래서 그 이후에 북경주재 무역사무소 윤해중 참사관도 만나게 됩니다. 공식적으로 변한 것은 이상옥 장관이 북경에 갔을 때입니다. 첸치천 외교부장이 우리 외교부와 협상을 하려고 4월 달인가 그렇죠. 92년 4월일 겁니다. 수교 전에.

엄구호: 그러면 UN 가입 문제 소통까지는 대남소조가 계속 관리?

김장환: 그렇죠. 우리 외교부와는 직접 대화가 없었고요. 제3국에서 중국과 한국 외교관 간 가끔 공동 관심사에 대한 얘기는 오간 게 있었던 것 같아요.

엄구호: 그럼 외교부는 계속 전해 들은 거네요.

김장환: 그렇죠. 당사자와 당사국과는 그런 얘기를 못했고, 간접적으로 대화를 한 거죠. 청와대 외교안보수석실을 통해서 교감을 했죠. 그리고 중국 측에서는 자신들 입장을 스스로 바꾼 거예요. 제기는 우리가 했지만 바꾼 건 자기들이 바뀌어서 북한에 대해서 이제 수락하도록 한 겁니다. 동시 가입으로. 안 그러면 너희들 나중에 가입 못하면 어떻게 하느냐는 겁니다. 나중에 북한도 가만히 생각해보니 한국만 가입하고 중국이 기권하겠다고 그러거든요. 그래서 저는 기권할 줄 알았어요.

중국에서는 그때 이미 생각을 다 하고 있었어요. 그래서 리펑 총리가 그때 간 것은 고르바초프가 91년 4월에 노태우 대통령과 제주에서 만난 후였습니다. 당시 고르바초프가 UN 가입에 대해서 암시를 주잖아요. 우리 단독도 찬성하겠다는 식으로. 그러니까 단독으로 우리가 가입하고, 동시 가입은 안 한다고 하면 중국은 기권하겠다는 거였거든요. 그러면 북한은 곤란하죠. 그래서 입장을 바꾼 것으로 생각합니다.

중국의 망명 군인에 대한 조사

조동준: 약간 번외 질문인데요. 중국 조종사들이 한국 쪽으로 망명을 했을 때 수사하시는 일이 있었잖아요. 그분들이 망명한 개인적인 이유가 있고 밖으로 공개하는 이유가 있을 텐데, 개인적인 이유가 뭐였는지 궁금합니다.

김장환: 무슨 처벌을 받거나 또 어떤 사건에 연루되어 도피하는 경우가 많았던 것 같습니다. 제가 중국에서 온 사람들 조사할 때 많이 봤어요. 한 번은 이런 일이 있었습니다. 언론에 공개됐는지는 모르겠네요. 중국에서 북한을 거쳐 걸어서 휴전선 넘어온 사람이 있었어요. 그때 관계기관에서 요청을 해 와서 잠시 참여했습니다.

그 친구에게 몇 가지만 물어봤어요. 이 사람이 중국 사람이니까 한글을 모르잖아요. 어디로 왔는지도 잘 몰라요. 휴전선을 넘어서 온 거예요. 휴전선 넘을 때 북한에서 몇 번 잡혔냐 하니까 세 번 잡혔다는 겁니다. 그래서 세 번 잡혔는데 어떻게 넘어왔느냐 하니까 벙어리 행세를 했답니다. 이러니까 북한 군인들도 중국에서 이런 골치 아픈 놈이 왔다면서 느슨해진 틈에 몇 시간 있다가 쓱 빠져 도망 나오곤 그랬데요.

그렇게 넘어왔는데 제가 심문할 때 왜 왔냐고 물으니, 자기는 자유를 찾아왔다는 겁니다. 자유가 뭐라고 생각하느냐고 물어보면 명확한 답변을 못해요. 혹시 거기서 잘못한 거 없느냐? 누구하고 싸우지 않았는가? 그러니까 자기가 탄광에서 일을 하다가 뭘 좀 훔쳤대요. 잡혀가서 형을 받았는데, 나와 가지고 판사를 집으로 찾아가서 권총으로 쏴 죽이고 도망 왔다는 거예요. 그 후 그는 중국으로 송환된 것으로 알고 있습니다.

그다음에 조종사들 얘기입니다. 비행기나 군함을 갖고 망명을 하면 많은 문제들이 파생됩니다. 그리고 엄청난 군사적 손실이 야기됩니다. 암호체계를 다 바꿔야 돼요. 그게 암호체계가 들통이 나면 과거 군사 활동이 전부 노출될 수 있어요. 엄청난 손실이 되는 거예요.

중국 어뢰정 사건 교섭의 주체

이동률: 제가 마지막으로 하나만 묻겠습니다. 어뢰정 사건은 중국 관련하여 굉장히 중요한 사건이잖아요? 그런데 모든 협상을 홍콩에서만 한 것으로 되어 있어요. 기록으로는.

김장환: 아, 어뢰정 사건. 그거는 북경에서 지시를 받은 건 할 수 있어요. 받은 내용을 전달하는 것은 가능하죠.

이동률: 홍콩에서 한 건 맞나요?

김장환: 홍콩에서 한 것은 뭔가 하면 연락업무를 담당한 것입니다.

이동률: 왜냐면 어뢰정 사건은 중국 외교부가 공식적으로 우리에게 사과를 했어요. 그거는 영해를 침범했잖아요.

김장환: 그때는 중국 어뢰정이 우리 영해로 들어왔잖아요. 그러니까 중국에서는 신화사 라인을 통해서 우리에게 자기들 배를 찾아달라고 얘기해 왔어요. 우리 해군에서는 처음엔 몰랐다가 나중에 알았죠. 그리고 사과는 다른 방식으로 받는 거죠. 수교관계가 없을 때는 언론 매체를 통하거나 제3국을 통해서 메시지를 교환하기도 합니다. 우리가 이렇게 발표했다는 식으로. 그래서 홍콩에서 한 것은 교섭을 한

게 아니고 연락업무를 담당한 것으로 볼 수 있습니다.

그리고 참고로 말씀드리면 어뢰정 사건 직후, 한 일주일 후에 제가 우리 역도 선수단하고 항저우로 갑니다. 아시안 역도대회가 있었어요. 거기 가니까 그동안 교류하면서 만났던 중국 외교부 고위 인사와 누가 왔어요. 와서는 그날 저녁 저에게 말하길, 다음날 저녁에 서울 아시안게임 개최에 대한 내용을 처음으로 북경 중앙TV에서 보도한다고 말해줬어요. 그리고 그때 잘 처리해준 것에 대해 중국 정부는 고맙게 생각한다며, 한국 대표단이 온 것에 대한 감사의 표시로 서울 개최 86아시안게임이 내일 방송으로 처음 나간다고 했어요. 그러니까 85년 5월에 서울 개최 86아시안게임이 중국에서 처음으로 보도가 되었습니다. 한 1년 정도 남았을 때였습니다. 홍콩 라인은 중앙 중부의 위임을 받아 교섭이 아닌 연락업무를 일시적으로 담당했던 것으로 보는 것이 타당할 것 같습니다.

X

정달호 대사 구술

일   시 : 2021. 6. 11. 14:40-16:10
장   소 : 국립외교원 2층 세미나실
질문자: 신종대(북한대학원대), 엄구호(한양대)
        이동률(동덕여대), 이정철(서울대)
        전재성(서울대), 조동준(서울대)

김종학: 제주도에서 멀리 저희 구술 회의에 참석해 주신 정달호 대사님께 깊은 감사의 말씀을 올립니다. 오늘 회의는 저희가 사전에 드린 질문지에 따라서 한 30분 정도 자유롭게 UN 가입에 관한 그러한 말씀을 해 주시면 되겠습니다. 그리고 대사님 말씀 듣고 나서 추가 질의를 하는 방식으로 진행하겠습니다.

UN 가입 전후의 대 UN 외교

정달호: 오늘 자리에 처음 섭외를 받고 반반이었어요. UN 가입이라는 과제에 제가 직접 참가를 하지 않았을 뿐더러 또 30년이나 지난 일이었습니다. 지금도 외교부에는 관심을 가져도 업무와는 전혀 관련 없는 일을 하고 있는데 이런 무대에 나간다? 내가 이게 뭐 도움이 될 수 있을까? 이런 생각을 하면서 안 하고 싶은 생각이 들었습니다. 한편으로는 이런 데 자꾸 나와야 이렇게 교수님도 알게 되고 배움도 좀 받는 것이니, 하여튼 뭐 한번 나가보자 했습니다. 그런데 시간이 지나자 걱정이 되었어요. 저는 UN 가입과 아무것도 관련이 없는데 가입 계기에 대한 질문지

정달호 대사

가 나와 좀 당황스러워서 이규형 대사한테 전화했어요.

그때 제가 UN 2과장 할 때 이규형 대사가 UN 1과장을 맡고 있었어요. 그쪽은 안보리 중심으로, 안보리와 제1, 5위원회를 담당했어요. UN 살림살이는 5위원회 담당입니다. 1위원회는 정치, 군축, 안보 등을 담당합니다. 그다음에 UN이 하는 나머지 일들, 경제, 인권, 사회 등은 다른 위원회 소관이죠. 그래서 UN 2과에서 저는 2위원회와 3위원회를 맡았어요.

UN 가입에 대한 얘기는 많이 나왔는데, 제가 기여할 방향을 생각해 보니까 30년이 지났는데도 생생하게 얘기하고 싶은 게 몇 개 있더라고요. 그래서 제가 옵서버 때 UN에 있었고, 그 이후에 1년 공백을 가지고는 바로 UN 2과장을 2년간 했기 때문에, 저는 오늘 UN 가입에 대한 얘기보다는 UN 가입 직전, 직후의 대 UN 외교 동향을 얘기해보려 합니다. 제목은 근사하지만 내용이 적당한 게 있을지 모르겠습니다.

언제 우리가 옵서버로서 UN에 활동을 시작했는지 정확히는 모르지만 아마 거의 UN 초창기부터 바로 시작했을 겁니다. 왜냐하면 우리는 국제사회의 인증을 받는 것에 목말라 했으니까, 조선시대부터 고종 때부터도 그렇고 하니까, 아마 처음부터 옵서버 지위를 받았을 것 같습니다. 기라성 같은 분들이 UN 대표, 대사를 맡았습니다. 그래서 선배들이 지키던 자리에 저도 갔어요. 1987년 당시에 오준 대사가 서기관으로 있었고, 김재섭 차관이 참사관으로 있었습니다. 대사는 박근 대사. 그리고 그 다음에는 박상용 대사가 계셨고 그다음에는 현홍주 대사가 오셨어요. 제가 세 대사님을 모시고 옵서버 활동을 했는데. 하여튼 그 기라성 같은 분들한테 배울 것도 많았습니다.

가보니까 저희가 회원국 지위는 못 누렸지만 옵서버도 별 차이가 없더라고요. 어디 가면 다 대접해주었어요. 옵서버니까 너는 저쪽에 가 있어라 그런 것도 아니었어요. 더군다나 또 한국의 위상이 막 높아질 때니까 UN 내에서 옵서버라도 우리 나름대로 지위를 굉장히 누리고 지냈습니다. 그 예로 총회 같은 데 참여하는 것은 물론 모든 위원회 활동에 다 들어갑니다, 옵서버도 차별 안합니다. 단, 표결을 안 한다는 것뿐이고. 그래서 특히 우리는 개도국이라는 이름을 가지고 '77 그룹'에 참가해서 활동을 많이 했고, 비동맹 그룹에도 옵서버로 갔습니다. 하여튼 우리나라는 어디든지 빠지지 않습니다. 국제기구도 뭐든지 다 참가하고 비동맹에도 너무 적극적으로 참여하려고 하다가 나중에 실패를 본 적이 있었죠.

김동조 장관 때. 리마에 가서 가입하려고 그러다가 실패했을 겁니다. 제 기억이 정확한지 모르겠는데, 우리나라는 너무 적극적으로 국제사회에 나서려고 하는 측면이 있었죠.

지나고 보니까 UN 회원국은 많지만, 2류, 3류 회원국 빼고 나서는 오히려 우리가 한 10대, 15대 안에 들 정도로 빛나는 활동을 하고 있었습니다. 그러니까 옵서버이지만 우리 나름으로 상당한 노력을 많이 했습니다.

그런데 돌이켜 보면, 지금은 그런 경향이 조금은 없어졌지만, 그때는 우리 외교 목표 중 대북 제압이 1번 순위였습니다. 외교 정책의 우선순위는 대북 제압이었죠. 그러면서 2, 3, 4, 5에서도 다 북한하고 관계가 있는 거예요. 그러니까 우리 외교라는 게, 우리의 외교 정책이라는 게 한미동맹을 바탕으로 하여, 당시 소련과는 수교 전이라 거의 깜깜한 상태이고 중국은 아예 생각도 안 할 때니까, 미국 유럽 등과 우호관계를 유지하면서 대북제압을 하는 것이 거의 다였습니다.

해외에 외교관으로 나와 있어 보면, 다른 거는 아무것도 없고 누구 가니까 대접해줘라, 북한의 아무개가 어느 나라에서 뭘 하니까 동향을 주시하라, 그런 식으로 전부 대북 외교예요. 우리 외교가 돌이켜 보면 지금하고는 많이 달랐어요. 소아병적인 그런 외교였어요. 왜냐면 다른 일은 하든 안 하든 전혀 빛이 안 나고 아무도 관심이 없었어요. 하지만 북한 관계에서 잘못하면 그냥 지적을 받으니까요. 모든 외교관들, 대사들이 북한 관계만 신경을 썼습니다.

그런 때라 UN 외교도 마찬가지였습니다. 북한 관계 되는 것, 북한 인사 누가 와서 누구를 만난다, 뉴욕에 왔다, 워싱턴에 왔다, 이런 것에 촉각을 세우고 있었지, 실질적인, substantive한 외교는 없었다라고 저 나름으로 회고할 수 있습니다.

가입 전에는 외교가 그렇게 작아져 있었지만, 재밌는 게 옵서버로서는 우리가 제일 강력한 identity를 갖고 있었어요. 그 옆에 스위스도 있었고 팔레스타인

이 있었고, 그다음에 안도라, 모나코 이런 나라가 있었는데, 모나코는 나오지도 않고 안도라도 안 나오고 팔레스타인은 좀 나왔고, 스위스 대사관 직원들과 우리가 주로 옵서버 자리를 지켰습니다. 스위스 대사가 여기서 농담으로 "콘서트로 말하면 저 중앙의 사람들은 오케스트라 자리에 앉는데 우리는 파르테르(Parterre)석에 앉는 거다. 그래서 우리 옵서버는 파르테르다." 이렇게 함께 얘기하던 기억이 납니다.

대한항공기 폭파 사건의 UN 안전보장이사회 상정 경위

정달호: 대한항공기 폭파 사건, 87년 11월, 이거 굉장히 중요한 얘기인데요. 지금도 대한항공기 폭파 진상조사위원회에서 조작이다 아니다 이런 음모론이 나오는 판입니다. 아까 말씀드렸듯이 옵서버 외교 환경이라는 것이 한산한데 일이 탁 터지니까 국가적으로 초미의 이슈가 되었습니다. 그런데 뭐 국내에서 할 게 있습니까? 안보리에 가야 되는 건데, 국내에서는 그 당시에 안보리라는 걸 해본 경험이 없었습니다. 때문에 이게 안보리에 갈 건지, 옵서버가 할 수 있는 건지, 이런 논란들이 많은 가운데서 결국 정리가 돼서 안보리에 제기를 했어요. 왜냐하면 이 일은 우리가 국제사회의 일원으로서 제기를 하는 거니까 안보리 의장이 당연히 이걸 받아서 국제 안보 이슈로서 토의하게 되는 거죠. 절차는 그렇지만, 우리 내부에서 이게 우여곡절이 많았어요.

　우리가 현지에서 이건 안보리에 상정해야 된다고 주장하고 건의를 했습니다. 그래서 자료를 다 만들고 사진 다 찍어놓았습니다. 당시 UN 인쇄실이 지하에 있었는데 상황이 급박하니까 대사님을 포함하여 다들 가서 인쇄를 도와주고 종이도 갖다 주고 했습니다. 시일이 늦으면 안 되잖아요. 그간 우리가 조용하게 있다가 정말 최초의 큰일을 맡아 난리가 났던 것입니다. 이렇게 전 직원들이 뛰어 상정을 위한 준비를 해놨어요. 그런데 갑자기 본부에서 전보가 왔는데, 안 한다, 하지 말라는 겁니다. 청천벽력이었습니다. 우리는 칼을 다 갈고 한 방에 빼서 국제사회에서 칼을 한번 써야 되는데 하지 말라는 거예요. 그럼 뭐냐 이거예요.

북한이 우리 안보를 위협하고 올림픽을 저해하려는 의도로 저지른 그 행동을 아주 적나라하게 보였는데 아무것도 안 하면 그럼 뭐 하느냐 이거예요. 북한이 사과할 겁니까. 우선 팩트를 인정하게 만들어야 되잖아요. 무슨 사안이든지 팩트를 establish하는 게 제일 중요합니다. 그래서 국제사회에서 보면 안보리에 가보면, 사실이냐 아니냐 그게 제일 중요하고, 사실인 것이 establish 되면 그다음에 법적으로 어떤 조치를 할 수 있느냐, 이렇게 해서 결의안이 나오고 하지 않습니까. 그러니 사실이라는 걸 국제사회에 밝히려면 안보리에서 땅땅하는 게 최고잖아요. 그럼 이건 해야 된다. 이걸 사실로서 국제사회에 밝혀놓고 나서야 그다음에 우리가 뭔가를 추궁할 수 있다. 그래서 이렇게 추진했는데 지금 하지 말라는 거죠.

어찌된 일인지 알아보니 안기부하고 알력이 있었어요. 안기부에서는 어정쩡하게 잘못하면 안 하는 것만 못하다는 입장이고, 결과가 안 하는 것만 못하게 나오면 외교부 장관 책임이 되는 거예요. 우리가 안보리에서 이런 큰 과제를 뚫고 breakthrough를 할 수 있느냐에 대한 의구심이 이런 상황을 만든 거예요. 본부에서 경험이 없으니 그렇게 된 겁니다. 이렇게 되면 안 되겠다 싶어 우리들이 항의를 했어요. 이건 해야 된다, 칼을 뺐다가 그냥 넣을 수 없다, 우리 다 알고 있는데 북한에 대해 책임 추궁도 못하느냐, 사실에 대한 인정도 못하면 뭘 가지고 하겠느냐, 그렇게 주장했어요. 그때 기억이 희미하지만 다행히 안기부장이 안무혁 씨로 바뀌었어요. 그전에 누군지는 제가 모르겠는데 안무혁 국세청장이 안기부장이 되었고, 이분이 이 일은 해야 된다는 입장이었어요. 군 출신자잖아요. 이것을 안 하면 어떻게 되냐, 그래서 뒤집었어요.

모두 실의에 차 있었는데 다음날 "하라."라는 지시가 내려왔어요. 우리 대사관의 분위기를 거기에 있던 안기부 파견관이 잘 전달했던 것으로 생각됩니다. 그분들이 우리 분위기를 잘 전달했는지 안기부에서 "이거 왜 외교부에서 안 하고 뭐 해?"라는 입장이 나온 겁니다. 이런 우여곡절 끝에 우리가 잘 만든 자료를 가지고 안보리에 상정했습니다. 근사하죠? 우리가 뭐 언제 안보리 가봤습니까?

상정을 하고 나니, 이제 우리가 당사국이니까 우리와 북한이 안보리 그 자리 앉는 거죠. 그간 우리나라에서는 안보리 근처도 못 가봤는데 안보리 회원국들하고 같이 앉아 있었으니, 감개무량했습니다. 그때 아마 미국이 의장했어요. 우리는 명명백백하게 충분한 증거자료를 냈습니다. 이 많은 자료를 냈기 때문에 다들 인정하는 거죠. 러시아, 중국도 아니라고 말은 못합니다. 증거가 다 있으니까. 뉴욕 타임즈 같은 신문에 다 나왔고. 세계적으로 얼마나 큰 사건입니까. 백 몇 명이 죽고 말이죠. 버마 안다만 해역에서 항공기가 떨어지니까 국제적으로 난리가 났던 사건입니다.

상정이 되었으니 이제 당사국이 얘기를 해야 합니다. 북한이 먼저 했어요. 전 UN 대표 박길연 외무차관이 대표였습니다. 북한 외교관들은 안으로는 human 한 퀄리티가 있는지 몰라도 겉으로는 일단 똘똘 뭉쳐지고 다져진 공산주의 전사들이잖아요. 박길연이 얘기하는데 가관입니다.

"우리가 했다는 증거가 어디 있느냐. 너희들이 꾸며낸 거다. 이거 다 가짜란 말이야. 너희들 말을 국제사회에서 누가 믿느냐. 슐츠(George P. Shultz)라는 사람이 서울을 방문해서 외교부와 면담하는데, 최광수 장관실에 슐츠의 그 경호견들이 와서 냄새도 맡고 하는 그런 나라가 말이야. 미국이 하라는 대로 하는 나라가 말하는게 다 가짜지. 당신들 말 누가 믿겠냐?" 그렇게 비난하는 겁니다.

정달호 전 이집트 대사 구술회의 사진 (2021.6.11)

정말 얼굴이 뜨겁더라고요. 우리 장관실 얘기는 사실이거든요. 그 얼마 전에 슐츠 장관 온다고 외무장관실에 미국 경호원들이 와서 조사하고, 우리는 들어가지도 못해요. 그 다음부터는 슐츠 올 때까지 사무실 앞에서 자기들 경호원들만 서 있는 거예요. 그거를 북한이 모릅니까. 간첩 있고 신문에 다 나니까 다 알죠. 그때 우리나라의 위상이 이렇다는 걸 절감했습니다.

그런 얘기뿐만이 아니었어요. 과거의 일들, 군사정권에서 잘못했던 이런 일들 다 들고 나와 떠들었어요. 북한 개네들은 매뉴얼이 잘 돼 있어요. 나오면 일사천리로 잘해요. 영어도 잘하고. 그렇지만 그 말들을 누가 믿겠어요?

이제 다음은 우리의 발언 차례로 박근 대사님이 나섰어요. 박근 대사님은 철학, 정치사를 전문으로 하셨는데, 그 기조가 그렇더라고요. "북한이 그렇게 망나니짓 한다고 해서 우리가 망나니처럼 할 필요는 없다. 국제사회에서 인류가 괴물과 싸울 때는 괴물보다 더 나은 선한 인간의 얼굴로 싸워야지. 같이 괴물처럼 싸우면 너도 괴물이 된다." 그런 말을 하시더라고요. 우리는 북한에 대해 그렇게 고약하게 비난하지는 않았습니다. 그냥 팩트를 잘 정리해서 얘기했어요. 연설문이 없으니까. 제가 그 내용까지는 잘 전달할 수가 없습니다.

그렇게 당사국들의 발언을 마치고 표결을 했는데 몇 대 몇인지, 중국, 러시아는 기권했을지 몰라도 압도적으로 결의안이 나왔습니다. 그게 우리에게 최초의 안보리 경험이 되었죠. 그 이후 가입한 다음에는 우리가 안보리 의장국도 하고 안보리를 아주 잘 활용했습니다. 그러한 안보리의 첫 경험은 그때, 1988년 초였다는 것을 말씀드립니다.

덧붙여 그때 일을 돌아보며 외교관의 자세에 대해 생각해 보았습니다. 외교관은 국익에 맞춰 행동해야 합니다. 국익이란, 우리나라의 안보 이익과 번영 이익, 그리고 우리 가치 등 한 세 가지로 잡을 수 있을 것 같습니다. 국익에 비춰서 행동을 정해야 되는데, 이거 잘못해서 책임질지도 모른다 하여 당연히 해야 될 것을 안 한다면 외교관으로서 위태위태한 겁니다. 그건 잘못된 겁니다. 비판을 받아도 시원찮을 정도의 그런 스탠스를 취하는 건 참 잘못이라 생각합니다.

그 다음으로, 2위원회가 1990년 채택한 환경과 인간 결의안, 이거는 제가 개인적으로 마침 중요한 역사적인 회의에 참가했다는 얘기니까 그냥 넘어가도록 합니다.

동해 표기 문제의 제기

정달호: 다음으로 제가 담당했던 3위원회에 관련된 이야기입니다. 사회 발전에 관한 의제에서 제가 홍익인간에 대해 설명했습니다. 대한민국은 단군 이래로 홍익인간 이념에 따라서 작동되어 왔다는 점을 강조하며, 홍익인간이 갖는 value를 얘기한 일이 있습니다. 최근에 우리나라에서는 교과서에서 홍익인간을 뺀다고 하는 얘기가 있는데, 격세지감이 있습니다.

UN 가입 이후에는 UN의 주요 논의에 참가하는 게 아주 중요합니다. 제가 외교부에 있으면서 제일 보람을 갖는 것이 두 가지인데 그중의 하나가 UN에 동해 표기를 제기한 것입니다. 반기문 사무총장을 제가 오스트리아에서 2년을 모셨는데 저보고 그러더라고요. "정 공사는 이제 다른 일 크게 안 해도 된다. 외교부의 외교 의제 5개 중 하나를 당신이 만들어 낸 거다." 이게 무슨 얘기인지 좀 설명이 필요합니다.

UN에서 나진선봉 지구에 자유무역지대를 만드는 것과 관련하여 UNDP(United Nations Development Programme: UN개발계획)에서 스터디한 문서가 제게 왔어요. UN의 그 문서를 보니까 "Tumen river flows into the Sea of Japan", 그다음 밑에 내려가면 "This area will be bridge between Sea of

Japan and the Eurasia", 이렇게 되어 있는 거예요. 두만강이 동해로 흘러가지, Sea of Japan으로 간다는 게 말이 됩니까? 그래서 UN에 편지를 보냈어요.

"옛날 지도를 봐도 Sea of Korea이고, Mer de Corée로 되어 있다. 어느 순간 우리가 힘이 없을 때 일본 사람들이 Sea of Japan이라고 고쳤다. 이걸 지금 Sea of Japan으로 흘러 들어간다고 하면 말이 되느냐?" 이런 요지로 항의를 했어요. 그랬더니 그쪽 얘기가, 자기들은 그런 정치에 관여치 않고 어떤 확립된 자료를 가지고 국제지명표준에 따라서 한다는 겁니다. 그건 뭐냐 하면, 1929년에 나온 「Limits of Oceans and Seas. International Hydrographic Organization」이라는 자료입니다. 이것도 최근에 어떻게 정리가 됐다고 그러는데 아직 제가 그 추이는 정확히 모르겠습니다.

어쨌든 그래서 우리가 미국에게 도와달라고 했어요. 미국 국무부 지침에도 Sea of Japan으로 바다 이름이 되어 있어요. 아무리 얘기를 해도 안 되는 거예요. 그래서 이대로는 안 되겠다 싶어 어디서 어떻게 시작해야할지 고민했습니다. 제가 그때 40대 초반이니까 패기만만할 때였습니다. 우리가 일본한테 식민지 지배당한 것도 서러워 죽겠는데 동해를 Sea of Japan으로 부르는 걸 참아야 되는가, 우리가 UN 회원국이 되었는데 이젠 이대로 둘 수 없다고 생각했습니다.

조사를 해보니까 마침 1992년에 5년 만에 개최되는 UN 지명 표준화회의가 경제사회이사회 산하에 있는 걸 알았어요. 그곳은 지리학자들이 모여서 해저의 암초의 이름을 어떻게 할지, 그런 기술적이고 테크니컬한 것을 다루는 기구예요. 그때 생각하기에, 테크니컬한 것은 그렇다 치고 그냥 가서 밀어 붙여보자는 마음이었어요. '그것은 동해지, 일본해가 아니다. 식민지 때 일본이 고친 거지. UN에서 우리 얘기 좀 들어줘야 될 거 아니냐,' 이런 식으로 나가기로 하고 그 회의에 상정하기로 했어요.

그 뒤 제가 1년 가까이 준비를 했어요. '동해연구회'도 만들고 외곽 조직도 만들었어요. 대한항공의 기내 잡지인 『Morning Calm』에도 이러한 내용을 실었어요. 전문가들의 의견도 모았어요. 나중에 산자부 장관이 된 경북대학 경제사학자 김용호 교수도 모시고, 문화일보 이사장 하시던 아주 유수한 언론인인 김진현 씨도 만났어요. 김진현 씨가 동해연구회의 회장을 맡았어요. 하여튼 저는 국제 사회에서 Sea of Japan을 동해로 바꾸기 위해 전력을 다했어요.

지금까지 일본한테 눌려 살았는데 이제 우리도 이만큼 되었으니 우리 자존심 찾아보자, 국민적인 자존심을 찾아보자는 마음이었어요. 지금 일본해로 되어 있지만, 조금이라도 국제사회에서 인정받으면 그 만큼 우리에게는 이기는 싸움이다. 10%를 얻어도 이긴 싸움이고 30%도 이긴 싸움, 50%도 이긴 싸움이라고 생각했어요. 우리가 전부를 바꿀 수는 없어요. 당장 어떻게 Sea of Japan을 Sea of Korea로 일순간 바꾸겠어요? 그건 말이 안 되는 거죠. 다만 시비를 붙여서 이게 문제가 있다는 걸 국제사회에 알려놓고 자꾸 홍보해야 하는 거죠. 그런 전략으로 우리가 VOA(Voice of America)와 인터뷰도 하고 여러 가지를 다 했어요. 그렇게 준비를 한 끝에 그 지명표준화 회의(United Nations Conference on the Standardization of International Geographic Names)에 상정하기로 한 겁니다.

그렇게 그 의제를 상정하는 날이 다가왔습니다. 아까 말한 안보리 상정 때와 마찬가지로 칼을 빼들고 이제 막 나가는 순간이었습니다. 그런데 장관실에서 국장과 저를 호출하는 거예요. 당시 김재석 국장과 UN 과장인 저였죠. 장관이 하는 말이 "누가 이렇게 하는 거냐? 이거 하지 말자!"라고 하는 겁니다. "왜 그러십니까, 장관님." 하고 물었더니 전문(電文)을 보여주는 거예요. 주일 대사가 본부에 전문을 보낸 것이었어요. 대외비로 보낸 것이죠.

장관 말씀이 "그 의도는 충분히 이해하고, 우리가 해야 될 정당성을 다 알겠는데 지금 한일 관계라는 게 벼랑 끝으로 치닫고 있는데 지금 이 문제까지 나오면 한일 관계는 엉망이 된다, 그러니까 좀 보류하자." 이러는 거예요. 우리 역사에서 한일 관계가 좋은 때가 언제 있었습니까? 항상 독도 문제, 과거사 문제, 징용 문제, 사할린 문제 다 있었지요. 한일 관계는 나쁘기 마련이에요. 그렇지 않습니까? 한일 관계가 언제 좋았습니까? 한 번도 없었죠. 제가 우리나라 외교의 좌표를 돌아보니 그렇다는 겁니다.

어쨌든 주일 대사도 반대하는 거고, 만일 이래서 한일 관계가 더 나빠졌다고 대통령이 질책할 수도 있었어요. '일본하고 잘 지내야지. 되지도 않는 바다 이름 가지고 시끄럽게 해서 골치 아프게 만드냐?'라고 할 수도 있었어요. 장관의 말을 가만히 생각해보니, 안 하면 아무 일도 없는데 괜히 해가지고 골치 아파질 위험성이 있으니까 하지 말라는 거예요.

이렇게 일이 무산되는 듯했습니다. 그래서 저는 실의에 차서 '이걸 어떻게 살릴 수 있을까?' 생각하며 한참 있는데 딱 30분 뒤에 장관실에서 또 불러요. 관두라 하고선 사무실로 다시 부르는 거예요. 갔더니 "이거 해!" 그러는 거예요. 왜? 어안이 벙벙해졌어요. 그런데 이 사건도 오프 더 레코드입니다. 29년이 지났으니 아직 1년 정도 기다려야 돼요. 91년도의 일이니까 1년 더 남았습니다.

그 짧은 동안에 무슨 일이 벌어진 것이었어요. UN 대표부에서 본부에 3급 비밀로 전보를 보낸 거예요. "북한이 동해 문제를 제기한다고 합니다." 그런 내용이었어요. 북한이 동해 문제를 UN에 제기한다는 것은 우리에게 엄청 중요한 일이었어요. 일본과의 문제에 비한다면 대북 제압이라는 문제가 비할 수 없이 컸죠. 북한테 밀렸다 하면 그게 더 큰일이죠. 북한이 동해 문제, 민족적인 문제를 제기해서 만약 우리 국회에서 너희들은 뭐 하는 거야고 질책하면 아주 곤란해지는 거죠.

장관 말씀은 "아, 아까 그게 아니고. 그대로 하자고. 그대로 해."라는 것이었습니다. 저야 아주 신났죠. 그동안 애써서 일궈놓은 것 하라는 것이니까요. 그래서 저희가 그렇게 제기를 한 것이잖아요. UN에 제기를 해놓으면 그게 국제사회에서 부각이 되고, 그걸 바탕으로 우리가 홍보를 할 수 있는 거예요. 제가 노린 것이 바로 그런 전략이었습니다. 그래서 그게 나온 후부터 국내의 신문이나 외국 신문에서 다 다루기 시작했어요.

결론적으로 말하면 동해 문제는, 과거에 100% 일본해, Sea of Japan으로 되어 있던 것이 지금은 30~40% 가량 East Sea로 표기되는 수준에 왔습니다. 대형백과사전에서도 그렇고, 여러 가지 하여튼 국제적인 graphics literature에 동해 표기가 거의 30%, 40%까지 온 겁니다. 그래서 저는 일본과 붙어 UN에 문제를 제기한 일에 누가 뭐래도 자부심을 갖고 있습니다.

일본군 '위안부' 문제의 국제적 공론화

정달호: 그 다음에 말씀드릴 것이 위안부 문제입니다. 91년도에 일본에서 누군가 우리나라에 와서 위안부 문제를 얘기해 주고 갔어요. 우리나라에서 위안부 문제가 처음 나온 게 아니라 일본 NGO에서 위안부 문제가 제기되었어요. 그래서 일본 NGO가 전달해준 것을 우리나라 NGO가 받아 91년도에 최초로 공론화되기 시작한 겁니다.

그때 저는 외교부로 돌아와 UN 경제사회문제 담당과를 맡고 있을 때였습니다. 매년 제네바에서는 UN 인권위원회*가 열리는데, 저는 92년 3월에 회의 참석차 제네바에 갔습니다. 인권 문제를 다루는 회의이기 때문에 저는 위안부 문제를 크게 공론화시킬 마음이었습니다. 위안부 문제라는 게 이거 얼마나 억울합니까? 식민지만 당해도 억울한데 꽃다운 청춘에 끌려가서 그런 일을 당했습니

---

* 지금은 인권이사회로 이름이 바뀜. – 편집자.

다. 일본에서는 청구권협정으로 다 됐다고 하지만, 청구권협정과정에서는 이런 게 나오지도 않았잖아요. 얘기가 안 되었고 토의 기록이 없는 거거든요.

이렇게 새로운 이슈가 되었으니 당연히 우리나라가 주도적으로 문제를 제기해야 하는데 이게 또 한일 관계라는 양자 관계가 발목을 잡습니다. 제가 제네바 출장을 앞두고 일본과에 가서, 이번에 이 문제를 제기하겠다고 하니까 펄쩍 뛰는 거예요. 그러면 한일 관계가 어떻게 되느냐는 겁니다. 이 문제를 자기들도 스터디 하고 있는데 지금 섣불리 국제적으로 떠들면, 수습도 안 되고 일본의 반발로 우리의 외교적인 입지가 작아진다는 거예요. 그렇게 좋지 않은 영향을 미치니 하지 말라는 거죠.

우리의 국익이라는 게 뭡니까. 우리나라의 인권 가치를 국제사회에서 고양시키고 창달하는 게 우리의 국익이고 가치인데, 무슨 일본과의 관계가 불편해지니 안 된다고 하면 말이 안 되는 거죠.

그래서 제네바 현지에서 제가 박수길 대사를 찾아갔어요. 그분이 국장 하실 때 제가 과에 스카우트로 들어간 그런 인연도 있고 해서 제가 존경하는 분이었습니다. "대사님, 위안부 문제가 이게 보편적인 인권 문제인데 한일 관계의 측면에서 제기하지 말라니, 이게 말이 됩니까?" "어? 그래?" 이분은 국제법학자이기도 하고, UN의 보편적인 인권에 대해서도 다 아시니까 제 얘기를 긍정적으로 받아주셨어요. 그러면서 "그 말이 맞아. 그것도 내 연설에 집어넣어." 하시는 겁니다. 그래서 현지에서 대사님과 제가 손을 맞춰 우리 훈령에는 없는 것을 넣어 연설을 했어요. 그랬더니 일본의 공사가 나와서 대단한 반발을 했어요. '협정에 다 돼 있다. 65년 전에 어쩌고저쩌고 하며 강제가 아니고 어쩌고.' 하는 거예요.

그러다가 NGO도 발언을 하게 돼 있거든요. 일본 NGO 멤버인 도츠카 에츠로(戸塚悦郎)라는 분이 있는데, 이분이 나오더니 한국 대표의 말이 다 맞다고 하면서 자기 나라 대표를 막 깠어요. "당신이 뭘 아느냐. 당신은 양심도 없느냐. 일본이 이렇게 나쁜 짓 해놓고, 국제사회에서 양심도 없게 행동하고 있는데 지금이라도 양심을 찾을 때다. 지금도 옛날식으로 나올 거냐?"하면서 막 면박을 주었어요. 이렇게 되니 저도 힘이 났고, 다른 나라 대표들도 "이거 인권 문제로 중요한 거다."라며 들썩이기 시작한 거죠. 사실 이때부터 위안부 문제가 국제적 관심을 끄는 단초가 된 겁니다. 그래서 그 후 위안부 문제가 계속해서 제네바에서 의제로 다뤄졌고, 결국에는 미국의 힐러리 국무장관 때 'Wartime sex slave'라는 이름까지 붙여지게 된 겁니다.

위에서 말씀드린 두 가지 사안은 상당히 기억에 남는 외교 사안입니다. 그래서 제가 이걸 뭉뚱그려서 한 말씀 드립니다. 우리 외교관들이 외교를 할 때 제일 머리에 넣어둬야 될 것이 국익입니다. 말로만 국익, 국익 하는데, 실제 보면 특정과를 제가 지목해서 그렇지만, 그 당시에 지금 대사로 나간 사람도 있겠지만 한일 관계가 불편해진다는 이유를 들어 국익을 외면합니다. 관계라는 것이 뭡니까? 외교라는 것은 서로 균형을 찾고 좋은 분위기에서 우리 이익을 찾는 게 외교입니다. 관계만 좋으면 뭐합니까?

그런데 우리 외교관들 중 어떤 분들은 이상하게 국익에 대한 신경은 별로 안쓰고 좋은 친구 사귀듯이 일본, 미국, 러시아, 중국 그 사람들한테 싫은 소리 안하며 좋은 관계, 우호 협력관계 맺는 것을 외교의 이익으로 생각하는 거예요. 그런 게 지금 쌓여 있습니다. 국익이 뭔지를 생각해야 되는데, 외교부에 들어오는 사람들이 국제관계에 대한 공부가 짧아서 국익을 심각하게 생각하지 않는 경우도 있는 것으로 보입니다. 그렇기 때문에 우리 공관의 분위기도, 외교관들의 전반적인 분위기도 우호 협력 관계를 잘하는 게 좋은 외교라 생각해요. 그런 것에 대해 한번 타파하는 노력이 필요하다고 저는 생각합니다.

동해 문제니 위안부 문제 외에도 일본과 다른 현안도 많은데, 이거 국제적으로 잘 처리할 수 없는 문제가 나오면 곤란해 하고, 골치 아파하는 거예요. 골치 아픈 건 안 하고 싶은 거예요. 골치 아프고 위험 있는 일을 해서 이익이 있게 만드는 게 enterprise입니다. 외교도 상당한 enterprise 아닙니까? 어떻게 보면 기획과 정리를 해야 돼요. 그런데 그걸 다 포기하고 자기 편하고 좋은 길로만 가려고 하니까 외교가 발전을 못하고, 발전을 못하다 보니까 다른 요소들에게 다 뺏기는 겁니다. 외교의 자리를 다 뺏기고. 그래서 이런 걸 좀 반성할 필요가 있다는 생각을 하며, 제 이야기 마치겠습니다.

김종학: 대사님 감사합니다. UN 가입 직후에 대사님께서 그 UN 과장으로 근무하시면서 초기에 한국의 대 UN 외교가 어떻게 진행되었는지, 또 그 속에서 문제점 무엇이 있었는가에 대해서 굉장히 생생한 말씀을 해 주신 것 같습니다. 특히나 마지막에 한국 외교 전반적인 문제점에 대해서 해 주신 고언은 저희 외교관 후보자나 또 초임 외교관들에게 굉장히 큰 가르침이 되지 않을까 생각됩니다. 교수님들이 그런 부분에서 질문들이 있으실 거라고 생각되는데요.

북한의 동해표기 문제 제기

조동준: 감사합니다. 대사님. 아주 간단한 건데요. 그래서 1991년에 북한이 동해 지명 문제를 제기했었나요? UN에서?

정달호: 91년도에 했죠. 우리도 하고 북한도 하고.

조동준: 같이 해가지고요?

정달호: 우리는 East Sea라 그랬고, 북한은 East sea of Korea, 이렇게 나왔죠.

조동준: 아, 그랬군요. 알겠습니다. 두 번째는 위안부 문제와 관련된 건데요. 그때 과장이셨잖아요. 그러면 국내에서 일하면서 과거 위안부 문제와 관련된 논의를 듣고 이것을 본인이 가지고 가겠다고 이렇게 결정하셨던 건가요?

정달호: 아, 그럼요. 우리가 출근하면 아침에 하는 일이 신문 다 보고 외교에 어떻게 반영될 것인가. 전체적인 여론 같은 거 다 소화해야죠.

조동준: 그 당시에 이런 활동하시는 분들을 직접 만나시거나 그러시지는 않으셨나요?

정달호: 한번은 92년도에 제네바에 인권 심사하러 갔을 때인데, 박원순 씨가 그때 NGO 대표로 왔어요. 정부 모니터링 한다고 와 있어서 서로 팽팽한 긴장 속에서 지나간 적이 있는데 나중에 박원순 씨를 만났어요. 그런 적이 있었고, 국내외 단체들 인권 관계 단체들 접하면서 천정배 씨도 만나고 홍 누구인가 하는 변호사도 만났습니다. 저는 그때 외교만 하는 게 아니라, 국제 인권 문제는 국내 인권 문제와 연관 되니까 국내 인권단체들과도 모임을 많이 가졌어요. 정부가 비인권적인 제도 때문에 비판받는데, 우리라도 좀 UN을 통해서 이 사람들한테 통로를 열어주자, 그런 생각을 가지고 많이 만났죠.

조동준: 알겠습니다. 하나만 더 질문 드리자면 그 1988년 초에 있었던 대한항공 폭파 사건입니다. 관련된 자료를 보니까 당시 한국 정부가 이 문제를 매우 심각하게 거론하려고 하다가 1988년 2월쯤이 되면 이 문제를 계속 거론하면 오히려 올림픽을 치르는 데 사람들이 불안감이 커질 것 같다는 판단을 해서 이제 톤다운 하자는 쪽으로 바뀌는 것 같았었거든요. 저는 그렇게 이해하고 있었는데 대사님께서 볼 때 외교부와 안기부 내에서 그런 정부 차원의 분위기였나요, 아니면 개인 차원의 문제였나요?

정달호: 제 생각에는 그때 올림픽에 장애를 받지 않을까 하는 것은 전혀 고려하지 않았어요. 올림픽은 사실 IOC가 하는 거지, 우리는 장소만 제공하는 거죠. 그래서 그건 지장을 받을 수 없는 것이고, 더욱이 올림픽을 방해하려는 그 사보타지 세력이 있었다는 것까지 부각되면 오히려 올림픽이 잘 되면 잘 되지 더 못할 게 없다고 보았습니다. 내부적으로는 관료들의 그러한 맨탈리티가 작용했을 수 있고, 그런 판단을 할 수도 있습니다. 하지만 그런 이유로 톤다운 하자는 판단을 했다면 정

말 어리석은 판단이었다고 생각합니다.

조동준: 그러니까 테러도 발생하는 나라에 가서 과연 올림픽이 잘 될까라고 하는 그런 불안감이 커질 것 같으니, 그렇기 때문에 우리 이 문제를 지금 톤다운 해야 된다고라고 공식 문서에는 그렇게 나오거든요.

정달호: 그렇게 했을 수도 있죠. 그렇게 할 수 있는데, 중요한 이벤트인 올림픽을 잘해야 하니, 이미 지나간 이 사건은 묻어 놓자고, 그렇게 누가 주장해서 선택한 일이라면 그것은 아주 단견이라고 생각합니다.

조동준: 네, 알겠습니다. 감사합니다.

UN 동시 가입과 헌법조항간의 충돌 여부

엄구호: 아까 조금 얘기가 나왔는데 북한이 원래 단일의석 제안도 있었고, 또 이제 저희 같은 경우에는 UN 가입 이후에 관계가 소위 통일을 지향하는 잠정적 특수관계라는 아주 애매한 관계도 되고 또 영토를 포함해서 여러 가지 국제법적인 문제도 있을 수 있었습니다. 왜냐하면 헌법상으로 북한을 저희가 국가로 인정했던 것은 아니었으니까요. 그래서 이제 그런 국제법적인 문제를, 또 법무 담당을 하셨으니까 법적인 문제를 포함해서 과연 외교부가 처음부터 동시 가입을 안으로 해서 염두를 두고 준비를 한 건지, 그냥 막연하게 생각을 갖고 있다가 청와대의 UN 동시 가입 지시 이후에 그냥 그렇게 하게 된 건지. 외교부는 꼭 그 90년도 아니라 그전이라도 UN 가입에 대해서 외교부의 연구나 공식적 입장은 뭐였을까요?

정달호: 아주 적실한 지적을 하셨는데 한 가지 clarification할 것이 있습니다. 외교부의 법무 담당은 대외적인 사항에 대한 legal affair를 담당하는 게 아니라 국내 담당입니다. 국제적인 것은 조약국 내에 국제법과에서 검토합니다. 우리는 그것과

무관했습니다. 그래서 저는 UN 가입 문제에 대해 어떤 법적인 측면에서보다는 외교부 직원으로서 본 바를 말씀드린 겁니다. 아까도 말씀드렸듯이 UN 가입은 지상 과제였고 누구나 UN 가입을 당연히 해야 된다고 생각했습니다. 다만 상식적으로 봤을 때 단독가입이라는 것은 안 되는 거잖아요. 거부권이 있는데 어떻게 단독으로 되겠습니까?

외교부에서는 북한에 대한 영토 문제 때문에, 영토 조항 때문에 북한을 국가로 승인하는 것이 되니까 말을 못 꺼내서 그렇지, 내부적으로는 다 동시 가입을 당연하게 생각했어요. 그게 현실적이었죠. 단독가입은 하나마나한 얘기잖아요. 내부적으로는 마음속으로 동시 가입을 준비하고 있었던 거죠. 그러나 누가 물어보면 겉으로는 조심해야죠. 잘못 얘기하면 너 그럼 북한 인정하네, 이렇게 나와버리면 보안법에 걸릴 수 있으니까 그때는 조심했을 겁니다.

하여튼 국제정치라는 현실에서 중요한 건 거부권이잖아요. 뭐라 할 수 없어요. 그걸 극복하려면 동시 가입인데 우리가 볼 땐 참 억울하죠. 그러나 그게 또 크게 보면 평평한 운동장이 돼서 거기서 이렇게 잘 해나가면 좋지, 북한이나 우리가 혼자 들어가서 뭐 하겠습니까? 제가 사실 UN 가입에 대해서는 당연히 해야 된다는 입장이었고, 우리가 할 일도 많고 국제사회의 일원으로서 적극적으로 참여해야 되는데 옵서버로 있으니, 이게 뭐냐 손발이 묶인 상태 아닙니까? 아까 말할 때는 옵서버로서 뭔가를 했다고는 하지만 표결을 못하고 발언권에서 어떤 무게감이 없는 그런 데서 뭘 하겠습니까? 당연히 우리는 가입해야 되겠고, 가입하려면 동시 가입이라는 것은 외교부 내에서 알게 모르게 흐르는 기류였다, 이렇게 말씀드릴 수 있겠습니다.

북한의 대 UN 외교 평가

전재성: 두 가지 생각나는 점을 말씀을 드리려고 합니다. 첫 번째는 아마 직접 연관이 없으실 수도 있는데, 지난번에 이규형 대사님도 그런 말씀하셨는데 전체적으로 남북관계가 91년 초부터 한 5, 6월까지 굉장히 좋았기 때문에 교류도 많이 있었잖아요. 그래서 북한이 UN 동시 가입은 반대했지만, 그래도 북한이 어떤 생각을 하는지 이런 맥락이 좀 있으셨을 것 같아요. 그래서 동시 가입을 우리가 원했던 것도 그 북한하고의 공존을 추구하는 면도 있었고, 또 이후에 북한의 교차 수교처럼 일본하고 미국의 관계 개선도 북한은 생각할 수 있을 수도 있을 것 같고요. 또 핵 문제도 UN에서 좀 이렇게 컨트롤하려는 우리 의도도 있었고, 여러 가지 약간 고려사항이 있었다고 말씀을 해주셔서 그냥 전체적인 맥락에서 북한은 좀 갑작스럽긴 했지만 동시 가입에 대한 북한의 의도랄까 전체적인 분위기가 어땠다고 생각하시는지.

두 번째는 저도 생각을 많이 못 해본 거였는데, 그렇게 동시 가입 이후에 북한의 UN 외교랄까. 아까 동해 문제도 굉장히 흥미로운 말씀이셨는데요. 우리는 굉장히 적극적으로 UN 외교를 했던 것 같고, 회고에 보면 특히 북핵 문제에서 효과적인 우리의 수단이었다고 말씀을 해주셨는데, 북한은 UN 가입 이후에 어떤 agenda setting을 해나갔는지 그 이후에도 계속 그렇게 수세적이었는지 아니면 나름대로 많이 대처를 했을 것 같거든요. 그러니까 그건 직접 다루시는 영역일 것 같은데요.

정달호: 제가 이렇게 보면요. 북한 외교관들이 많이 망명도 했지 않습니까? 쭉. 북한의 외교관들도 똑똑한 사람들이기 때문에 아는 것 같아요. 다만 자기 가족이나 이런 사람들이 인질로 돼 있기 때문에 함부로 행동을 못해서 그렇지. 속으로는 패자 의식을 갖고 있다 생각해요. 아주 강성 아니 핵심 그룹이면 몰라도 외교관들

은 다 알잖아요. 보면 세상이 뻔한데 우리가 대북 제압을 말했지만 벌써 지금 국력이 20배 이상 차이나고 국제사회에서 북한을 나라처럼 인정해 준 나라가 있습니까? 그러니까 저는 북한하고의 관계는 이미 오래전에 다 끝났다고 생각합니다. 이제는 잘 그걸 관리해서 사고 나지 않게 해서 국제사회에서 북한이 자연스럽게 책임 있는 상황에 편입되는 되면 좋고, 그렇지 못하면 자기들을 스스로 화를 자초해가지고 끝까지 가는 거죠.

하여튼 그런데, 지금 질문의 첫 번째는 우리의 단독가입을 북한이 도저히 받아들일 수 없는 거잖아요. 우리 혼자 힘으로는 그랬고, 북한 역시 당연히 내키지 않아도 들어와야 되는 것이었습니다. 북한에서 외교라는 거는 없어요. 북한은 관심이 없습니다. 다른 이야기 다른 거에만 관심 있습니다. 남한이 뭔가 자기들한테 방해되는 걸 할까, 책동을 할까 그것만 신경 쓰죠. 그거하고 또 이제 자기들 공작 활동, 뉴욕을 기반으로 워싱턴까지 가고 하면서 공작합니다. 공작, 공작하는 거지. 뭐 포섭한다든가 뭐 이런 거 하지. 그 사람들은 UN 위원회에도 관심 없어요. 국제 식량 문제에 관심 있겠어요? 환경 문제에 관심 있겠어요? 아무것도 관심 없어요. 북한이라는 존재는 지구상에서 아주 독특한 뭐 그런 거죠. 모르겠어요. 지금은 소위 democracy 진영과 authoritarian한 진영이 새로 대립하는 국제적 조류가 나타났는지 모르겠지만 하여튼 바이든 행정부를 보면 이제 그런 식으로 해나가는 걸로 보여요.

지금 저는 북한에 대해 이렇게 생각할 수 있는 것 같습니다. UN에 있을 때도 불쌍하게 생각했습니다. 리셉션에 나와요. 나오면 꼭 대사가 먹을 것만 먹고 그냥 가버려요. 사람 만날 일도 없어요. 누가 인정해 줍니까? 러시아나 중국도 북한 사람 만나는 거 싫어해요. UN에 기여하는 게 하나도 없는데. 북한은 솔직히 국제사회에서 nuisance잖아요.

신종대: 지금 30년 전 얘기를 주로 하고 있지 않습니까. 그런데 노태우 정부가 들어섰을 때 유독 자주 외교, 대미 추종 외교에서 벗어날 생각해야 한다, 이런 이야기를 굉장히 강조를 했는데, 혹시 그때 당시에 기억하시기로 외무부 차원에서 그와 관련해서 특별한 그런 지침이라든지 아니면 그 전과 비교를 해서 확연하게 달라진 그런 분위기를 느낄 수 있었는지요?

정달호: 자주 국방 얘기는 늘 나왔었던 얘기고 민족적 자존심에서 그런 게 나왔겠지만, 자주 외교라는 말은 그렇게 인기가 없었어요. 왜냐하면 한미동맹이라는 것은 기본 전제 조건이었으니까. 그런데 우리가 어떤 시각에서 보면 미국에 끌려가는 것 같은 그런 외교라는 느낌을 주지만 실제는 그렇지도 않습니다. 할 얘기는 다하고. 그런데 국제규범상 타당한 쪽으로 우리가 선택을 하지, 우리가 아니라고 생각하는 걸 미국이 한다고 같이 합니까? 그런 적 없잖아요. 월남전? 월남 참전은 우리가 이익이 걸려있으니 간 거잖아요. 돈도 많이 벌었고, 또 월남 참전 때문에 미군 철수도 안 했고. 그런 이익이 걸려 있으니 가는 거지. 이익이 일치하게 돼 있더라고요. 국익이 미국하고 거의 같으니 안보에서 같이 갔고, 경제에서도 같이 갔고, FTA도 그렇고 그런 것 같아요.

XI
박철언 장관 구술

일   시 : 2021. 6. 11. 16:30-18:30
장   소 : 국립외교원 2층 세미나실
질문자: 신종대(북한대학원대), 엄구호(한양대)
         이동률(동덕여대), 이정철(서울대)
         전재성(서울대), 조동준(서울대)

김종학: 오늘 귀한 시간을 내주신 박철언 장관님께 깊은 감사의 말씀을 드립니다.

　　회의 진행 순서는, 지금부터 1시간 정도 장관님께서 남북 동시가입에 관한 구술을 자유롭게 해 주시면 되겠습니다. 말씀을 듣고 나서 교수님들이 그에 대한 추가 질의를 하도록 하겠습니다.

남북한 UN 동시가입의 전사(前史)

박철언: 네, 감사합니다. 요즘 좀 게을러져서 인터뷰에 잘 응하지 않는데 안 하면 모르지만 하는 이상 역사에 대한 기술은 정확한 근거에 의해서 정확한 증언을 해야 된다고 믿습니다. 왜냐하면 그렇지 않고 와서 이런저런 얘기하고 무용담처럼 얘기하면 그건 역사에 대한 기록이 된다기보다 오히려 대단히 혼돈스럽게 할 뿐입니다.

　　먼저 여러분 주시하다시피 UN 가입 문제라는 것은 우리 정부 수립 이후에 우리 외교의 최대 과제 중 하나였습니다. 1948년 UN 총회에서 우리 대한민국 정부를 한반도 유일의 합법정부로 승인한 직후 우리는 1949년 1월 19일에 UN

박철언 장관

가입 신청을 했죠. 그러나 소련의 거부권 행사로 거부되고 번번이 할 때마다 거부되곤 했습니다. 한편 북한도 1949년 2월에 UN 가입 신청을 했지만 소련을 제외하고는 나머지 협조국이 별로 없어서 가입심사위원회에 회부조차 안 된 채 끝났죠.

　　그런데 6공화국 들어와서 서울올림픽이 성공하고 동구권과 관계가 많이 개선되었습니다. 국내적으로는 민주화, 6·29선언, 7·7선언, 그리고 국내 정세가 여소야대로 불안정하다가 1990년 1월 20일 3당 합당이 돼서 정치적으로 안정되니까 민주화도 되고 해서 대세가 아주 많이 바뀌었습니다. 말하자면 세계적으로 어떤 대세가 새로 형성되었습니다. 그러니까 우리의 88올림픽에 소련 등 동구권의 참가 결단을 얻게 되고 또 고르바초프의 소련이 동시가입에 대해 거부권을 행사하기가 힘들지 않겠느냐는 이런 판단을 외무부가 하게 되고, 이래서 더 박차를 가하게 됐습니다. 중국 역시 그 당시 개방 전략을 들고 나왔으니까 반대하기 어렵지 않겠느냐는 상황이 되었습니다.

이런 추진 과정을 조금 더 구체적으로 얘기할 필요가 있습니다. 이 UN 동시가입 문제는 거슬러 올라가면 1973년 박정희 대통령의 6·23선언에 그 뿌리를 두고 있다고 봐야 됩니다. 남북한 UN 동시가입을 추진하겠다고 박정희 대통령이 천명을 했고, 그러니까 북한은 이에 대해서 한반도 분단을 영구화하려는 획책이라는 비난을 하고, '고려연방공화국' 국호로 단일 의석으로 가입하자는 그런 입장을 계속 견지했죠.

1980년대 들어오면 우리나라의 외교는 대개 주요국을 상대로 설득하는 데 주력합니다. 6공에 들어와서는 조금 전에 말씀드린 대로 본격적으로 이를 추진합니다. 특히 1989년 2월 1일에 헝가리와 수교가 됐죠. 1990년 9월 30일에는 소련과 수교가 되었고, 1990년 10월 20일에는 중국과도 무역대표부 상호교환 합의가 되었습니다. 그래서 90년 가을 UN 총회에서는 71개국이 한국의 UN 가입에 적극 지지 의사를 표명하게 되죠. 그리고 91년 4월에는 노태우 대통령이 방한한 고르바초프와 제주에서 회담했죠. 그때 고르바초프는 한국 UN 가입에 대한 이해를 공개적으로 밝혔죠. 중국과도 우리가 비밀 접촉을 많이 가졌고, 뒤에 자세한 얘기를 하겠습니다만, 북측을 설득을 하고 그렇게 되니까 결국 북한이 UN에 가입하겠다는 의사를 밝히지 않을 수가 없는 상황이었습니다.

조금 더 구체적으로 얘기하자면, 1991년 4월 7일에 노창희 UN대사가 "북한이 UN 동시가입에 호응하지 않을 경우에는 9월 17일 UN 총회 개막 전에 단독가입 신청서를 제출할 것이다." 그런 각서를 UN 회원국에 배포합니다. 그러자 북한 노동신문에는 반민족적 범죄라고 맹비난을 했죠. 그런데 그 얼마 후에 일본의 가이후 총리를 이상옥 외무장관이 예방했을 때 한국의 단독가입을 지지한다는 이런 얘기를 가이후 일본 총리가 하게 되죠. 그러니까 마침내 견디다 못한 북한은 5월 28일, 그러니까 1991년 5월 28일 북한 외교부에서 평양방송을 통해 남북 단일의석 UN 가입이라는 기존 입장을 철회하고, 남한과 분리해서 단독으로 UN에 가입하겠다고 공식 발표를 합니다. 그러니까 말하자면 국제 정세와 힘의 관계에서 막다른 골목으로 밀리게 되니까 40년 이상 고집해온 방침을 변경한 것이죠.

그런 상황 속에서 우리가 UN 동시가입도 하고, 남북기본합의서가 1991년 12월 13일 채택됩니다. 남한이 대북 주도권을 쥐고 만든 일의 성과물이 이 두 가지죠. 동시가입과 기본합의서. 말하자면 80년대에는 북한이 공세적 대남 혁명 전략을 취했다면 90년대 들어와서 이런 여러 가지 상황 변경에 따라서 수세적 체제 생존 목적이 제일 강할 수밖에 없었던 것이죠.

좀 더 세부적으로 들어가면 이제 북한은 1991년 7월 8일 UN 가입 신청서를 냅니다. 1991년 7월 8일이라면, 김일성이 94년 7월 8일 같은 날 죽었으니, 그 3년 전입니다. 우리는 그 다음 달인 1991년 8월 5일에 UN 가입 신청서를 냅니다. 그래서 결국 91년 9월 17일에는 남북 UN 가입안을 159개국 만장일치로 승인받게 되는 것이죠.

북방정책의 추진 경위

박철언: 말하자면 이런 과정을 겪었는데 여러분의 질문 가운데 아주 중요한 것 중 하나가

한중 수교에 앞서 UN 동시가입을 먼저 적극적으로 추진하는 결정을 하게 된 배경이나 이유가 있었느냐, 이런 걸 물으셨는데 그런 결정은 없습니다. 뭐냐면, 6공 들어와서 두 가지를 동시에 대통령의 프로젝트로서 적극적으로 추진했습니다. 한중 수교, 한소 수교 이런 여러 공산권과의 수교 추진은 북방정책 추진팀에서 담당했죠.

북방정책 추진팀은, 제 책, 『바른 역사를 위한 증언』1·2권에도 나옵니다만, 저를 팀장으로 하여 63명의 우리 팀이 5공화국 중반부터 국가안전기획부에 있던 특별보좌관실 기존 연구팀에 중·소 공산권 전문가들을 추가해서 구성되었고, 말하자면 88올림픽을 성공적으로 개최하고, 또 우리가 88올림픽을 민족이 웅비하는 그런 계기로 만들기 위해 동서 화해의 새 장을 여는 그런 88올림픽으로 만들겠다는 데 굉장한 역점을 두고, 제5공화국 후반기에 안기부장 특별보좌관실에서 구상 및 준비하던 과제를, 노태우 태통령의 제6공화국이 들어서서 대통령 프로젝트로서 이 북방정책을 추진하게 됩니다.

북방정책 추진에서 더 중요한 것은 그 공산권과의 수교죠. 그렇지 않습니까? 공산권과 수교. 세계의 반쪽 외교로부터 전 세계를 상대로 하는 전방위 세계 외교 시대를 여는 것이 굉장히 중요하죠. 우리 5000년 민족사에 있어서 우리정부가 주도해서 그런 외교 정책을 펴서 대대적으로 성공한 예는 찾아볼 수 없습니다. 그래서 어느 것을 중점적으로 먼저 추진하고자했던 것이 아니라 이렇게 두 가지에 모두 총력을 다해서 하다 보니까 이루어진 것이라는 말씀을 드립니다.

그리고 북방외교, 한중 수교, 한소 수교를 비롯한 동구권 수교는 북방정책 추진팀이 주로 전담해서 했죠. 이것은 나중에 좀 구체적인 얘기를 드리겠는데, 노태우 대통령 증언마저도 그 회고록을 보면 상당히 혼동하여 기술하고 있어요. 사실 내 회고록은 2005년에 출판했는데 전부 내 자신의 현장메모에 의해서 저 자신이 직접 쓴 겁니다. 여기에는 정확한 근거를 가지고 있고 또 거짓이 없습니다. 또 『노태우 시대의 재인식』이라는 책을 여러분도 보셨을 겁니다. 강원택 교수 등 13명 교수가 출판했는데 그 책에서도 혼선을 상당히 지적을 하고 있는데 이 책도 여러분들이 보면 상당히 도움이 되는 책입니다.

참고로 5공화국 전두환 대통령 시절에도 이와 관련되는 사실이 있습니다. 참고로 여러분께 얘기 드린다면 1981년 5월에 미테랑의 프랑스 사회당 정부가 출범하자 초부터 북한과의 수교를 하려는 움직임이 있었습니다. 그것을 전두환 대통령이 집요하게 반대해서 1983년 6월에 포기하게 됩니다. 이게 전두환 회고록 2권 423페이지부터 426페이지까지 자세한 기술이 나옵니다. 또 1986년 4월 9일에는 전두환 대통령이 영국을 방문해서 대처 총리와 합의하기를 남북한 UN 동시가입과 한반도 관련 4강의 남북한 교차 수교가 실현될 수 있도록 외교적 협력을 강화하기로 합의를 한다고 발표한 게 있습니다. 이것이 전두환 회고록 2권 409페이지에 자세하게 기록이 되어 있습니다. 그리고 부차적으로는 1987년 3월은 전두환 대통령 시절인데, 동독이 서울올림픽 참가 의사를 처음으로 밝히게 됩니다. 전두환 회고록 2권 443페이지에 기술되어있습니다.

다음 중국과의 수교 과정과 관련해서, 전두환 대통령 시절에 민항기 사건이 있었습니다. 1983년 5월 5일에 중국 민항기 소속 여객기가 무장 승객에 납치되어 당시 승객 106명, 납치범 6명을 포함해서, 또 승무원 9명이 탄 채로 춘천 부근 공군기지에 불시착합니다. 당시는 양국 관계가 없어 서로 접촉하는 일이 굉장히 어려워서, 중국에서는 일본을 통해서 여러 가지 협상 제의를 해옵니다. 1980년부터 1987년까지 전두환 대통령 시절에는 내가 전반부는 청와대 정무비서관으로 있었고, 후반부는 안기부에 가서 특별 보좌관을 했으니까, 이 과정에 관계했고 또 자세히 알고 있죠. 우리가 그것을 모두 다 중국으로 돌려보내줬습니다.

그리고 또 그 2년 후인 1985년 3월 22일에는 중국 어뢰정 한 척이 우리 영해를 침범한 사건이 있었습니다. 19명의 승무원이 있었는데 야간 훈련 중에 난동자 2명이 선장 등 6명을 사살하고 표류하다가 우리 어선에 구조 요청을 해 와서 우리가 구조했습니다. 이 일은 한중이 직접 홍콩에서 협상을 했고, 선원들과 선박 등에 대해 인계 조치를 해줬습니다. 덩사오핑 주석이 상당히 고맙다고 밀사를 보내서 앞으로 관계 개선을 희망하는 그런 얘기를 전해왔습니다. 이게 전두환 회고록 2권 426페이지에서 433페이지까지 자세히 기술되어있습니다.

그리고 대북 포용정책이라는 것은 제가 남북 비밀회담의 수석대표로서 1985년 전두환 대통령 중반기에, 85년 7월 10일부터 북측과 접촉을 시작했어요. 그래서 6공이 출범할 때는 깊숙하게 대화를 많이 했죠. 5공, 6공 합쳐서 제가 42차례 비밀 접촉을 하고 20차례는 북한 군사분계선을 넘어 북한으로 갔죠. 20차례는 북측 사람들이 군사분계선 너머 남측에서 회담을 했습니다. 회담은 보통 새벽에 가서 밤늦게 오는 식으로 했고, 길면 3박 4일 동안 했습니다. 만나는 것은 주로 판문점 북측 지역이나 개성에서였지요.

그중에 몇 번은 평양에 갔습니다. 제가 김일성 주석을 처음 만난 것은 1985년 10월, 제 기억으로는 10월 17일인가 그렇게 기억이 됩니다만, 주석궁에서 만나서 남북문제 다루고 그다음 대남 비서 허담, 수석대표 한시해 등과 회담을 했습니다. 평양에서 회담을 한 것은 도합 네 번을 했죠. 그리고 백두산 삼지연에 있는 김일성 주석 별장에서도 회담을 하고 또 북한 쪽 경로로 처음으로 백두산에 올라 제가 '오! 백두여!'라는 시도 썼습니다. 그렇게 5공 때부터 대북 포용정책이 깊숙하게 전개되고 있었죠.

그러나 공산권과의 비밀 접촉은 아직 구상 단계였다고 할까. 말하자면 세계 흐름의 변화를 읽고 우리가 공산권과 잘 지내는 세계 외교 시대를 열고 경제활동의 범위도 넓히고 또 서울올림픽도 동서가 화해하는 제전이 되게 해야 하는 상황을 맞았죠. 왜냐하면 1980년대 초반까지는 신냉전체제 기간이었잖아요. 소련이 아프간을 침공하고 레이건 정부가 군비를 팽창하고, 미사일 전력을 높이는 그런 것을 많이 했죠. 때문에 미소 신냉전체제가 되는데 1985년부터 이제 해빙모드에 들어갑니다. 해빙모드는 1985년 1월 20일에 레이건 정부 제2기가 들어서고, 1985년 3월에 고르바초프가 등장하는 것이 계기가 됩니다. 그래서 개혁 개방을 얘기합니다. 그게 맞물려 해빙 모드에 들어서자 소련이 좀 꼬리를 내리면서 군축 협상을 하고 중거리 핵 철폐 협정도 타결합니다. 이렇게 세계정세가 변합니다. 그게 제가 국가안전기획부 특별보좌관으로 있을 때입니다. 그렇게 세계정세가 변하니까, 이 기회에 잘 준비했다가 우리가 서울올림픽을 통해 그런 활동 영역도 넓히고 해서 민족이 웅비하게 해야 되겠다는 포부를 갖고 준비하고 있다가, 6공화국 들어와 대통령 프로젝트로서 북방정책을 열심히 추진하게 됐죠.

서울올림픽이 내 기억으로는 1988년 9월 17일부터 10월 2일까지 열렸는데 세계 159개국에서 8300만 여명이 참가하는 사상 최대의 올림픽이 되었고 우리 대한민국이 4위를 합니다. 대단한 일 아닙니까? 그런 엄청난 일이 벌어지게 돼요. 그러나 이것 역시 유치한 것은 전두환 대통령 시대인 1981년 9월 30일 바덴바덴(Baden-Baden)에서였습니다. 그래서 동구권과의 관계 개선도 따지고 보면 전두환 대통령으로부터, 또 더 거슬러 올라가면 그 뿌리는 박정희 대통령의 6·23선언으로까지 가는 것이죠.

또 북방정책이라는 용어를 처음 사용한 것은 여러분 아시다시피 6·23선언 약 10년 후인 1983년 6월 23일, 그 당시 이범석 장관이 북방정책이라는 용어를 처음 사용했습니다. 그런데 우리 북방정책이라는 개념은 물론 광의와 협의로 볼 수 있겠지만 협의로는 중국, 소련 등 이념과 체제를 기준으로 하는 동구 사회주의 나라와의 그 관계 개선을 의미하고, 광의의 북방정책이라는 것은 대북 포용정책, 북한까지 포함하는 그런 개념이 됩니다. 협의의 북방정책 구상은 5공화국 중반기 이후에 진행됐고, 본격적인 추진의 시작은, 대통령 프로젝트로 시작한 것은 노태우 대통령 시대입니다. 그러나 대북 포용정책의 시작은 전두환 대통령 때 이미 비밀 접촉이 있었으니 그게 쌓여서 된 것이죠.

말하자면 1991년에 남북 체육회담을 성공시켜서 단일팀이 구성됩니다. 제가 체육청소년부장관 시절입니다. 탁구와 청소년 축구에서 단일팀으로 나갔잖아요. 그래서 탁구는 현정화·리분희 조가 우승하고, 청소년팀은 포르투갈에 가서 8강에 들어갑니다. 처음 있는 일이죠. 그뿐만 아니라 제 책상과 북한의 수석대표 책상에는 24시간 가동되는 핫라인 전화가 설치되어있어서 수시로 남북문제를 많이 토의했어요.

원래 비밀 접촉은 비밀리에 하고 또 북방정책이라는 것은 그 당시 외교 관계가 성립 안 된 나라와 접촉하는 것이기 때문에 외무부가 주도할 수가 없습니다. 사실 그렇잖아요. 외무부 관리가 하자고 하면 됩니까? 안 되잖아요. 그러니까 이것은 비밀리에 대통령의 특명을 받은 밀사나 이런 사람이 할 수밖에 없습니다. 그래서 이게 열매가 맺힐 단계가 돼서 가시적인 성과를 내야 될 때는 우리가 외무부를 통합니다. 그러면 외무부에서 실무적으로 다듬어서 도장 찍고 발표하고 하죠. 광내고 빛내는 것은 외무부가 하고 우리 팀은 기안하고 음지에서 현장에서 뛰고 한 것이죠. 군번 없는 용사 비슷한 거예요. 별로 기록에 안 남고 빛이 안 나는 그런 일이었지요.

이 북방정책에 관해서 전략적으로 어떻게 결정하게 되었냐, 그 배경이 뭐냐에 대해서는 지금 말씀드린 것처럼 동시에 적극적으로 추진을 했고 UN 동시가입도 마찬가지입니다. 질문 중에 "박철언 보좌관은 별로 한 일이 없다."라는 대목이 나옵니다. 사실 외무부가 보이는데 서는 제가 한 일이 없었죠. 왜냐하면 우린 뒤에서 다 그게 되도록 만들어서 넘겼으니까요. 그런데 UN 동시가입 문제는 외무부가 했죠. 왜냐하면 UN 동시가입은 외무부가 앞장서서 나서서 적극 추진해도 되는 일입니다. 공개적으로. 다른 나라를 설득하고 하는 건 외무부가 많이

박철언 전 체육청소년부장관 구술회의 사진 (2021.6.11)

했죠. 우리 막후 비밀 접촉팀은 뒤에서 그런 분위기를 최고위층에게 그런 분위기를 조성하도록 하는 그런 중핵적 역할을 하는 것이었죠.

국립외교원에서 보내주신 외교문서 복사본을 제가 한번 봤습니다. 이것은 일선의 외교관들이 아래 실무자들하고 대화한 거라서, 어떻게 보면 제가 보건대 별로 도움이 안 되는 겁니다. 사실 이게 특히 사회주의 나라와의 관계에 있어서는 최고 수뇌부의 그것을 일선 외교관들에게는 미리 공개하지 않죠. 그리고 최고 수뇌부에서 결정이 나야지, 그렇게 방침이 정해져야지 일선 외교관들이 움직이죠. 동구권은 특히 그렇잖아요. 외무부가 얘기한 그 말도 맞습니다. 내가 공개적으로 한 일은 없습니다. 동시가입 문제. 그러나 그런 여러 가지의 분위기를 조성하고 일을 만들고 하기 까지 우리가 기안하고 실제 추진하는 역할을 안 할 수가 없죠.

제가 여러분께 드린 강의안 '노태우 정부 국가 운영의 실체와 반성'이라는 것은 2014년에 서울대 국가리더십연구센터 초청으로 국가리더십포럼 특강을 해달라 해서 강의했던 것을 일부 보완한 겁니다. 여기 보면 자세히 나옵니다. 예를 들어서 이게 역사적인 문서입니다만, 덩사오핑 선생한테 보냈던 편지를 카피한 것입니다. 이것은 1991년 7월 25일에 제가 덩사오핑한테 보낸 문건입니다. 왜냐하면 그 당시 이제 장관급까지는 내가 대화하여 공감했는데 최고위층도 이에 공감해야 한다고 생각했기 때문이죠.

나는 보통 미수교국에 입국하면 일주일 내지 열흘 동안 머물었습니다. 말하자면 분위기를 조성해야 되니까. 예컨대 소련 같은 경우에는 미국 캐나다연구소나 동양학연구소나 또 IMEMO(세계경제·국제관계연구소) 등 여러 연구소가 많이 있습니다. 엄청나게 크죠. 대통령의 어드바이스 역할을 하는, 그런 연구소 최고 간부들을 전부 만나요. 그다음에 언론하고 인터뷰도 중요하잖아요. 언론하고 인터뷰도 하죠.

그리고 사실 중국, 소련이 제일 힘들었는데 물론 헝가리도 힘들었어요. 헝가리는 김우중 대우 회장이 많이 정보를 줬습니다. 소련의 경우는 우리나라에 소련 전문가를 찾아봐도 별로 없었지요. 국정원에도 그 당시 별로 없었어요. 그저 연구하는 그런 정도인데 미국에서 소련 전공을 한 하만경 교수라고 있었어요. 하만경 교수는 내가 한때 자문을 많이 받았고 또 소련 갈 때도 함께 갔습니다. 그리고 소련에서 크게 사업하고 있던 재미교포의 젊은 김성찬 사장이 있었습니다. 그 미국에 있는. 그 두 사람의 인맥을 가지고 찾아다녔습니다. 그 이후에는 소련에서는 윤석열 박사님이 있었습니다. 윤석열 박사가 소련에 많이 함께 갔죠.

중국 쪽은 장치혁 고려합섬 회장이 많이 도와줬고, 또 그 이전에는 아시아태평양법률가협회 회장을 하던 이병호 변호사라고 그분이 도움을 줬죠. 1987년에 내가 처음 중국에 갔는데 이병호 변호사가 하는 아태 법률가회의가 북경에서 열렸을 때입니다. 거기에 나를 고문으로 추대해서 함께 갔죠. 당시에 차오스(喬石) 부총리 등 요인들 만나서 얘기하게 되는 게 시발이었죠. 또 중국에서 사업하는 인영일 사장 통해서 장바이파 북경시 상근 부시장을 소개받아서 핫라인으로 했죠. 내가 중국에 한번 가면 그런 여러 사람을 만났지요. 신화사 통신도 중국을 방문하면 그 간부들하고 대화하고, 한 두어 시간 넘게 얘기합니다. 두 시간, 세 시간씩. 그럼 뭐 자료가 있어야 되잖아요. 그 물증을 가지고 얘기해야지. 노태우 대통령의 7·7특별선언이 대화를 이어갈 그런 주제가 되는 거죠.

외교관계를 수립해야겠다는 계획으로 소련을 처음 접촉한 게 1988년 5월로 기억이 됩니다. 바실리예프라는 동양학연구소 부소장을 서울에서 두 차례 만나서 우리 북방정책을 얘기한 뒤, 7·7선언을 한 그다음 달인 1988년 8월 29일에서 9월 9일까지 동양학연구소 초청 형식으로 소련을 방문했죠. 이 바실리예프 동양연구소 부소장이 사실은 KGB 고위 간부입니다.

노태우 대통령이 발표를 하신 7·7특별선언은 제가 여러분께 배부해드린 자료에서 나오다시피 제가 작업팀장이 돼서 안기부 특보, 외무부 김석규 차관보, 또 안기부 국장 이병호, 나중에 안기부장까지 했죠, 그리고 정시성 통일부국장, 문동석 외무부국장, 외무부 출신 강근택 당시 정책보좌관실 비서관 등이 중심이 되어 만들어서 대통령 결심을 받은 것입니다. 그것은 『바른 역사를 위한 증언』에도 나올 뿐 아니라, 『노태우 회고록』 하권 144에서 146페이지까지에 기술되어있고, 내 증언록 86페이지에는 그때 만들었던 기념패 사진까지도 실려 있습니다.

그래서 제가 88년 8월 28일부터 9월 9일까지 소련에 비밀 입국 하는데 그러니까 12일간이었어요. 염돈재 국장과 하만경 재미 교수, 통역이죠. 김성찬 교포 소련 사업가와 함께 갔죠. 갈 때 그냥 말로써 해도 안 되니까 7 · 7선언은 물론 번역을 했지만, 우리가 이렇게 개방된 나라, 북방정책을 한다는 것을 알리기 위해 이 책을 바로 그때 출판하여 가져갑니다. 고르바초프의 『아시아 평화를 위해서』라는 고르바초프 어록인데 이것을 부랴부랴 발간했죠.

그때 나창주 의원이 북방정책연구소장으로 하고 있었습니다. 그것을 발간하기 위해 고르바초프의 연설문을 번역해 넣고, 표지에 컬러 사진을 크게 넣었습니다. 이것을 1988년 8월 25일에 인쇄한 뒤 내가 30부를 가지고 소련을 가는 겁니다. 8월 28일에 소련으로 가니까 독려해서 만들었어요. 3일 만에 책이 나왔습니다. 30부면 양이 큽니다. 소련에서 만나는 사람마다 이걸 보여주면 놀래죠. 대한민국에서 반공정책만 하는 줄 알았더니 자기 나라도 이렇게 못하는데 이렇게 책으로 만들어 판매하느냐 놀라는 것입니다. 물론 우리 한국어로 번역하고 소련어도 실었으니 그들은 놀랐고 우리의 진심을 어느정도 믿고 얘기가 잘 진행이 되는 겁니다.

그러고 그후 1990년 9월 30일 한소수교가 이루어졌는데, 그해 겨울 노태우 대통령이 엄청난 돈 30억불을 주기로 하고 소련에 간다고 하기에 내가 반대하면서, 노태우 대통령께 '이제 고르바초프는 지는 해'라고 했어요. 지금 소련에서는 옐친이 떠오르는 태양이 되고 있다고 말씀드렸지요. 내가 전해인 88년에 소련에 갔을 때 고르바초프를 못 만난 이유는 그는 별장에 가서 쉬면서 놀고 있었기 때문입니다. 그때 옐친은 전국을 돌아다니면서 "이제는 인민이 결정한다."고 하고 있었어요. 말하자면 그 당시 옐친은 "2억 8천 소련 인민들이 결정한다."고 하면서 국민 상대로 열변을 토하고 있었습니다. 고르바초프가 우리에게 30억불 달라고 이러는 판에 그리고 한소수교가 언제 될지 모르는 실정이었습니다. 옐친의 러시아 공화국은 소련의 3분의 2를 차지하고 있지 않습니까? 그 옐친도 만나지는 못했어요. 옐친은 지방으로 연설을 다니면서 고르바초프한테 "이제 공산당이 결정하는 것이 아니라 인민이 결정한다." 하고 다니면서 국민들의 갈채를 받고 있는 상황이었습니다.

그래서 내가 "이제 고르바초프는 끝났다. 그 돈 주지말자 곧 무너진다."라고 얘기했어요. 그러니까 노태우 대통령과 김종휘, 노재봉 등 청와대 참모들은 "그건 무슨 소리냐. 지금 고르바초프는 개방정책 쓰고 미국과도 잘 지내고 탄탄한데 이제 끝났다니 자네 무슨 그런 얘기하느냐?"고 하는 거예요. 저는 지금 시기에 소련 가지 마시라고 했습니다. 그랬더니 노대통령이 크게 화를 내요. 화를 내면서 내 얘기는 안 듣고 거액을 주고 끝내 소련에 서둘러 가셨어요. 결국은 여러분 알다시피 그러니까 90년 12월 중순에 가셨는데 그다음 해에 소련이 무너졌어요.

소련이 그렇게 무너지기 몇 개월 전에 나는 이미 『이제는 인민들이 결정한다』라는 옐친의 연설문 책을 냅니다. 왜냐면 옐친을 설득해서 한국과 가깝게 지내도록 해야 되었으니까요. 이 책을 옐친한테 보내주고 초청했는데, 한국 초청을 받아들이게 되죠. "자기는 조건 없이 한국하고 수교한다. 돈 달라는 소리 안 한다."라고 하면서요.

그 일이 진행되기 전에 옐친이 없어서 누구를 만났는가 하면, 슐라에프 러시아공화국 총리를 만났어요. 그 사진이 이렇게 다 수록돼있죠. 총리를 만났을 때, 옐친이 한국 방문하는 것을 자기들이 수락한다고 하고, 우리가 이 책을 낸다, 그러니까 옐친의 축하글을 써 달라고 하여 그것도 받았지요. 그래서 보리스 옐친의 『이제는 인민들이 결정한다』의 한국어판을 1년 후인 91년 9월에 펴냈습니다.

말하자면 세계가 엄청나게 변하고 있는데 북방정책을 기안하고 추진하는 현장 팀, 팀장인 나는 그 흐름을 직접 알지만, 대통령과 대통령의 문고리를 쥐고 있는 문고리참모들은 그걸 모르는 겁니다. 외무부도 사실 이런 민감한 흐름, 바닥의 흐름, 그것은 모르죠. 모르다 보니까 내가 옐친 초청해서 오케이 얻어가지고 초청했던 해가 1990년입니다. 그런데 소련 출장 마치고 돌아오니까 외무부도 이게 잘못된 거라면서 국회에서 "지금 고르바초프 시대에 박철언 장관은 가서 옐친을 초청하고 이게 얘기가 되느냐." 하더니 옐친 오는 것을 승인 안 합니다. 이처럼 현지실황을 제대로 알고 정확한 판단으로 국사를 진행하지 않으면 나라와 국민에게 손해를 끼치게 되지요.

한소 수교의 경위

박철언: 참고로 얘기 나온 김에 소련과의 수교 과정을 간단히 요약한다면, 88년 5월 29일과 31일, 제가 바실리예프 부소장을 두 차례 만나서 얘기를 나눴습니다. 그리고 88년 7·7 특별 선언을 하고 88년 8월 28일부터 9월 29일까지 소련에 비밀 입국해서 소련의 모든 연구소 사람들을 수도 없이 만났습니다. 그리고 이제 우리 정부 고위관리로서는 처음으로 88년 9월 8일 소련 외무성에서 외무성의 아시아 극동을 담당하는 루킨 외무차관보와 회담하고, 노태우 대통령 친서를 전달합니다.

그리고 게오르기 김 동양학연구소 수석 부소장, 미국 캐나다 연구소장 알바

토프 박사, 전 외무차관이었고 동양학연구소장이었던 미하일 카피차, 로그노프 모스코바대 총장, 그리고 프리마코프 이메모 소장 등을 모두 만났습니다. 이들을 만나 장시간 얘기하고 책도 주고, 물론 그것만 하는 게 아니고 그 다음날 소련에서 가장 좋은 호텔에서 가장 좋은 와인을 가지고 이 사람들 전부 부부 동반으로 만찬 초청해서 파티를 열었어요.

파티를 여는데 그때 정부에서 주는 예산 가지고는 이게 안 되지요. 김성찬 사장이 소련에서 사업을 하니까. 수교가 되면 그 요인들이 자기 사업에도 도움이 되잖아. 그래서 그 사람이 많이 도와줬어요. 그리고 하만경 교수는 그 인맥, 학계 인맥을 전부 동원했어요.

그 후에 1990년 3월 20일부터 27일까지 정부 여당 대표단이 소련을 방문했어요. 이때 김영삼 대표하고 저하고 같이 가는데 동행이냐 수행이냐 하고 많이 시비가 일어나기도 했었지요. 그때에도 제가 노태우 대통령 친서를 또 전달했습니다.

그런데 90년 4월 23일 김종휘 보좌관이 나에게 도움을 요청해요. 대통령이 이때 왜 나한테 도움을 요청했나 하면 정상회담 일 때문이었어요. 나는 그때 김영삼 당시 총재하고 내각제 문제 가지고 파동이 있어서 내가 김영삼 대표를 많이 공격하고 했더니 마산으로 내려갑니다. 그래서 김윤환 총무가 모시러 또 내려가고 이래서 4월 13일 정치적으로 내가 사표를 냈어요. 1988년 4월 13일 사표를 냈는데, 닷새 후 노태우 대통령이 18일 날 수리하고 4월 19일 청와대에서 나를 불러 위로 만찬을 합니다.

내가 이제 자의 반 타의 반 외국으로 떠나게 되니까 소련과의 정상회담 추진에서 문제가 생기게 되었죠. 그래서 노 대통령이 김종휘에게 정상회담 라인은 박 장관 라인으로 해야 되니까 나에게 도움을 청하라고 해서 4월 23일에 찾아왔어요. 그건 또 나랏일이니 내가 도와주어야지요. 그래서 4월 27일 동경에 가서 두나예프에게 정상회담 실현에 관한 부탁을 한 뒤 여행비를 좀 줘서 소련으로 떠나보내고 나는 이집트로 유랑길을 떠났어요. 그때 나는 한 달 외유를 했어요. 그 후에 저의 얘기가 모스크바 정상에 잘 전달되어 5월 22일에 도브리닌이 서울을 방문한 거죠.

여러분 기억나죠. 그런데 여기에 이제 내부의 공 다툼이 많이 일어나고 해서 1990년 6월 4일 샌프란시스코 한소정상회담이 이루어졌지만 완전히 실패했죠. 고르비가 30분 늦게 왔죠. 나도 배제하고 또 소련 라인은 내가 염돈재를 주로 썼는데, 염돈재마저 배제하려 그러다가 이제 안기부장 서동권이 노태우 대통령한테 얘기하니까 대표단에 포함시켰는데 아무 미션도 안 줬거든. 그러니 소련은 나와 접촉하던 박철언 또 그 아래 염돈재가 하나도 없으니까 어찌 해야 되는 건가 당황했나 봅니다. 늦게 온 데다 또 노태우 대통령이 '만약 국교 정상화를 하면 우리가 엄청난 경제적 지원을 할 수 있고,' 라는 식으로 얘기하니 고르바초프가 좀 화를 내면서 정상회담이 끝나버렸어요.

그래서 이제 내가 귀국 후 '이건 안 되겠구나.' 생각했어요. 그래서 내가 러시아공화국에 선을 대야 되겠다 싶어서 90년 8월 4일부터 12일까지 일주일간 방문하여 옐친의 핵심 측근인 표도로프 박사를 만났어요. 표도로프는 옐친의 핵심 측근일 뿐 아니라 세계적인 안과의로 엄청나게 돈이 많아요. 자가용 비행기도 있고 엄청난 농장이 있었어요. 그런데 표도로프는 동시에 고르바초프의 안보보좌관이기도 했어요. 돈이 엄청나니까 옐친과 고르바초프 양쪽에다가 다 돈을 댄 거죠. 그래서 그때 나창주 의원 등과 함께 갔는데 말씀드린 옐친을 초청하고, 바로 수교하러 서울 방문하겠다는 얘기도 들었어요. 그러니 KGB에서 그걸 단번에 알았을 겁니다.

내가 러시아에서 돌아온 뒤 한 달 만입니다. 바로 90년 9월 3일부터 9월 7일까지 블라디보스토크에서 아태평화회의가 열린다며 셰바르드나제 외상이 나한테 초청장을 보내와서 블라디보스토크에 갔습니다. 거기서 9월 4일에 셰바르드나제 외상이 따로 나를 부르고 또 공로명 처장을 불렀어요. 그때 영사처가 소련에 구성 되어 있으니까 공로명 처장하고 부른 거죠. 그 자리에서 "이제 곧 좋은 일이 있을 거다. 또 UN 총회 시에 외무장관 회담이 있을 거고 좋은 소식이 있을 거다."라고 했어요. 나는 직감적으로 '아, 수교가 임박했구나.' 했어요. 왜냐하면 옐친하고 경쟁하는데 옐친이 먼저 한국 방문 할 수도 있고, 당시 고르바초프 권력은 그때 위험한 상황이었으니까요. 그래서 고르바초프는 서둘러, 결국 9월 30일에 전격적으로 수교 합의가 이루어지죠.

90년 12월에 노 대통령의 러시아 국빈 방문이 이루어지고 30억 불 차관이라는 것도 실행됩니다. 그리고 91년 4월 19일부터 20일까지, 고르바초프가 실각하기 불과 7, 8개월 전에 제주 방문해서 노 대통령과 회담을 합니다. 이때 나는 고르비가 곧 실각하리라는 것을 알았죠. 그때까지는 UN 동시가입은 도마에 오르지도 않았다고 해요. 다만 상황은 불가피하게 되어갔어요. 소련도 한국의 UN 가입을 승인 안 할 수가 없고 북한도 UN 가입 안 할 수 없게 되었죠. 이렇게 소련이 우리와 먼저 수교하게 되니까 중국은 한반도에서 주도권을 완전히 상실해 버립니다. 그러니까 중국도 좀 서두르지 않을 수 없죠. 그래서 중국에서 1992년 4월에 우리 외무부에 수교 관계에 대해 구체적인 회담을 하자고 그랬습니다. 그러고 4개월 만에 8월 24일 한중 수교가 이루어지잖아요.

남북 교차 승인이 이뤄지지 않은 이유

박철언: 이제 시간도 되었으니 조금 짚고 넘어가야 될 것이 있습니다. 질문지에 보니까 UN 동시가입과 한중 수교 이후 교차승인으로의 진전에 대한 한국 정부는 어떠

한 입장이었느냐, 교차승인으로 진전되지 못한 이유가 뭐냐는 것입니다. 여러분이 궁금한 게 이건데, 교차승인으로 가는 것은 노태우 대통령의 7·7선언, 북방정책의 당연한 실천이죠. 그 선언을 그렇게 했잖아요.

나는 당연히 정부가 그렇게 해야 된다고 생각하여 열심히 다니면서 협상하고 또 남북 간에 비밀 접촉을 하고 있는데, 내가 권력핵심에서 좀 멀어진 노태우 정부 후반기에 청와대에 대통령 모시고 있는 문고리 팀들은 그 반대로 나간 겁니다. 예를 들면 북한의 고립화 정책을 추진합니다. 그래서 북한과 미국의 접촉도 형식상으로는 1988년 12월에 시작해서 1993년 9월에 34차례 접촉하지만, 그것은 단순히 메시지만 전달한 것이라 큰 의미가 없는 그런 접촉이었습니다. 그리고 정식으로 회담한 것은 한 번이었는데, 91년 가을인가 켄트 미 국무차관하고 김영순 대남비서가 만나 미북 고위급 회담이 열렸죠. 그 뒤 한 번만 더 하자는 얘기도 있었지만, 아마도 청와대에서 한 번 이상은 안 된다, 한국 승인 없이 접촉하지 말라는 태도였습니다. 그러니 북방정책하고는 정면으로 다른 얘기 아닙니까.

일본에 대해서는 또 어떻게 했냐하면, 가네마루 신 전 부총리가 91년 9월 24일에 북한을 방문해서 김일성과도 만났습니다. 그러자 노 대통령은 아주 강력하게 질책하면서 "북한을 택할지 한국을 택할지 하나를 택해라. 앞으로 이러면 한국하고는 끝이다."라고 했어요. 이런 식으로 사전 상의 없는 북일 접촉을 차단했습니다.

제가 7·7선언의 팀장이었고, 1989년 9월 11일에 발표된 한반도 한민족공동체 통일방안 역시 처음으로 제대로 된 통일방안 아닙니까. 교류 협력을 활성화해서 신뢰를 증진한 다음에 남북이 국가연합 단계를 거쳐서 단일 통일국가로 나가자. 이것도 내가 물론 그 팀장에 돼서 만든 것이죠. 그래서 『노태우 시대의 재인식』 강원택 편, 245페이지에 보면 이분이 이런 걸 잘 적절하게 지적하고 있어요. "박 장관의 후퇴는 결국 노태우 대통령의 레임덕과 대북 정책의 보수화를 앞당기는 것을 의미했다."

그리고 중국 관련하여 얘기를 덧붙이면, 여기 이 책 『바른 역사를 위한 증언』 중간에 보면 한국어 번역문도 붙여놨으니 그것 한번 보세요. 제가 덩샤오핑 등에게 보낸 26페이지에 달하는 편지 내용입니다. 우리 북방정책 얘기하고 약간 일본에 대한 것도 조금 나오지만, 여기에 보면 이런 대목이 나옵니다. "우리가 잘 지내야 된다. 우리가 이제 수교 안 하고 이렇게 있으면 남북한이나 우리 중국이나 다 손해다. 일본만 득 본다. 그러니까 우리 빨리 수교하자. 지난해 8월에 심양에서 귀하와 북한의 김일성 주석이 회의해서 한중간의 무역사무소 설치는 북한이 양해하면서 3년 이내에는 외교 관계를 자제할 것이라는 약속을 했다. 그러니 3년 이내에 그걸 하면 아주 많이 더 있어야 된다. 그런 걸 내가 다 알고 있다." 그런 내용들이 들어 있습니다. 여하튼 이제 북한이 UN 가입 신청을 하고, 91년 7월 8일 UN 가입신청을 합니다.

내가 이 편지를 보낸 게 7월 25일입니다. 그리고 등소평에게 보낸 편지 중에는 "북한이 가입 신청을 하고 또 일본, 미국과도 수교를 서두르고 있는 이상 한중 관계를 미룰 이유는 없다. 그리고 우리는 북한의 대일, 대미 수교와 접촉을 반대하지 않는다고 이미 선언을 했다."라는 언급도 있었습니다.

덩사오핑 한 분에게만 보낸 것이 아니라 중국 최고 지도부 양상군이니 강택민이니 만리니 이붕 등에게 편지를 보냈습니다. 실무 책임자 부총리급에게도 보냈어요. 장문의 서신을 쓰는데 참 힘들었어요. 보안을 지켜야죠. 한자 붓글씨가 시원치 않은 것 같지만, 나와 같이 있던 연구관 63명 중에 보안리에 이걸 쓰는 김구혜라는 직원이 있었습니다. 국전에서 특선도 하던 분인데 이것을 밤새워서 쓰며 고생했습니다. 그 중국요인 여덟 분에 대해서 이 많은 분량을 써서 보내려니 고생을 참 많이 했습니다. 그런데 오늘 이런 자리가 있으니까 이렇게 예전의 얘기를 말씀드리는 것입니다. 이제 시간이 상당히 됐습니다. 제 얘기는 그 정도를 하고 여러분이 질문하시면 제가 알고 있는 범위 내에서 답변드리겠습니다.

면담자 질문

엄구호: 노태우 정부의 북방정책은 사실 우리 외교사의 획기적인 성과를 거둔 정책이고 장관님이 정책의 핵심에 더 큰 역할을 하셨기 때문에, 제가 오늘 좀 여쭙고 싶은 것은 조금 어려운 질문일 수도 있는데요. YS 정부에 들어가서 오히려 북방정책은 어떤 의미에서 좀 퇴행을 하게 되고, 또 그 이후에 보수 정부, 진보 정부를 겪으면서 이름만 달리하는 북방정책을 또 이어온 것도 사실입니다. 그래서 이제 이 30년을 지나 되돌아보시면서 우리가 앞으로 정말 북방정책의 정신을 살리고 또 한국 외교의 어떤 새로운 한 단계 도약과 지표 확대를 위해서 앞으로 북방정책이 조금 이러이러한 방향에서 새로운 생각을 가져야 되겠다, 또 예전 경험에서 보니까 우리가 이러이러한 점을, 지금 예를 들면 문재인 정부라든지 다음 들어오는 정부가 앞으로의 북방정책을 광의에서 북한을 포함해서 좀 이렇게 가는 생각을 해야 되겠다, 그런 생각이 있으면 말씀해주시기 바랍니다. 왜냐하면 제가 장관님 책을 다 읽으면서 느낀 것은 우리가 원래 알고 있는 것보다는 굉장히 담대하고 포용적인 구상을 갖고 계시다는 생각을 제가 하고 있거든요. 그래서 그런 어려운 질문일 수는 있는데 좀 그런 식견을 좀 후학에게 알려주시면 큰 도움이 될 것 같습니다.

이정철: 제가 계속 안 풀렸던 문제는 말씀하신 것처럼 노태우 대통령의 인식이 어떠한지 하는 것이었습니다. 저희가 직접 인터뷰를 못 하니까요. 회고록을 보면 조금씩 다른 점이 많았거든요. 노 대통령의 통치 스타일이 소위 여러 정책 위임을 하고

박철언 전 체육청소년부장관 구술회의 기념사진 (2021.6.11)

있는 스타일이 아니었나. 그래서 비공개 협상은 안기부에 맡기고 공식 협상은 또 통일부나 임동원 이런 쪽에 계속 지속해서 맡기든가, 하여튼 입장이 다른 여러 라인을 동시에 대통령께서 직접 운영하시면서 생기는 부처 간의 갈등을 그대로 좀 가져가시는 스타일의 문제가 있는 거 아니었나, 이런 생각을 좀 해봤어요. 그래서 그에 관해 한 번 더 여쭤보고 싶고요.

그 다음에 세 번째 문제는 89년에 평양 축전을 가신 걸로 되어 있는데, 어쨌든 그 시점이 정무장관 되시기 직전이잖아요. 7월 19일 날 정무장관 되시는 거라 그 전에 가신 건데, 다른 데서 나온 평가를 보면 그때 국정원장, 아니 안기부장은 박세직 원장인데 금강산 건을 두고 장관님과 약간 그런 문제가 있었다는 얘기가 있습니다. 그리고 평양 축전에 갔다 오신 직후 이제 서동권 안기부장으로 교체가 되는데 정무장관이 되시면서 좀 교통정리가 된 건지, 안기부와 장관님의 이견이 있었는지 궁금하고요.

그리고 이후 90년 10월에 서동권 부장님이 방북을 한 걸로 되어 있는데요. 그 당시에 서동권 부장님의 방북을 장관님께서 좀 비판했다고 해요. 왜 그 부분에서 이견이 생겼는지도 여쭤봅니다.

그 직후에 다시 체육부 장관으로 오시잖아요. 90년 12월에. 그런데 그때부터 이제 안기부는 북한과의 협상에서 속도조절론을 가져와서 북한과 협상을 좀 천천히 가자라는 입장으로 바뀌었고, 장관님은 어쨌든 단일팀을 중심으로 해서 91년도에 남북관계를 계속 진척시키는 과정으로 그려지는데 안기부와 장관님의 그 미묘한 차이가 91년 정국에 계속 영향을 어떻게 준 건지.

그리고 마지막으로 장관님께서는 노태우 대통령이 김일성과의 정상회담을 지속적으로 추진하신 걸로 돼 있는데, 그 과정에서 UN 안보리 문제가 어떻게 논의되고, 의제화에 대해서는 어떤 대책을 세우고, 북한 쪽의 반응은 어땠는지, 그런 것까지 조금 여쭙고 싶습니다.

박철언: 사실 굉장히 어려운 문제가 많이 나오는 것 같아요. 그다음 또 한 분만 더 질문을 받고 답변하지요.

신종대: 저도 간단하게 몇 가지만 질문 드리도록 하겠습니다. 오늘 여러 가지 좋은 말씀을 주셔서 북방정책에 대해 우리가 새롭게 다시 한 번 고민을 하고 접근을 해야 되는 숙제를 주신 것 같습니다. 우선 하나는 1988년 10월 18일 노 대통령께서 UN에서 연설을 하시는데 그때 6개국 동북아평화협의회를 제안하시는데, 그때 당시에 이수정 공보수석, 박철언 당시 보좌관님, 최병렬 정무수석께서 연설 초안을 작성했다고 나오거든요. 그때 6개국 동북아평화협의회라는 것이 어떤 실체가 있었고 당시 여러 여건에 비추어 봤을 때 이게 적실성이 있고 여건이 조성되어 있었는지에 대한 하나의 질문이 있습니다.

또 하나는 1992년 8월에 한중 수교가 되는데, 이때 아니면 한중수교가 어려웠다고 보셨는지, 예를 들어 정권이 바뀌어 김영삼 정부가 들어서면 이게 안 된다고 보셨는지 궁금합니다.

박철언: 왜 서둘렀느냐. 서두르느라 대만 문제도 많이 양보하지 않았느냐.

신종대: 정말 어려운 사안이었는지. 아니면 그때 가서도 할 수 있는 것이었는지.

박철언: 중국이 마지막에 가서는 막 서둘렀지. 왜냐하면 소련이 먼저 한국과 수교하게 되니까. 그러니까 한반도에 있어서.

신종대: 또 마지막 짧은 질문은 저희들한테 주신 이 자료에도 스스로 북방정책에 대한 비판점의 하나로서 대만과 단교 할 때 좀 그쪽의 입장을 면밀하게 고려하고 배려하지 못했다고 했는데, 그때 왜 그렇게 못했는지요.

북방정책 추진 과정에서의 역할

박철언: 간단한 것부터 대답하지요. 우선 한중 수교 문제에서, 수교까지는 박차를 가하는 거 좋았어요. 그런데 이때 신보수주의 세력 쪽 사람들이 91년 말부터 대만 문제 이런 것에는 크게 신경도 안 쓰는 것 같았어요. 그리고 91년 말이라는 시점은 아까 말씀드린 대로 내가 핵심적인 위치에서 좀 밀려났을 때입니다. 노태우 대통령 지시로 현장에서 해야 되는 일은 계속했지만 말입니다. 그러니까 대만 문제를 이렇게 하라 저렇게 하라 얘기할 그런 입장과 상황이 못 됐습니다. 그러나 대만을 너무 소홀히 한 것은 잘못된 거라고 내가 지적을 했죠. 그건 그렇고.

그전에 하나, 여러 가지 혼동이 좀 오시는 것 같아서 정리를 하면 내가 실제 북방정책을 담당하게 된 것은 언제까지냐, 그 시한이 언제까지였냐는 것이죠. 왜냐하면 내가 정책보좌관 하다가 그다음에 정무장관 갔다가 체육청소년부 장관 갔다가 1991년 말에는 장관을 그만두었는데, 그 과정을 정리하자면, 북방외교와 전향적 대북 정책 추진을 하는 박철언 팀에 대한 숱한 비판과 도전이 있었고 그때마다 대통령의 강력한 뒷받침이 있었다는 그런 일들을 하나의 case study로 열거한 자료를 교수님들께 배부해 드렸는데 그 요지를 말씀드리도록 하겠습니다.

이홍구 통일원 장관과 논쟁이 있었죠. 88년 10월 30일 삼청동 안가에서. 이분은 새 통일 방안을 자꾸 빨리 발표하자는 입장이었습니다. 거의 성안이 됐으니 빨리 하자는 거였는데, 저는 그건 안 된다는 입장이었죠. 사전에 좀 더 다듬고 또 북한과도 비밀리에 골격에 대해서도 좀 얘기하고, 그래서 실현 가능한 그런 것을 해야지, 홍보적인 측면만 내세우면 안 된다는 것이었죠. 이홍구 장관과 한 번 그런 일이 있었는데 대통령이 내 입장에 따라주셨죠.

두 번째로는 그래서 내가 허담 대남정책비서 등에게 우리 통일방안 골격을 사전 설명하기 위해서 88년 12월 1일 평양 초대소에서 만납니다. 그 직전인 88년 11월 31일부터 12월 2일까지 3일간은 강제섭, 김용환, 강근택, 김용환 등 수행원을 데리고 대북 특사로서 북한을 방문합니다. 그리고서 평양을 비밀 방문하여 골격을 설명하니까 북측요인들은 굉장히 고마워했습니다.

그때 내가 북측에 경고를 한 것은, 북측이 재야 학생 근로자에게 체제 전복 선동하지 말 것, 그리고 또 공작성 남침을 자꾸 하는데 그러면 앞으로 남북관계에 좋지 않다는 것이었습니다. 그러니까 북한 측에서 뭐라고 얘기하나면, 사실은 솔직히 시인하면서, "아니 남한에서는 U2기다, SR이다 뭐다 해서 북한 평양 시내 샅샅이 다 들여다보고 있는데 우리는 그것이 없으니까 또 군대가 있으니까 훈련도 해야 되고 그 갔다 오면 훈장도 줘야 되고 해서 그래 좀 갔다 오는데 뭐 그리 고깝게 그걸 가지고 자꾸 얘기하느냐."라고 하는 겁니다. 이건 솔직한 시인 아닙니까. 그래서 "그러면 안 된다. 우리 남북 대화가 이렇게 잘 진전이 되고 있지 않느냐. 모르는 거 궁금한 거 있으면 나한테 물어라. 그리고 그런 공작성 침투하고, 그런 짓 하지 말라."라고 했죠. 그러니까 북한에서는 잘 알겠다. 이런 반응만 보였습니다.

그런 일이 있었고, 그다음에 88년 12월 6일에 바로 청와대 신임 박세직 국가안전기획부장 대통령 보고 시에 홍성철 비서실장하고 나하고 배석을 했는데 노태우 대통령이 박철언 보좌관 팀이 남북 정상회담의 비밀 창구이다, 고도의 보안을 지켜주고 적극적으로 뒷받침해 줘야 한다, 이런 말씀이 있었습니다.

또 네 번째로는 88년 12월 30일 대통령 주재 수석회의에서 대통령이 지시하기를 "북방외교는 외무부가 주도할 수 없다. 특정인 이미지를 위한 북방외교 운운의 비판적인 MBC TV 보도 자세에는 문제가 많다. 시정 조치하라. 북방외교는 여건상 외무부가 주도할 수 없다. 외무부 관리에 대한 계도와 지도가 필요하다."라고 했습니다. 이런 것을 확실히 교통정리하면서 박철언 정책보좌관에게 권한과 책임이 있음을 수석 회의에서 확인을 시켜준 그런 또 일이 있었습니다.

그 다음에 다섯 번째로는 노재봉 정치 특보가 북방정책 속도 조절을 주장했습니다. 89년 1월 4일 대통령 주재 수석회의서 "속도 조절이 필요하다. 미국, 일본, 타이완과의 관계를 먼저 다져나가야 한다. 자유민주 신봉 세력들이 이제는 더 참을 수 없다는 자세다." 그렇게 얘기하니까 노 대통령이 "그들 생각대로 하면 바로 지금 나온 UN 연설 준비 과정에서 보듯이 아무것도 할 수 없다."라고 하셨습니다. 이 얘기는 초안 작성한 것 보면 물에 물탄 듯이 하니까, 나에게 보완해 달라고 하셔서 남북한과 주변 4강이 포함된 6개국 평화회의 제안을 추가한 것입니다. 평화회의 그런 구상은 좋잖아요. 우리의 교차승인 그것과도 다 일맥상통하는 그런 얘기를 집어넣었던 겁니다.

여섯 번째, 그때 그 자리에서 홍성철 비서실장이 또 많이 뒷받침 해줬죠. "정책보좌관실에서 대통령께 올린 각 분야의 보고서를 필요한 것은 각 수석에게 사본 송부 해 큰 흐름의 변화를 알도록 하겠습니다."라고 했습니다. 이건 뭐냐 하면, 우리 보좌관실에서는 옛날부터 청송 사업이라고 해서 각 분야의 최고 전문가들 60여 명을 선정해서 우리 연구관을 지연, 학연, 혈연 이런 걸 따져서 분담을 시켰습니다. 문제가 있으면 가서 의견을 들어오라, 의견을 받고 또 그분들의 생일이나 해외 출장 시나 이럴 때는 꼭 가서 문안도 드리고 아닌 말로 요즘 말로 뭐 촌지라도 전하고 이렇게 하라고 했습니다. 왜냐하면 저 자신이나 우리 특보팀이라고 해도 좀 완전하지 못하잖아요. 그래서 이 시대의 각계 최고 권위자의 얘기를 다 들어야 된다 이겁니다.

그래서 당초에 그 멤버 중에 하나가 노재봉, 이홍구, 김덕, 한승주 이런 분들인데 우리가 접해보니 괜찮아서 대통령께 얘기해서 다 요직을 하는 겁니다. 그래서 그 각계의 그 의견을 받아오면 내가 보고 그걸 요약해서 대통령이 보셔야 될 것을 대통령께 꼭 올리고, 또 내가 안기부에 있을 때는 안기부장하고 대통령께 같이 올렸습니다. 청와대에 있을 때는 그냥 그대로 대통령께 올리고 이렇게 했는데 이제 그런 걸 말한 겁니다. 이런 흐름을 알아야 된다는 뜻입니다.

그리고 이상훈 국방, 최세상 합참, 이종국 육군총장도 그때 군에서 북방정책에 대해 좀 퀘스천을 많이 해서 내가 89년 1월 7일에 또 만나서 얘기했습니다. 문희갑 경제수석이 또 북방정책에 대한 문제 제기를 한 일이 있었습니다. "일부 경제인의 개별 대북 행위가 문제다. 밀사 외교로 인해 공식 라인의 외무 공무원 사기가 저하되고 있어 문제다." 그런 얘기였습니다. 그러자 홍 실장이 북방외교의 특수성에 대한 이해가 긴요하다는 말을 하며 그런 비판소리를 봉쇄했습니다.

일곱 번째, 그다음에 정주영 회장의 금강산 관광 개발 합의로 엄청난 태풍이 있게 됩니다. 1989년 2월 1일에 정 회장이 평양 방문 후 귀국해서 금강산 관광 개발 합의 내용을 보고했는데 그건 1989년 7월부터 남측 사람의 입국 관광을 허용한다는 내용이 골자입니다. 이건 사실 정주영 회장은 나하고 얘기가 잘 통하고 화끈하게 뒷받침해 주니까 요즘 말로 하면 직통 라인을 갖고 있는 거니까, 자주 와서 설명하고 내가 오케이 하면 가서 또 하고 해서 북한하고의 관계 개선이나 소련과의 관계 개선에도 정주영 회장이 조금 많은 역할을 했습니다.

그런데 이제 이게 문제를 야기합니다. 박세직 안기부장이 '정주영이 북한에서 위대한 김일성 장군님이라고 호칭'하는 그런 화면을 따 가지고 TV에서 하루 종일 계속 며칠간 방영을 했습니다, 그때 난리가 났죠. 그러니 정주영의 친북 행태를 비판하고 사업에 대한 중단 조치를 해야 된다며, 박세직 위원장이 북방정책 조정위원회에서 합의 의정서 무효라고 결정하게 되는 겁니다. 이처럼 말하자면 반대와 비판이 많았습니다.

여덟 번째, 그다음에 노재봉 정치특보가 또 강력히 문제 제기를 합니다. 89년 2월 8일 대통령 주재 수석회의에서 "정주영의 북한 방문은 적성 국가와의 외교 과정에서 불법성을 노출한 문제다. 고르바초프의 어록은 출판이 되면서 김일성 어록의 출판 허용은 불허된 논리가 설명되어야 한다." 말하자면 내가 가지고 다니는 북방정책 책자에 대해서 강력하게 또 문제 제기를 하는 겁니다. 그래서 "고르바초프의 어록에 대한 한국어 번역판은 내가 북방정책연구소에서 진행한 것으로 7·7선언의 실천적 표현물이다. 그래서 85년 「아시아 평화를 위해」라는 연설문지를 출간해서 갈 때 많이 참고했다", 그렇게 얘기하고 넘어갔습니다.

또 아홉 번째로는 이종찬 사무총장이 또 문제 제기를 했습니다. "북방정책과 관련해서 국가보안법 등 관계 법규와 괴리 현상이 있다. 북한이 공개회담을 외면하며 공작 차원의 대남 전략을 기도하고 있으니 대처 방안을 강구해야 한다." 이래서 또 제가 청와대 당정회의에서 일축했고, 그 다음에 대통령이 이렇게 얘기했는데 그대로 인용합니다. "대북 문제도 청와대의 밀실에서 몇 사람이 추진한다고 뒤에서 말하는 모양인데 비밀 외교도 할 수 있고 그보다 더한 것도 할 수 있다. 이미 관계 기관 전문가 팀의 협의 기구를 만들어 내 결심을 얻어 잘하고 있으니 당과 정부에서 잘 알고 다른 소리 나지 않도록 하라." 그렇게 강한 톤으로 딱 잘라 말씀했습니다.

그리고 북방정책에 대한 미국의 의구심이었어요. 이제 미국에서 자꾸 북방정책에 대해서 의문을 제기해서 대통령이 저에게 미국에 한 번 갔다 오라고 했어요. 그래서 제가 89년 4월 25일부터 5월 7일까지 우울한 출장을 가서 백악관, 국무부, CIA, 국방부를 방문해서 설명을 하고 또 설명을 들었습니다. 그때 느낀 인상은 한마디로 미국은 우리에게 주의를 주는 것이었습니다. '네가 우리 담 넘으려고 해도 우리가 다 알고 있다.'고 하면서 자기들의 세계에 대한 정보망과 그 실력을 브리핑하는 데 주력했습니다. CIA와 국방부에 갔더니 어떻든 잘 알겠다, 앞으로 잘 협조해서 잘해 나가자, 이렇게 얘기를 한 일이 있어요.

끝으로, 제가 김영삼 대표와 의원내각제 약속 위반 문제로 격돌하여 1990년 4월 18일 정무장관직을 사퇴하고 4월 19일 청와대에서 위로만찬 시 노태우 대통령은 "앞으로 남북비밀접촉을 계속 맡아서 해다오. 진행하고 있는 한소 막후 접촉을 계속해서 한소수교를 지원해주고, 정상회담도 추진하라. 한중 막후 접촉도 계속하고 베이징·아시안게임을 계기로 정상회담을 추진하라. 박장관이 청송사업도 계속 맡아서 해다오."(위 증언 2권 254-257P 참조-편집자) 라는 특별한 당부를 하셨고, 때문에 제가 체육청소년부장관을 그만 둔 1991년 12월 말 경까지는 계속 북방정책 관계 일을 하고 대통령께 보고하였습니다.

베트남과 수교 협상 시 어려웠던 점

박철언: 시간이 많이 됐습니다만, 참고로 한 가지 내가 수교 협상하러 가서 어려웠던 거한 가지만 얘기할까합니다. 베트남에 제가 1991년 수교 협상을 하기 위해서 갔습니다. 그래서 구엔 칸 부수상을 비밀리에 만났는데, 처음 하는 말이 "박철언 장관은 대통령 특사로 여기 수교하자고 왔는데 한 가지 물어보자."라는 겁니다. 뭐냐고 물으니까 "당신들 이 베트남하고 무슨 원한이 있어서 월남전에 파병해서 많이 죽이고, 불 지르고 했느냐. 여기 와서 얼마나 많은 사람을 죽이고 불 지르고 그렇게 했지 않느냐. 왜 그랬고 지금은 왜 왔느냐?" 이렇게 물었어요. 그래서 담이 커야 됩니다. 어떤 경우도 상정하여 그것에 대비를 미리 해야 되요.

　나는 이렇게 나올 수 있겠다 싶어서 대답했죠. "그래? 아니 부수상 각하가 그렇게 말씀하신다면 나는 이제 베트남에서 보따리 싸서 떠나겠습니다. 짐 챙겨 가겠습니다." "앉으시오. 앉아서 얘기해 보세요. 왜 떠나려고 하느냐?" 그걸 묻기에, "나는 베트남에 새 정부가 들어서서 이제는 모든 과거를 잊어버리고 미래를 향해서 세계 모든 나라와 화해하고 평화롭고 공동 번영을 누리겠다고 발표한 것을 믿고 왔다. 당신네 도이모이 정책이 있지 않느냐. 내가 그걸 번역해서 갖고 왔다. 이건 완전히 거짓말 사기 아니냐." 내가 반박을 했지요.

　"난 이거 믿고 옛날을 얘기하려고 한 게 아니라 미래를 얘기하기 위해서 왔는데 옛날 문제를 지금 얘기하니까 진실하지 않은 정부하고 무슨 얘기를 하겠느냐?" 그러니까 이 사람 안색이 확 변했습니다. 그래서 "내가 사실 그때 한국군이 와서 전쟁을 하고 베트남에 인명에 재산에 많은 피해가 가고 한 것을 가슴 아프게 생각하고 유감스럽게 생각한다. 그러나 한국의 입장을 생각해보면 우리는 아직, 당신네 나라는 지금 통일돼 있지만, 아직도 남북이 대치한 가운데 우리나라를 지키려고 하는데 미국의 절대적인 그런 뒷받침으로 지금 지키고 있는데 미국이 여기 와 달라, 안 오면 그 지원도 끊고 주한미군도 철수하고 이렇게 한다는데 우리가 어떻게 안 올 수가 있었겠느냐. 분단국이 가지고 있는 이 강대국 권력 정치의 그런 틈바구니에서 당신들도 겪었듯이 한국은 아직도 그 고통 속에서 그런 일을 겪는 상황이다 보니 안 할 수 없었던 그런 처지와 입장을 이해해 달라."고 했습니다. 그러니까 이 사람도 알겠다고 고개를 끄덕이며 얘기가 잘 진행되었던 것입니다.

한중수교 과정에서의 비밀 교섭

이동률: 사실은 장관님이 한소 수교에도 큰 역할을 하셨지만 중국과 접촉도 굉장히 활발하게 하신 걸로 기억하고 있는데요. 이붕이 91년 5월에 북한 가서 이제 동시가입에 거부권 행사하기 힘들다 하는 발언을 한 적이 있습니다. 그게 그전에 혹시 우리가 중국의 그런 태도 변화를 이끌어내기 위해서 설득하기 위한 어떤 접촉이나 시도가 있었는지. 중국이 왜 갑자기 이렇게 태도가….

박철언: 갑자기가 아니죠. 우리 비밀 접촉에서는 늘 기본적인 이 7·7특별선언과 한민족 공동체 통일방안 두 가지를 가지고 대합니다. 그게 뼈대 아닙니까? 얘기를 하다 보면 UN 동시가입이라는 것은 당연한 우리 논리고, 그건 하나의 거쳐 가는 얘기 로 당연히 여기게 됩니다. 그리고 중국도 그 당시에는 한중 수교가 곧 불가피한 상황이 온다고 보았습니다. 때문에 한반도에서 자기 주도권을 계속 가지기 위해 서 그 전 단계로서 자기들이 생각한 것은, 남북이 UN에 동시가입함으로써 수교 에 대한 부담도 좀 줄어들게 된다, 그런 생각이 있었을 겁니다.

우리 비밀 접촉의 차원에는 수도 없이 중국의 요인들, 책에 자세하게 나옵니 다만, 연구소나 언론이나 학자들이나 또 장관급 이상 사람들 내가 많이 만났으 니까 거기서 그런 얘기를 수도 없이 했으니까 당연히 수교는 늦출 수가 없다고 보았습니다. 그러면서 심양에서 김일성 만나서 나온 3년의 유예 기간 얘기를 자 꾸 하고 있어서, 내가 등소평 등 요인들에게 보낸 이 편지에다가 그때와 상황이 많이 달라졌지 않는가, 그런 얘기도 했습니다. 중국으로서는 한중 수교를 하는 부담을 줄이기 위해서 당연히 북한에게 "빨리 UN에 가입하라. 안 그러면 한국 이 단독으로 가입하는 것도 자기들이 'No'라고 할 수 없는 상황이다. 소련이 벌 써 단독으로 수교했으니 단독으로 가입해도 자기들이 'No'라 할 수 없다. 일본도 그렇고 여러 국제 여론이 벌써 그런 상황이다."라는 것을 얘기했겠죠. 그런데 그 전에 우리 외무부에서 별도로 가서 그런 얘기를 해 달라고 했는지는 모르겠습니 다만, 우리가 중국과의 비밀 접촉의 차원에서 북한에 그렇게 해달라는 얘기를 따로 하지는 않았습니다.

이동률: 장관님이 주로 접촉하신 비밀라인에는 어떤….

박철언: 내 라인? 내가 얘기했지만 우리 라인은 장바이파 북경시 상근 부시장과 진희동 북경시장 또 이서환 정치국 상무위원이었습니다. 이런 사람들이 굉장히 나와 가 까웠고 그분들하고 예를 들어 테니스도 치고 수영도 식사도 함께 하면서 많이 얘

기를 했습니다. 그런 사진도 여기 책에 많이 넣어 놨습니다. 여기에 내가 가지고 온 책은 『바른 역사를 위한 증언』 1권, 2권, 거기에 바로 중국하고 어떤 접촉을 어떻게 했는지 자세하게 나옵니다. 이번 기회에 이 책을 국립외교원에 기증하고자 합니다.

북방정책과 북한 핵 개발의 관련성

신종대: 장관님, 말씀을 듣다 보니까 노태우 대통령의 북한에 대한 stance가 과연 뭐였을까? 이런 의문이 들거든요. 말씀을 듣고 보니까. 저희들이 장관님께서 1990년 4월 달 사표를 내기 전까지 노태우 대통령은 그래도 북한에 대해서 이 교차승인, 대북 포용 이런 stance를 가지고 있었는데 떠나시고 나서 점차 북한 고립화 쪽으로 갔다고 이해를 해도 되겠습니까?

박철언: 내가 보건대 노태우 대통령께서 날카롭게 뭐를 단정하고 판단하는 분이 아니라 주변 사람들의 얘기를 잘 경청합니다. 많이 듣고 결정하시는데 그러니까 문고리 잡고 있는 사람들, 청와대 참모들이 자꾸 이런 저런 얘기하니 혼동을 일으킨 겁니다. 그리고 이 『노태우 시대의 재인식』 여기에 보면 강원택 교수 등 13인이…. 178페이지 보면 "노태우 정부의 북방정책은 대한민국 외교사에서 그 유례를 찾기 힘든 매우 야심적이고 체계적이며 자주적이며 개혁적인 대전략이다." 이렇게 거기에 써놨대. 맞는 말입니다. 맞는 말인데 그런데 임기 후반에 가서 아까 말씀드린 대로 북방정책의 정신은 퇴색된 채 북한을 어떻게 보면 핵 개발로 내몰았던….

엄구호: 솔직히 말씀드리면 『노태우 회고록』에서는 오히려 대통령께서는 북한 공산권과의 협력도 동원해서 오히려 북한을 굉장히 압박하겠다.

박철언: 고립화 정책이고...

엄구호: 그런 의식을 표출하시는 거 같거든요. 회고록은 오히려.

엄구호: 노 대통령은 북방정책에 대해 어떤 생각과 의식을 가졌는지.

박철언: 정확히는 모르겠어요. 임기 후반에 어떻게 조금 변하셨는지 모르지만 내가 모시고 있는 동안은 그러니까 한민족공동체 통일방안을 89년 9월 11일에, 아까 말씀 드린 대로 북한을 하나의 실존하는 권력주체로 인정해서 국가연합 단계에서 서로 내정 간섭을 안 하고 한민족 두 국가가 연합 상태로 가서 그다음에 평화적인 방법으로 나중에 단일 국가로 나간다는 인식이셨지요. 내가 아무리 구상해 봐도 통일방안이 그 방법밖에 없더라고. 우리 분단 이래 지금까지 통일방안을 한민족 공동체 통일방안처럼 체계적으로 정리를 한 것은 없다고 봅니다.

엄구호: 한 가지만 더 말씀드리면 노재봉 총리님하고 김종휘 수석님 다 북미, 북일 수교를 방해하지 않았다, 그렇게 말씀을 하셨는데 아까 장관님께서 가네마루 신의 입장에 대해서도 굉장히 반대했다고 했고. 김용순이 미국에 갔을 때도 노태우 대통령께서 직접 막으라고 했다, 그렇게 말씀하셨으니까 사실은 북미, 북일 수교를 방해한 거죠.

박철언: 너무 단정적으로 그렇게 얘기할….

엄구호: 그렇게 되어있는데 본인들은 실제 그러지는 않았고 그런 분위기가, 역시 한국 분위기가 그 당시에 역시 북미, 북일 수교를 받아들일 만한 분위기는 아니었다.

박철언: 지금 한국 분위기라고 그러는데 이 교차승인이 안 된 것에 대해 저는 크게 두 가지 이유로 봅니다. 하나는 북한 수뇌부의 경직성, 북한 수뇌부가 경직돼서, 미국 일본하고 빨리 수교하면 자기들이 무너지지 않느냐 하는 그런 경직성도 물론 있었습니다. 또 하나는 한국 청와대 분위기도 임기 후반기에는 원래의 북방정책 정신이 퇴색하여 북한 고립화를 추구했다는 점을 부인할 수 없습니다.

[부록]

UN 가입을 둘러싼 남북한 총력전의 과정과 결론

2021. 6. 10. 유종하

1. UN 가입에 관한 남북한의 기본입장 차이

[한국]

- 한국은 UN 결의에 의하여 그 정부가 탄생했고 6.25 전쟁시 UN 결의와 UN의 이름으로 참전한 군사력으로 그 생존이 보존되었고 UNC의 이름으로 휴전이 유지되었으며,
- 한국문제의 궁극적 해결을 위하여 Korean Question을 UN에 연례의제로 상정하고,
- 한국의 국력에 알맞은 수준으로 UN을 중심으로 한 세계문제의 해결에 기여하고자 국가외교의 총력을 UN 가입에 경주하였다.
- 한국은 한국의 UN 가입을 용이하게 하기 위하여 1973년부터 남북한 동시가입안을 수락하였다.

[북한]

- 북한은 한국이 UN을 우호적인 존재로 보는 만큼 UN을 북한에 대한 적대적 존재로 보기 때문에 북한 외교의 총력을 경주하여 한국의 UN 가입을 저지코자 하였다.

■ 북한은 한반도가 분단된 상태에서 그 일부 또는 남북한이 UN에 가입하는 경우 이것은 분단을 영구화한다는 이론으로 반대하고, 실제 외교에서는 소련/러시아와 중공의 거부권 사용에 의존하였다.

■ 따라서 남북한은 외교 총력을 경주하여 UN 가입 문제를 놓고 1948년부터 1991년까지 대결해왔다.

2. 분단국가의 UN 가입이 분단을 영구화하는가?

■ 답은 '아니다. 분단국의 UN 가입과 통일은 관계없다.'이다.
UN 의석과 국가 승인은 직접적 관계가 없다.

(예1.)

- UN 창설시 소련은 국제법상으로 단일 독립국임에도 불구하고, Russia, Ukraine, Belarus의 3개 의석을 가졌다.

(예2.)

- 동서독은 1973년 동서독 별도의 UN 의석을 가졌으나 1990년 통일 후 단일 의석으로 합치는 데 아무 문제가 없었다.

– 남북예맨 또한 북 Yemen이 47년 가입하고 남 Yemen이 67년 가입했으나 90년 통일 이후 단일의석으로 통합하는 데 문제가 없었다.

3. 북한의 다양한 한국 UN 가입 저지 노력

■ 북한은 1949년 한국의 UN 가입 신청을 소련의 거부권 행사를 통하여 저지했고,

■ 한국의 Korean Question 연례 상정 시에는 주로 UN 내 비동맹 세력의 도움을 얻어 '주한 외군(外軍) 철수'등 소재를 활용, 한국에 관한 상이한 2개의 결의안이 UN에서 통과될 정도로 성과를 올림으로써 UN에서 1977년 한국 문제 불상정 상황을 이끌어냈다.

■ 89~90 노태우 대통령 재임기간 중 남북 고위급 회담 시는 '남북대화가 진행되는 동안 UN 가입 문제는 보류'해 달라 명분을 썼고,

■ 90년도 한국의 UN 가입 노력이 본격화되자 가입을 꼭 한다면 '단일의석, 남북한 임기별 대표론'을 폈다.

■ 이 단일 의석안에 대해 UN 회원국 중 공개 지지한 나라는 1개국도 없었다.

■ 한국이 한국 단독가입 의향을 시사한 후에야 동시가입안을 수락하였는데 만약 한국이 가입한 후 북한이 가입신청을 할 때 미국이 핵문제 또는 북한의 국가테러 행적을 이유로 거부권을 행사할 것을 두려워했다는 정보가 있었다.

4. 한국의 UN 가입 전략과 노력

- 한국은 정부 수립 이후 1949년 1월 UN에 최초 가입 신청서를 접수시켰으나, 소련의 거부권 행사로 부결되었다.

- 1950~53년 한국전쟁이 발발하고 1954년 Geneva 회의가 열렸으며, 1954~75년 UN에서 연례행사로 Korean Question이 상정되었으나 동서냉전과 비동맹 운동의 확산으로 남북대치 상황도 결정적 전기를 맞이하지 못한 채 1977년 한국 문제 불상정이 결정되었다.

- 한국은 1948년 제헌헌법에서 '대한민국의 영토는 한반도와 그 주변 도서로 한다.'라고 규정하여 북한을 인정하지 않았고, 소위 Hallstein Doctrine을 채택, 북한을 승인하는 국가와는 국교를 단절하는 정책을 취하였으나 1973년 6 · 23 선언을 통하여 북한 존재 인정, 남북한 동시가입을 찬성하게 되었다.

- 1988년 서울 올림픽 대회에서 중소 동구권이 대거 참여하여 대세의 전기를 마련하였으며, 85~91년 동안 소련의 '페레스트로이카—글라스노스트' 정책에 맞춰 시행된 노태우 대통령의 북방외교(88~93년)를 통해 관계의 심화 과정을 보고, 한중수교 이전에 서울 명동에 있는 대만 정부의 대사관과 화교부지를 비밀리에 매각하려는 움직임을 보였고, 중국 정부가 이를 포착하고 한중수교를 촉진하려는 움직임을 보였다.

- 한국은 이러한 정세 속에서 1991년 UN에 가입 신청서를 제출하였고, 한국 단독 UN 가입을 우려한 북한이 남북한 동시가입안을 수락함으로써 동시가입안은 1991년 9월 정기총회에서 만장일치로 통과되었다.

5. UN 가입 관련 국내 여론의 규합

- 한국의 UN 가입안이 논의되던 1990년 초부터 당시 야당 평민당의 대표인 김대중 총재가 한국 단독가입안을 공식 반대하면서 야당 총재 이름으로 한국 단독가입은 분단을 영구화하기 때문에 반대한다는 취지의 서신을 UN 사무총장에게 보내겠다는 뜻을 표명하였다.

- 외무부는 차관 선에서 문동환 야당 수석부총재를 위시한 외교담당 의원과 접촉하고 소련과 중국이 거부권을 행사하지 않을 것이라는 정보를 공유하면서 평민당의 설득을 계속하였다.

- 김대중 총재는 자신의 입장이 성공하는 정부 정책에 반대하는 결과를 초래할 것이라는 사실을 인지하고, 자신의 UN 가입 입장을 번의(翻意)하게 되었다.

[편집자 주] 유종하 전 외교부장관(UN가입 당시 외무부차관)의 인터뷰는 2021년 6월 10일(목) 14시부터 16시까지 진행되었으나, 본인의 요청에 따라 본서에 녹취 전문을 수록하지 않았다. 이 글은 당시 유종하 장관이 구술을 위해 관련 사항을 간략히 메모한 것으로, 사료적 가치가 있다고 판단되어 그 승낙을 얻어 부록으로 싣는다.

찾아보기